我是右派
我是獨派

余杰 著

名家推薦

今天的華人，思想還是沒有超越胡適，始終都在胡適的「民主與科學」裡談西化，卻不知道那只是西洋文化的表面和皮毛，永遠欠缺西洋文化的靈魂，永遠都無法徹底西化！

從北大念書開始，余杰就從基督教喀爾文的思想中得到啓發，進入西洋倫理、信仰的最中心地帶，再經過多年知識、思維和價值觀念的裂變，從「政右經左」、「大半個右派、小半個左派」，超越了胡適，成爲更徹底的「全盤西化」的右派。

如今他的思想高度在華人思想界中可算首屈一指，想要眞正全盤西化的台灣人，都應看他這本書，從中獲取豐厚的利益！

——二〇一三國家文藝獎得主 宋澤萊

生長於中國四川，期待自由未果，被迫逃離專制中國的余杰，爲何會贊成台獨、港獨、藏獨、疆獨、南蒙古獨？爲何他說他是右派，又是獨派？不管你是右派、左派、統派、獨派，余杰的《我是右派，我是獨派》絕對值得你細讀。

——台北教育大學台文所名譽教授
李筱峰

俄羅斯哲學家柯傑夫在《黑格爾導讀》提出的「歷史終結論」，在中國流行一時，給予劉小楓、蔣慶等人的「政治儒教」以「超克現代」的雄心。但柯傑夫詮釋的黑格爾，實際上是東正教神學的世俗化。一種可以在大地上實現的上帝之國，這是柯傑夫的「歷史終結論」的奧秘，也是當下中國各種「帝國神學」的「微言大義」。余杰此書，記錄了他從喀爾文教派的立場，對這種「世俗化的帝國神學」展開反思的複雜軌跡。他的「帝國神學批判」，是漢字文化群應該補上的一課。

——中國天朝主義批判研究者
曾昭明

在中國土生土長的余杰，卻「不愛中共，不愛中國，也不愛中國文化」，他爲什麼能擺脫這些束縛中國人心靈的枷鎖呢？他的「思想自傳」坦白披露了他追求心靈自由的歷程，應該成爲每一個想往自由之人的必讀書。

——牛津大學國際關係學博士、自由撰稿人
汪浩

目次

第四章 我是如何成為基督徒及喀爾文主義者的？

第五章 一切分歧都是價值觀的分歧：保守主義者對十個關鍵社會議題的回答

推薦序

一個堅定的右派和獨派是如何養成的？

何清漣（旅美作家、經濟學者）

余杰將他的思想自傳《我是右派，我是獨派》傳來，書名的坦誠宣示，就讓我有看下去的願望。

在中國，成長於千禧年的人，大都讀過余杰的書。當年余杰還在北大讀書之時，那本《火與冰》在各大學不脛而走，同時代大學生或多或少都受過這本書的影響。儘管如此，一位剛過不惑之年的作家寫思想自傳，還是讓我稍感驚訝，因爲對一個人的人生來說，四十五歲之後還有千山萬水要跋涉。帶著好奇，我仔細讀了余杰這本思想自傳。

讀完後，我感覺寫這本思想自傳可能是余杰多年的願望，因爲一個人要梳理自己的思想脈絡，需要靜下來思考。他按照思想與信仰脈絡，認爲自己在四十多歲的人生中，經過四次脫胎換骨式的蛻變：第一步，十六歲時，經過「六四」屠殺的激盪，提前完成了成年禮，成爲一名堅定反對共產主義的自由主義者；第二步，從觀看電視紀錄片《河殤》到與劉曉波交遊十年，成爲批判中國專制傳統和民族主義的「全盤西化論者」，並獲得「世界人」的胸襟和視野；第三步，經由《聖經》眞理的光照，看到自己是「全然敗壞的罪人」，亦是「罪人中的罪魁」的本相，從而認罪悔改，重生得救，歸入耶穌基督的名下；第四步，在中國家庭教會和海外華人教會十多年如一日「愛，直到受傷害」的服事，以及對公共神學的思考，成爲基督徒中的喀爾文主義者，進而建立起保守主義的「世界觀」和「文明論」。

這四步，有的人一生可能一步也未能完成，比如「成爲堅定反對共產主義的自由主義者」，或者「成爲批判中國專制傳統和民族主義的全盤西化論者」，並獲得「世界人」的胸襟和視野，能夠完成這四步，不僅在余杰的同時代人中極爲罕見，就算是五〇年代一代的中國人，如我這類經歷文革與上山下鄉，再在改革初期通過高考改變命運，一生經歷大冷大熱，波折無數的人，似乎也少有人完成了這四步。

這種極爲獨特的思想淘洗過程，余杰自述與其家庭出身有關，也與少年時中國正逢六四之變有關。但我覺得，與他同樣出身者，有不少也活躍於文化知識界；經歷過六四尤其是親身經歷六四的人更是大有人在，其中有成爲異議者的人，更有選擇與政府合作的人。根據我對他的了解，我認爲更重要的是與他個人獨特的讀書經歷及後來皈依基督教有關。

余杰自述閱讀歷程：「我之所以成爲保守主義者，首先是對近代中國革命傳統和激進思潮的反思，然後從四個知識，思想和精神的脈絡中，尋覓星星點點的微光。這四個脈絡包括：經過重新闡釋的五四人物，台灣五〇年代『自由中國』的思想遺產，當代中國『思想史上的失蹤者』以及西方世界右翼知識人群體」。

余杰這四條知識、思想與精神脈絡，不同於中國一九四〇～一九五〇這兩代知識人。前些年中國媒體管制還未到今天這般嚴苛之時，《南方周末》曾登載過這代知識人的書單，發現大體相同：除了蘇俄文學、法國文學之外，還閱讀了不少當時為統治階級提供的「特供」書籍——內部出版物，比如《第三帝國的興亡》、「灰皮書」、《摘譯》等等。因為有這些並不完整的知識墊底，中國在上世紀八〇年代對五四的重新闡釋，以及發掘中國從一九四九年以來的思想史上的失蹤者，都是由這兩代知識人完成的。前者的名篇有李澤厚的《中國現代思想史論》，後者的名篇有朱學勤的《思想史上的失蹤者》，但對於台灣五〇年代「自由中國」的思想遺產，恐怕除了專業研究者，人們所知不多，就算知道「自由中國」這個知識份子群體，大多只了解他們的故事與人生遭遇，卻很少去讀他們的書與文章。因了這些閱讀，余杰方能「在六四屠殺之後的憤怒與痛苦中，重新梳理五四的激進主義傳統，從魯迅和陳獨秀轉向胡適和周作人；然後研究台灣民主化進程及自由主義脈絡，發現了殷海光、夏道平、張灝等古典自由主義者」，再「從他們那裡發掘海耶克、奧地利經濟學派及基督教人性本罪的思想遺產」；然後「再在當代中國找到了顧準、林昭和楊小凱留下的火種」。

西方世界右翼知識人群體的書，中國知識者熟悉的多是古典自由主義（保守主義），但在中國這個社會環境中，很多知識人更親近西方左派思想，尤其是挾法蘭克福學派爲名的新左派借殿堂默許之便在中國登堂入室之後，這一趨勢已成，青年人受其影響極大。但余杰卻在這時皈依了基督教，這一選擇對他的保守主義價值觀形成幫助很大，因爲西方古典自由主義思想與基督教思想同構：憲法與法治（源於上帝與人的立約）、反福利國家（清教的上帝救助自助者）、反對解構家庭的性開放及LGBT潮流（重視家庭責任倫理）等，最後，他在西方思想界發現了埃德蒙．伯克、艾茵．蘭德和奈波爾等他稱爲「與之心心相印的先知」，由此成爲堅定不移的右派——我相信這種思想成長史在他那代人中極少。

余杰的閱讀史中，經濟學著作可能相對較少，但他對福利國家的危害的認識，卻相當深刻。社會主義、共產主義的理論基礎是人性本善，不願正視人性的幽暗面，而《聖經》對人持「原罪」說，由於《聖經》是西方精神最重要的來源之一，這種「原罪說」深刻地影響了西方近代社會科學的理論建構，比如西方經濟學理論的出發點就是經濟人，即假定每個人都不擇手段追求自身利益最大化，但市場這只看不見的手用市場法則（法律）將人的行爲限制在某合理範圍內，最後達成各主體之間的利益平衡。產生於二十世紀四〇年代中後期、並於五、六〇年代完善的公共選擇理論，其理論支點只有兩個：第一是經濟學的交換方法，第二是經濟人的假設。公共選擇理論的代表人物詹姆斯．布坎南對經濟人假設做了發揮：「在人數衆多的複雜社會裡，有必要把成員看作好像他們都不自願將其行爲限制在互利的限度內」，「每個人都是嚴格意義上的『經濟人』，全都最大限度地追求私利，全都最大限度地將淨財富個人化。基於這樣一個出發點，人們才能製訂出適宜的『法律限制』，並把它作爲有效憲法對話的一個題目」。

正因爲受基督教教義及保守主義的影響，余杰對美國現狀的認識，遠比不少比他早到美國二、三十年的中國異議人士認識要深刻，他了解到經過羅斯福新政以及六、七〇年代黑人民權運動、反越戰運動、約翰·甘迺迪政府的「偉大社會」改革，美國出現了部分「福利國家」之特徵。雖然美國的福利制度與歐洲各國尤其是北歐「社會民主主義」的高稅收、高福利制度還有距離，但比起此前崇尚勞動、競爭、自我奮鬥、自力更生、「不做工、不得食」的傳統美國來，福利逐漸成爲政府的功能和特權。他很準確地把握了福利國家的危害，又不全盤否定福利，闡述他之所以反對福利國家的主要原因：

其一，保守主義者並不全然反對福利本身，而是反對政府壟斷福利。政府主導福利，勢必造成政府過分強大、干預過多和代價昂貴，政府部門膨脹、官僚主義盛行、稅收增高、通貨膨脹。因此，福利或慈善事業應當以教會、民間團體、私人機構爲主；以政府爲輔，政府從旁提供政策支持，不宜赤膊上陣。

其二，過度的福利讓被救助者喪失工作主動性、喪失尊嚴、喪失人格。在左派盛行的美國，奧拉斯基倡導「有同情心的保守主義」，「我們應當向政府的福利項目宣戰，不僅是因爲它們太昂貴——很清楚，很多錢被浪費了，而且也是因爲，在把人當人而不是當動物看的這一方面，它們表現出不可避免的吝嗇」。過度福利必然貶低人性，那些本來有勞動能力卻長期依賴福利的人群過著沒有自尊的生活。

其三，福利制度是政府調整社會分配的方式之一，以避免過度貧富懸殊，並救助弱勢群體。然而，當政府跨越「有限政府」的紅線，充當「殺富濟貧」的角色，必然破壞鼓勵辛勤工作、追求自我實現的新教倫理，挫傷商人和資本家經營的積極性，進而危害自由市場經濟的運行。

可以說，余杰這本思想自傳，普及了保守主義反福利主義的一些常識。正因爲余杰深得「上帝救助自助者」與保守主義思想精髓，他因此能夠欣賞馬文·奧拉斯基（Marvin Olasky）的著作《美國同情心的悲劇》。這位從共產黨轉化成基督徒和保守主義者的學者對福利主義之害鞭辟入裡，語言尖刻。就社會福利而言，西方是處於肥胖症階段，而中國處於營養不良階段，不少中國人看了無法接受。其實這本書的道理，可以用兩句中國古話概括：救急不救窮；授人以魚，不如授人以漁。如今，從世界範圍內看，推廣自由經濟思想之所以困難，是因爲自由經濟的不少優點與人的直覺相悖，比如當今世界上一個最大的誤解，就是認爲支持福利主義的左派較能促進基層福祉、縮短貧富差距，而支持自由市場的右派則只顧經濟發展，漠視窮人死活。但這並非事實，請看以下研究：

根據美國傳統基金會的研究，美國的貧窮率自二戰結束後穩定下降，但自從林登·詹森（Lyndon Baines Johnson）於一九六三年成爲總統並推行他稱之爲「偉大社會」的新政後，「反貧窮戰爭」開始，福利開支飆升，貧窮率卻停滯不下，貧富差距逐漸攀升：一九六〇年代後期，花費一千億美元社會福利開支，貧困率大約在十三%；此後，福利開支每年逐步上升，到二〇一三年達到每年九千五百億美元的規模，但從一九六〇年代後期以來，貧困率再也未曾下降，一直徘徊在十三%上下。根據美國人口普查局公佈的統計報告，二〇一五年美國的貧困率爲十三．五%，貧困人口爲四千三百一十萬人（此次統計的貧窮家庭指生活在官方貧困線以下的人群，四口之家的年收入不超過二．四萬美元的家庭），宣告這場曠日持久的戰爭基本失敗。

余杰對強大的國防力量的描述，讓我想起美國青年艾里克．格林坦斯寫的《愛心與鐵拳》（Eric Greitens: The Heart and The Fist - The Education of a Humanitarian, the Making of a Navy Seal）。艾里克二十六歲時獲牛津大學博士學位，同時成了一個出色的多次獲得金牌的拳擊運動員，但他拒絕了唾手可得的商業界的高薪聘書，毅然參加了一年只有一、兩萬美元津貼的美國「海豹」精英特種部隊的預選隊。在八十%到九十%淘汰率的嚴酷訓練中，艾里克以驚人的勇氣與難以置信的毅力成功闖過了被稱爲「地獄星期」（近乎掙扎於受刑與死亡線上的考驗）高強度選拔，成爲「海豹」精英特種部隊的軍官。「九一一」後，他遠赴肯亞、泰國、阿富汗、伊拉克等地執行各種艱鉅的反恐任務，經歷了無數危險戰鬥。但是，即使在他身帶最具殺傷力的武器之時，他的人道主義理念也從未泯滅。在艾里克的故事中，從頭到尾貫穿了一個簡單又深刻的主題：你必須是個強者才能成爲好人；同時，你必須是個好人才能成爲強者。

在美國，隨著來自於非民主國家的移民增加，人口結構逐步改變，更兼冷戰以後，包裝成進步派的左派佔據了美國大學近三十年，影響了二十歲至五十歲的幾代美國人，美國人當中信奉社會主義的人越來越多。二〇一八年，美國文化與信仰組織（the American Culture and Faith Institute，ACFI）對美國的成年人做了一項社會調查，調查結果中，最令人感到意外的是，四十%的美國人現在更願意選擇社會主義，而不是資本主義。調查顯示，在十八～三十四歲的民主黨人當中，六十一%的人對社會主義持正面態度。年輕人，尤其是女性，正試圖將民主黨改造爲民主社會主義的工具。在受過社會主義深度危害的中國，余杰這種出生於文革後的保守主義青年更是極爲罕見。在世界青年思想偏左的潮流下，余杰堅守保守主義立場，非常難能可貴。

以上是余杰思想的根本，有了這一根基，對西藏、台灣問題的理解並支持這些地方從專制中國獨立，也就水到渠成。對於多思善思的作家，四十五歲只是人生一個重要的時間節點，更何況，世界此時正處於全球化逆轉的轉折點、社會主義思潮在歐美青年中蔚爲潮流之時，今後二十年，不僅中國面臨向何處去的問題，世界也同樣面臨向何處去的問題。我相信，在與「向左、再向左」的世界潮流的搏擊中，余杰的思想會在衝撞砥礪中更臻成熟、深刻。

推薦序

超脫深層意識的自白

李怡（香港寫作人）

二十多年前，中國有幾位自由派的知識人到台灣訪問，在同民進黨人士談話中，他們說：「大陸不民主，台獨不可能；大陸民主了，台獨沒必要。」民進黨那時還沒有執政經驗，他們這樣回應：「中國不民主，統一不可能；中國民主了，統一不必要。」

假設這些中國知識人和民進黨人士都有自由民主法治的理念，從這段談話中也可以看到他們之間的基本差異有多麼大。可見一個人由他的成長經驗、所處的社會環境和從父母師長傳承的價值和觀念基礎，是多麼深刻地內化到深層意識中。在我人生歷程中，與無數政商界和知識人交談，發現不論當過多大的官，商場上取得多大成功，讀過多少書，學術上多麼有名，去過多少國家，在國外生活多久，骨子裡的東西，包括根深蒂固的價值觀和狹隘無知的境界，眞是畢生都難以改變。

台灣在本省或外省家庭成長的人，大致上就是藍綠票倉的基本盤。中國大陸人與台灣人的民主觀念，也大致可以從上面的對話中看到根本區隔。許多中國自稱反一黨專政的自由派，他們對中共時政或許鞭辟入裡，但講到愛國，講到統一和獨立，就不會去思考理據，而是幾乎本能地反應：愛國就是好，不愛國就是壞；統一就天經地義，獨立就彌天大罪。

在中國大陸生活過或在香港同中共打過交道的人，還有一個普遍觀念，就是中共的絕對權力是不可挑戰的。他們會對專制政權批評、諷刺、挖苦，但講到用另一個力量去取代那個政權，就似乎在他們想像範圍以外了。他們批評專制政權，但大都寄望中共體制內改革，而不是要改革體制，實際上是乞求不要傷筋動骨的廉價改變。許多在香港爭取民主的人士，也擺脫不了這觀念。

中國民族的奴性傳統且不說，上述深層意識則是一九四九年中共建政後實施專制統治和成功洗腦形成的。近日川普暗指，幾乎每一個中國留美學生都是間諜。這說法容或誇大，但上述深層意識，確實具備當間諜的思想基礎。

中國知識人中，近十多年我發現一個例外，就是余杰。他出生、成長及受教育於中國大陸，卻能夠跳脫那種深層意識與狹隘境界。

《我是右派，我是獨派》的概括，已經超越了中國一般反對派的認識基礎，儘管從西方自由主義或保守主義的認識中，這可能只是常識。我個人也是從香港的中共體制中走出來的，深知即使是常識，因為與自己固有觀念衝突，也不易植入。

從他寫的這本「思想自傳」中，我發現他的超脫狹隘意識，與他的年齡很有關係。他十多歲思想成熟時，正值八〇年代後半段的中國思想開放的年代。就像寒冬中有幾天回暖，一些植物就爭分奪秒地發芽一樣，在封閉的社會，只要開出一條門縫，自由的空氣就會催生出一些奇葩。

我一直留意及欣賞余杰的寫作，他的思考、論述，不僅在中國難以見到，在海外也屬難能可貴。儘管他只是發表言論，沒有參與組織活動，但不容於中共政權是很自然了。離開中國後，他仍然著述不輟，而且永遠探索新的思考領域，總算不負到了言論自由的天地，讓自己的自由思想和寫作才華盡情揮灑。

序篇

逃離中國

是到了離開的時候。

一九九八年，我的處女作《火與冰》問世，這本發行百萬冊的書影響了一代中國青年人的思想。上世紀九〇年代末那幾年，很多大學文科生的宿舍裡，這是一本最常見的書。其中，有一篇題爲〈流亡者〉的文章，講述了古今中外流亡者們的故事。那時，我不曾想到，自己會成爲流亡者中的一員。

猶太裔羅馬尼亞異議作家諾爾曼．馬尼亞（Norman Manea）在離開羅馬尼亞前夕，有一位文化界的朋友對他說：「我們的眞理之鄉是這裡。我們是作家，我們別無選擇。不管發生什麼，我們都得生活在這裡，我們要在自己的語言環境裡堅持到最後。」具有諷刺意義的是，這位愛這片土地「愛得深沉，眼中常含著淚水」的朋友，後來成了黨國體制內一名幹練的文化和外交官員。

馬尼亞做不到左右逢源，他不以「留下」爲至高的光榮。他回答說：「但是爲了寫作，我們首先得活著。墳地裡滿是不能再寫作的作家。他們留下來了，在墳墓裡，他們不再能寫了。」他爲是否離開羅馬尼亞猶豫不決了很長時間，最主要的問題是，隨著離去，身上有多少部分將死去？

馬尼亞甚至用「自殺」來比喻流亡——對於一位作家來說，流亡等同於自殺，那是最後的旅程。然而，面對勞改營、面對告密者、面對身邊令人窒息的空氣，他也相信，流亡至少提供了一種部分的、暫時的救助，一條消防通道，一個緊急出口，一種解決方案。他說：「當不確定你家的房頂能否支撐下去，你只好盡可能快地跑出去，以逃避熊熊烈火。你所能做的只有逃離死亡，不是隱喻的死亡，而是貨眞價實、迫在眉睫、不可救治的死亡。這種緊迫感有其自身的挑戰與困惑，它是一種逃生的本能嗎？」

這也是我離開中國前夕的心態。馬尼亞的回憶錄《流氓的歸來》如同我的一面鏡子。因著中國嚴格管控的出版環境，這個中譯本中的若干內容被出版社稱爲具有「非客觀色彩和政治錯誤」而遭到「好心」的「修改」，它是殘缺不全的。只有到了自由世界，才能讀到完整版本，像拼湊馬賽克那樣，將被刻意遮蔽的、其實是最重要的部分找回來。

那時我的處境比當年的馬尼亞還要惡劣。死亡剛剛與我擦肩而過，在那場持續數小時的酷刑折磨中，我與死神之間僅僅隔著半個小時的距離，它的手摸到我的腳踝。若非上帝的保守，我就成了中國版的陳文成。

從二〇〇〇年開始，我有機會訪問歐洲、美國和日本等許多國家，每到一地都會有關心我的安全的朋友勸我留下來。但我每次都回答說：如果生命安全還有保障，如果還可以繼續寫作，我不會離開中國。

如今，這兩條底線都被打破了，不僅百分之百的言論自由全部被剝奪，而且生命安全也沒有保障。我只是書齋中的知識人，不曾用上街抗議、結社組黨等方式反抗共產黨的統治，共產黨對我的仇恨，爲何到了恨不得除之而後快的地步？

我想，這就是觀念的力量、思想的力量，我所倡導的「右派」和「獨派」的理念，對中共的官方意識形態具有顛覆性，甚至比我點名批評胡錦濤、溫家寶、習近平更讓中共惱火。他們不敢在觀念層面跟我辯論乃至對決，剩下的就是「肉體消滅」。

儘管我信奉胡適從范仲淹《靈烏賦》中借來自勉的名句：「寧鳴而死，不默而生」，但我的生命不應該在三十九歲就劃上休止符，我還有那麼多書要寫，我還有摯愛的妻子與兒子需要照顧。我不願選擇成爲殉道者。我有自己持守的價值和信仰，也有信心在三十九歲這一年到一個新的國家開始新的人生。在那裡，有百分之百的言論自由、思想自由和信仰自由，以及「免於恐懼的自由」。在那裡，我可以全盤形成並說出「我是右派，我是獨派」這兩句「自我身份定義」，而不必擔心被冠以「煽動顛覆國家政權」和「分裂國家」的罪名。我不愛中共，不愛中國，也不愛中國文化，我單單愛眞理和自由。

「被旅遊」：最荒謬的當代漢語詞彙

二〇一〇年十二月九日，我被套上黑頭套綁架、酷刑折磨至昏死之後，便成了秘密警察手中「沉默的羔羊」。

北京市國保總隊的姜慶杰處長，身材瘦高，外貌儒雅，若走在馬路上，人們絕對想像不到他是一個窮凶極惡的「中國的蓋世太保」。在我十二月十四日獲釋前夕，姜處長皮笑肉不笑地宣布「約法三章」：第一，不能再寫「誣衊黨和政府、攻擊領袖的錯誤文章」；第二，不能與「敏感人物」會面，至於哪些是「敏感人物」，「我們不說你心裡也知道」；第三，在某些「敏感時刻」，不能待在北京，必須外出旅遊，國保將一路陪同並負責所有費用。姜處長最後意味深長地說：「這三點，你必須接受，從此謹言慎行。否則，此前在你身上發生的一切（酷刑），有可能再次發生。」雖然窗外陽光燦爛，是北京罕見的晴朗而明亮的冬日，但我聽他說這番話時，不禁打了個寒顫。

其中，第三條「規則」被廣泛實施於異議人士身上，被戲稱為「被旅遊」。這是一個在中國網路上廣泛使用的漢語新詞，宛如喬治．歐威爾（George Orwell）《新語詞典》中的詞彙。旅遊本來是富裕起來的中國人趨之若鶩的一種生活方式，但旅遊前面加上「被」字，就成了身不由己的「臨時性放逐」。即便不用自己掏錢支付路費，也並非「優厚待遇」，而是另一種形式的剝奪自由。

早在一九八九年天安門屠殺之後，很多異議人士就有過「被旅遊」的經歷。劉曉波曾講述九〇年代中期，國保警察帶他到全國各地旅行的故事，有一次是跟天安門母親到了太湖上的一個孤島。不過，「被旅遊」這種手段大規模運用，是在胡錦濤時代末期。到了我離開中國之後的習近平時代，「被旅遊」更是發揚光大，成為精密化管制異議人士的秘方。

「被旅遊」通常都在「敏感時間」發生。哪些時間是「敏感時間」呢？傳統上來說，固定的「敏感時間」包括：每年春天在北京召開「兩會」（全國人大、政協會議）期間、六四紀念日、七一中共建黨紀念日、十一中共建政紀念日（所謂「國慶日」）、十二月二十五日聖誕節（家庭教會一般都會組織紀念活動）等；另一些臨時性的、機動性的日子包括：西方重要國家的元首和政府首腦到中國訪問、重大國際會議和活動在北京召開（奧運會、亞太經合組織峰會等）、某些重要政治案件開庭審判的日子……這些日子我通常會「被旅遊」，只要我不在北京，就不再是黨國潛在的威脅，就不能與來訪的外國客人會面（用官方的話來說，就是「告洋狀」），也不能去聲援被判重刑的人權活動者。如此，「被旅遊」這種舉措，成功地將本來為數甚少的異議人士孤立起來，使之「原子化」，逐漸失去影響力。

在北京，這一類在日曆上需要特別標註的日子越來越多。在二〇一一年一整年當中，我有三分之一的時間不能待在北京家中，只能與國保警察一起赴全國各地。大部分「被旅遊」的行程是我一人出行，少數時候可以申請妻子同行。若妻子不能同行，我們一個完整的家庭，被一分為三：我在外地，妻子在北京，三歲的兒子在四川爺爺奶奶家中，一家三口如天上的星辰一般「盈盈一水間，脈脈不得語」。

「被旅行」的地點，有一定的靈活性和選擇性，這大概是「獨裁者的進化」的一部分。姜處長宣佈，北京不能待，上海、西藏、新疆這些「敏感地點」也不能去，除此之外，中國國內其他地方可「自由選擇」。

那段時間，我開始跟姜處長探討全家離開中國的可能性，他甚至很「貼心」地說：「以後你出國了，難得再回來，不妨趁這段時間，多觀賞一下祖國的大好河山。」他用的確實是「大好河山」這個岳飛用過的老詞，彷彿他是「大好河山」的主人。於是，那一年裡，我去了西雙版納、昆明、大理、揚州、杭州、三亞……比此前十年裡去過的地方還多。

第一次「被旅遊」時，他們建議我去那些沒有異議人士的地方，以免發生「偶遇」之類的麻煩，讓上級不開心，他們會受批評，而我也會被懲罰。我就選擇去西雙版納，西雙版納的少數民族是循規蹈矩的「模範生」，沒有分離主義份子，我想去看看熱帶雨林和大象。

最後一次「被旅遊」，是二〇一一年聖誕節前夕，我與妻子一起去三亞。有過前面幾次的「磨合」，他們發現我比較遵守承諾，便不再寸步不離、如影隨形。姜處長說：「你可以自己先訂機票和酒店，訂好之後把有關訊息告訴我們。這些費用等回來後再結算給你。我們也會去，但不會出現在你的視野中，我們各玩各的。」

當我上網找機票和酒店時，發現聖誕節正是三亞的旅遊旺季，機票和酒店都沒有折扣，且一票一房難求。我打電話給姜手下張科長，張科長說：「不用擔心錢的問題，無論多貴都可以。」我訂了全價的機票和唯一有房間的、三千元一個晚上的東方文華酒店。那是我平生住過的最貴的酒店。此後，這家酒店一直給我發促銷電子郵件，他們哪裡知道，我是無法支付如此昂貴費用的窮書生，這一次「破例」是因為昂貴的旅費來自國家每年高達七千億的維穩費用。

果然，一路上國保們都未出現，我和妻子包了一輛出租車去遊覽周邊景點，包括舒淇主演的電影《非誠勿擾》中作為外景地的天堂森林公園。身臨其境，倒不覺得多麼美妙絕倫，過於雕琢的房舍，掩飾不住暴發戶式的炫燿感，這種氛圍籠罩中國每一寸土地。這趟旅程，我們最大的驚喜，是頭一次吃到如同奶油冰淇淋般的熱帶水果釋迦。

第三天，我們準備回北京了。上午，姜處長打來電話說：「中午一起吃飯吧。」我說：「喝茶可以，吃飯就免了吧。」這是我一貫的原則：跟國保打交道時，最多跟他們一起「喝茶」——中國的異議人士跟國保一起「喝茶」，就跟香港的腐敗份子被請到廉政公署喝咖啡一樣，是「例行公事」。如果沒有跟國保一起喝過茶，那麼異議份子的身份就值得懷疑，甚至不配稱之為異議份子。不過，我跟國保們去茶館，通常只要清水一杯，我用這種方式跟他們保持距離。

此前，他們知道我的這個習慣，每當服務生過來點單，我還沒有開口，他們便說：「這位先生，清水一杯。」這一次，姜處長一再勸說：「你快要出國了，或許今後沒有機會一起吃飯了，我們交往多年，還沒有一起吃過一頓飯呢，今天就算給個面子吧。」我沒有繼續堅持，答應了。

中午十二點，我一個人準時來到酒店雅緻的餐廳，姜處長、張科長和小尙三個人在靠水池的一張桌子上等候。他們一再請我點菜，我隨意點了幾個菜。五星級酒店的菜品，從來淡而無味，同桌的人也不是朋友，這頓飯吃得了無趣味。

快要吃完時，姜處長突然說：「明天你們就要回北京了，怎麼不多玩幾天，這邊多暖和啊，北京還是一片冰天雪地呢。」

我說，還有很多事情要處理，還要回四川接孩子。「你們不就是害怕我聖誕節在北京，參加教會的活動嗎，現在聖誕過去了，沒有什麼好擔心的了。」

姜處長滿臉堆笑地說：「好吧，那我安排小尙送你們回去，我和張科長再在這裡玩幾天，來一趟也不容易。」此前，姜處長曾在我面前抱怨，國保警察薪水低、待遇差，不像其他類別的警察有油水可撈（作爲被監視者的我們不可能賄賂他們）。幸虧他的老婆是級別不低的幹部家庭子女，在金融系統工作，他們的家庭才能在北京過得去。若是靠他們的薪水，不可能到海南「豪華旅遊」，找到這一次出任務的機會，多玩幾天似乎理直氣壯。

回到北京，我整理相關旅費的單據，發現我和妻子四天花費了兩萬多元。姜處長和張科長在那邊多玩幾天，費用肯定是我們的好幾倍。這樣，僅僅這一次我的「被旅遊」，總體消費在十萬元以上，難怪中國的維穩費用要超過七千億。

最後一次回到無比陌生的故鄉

回到北京之後，過了二〇一二年元旦，我飛回四川成都，去接留在爺爺奶奶家的兒子。半年多不見，快到四歲的兒子又長高了一大截，滿口都是麻辣味道的四川話。

我的故鄉，成都郊區的小縣城蒲江，跟中國所有的縣城一樣，正在大興土木。縣城周圍是密集的房地產項目，鄉村則是以「新農村運動」的名義蓋起的新村落。中國經濟高速發展的秘密是土地財政、透支未來。原本山清水秀的地方，全被房地產集團以「圈地運動」的方式開發成「先富起來的人們」的鄉村別墅。每一個房地產商背後，都隱藏著一個頂級太子黨。當地最奢華的房地產項目大溪谷，就由前國家副主席曾慶紅的姪女擁有的「花樣年集團」開發。在小小的縣城裡，人人都在用羨慕的口氣討論這個房地產項目能賺多少錢、又有哪些人能住進這個小區並提前過上美國人獨棟房的生活。

故鄉早已沒有童年時代的清純與溫情，滿城麻將，紙醉金迷。麻將成了絕大多數人唯一的樂趣：富人的麻將，一圈數百乃至數千輸贏；窮人的麻將，一圈則是幾毛或幾元的輸贏。很多公務員在上班時間也跑到麻將館或農家樂打麻將。我不會打麻將，宛如「故鄉的陌生人」，失去了這個跟親朋們交流的社交手段。難怪有人說，飛機尚未著陸，如果聽到地上傳來劈劈啪啪搓麻將的聲音，你就知道成都到了。

每個人的故鄉都在淪陷中，我的故鄉亦如此。人生的目標就是掙錢，在當地土話中，掙錢是「吃票子」，多麼窮形盡相！人們尊崇有錢有勢的人，無論他幹了多少傷天害理的事情。上層的爾虞我詐、血雨腥風，我並不感到奇怪，千百年來，中國一直如此，只是於今爲烈。但是，底層的淪喪讓我觸目驚心，被壓榨和被凌辱者，偏偏崇拜壓榨和凌辱他們的特權階層，這是多麼可悲的魯迅所說的「奴在心者」！

作爲北大中文系畢業生，本來擁有從政的本錢，擁有光宗耀祖的希望。然而，快到四十的我，依然是一介布衣、兩袖清風，甚至被當作「國家的敵人」——「國家的敵人」也就是「人民的敵人」，小城的家長們教育孩子時，不再以我這個昔日的狀元郎、北大才子爲榜樣，而低聲告誡說：「千萬不要學他，自不量力，跟黨和政府作對！」

反之，在家鄉父老心目中和口頭上，成功人士的典範是兩個飛黃騰達的官員。

一個是中學同年級的杜滸。高中時，杜滸學習成績平平，沒有考上大學，只考上作爲專科學校的四川省財校。畢業後到鄰縣大邑縣工作，從普通公務員到鄉黨委書記，然後娶了當地官員的女兒，再加上一表人才、能說會道，一路高升到財政局局長、縣委常委和宣傳部長，又被提拔爲共青團成都市委書記。胡錦濤執政期間，共青團幹部很受器重，有了共青團幹部的履歷，他很快出任彭州市長、副書記。三十五歲主政一方，被視爲四川政壇的明日之星。

我回鄉時，正是杜滸如日中天之際。老同學驚歎於他的少年得志，也讚揚他頗念舊情，時常幫助老同學辦事。一人得道，雞犬升天，他的父母開著豪華汽車，住進了縣城旁邊名為大溪谷的豪華別墅。

然而，三年以後的二〇一五年一月，我在維吉尼亞家中上網瀏覽新聞，突然發現杜滸出事的消息：「成都市紀委對彭州市原市長杜滸立案調查。經查，杜滸的行為已構成嚴重違紀，其中部分問題已涉嫌犯罪，成都市紀委已將杜滸移送司法機關依法處理。」

法庭判決落幕之前，各種小道消息滿天飛。據說，杜滸落馬跟爭議巨大的彭州石化項目有關。彭州位於成都上游，該石化項目一旦建成，空氣汙染和水汙染將讓成都近千萬人深受其害，都江堰也處於危險之中。成都民眾曾上街抗議，卻遭到武警野蠻鎮壓。主推此項目的是主政四川多年的前政治局常委周永康的走卒：成都市委書記和四川省委副書記李春城。周永康的兒子周濱為這個項目穿針引線，從中牟取巨額利益。而杜滸從二〇一〇年六月起擔任彭州市代理市長和市長，成都市石化基地管委會副主任、主任及黨工委委員等職務，是該項目的具體經辦人。

據說，這個耗資三百八十億的工程，有兩成左右被私人瓜分。大頭當然是周永康父子、李春城等人收入囊中，在周永康眼中只算是小蝦米的杜滸大概也只能分得殘羹冷炙——即便如此，對於朝九晚五、勤勤懇懇的工薪階層來說，「殘羹冷炙」的數目也當在數千萬之譜，是他們一生收入的若干倍。

另一位傑出同鄉，是早我幾年從蒲江中學畢業、考入復旦大學新聞系的趙奇。畢業後，趙奇進入中宣部，成爲負責意識形態的常委李長春的貼身秘書。李長春退休之後，鞍前馬後勞碌多年的趙奇被任命爲中央辦公廳調研室宣傳組組長、中央宣傳思想工作領導小組秘書組組長（正局級）。

李長春是言論自由和新聞自由的公敵，在其任上製造了不計其數的文字獄。李長春退休後附庸風雅，醉心於書畫和攝影。在二〇一五年的北京閱兵典禮上，李長春以前黨國領導人的身份出現在天安門城樓上，手持 Canon 長鏡頭高級相機親自拍照——以反日爲號召的閱兵，卻用日本產的相機拍照，成爲最大的笑話。而李長春的子女盤據金融、傳媒領域，個個富可敵國。

長期服侍李長春、爲其效犬馬之勞的趙奇，能步步高陞，不可能沒有幹過壞事，劃定禁書名單、開除編輯記者之類的惡行，他一定參與過。然而，家鄉父老並不在意這些黑幕，對其呼風喚雨的地位望之若雲霓。人們口耳相傳的一個細節是：趙奇的父親病逝之後，雖是一介平民，其追悼會的規格卻超過縣委書記。趙奇回鄉時，四川省長親自陪同，警車開道，好不風光。送花圈的單位，甚至有威嚴的中共中央辦公廳，那是多大的面子！逝者若地下有知，該多麼欣慰！老人們談起這些細節，眞有「生子當如趙奇」之嘆。

沒有成爲杜湝和趙奇那樣的人，不是我的恥辱，而是我的驕傲。我的那些回到成都發展的北大同學，不少人已成爲廳局級官員。一位曾與我在宿舍裡慷慨激昂地臥談天下事的老友，給省長當過兩任秘書，外放到地方任職，再回到省府成爲廳局級官員。幾年前，我們見過一次面。結果，後來其他同學傳來消息，那次見面差點給他帶來不好的影響，我在四川的一舉一動都有國保監視，幸虧四川的國保頭子常常向省長彙報工作，跟作爲秘書的他很熟悉，才沒有將此事寫入報告之中。於是，我們此後再也不曾見面。既然彼此生活在兩個截然不同的世界裡，昔日的友情就漸漸褪色了。

北京不是我的故鄉，不值得我想念——儘管我在北京生活十九年之久，超過在四川生活的十八年時間，但這個帝都和魔都，從來屬於官和商以及他們的幫忙、幫閒。我擁有北京戶籍，但從不將自己看作北京人，心裡一直以四川人爲傲。

如今，我哀傷地發現，眞正的故鄉亦已消失得無影無蹤，不是在地圖上消失，而在在心靈深處消失。或許是心理上的原因，或許還有霧霾的因素，我眼中的故鄉四川再也沒有童年青翠欲滴的色彩，四處都是一片灰濛濛，河裡沒有魚蝦，山上沒有蘑菇，天上沒有飛鳥。四川與北京同樣不自由，四川變得跟北京很相似，人們習慣沒有自由的生活，即便不是甘之如飴，也是沉默忍耐。書店都關門了，麻將館和曖昧的按摩店越來越多，有錢人也越來越多。

其實，並不是所有人都富裕而成功，沒有錢的人更多。縣城很小，沒有公車，只有人力三輪車，一般只需要兩三塊錢的車資。有一次，我坐上一輛人力三輪車，發現拉車的是一名中學同學——他工作二十年的工廠倒閉了，爲養家餬口，只能出來拉三輪車。我沒有能力幫助他，臨別時只能多給他幾塊錢車資。他羞怯地向我說聲謝謝，消失在車水馬龍之中。

既然在故鄉我也是一個陌生人，那麼，離開或許是唯一的選擇。

再見：祖國抑或地獄？

二〇一二年一月的第一個星期，我帶著兒子從成都飛到北京。妻子到機場接我們，見到半年多不見的兒子，她喜極而泣。

三個月以前，我們已經將家中的物品打包分送各處：一部分常用的書籍和紀念品，裝箱後海運到美國的朋友家中；更多的書籍和傢具，或者送給北京的友人，或者運回四川老家。然後，我們將房子和車子都賣掉，等於斬斷了跟北京的聯繫。出售房子前夕，我有些擔憂，國保警察從未完全承諾放我們走，萬一走不了，在北京沒了房子，豈不進退兩難？妻子比我有更大的信心，她每天都在為此禱告，她說有從上帝而來的確信，我們一定能順利離開中國。

在北京的最後一個星期，我們住在東四環外後現代城的一間短租公寓內。北京正是最冷的寒冬，兒子從空氣品質稍好的成都來到空氣質量很差的北京，不住地咳嗽，吃什麼藥都不管用。

我們離開的計劃並沒有告訴太多友人，在那個肅殺的冬季，昔日惺惺相惜的朋友們已多流散，或入獄，或在嚴密監控之下，或外出避禍。只有一次，我冒險約了幾位朋友，在一家朋友開的火鍋店吃了一頓飯，算是正式道別。

簽證和機票都已準備好。簽證是此前去美國參加學術會議時辦的一年內多次往返簽證，因爲擔心橫生枝節，這一次我沒有跟美國使館負責人權問題的外交官聯絡，美國政府並不知道我要離開中國到美國的計劃，更不曾因爲我而跟中方談判施壓。我希望以相對正常的、安靜的方式離開。

二〇一二年一月九日，我們赴美機票日期前兩天，姜慶傑處長告知，第二天將有一位很高級的領導約見我，一大早他們要來接我去會面，讓我在住處等候。他再三叮囑如何在領導面前應答，彷彿他是電影導演，我是剛剛入行的演員。

十日早上，小尙開著賓士轎車來接我。一路飛馳，那天北京的交通似乎格外暢通，不到一個小時，就到了德勝門附近的一家假日酒店。姜處長、張科長等人在樓下大堂等候。然後，他們引我乘坐電梯進入樓上一間套房。

那是一間高級套房，一進門就是寬敞的會客室，圍成品字形的沙發、茶几以及吧檯。裡面已有兩個便衣在忙碌，其中一個正是我的《中國影帝溫家寶》一書出版前夕傳喚並審問我的名叫朱旭的國保科長。我曾將與朱旭的對話整理成文章發表，形容其爲「胖胖的國保朱」。此刻，他正在擺弄一台放置在三腳架上的攝影機，看到我走進來，彷彿是老朋友般地微微一笑。

幾分鐘之後，走進來一名中等身材、身穿白色襯衣的人，房間裡的幾名國保紛紛起立向其致意，這大約就是他們所說的「領導」——他們稱其爲「劉局」。這位「劉局」伸出手來跟我握手，並不自我介紹，只是居高臨下地說：「余先生，我早就想見你了，幸會，幸會。」

當我抵達美國之後，有一位電話訪問我的香港記者在「人民網」的資料中找到一段公安部治安局局長劉紹武的畫面，我辨認出與我談話的「劉局」似乎就是此人，他因爲在北京奧運會期間負責政體安全保衛工作，滴水不漏，深受最高領導人嘉許。

「劉局」一口北京話，久經宦海，說話的水平比手下的國保們高多了。他先是天南海北地侃侃而談，主要是說中國已進入太平盛世，人民群衆萬分擁護共產黨，唯有西方國家亡我之心不死等大道理。然後，他將話題轉到我身上：「你的情況我們大致知道，你提出要出國學習的要求，我們經過考慮，同意讓你出境。」我的一顆懸著的心終於落下。另一方面，我也深感悲哀，出入境本是公民的基本人權，在中國，當你成爲官方眼中的「敵對份子」，出入境卻需要經過國保這個特殊部門的批准，否則即便擁有合法文件，到了海關也會遭到攔截，他們給出的理由永遠是莫須有的罪名——「你有可能危害國家安全」。

「劉局」接著說：「希望你到了美國之後，不要忘本，你不可能變成白人。你要持守民族大義，拒絕成爲西方反華勢力利用的工具。」最後，他說出具體的要求：「我們希望你提交一份保證書。」

我把事先寫好的「保證書」交給他看，關鍵的條文是此前姜處長吩咐的「出國後不能點名評論九常委」。「劉局」看了後表示滿意，吩咐說：「你要對著攝影機鏡頭朗讀一遍，我們留作檔案。如果日後你不遵守此承諾，就不能回中國。」他的威脅對我毫無意義：既然決定離開，我做好了此後相當長時間不能回國的打算，甚至一生不回去也不會後悔。我要離開的，不是祖國，而是地獄——摧毀人的自由和尊嚴的地獄。

在我抵達美國之後，立即在華盛頓國際記者俱樂部召開新聞發佈會，鄭重宣布：在酷刑和逼迫情形下所作的「保證書」，違背自己的眞實意願，全部作廢，我將繼續我對共產黨的批判工作。

那天上午，這些程序行禮如儀完成之後，「劉局」站起來，大大咧咧地向我道別，並補充說：「明天中午，不能有親友去機場送行，我們安排姜處長等人送你們全家走，這樣對大家都比較方便。」

二〇一二年一月十一日中午，用過簡單的午餐，我們一家三口來到樓下，姜處長帶領六名國保警察，乘坐兩輛車來接我們。因爲行李箱很多，他們專門安排了一輛寬敞的別克商務車來裝行李。從五環直奔機場高速，一路無語。

到了機場，先是到美聯航的櫃檯托運行李。妻子細心地在每件行李上掛上行李牌，寫上美國友人家的地址。小尙在一旁掏出筆記本，偷偷抄下行李牌上的信息，我們假裝沒有看見，因爲即便制止他，他也不會聽。

辦理完托運行李和登機證後，我們一家三口往安檢和海關通道走。幾名國保警察則掏出警方

抵達美國後，立即在華盛頓國際記者俱樂部召開新聞發佈會，譴責中共暴行。

一家人抵達美國後，拜會美國國務院官員。

的名牌卡掛在胸口，從旁邊的綠色通道直接往裡走。

到了海關檢查口，海關工作人員剛剛將我的護照資料掃入電腦，立刻響起滴滴的聲音。那名年輕的海關工作人員立即拿起電話，似乎要向上級請示。旁邊的姜處長則將他的證件在此人面前晃一晃說：「已經批准了，沒有問題。」一通電話打完，這個海關工作人員才衝著姜處長點點頭，「啪！」地一聲在我的中國護照上蓋上出境章。

從這個小小細節可以看出，中共當局早已在海關資料庫中設置了一張黑名單，只要是黑名單上的人，即便擁有護照和簽證，也無法離開中國。中國是一座大監獄，是亙古以來人類社會最大的監獄，許多人想進來卻不能進來，許多人想出去但出不去。

這一刻，我緊緊握住的拳頭才鬆開。接過護照，背起背包，抱著孩子，挽著妻子，大步往登機口走去。出關時，妻子特地站在我後面，如果我能順利出關，她再跟著走；如果我不能出關，她就不去嘗試。她不走在我前面，擔心萬一她出去了，我不能出去，一家人由此被分離開，那是最糟糕的情形。

到了候機室，我們坐在離登機口最近的椅子上。不久，服務人員廣播宣布開始登機。我們站起來排隊，緩緩走向艙門。姜處長等幾名國保站在十公尺之外，向我們揮手告別。

光光靠在我的肩上，他以為這些人是爸爸的好朋友，便向他們揮手並用稚氣的聲音喊道：「叔叔，再見，再見！」這荒謬的一幕是我離開中國的最後場景。我沒有立即告訴光光，他說

《紐約時報》以整版篇幅報導余杰一家流亡之路。

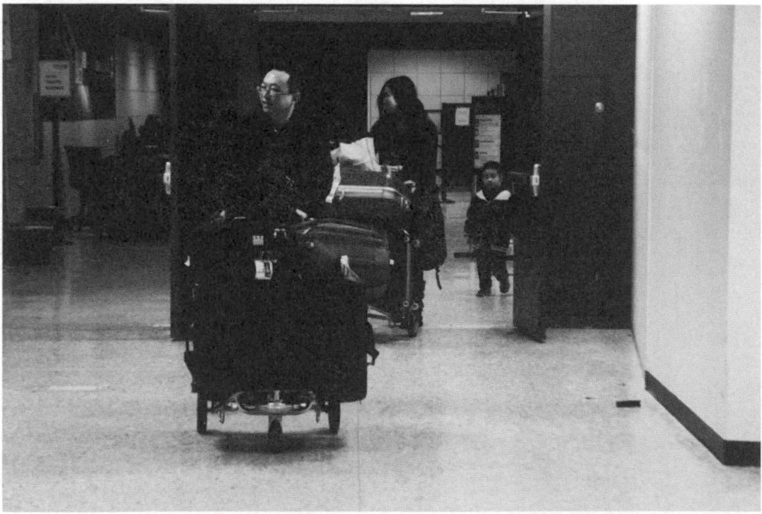

二〇一二年一月十一日，余杰一家三口逃離中國，抵達美國首都華盛頓。

「再見」的那些「叔叔」究竟是什麼人。但我告訴自己，在以後兒子成長的歷程中，我會把全部眞相告訴他。

在座位上坐定片刻，飛機緩緩駛出停機坪，駛上跑道。然後是加速、起飛。當飛機騰空而起的那一刻，眼淚忽然掉下來。我坐在靠窗戶的位置，往下張望萬家燈火的北京城，彷彿是科幻電影中的鏡頭，而不是一座我曾經生活了十九年的城市。

上卷——我是右派

第一章

一個出生在小店主之家的孩子

英國是個小店主國家。

——亞當・斯密（Adam Smith）

有人說，性格決定命運。那麼，決定性格的又是什麼呢？在我看來，是家庭背景、成長環境、教育模式及宗教信仰。

我爲什麼是一名右派思想者呢？因爲我出生於小康之家，成年以後是賣文爲生的「自我僱傭者」。我沒有經歷過貧苦的童年，也沒有忍受過捉襟見肘的日子；我沒有顯赫富貴的身世，也沒有點石成金的理財能力。我的收入足夠養家，足夠買書，如此足矣。我對金錢持有健康理性的心態，既不仇富，也不羡富，更不會像左派那樣美化窮人。我的生活正是《聖經》中描述的最佳狀態：「求你使虛假和謊言遠離我；使我也不貧窮也不富足，賜給我需用的飲食。」

小店主是天生的自由市場經濟論者

我的外公、外婆家和爺爺、奶奶的家庭都是小店主之家。在共產黨中國，「小業主」是一個負面的「階級成分」，我卻以之爲榮。作爲出生在小店主之家的孩子，這種「階級成分」深刻地影響了我的價值觀。

我的外公外婆是一個源遠流長的中醫世家。在成都遠郊山清水秀的小鎮上，外曾祖父是一位倍受尊敬的名醫，經營著一家小診所兼藥鋪。因爲醫術高明，自己製作的各類藥丸療效顯著，看診者和買藥者絡繹不絕。外曾祖父事必躬親，天不亮就起床，一直忙到天黑。粗茶淡飯，樂善好施，晴耕雨讀，怡然自得。由行醫和賣藥致富後，外曾祖父的三兄弟在小鎮中心地帶買了一大塊地，蓋起小鎮上最漂亮的院落。前面臨街的店鋪充當診所和藥鋪，後面兩進院子是住家。兩層L形主樓有二十多個房間，居住著三十多口人的大家族。雖非鐘鳴鼎食之家，在小鎮上算是讓人人羨慕的殷實、忠厚、仁慈之家。

一九四九年年底，中共軍隊佔領四川，然後開始「土改」。這一大家人被當作「剝削階級」掃地出門，成了不可接觸的「賤民」。外曾祖父的診所和藥鋪被充公，當局不准他行醫，強制他每天清掃街道，如是者二十年。對於一名有頭有臉的士紳來說，這是何等大的羞辱。外曾祖父熬過了漫長的毛澤東時代，一直活到八〇年代中期，九十歲才過世。在我的記憶中，外曾祖父是一位慈眉善目的老人，有一次到縣城來探望我們，八十多歲的老人拎著一大包點心，一口氣爬上四樓。

中共政權剛一建立，立即著手消滅私有經濟，剝奪民衆的土地和房產，外公一生的軌跡因此而改變。他剛剛從四川有名的私立中學「文彩中學」畢業，準備到成都上大學，並在成都市中心再開一家藥鋪，形成「連鎖店」，新店鋪的鋪面都已經找好了。然而，共產黨用「公私合營」的手法「化私爲公」，作爲「剝削階級」子弟，外公的大學夢和事業夢相繼破碎，自我奮鬥的選擇權利被粗暴地剝奪了。

剛結婚不久、風華正茂的外公，沒有任何罪過，一夜之間被投進監獄，當局逼迫外曾祖父拿錢贖人——共產黨在骨子裡就是凶悍蠻橫的「綁匪集團」。外公被關押期間，曾被五花大綁送上刑場，作爲槍決犯人時的「陪綁」，即所謂的「陪殺場」。當年，俄國文豪杜斯妥也夫斯基（Dostoyevsky）曾跟死刑犯一起被押上刑場，有了那次經歷之後，他擁有了看待人生和世界的「第二視覺」——俄國思想家舍斯托夫（Lev Shestov）在《在約伯的天平上》一書中說，「第二視覺」看到的是不可剝奪的自由以及對死亡的超越。然而，對於外公和其他有著類似經歷的中國人來說，從此生命中是如影隨形的恐懼。

在獄中，外公被長久捆綁，身上的傷口長滿了蛆蟲。被釋放回家時，已奄奄一息，不成人形。外婆爲他清洗傷口，泣不成聲。外婆的日子也不好過，土改工作隊強迫她像烏龜一般在地上爬行，還在她的背上壓一塊沉重的石磨盤，人們圍在一旁興高采烈地觀賞、大笑。外婆不堪凌辱，投井自殺，被旁人救起來後，又多了一條「自絕於黨和人民」的罪名。

「剝削階級」的出身影響到媽媽和她的兄弟姊妹們，媽媽初中畢業即遠赴涼山彝族自治州的冕寧縣修築水電站——這是她這樣的「地主階級的孝子賢孫」唯一的工作機會。媽媽在施工隊幹粗活，小心翼翼，卻因爲「地主子女」的出身，動輒得咎，備受歧視。

外公外婆從來沒有跟我提及悲慘的往事，等到他們去世之後，父母才斷斷續續地講給我聽。外公外婆呈現在我面前的，是平和慈愛的一面，我只是偶然發現他們的惶恐與隱忍——當看到我寫的「反動文章」時，他們再三勸誡說，「千萬不要招惹共產黨」。

不過，長輩遭受的種種政治迫害，不僅沒有成爲我心靈上的陰影，反倒成爲我反抗暴政、追尋公義的動力，也使我對中國「地富反壞右」等賤民階層、「六四」受難者家屬以及台灣「二二八」及白色恐怖時代受害者及家屬，更有「與哀哭者同哀哭，與捆綁者同捆綁」的同情與理解。他們並非遠在天邊，他們就近在眼前。

我的爺爺奶奶這邊，因爲爺爺早逝，奶奶這名羸弱而堅強的寡婦，既當媽又當爹，一手帶大了大伯、姑姑和父親三個孩子，將大伯和父親培養成大學生，在那時的小村莊裡，堪稱傳奇故事。靠種田的收入難以餬口，奶奶開了一家小飯館，她廚藝高超，生意興盛。共產黨來了之後，不能開飯館了，奶奶就在家裡做豆腐，然後沿街叫賣。她做的豆腐貨眞價實，是「良心產品」，頗受鄉親歡迎。再後來，毛澤東發起「人民公社」運動，「割資本主義尾巴」，連農民的一小塊「自留地」也要搶走，奶奶賣豆腐面臨很大風險。有一次，她正在叫賣，村幹部突然現身，要將一箱豆腐沒收。她想到家中還有三個嗷嗷待哺的孩子，頓時力氣猛增，居然從那個強壯男子手中奪過箱子，拔腿就跑。那個場景，宛如今天中國的小攤販奮起對抗兇狠的城管。

四川人，尤其是成都平原上的人們，生活在「揚一益二」（揚州排名第一，益州即成都排名第二）的「天府之國」，衣食無憂，熱愛自由，商業發達，店鋪雲集，眞有點英國「小店主國度」的氣質。成都人天生是商人，寧願開一家小店做小買賣，自己當「老闆」，也不願成爲受約束的「公家人」，這一點跟台灣很像，台灣經濟的活力下沉在中小企業之中。僅以茶館而論，二十世紀初成都有三十萬居民，街巷四五百條，社區組織相對完善，有保甲、行會、善堂、同鄉會、清明會等。一九一四年，成都有茶館的街道爲三百一十一個，茶館總數爲九千九百五十八家。歷史學者王笛在《茶館：成都的公共生活和微觀世界》一書中指出，和歐洲城市相比，傳統中國城市常常被認爲缺乏公共空間：不但沒有廣場、教堂、體育場等供不同人群聚集以交流意見的公共場所，也沒有一個活躍、自治的市民社會。然而，中國的某些城市其實同樣存在一個生命力頑強的社會共同體，人們自發地維護公共福利，並分享著共同的社區空間，成都尤其如此。茶館是成都的靈魂和縮影——不僅僅是喝茶的地方，更是城市的公共空間。

「文革」結束後，鄧小平實行改革開放，對毛時代受迫害的群體落實政策。當局退還了外公外婆家的部分祖產，並在衛生局爲外公安排了一份工作。每逢寒暑假，我都會從縣城家中來到小鎮，跟外公外婆生活一段時間。那時，外面的店鋪已成爲「公家」經營的茶館、雜貨鋪和旅店——外公常常去雜貨鋪買零食給我吃，也帶我到茶館喝蓋碗茶。我們家只剩下後面的小半個院子。儘管如此，院子裡有水井、天井、花園，如同魯迅筆下的「百草園」，是我玩耍的天地。外公外婆是廚藝高手，會做各種「古早味」小吃，如酒釀、湯圓、小籠包、米糕、粽子、八寶飯、醃蘿蔔等。我圍繞著灶台轉來轉去，還沒有正式開飯，已在廚房裡「偷嘴」吃飽了。

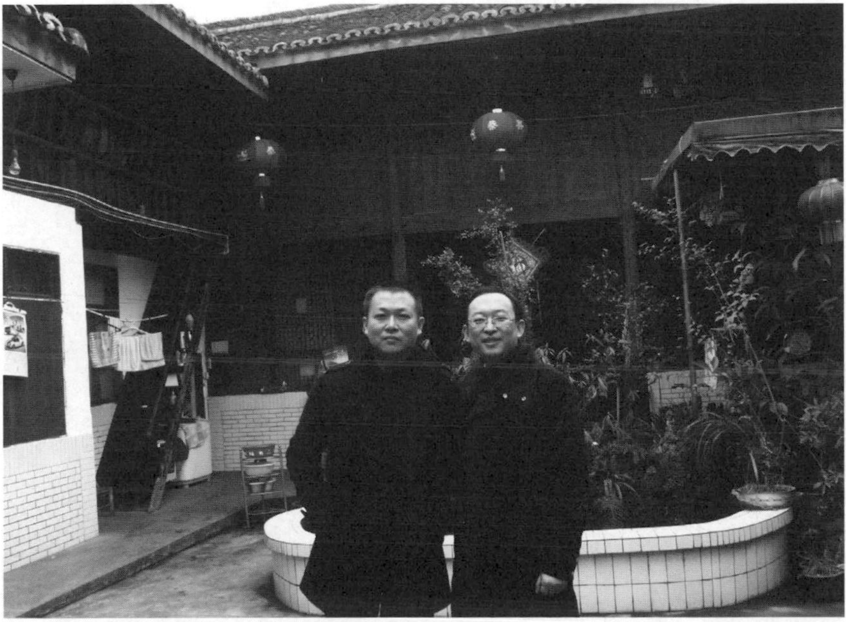

二零一二年一月，余杰離開中國前夕，與弟弟一起重返童年生活過的、已經易主的老院子。

多年以後，我讀到已故英國前首相柴契爾夫人（Margaret Hilda Thatcher）的自傳，才知道柴契爾夫人的保守主義思想來源於她父親在格蘭瑟姆鎮開的小雜貨店。在講究門第和身份的英國政壇，柴契爾夫人是女性，且出身低微，其祖上連續四代都是鞋匠。她的父親先在雜貨店打工，然後當上經理，並於一九一九年盤下店鋪。在小鎮上，「人們的價值觀念是由全鎮人共同塑造形成的，而不是由政府主導的」。

青年時代，柴契爾閱讀過流行的左派著作，但她對左派思想有天然免疫力：「無論是我的本性還是成長的家庭環境都決定了我是一個『忠實的』保守黨人。不管我讀過再多的左翼書籍，也不管聽到多少左翼的評論，我對自己的政治信仰從來都沒有產生過懷疑。」某哲人說過，人在青年時代不嚮往共產主義，是沒有良心；中年以後仍然信仰共產主義，是沒有頭腦。這句話我只同意後半句而不同意前半句，良心任何時刻都不在共產主義和左派那邊。

一樓是店鋪，二樓是居家，柴契爾的童年和少年時代是在店鋪中度過的。「我的成長和早期的經驗不僅讓我知道了政府不能做什麼，對於後來我才知道的『資本主義』或『自由企業制度』，我也形成了一種贊同的觀點。」許多左派人士竭力攻擊「從頭到腳，每個毛孔都滴著血和骯髒的東西」的資本主義，對柴契爾夫人來說，是熟悉的和有創造力的社會運行模式，「做生意是一種充滿活力的、有人情味的、社會性的、可以增進友誼的社會活動：事實上，它雖然嚴肅，但是也很有趣。沒有什麼課程能比在一個街角的店鋪裡做生意更好地了解自由市場經濟了」。

柴契爾夫人的父親或許沒有想到，他開的小小雜貨店，不僅是家庭的生活支柱，也是女兒信念的來源，甚至是英國破除社會主義魔咒、走向自由經濟的「保守主義革命」的發源地。當年，希特勒對「小店主的國家」蔑視之極，誇口說幾個月就能佔領這個「缺乏偉大理想」的國家。殊不知，「小店主的國家」擁有的保障私有產權和個人自由、普通法、代議制等美好的制度，讓其穩如磐石，最終擊敗了納粹德國及其「國家社會主義」意識形態。

在什麼樣的家庭長大，就成爲什麼樣的人。因著我的「家庭出身」，我在直覺上成了根深蒂固的右派，而不是通過閱讀理論著作才確立政治立場。後來，當我讀到海耶克（Friedrich August von Hayek）在《通往奴役之路》中的名言「經濟自由必須是我們從事經濟活動的自由，若沒有經濟自由，政治自由是沒有意義的」，米爾頓．弗里德曼（Milton Friedman）在《自由選擇》中的名言「經濟自由當中重要的一部分是根據自己的利益支配手中資源的自由，即選擇職業的自由、經營企業的自由、與人交易的自由等等」，以及艾茵．蘭德（Ayn Rand）的名言「商人是偉大的解放者，把人們從身體需求的束縛中解放出來」，才發現他們說出了我的心裡話，我相信也是爺爺奶奶、外公外婆的心裡話——如果他們生活在英美文明的國家，一定能靠著勤勞、節儉、聰明、善良成爲成功的「小店主」，養活家人並服務社會。然而，他們不幸生活在企圖消滅私有制、實行計劃經濟的共產中國，不得不接受迎面而來的厄運。

我的公立學校和外公的私立學校

在我讀書的時代，中國沒有任何一所私立學校，從幼稚園到大學，所有學校都是「公立」的，乃至「黨立」的——即便你不是共產黨員，也必須在各級學校接受黨化洗腦教育。

共產黨洗腦教育的一大特徵，就是集體主義教育。民主必須集中，是爲「民主集中制」；官方教育反復強調，個人無足輕重，集體利益才重要，代表集體利益的，是國家、黨以及黨魁（偉大領袖）。「聽話」和「跟大家一樣」是教育的目標。我上小學時，學校規定所有學生統一睡午覺——學生必須在中午正式上課之前一小時到校，趴在課桌上睡午覺，頭枕在交叉的手肘上，不管是否眞的睡著，都得像木頭人一樣，「既不能說話，也不能動」。老師在講臺上目不轉睛地監督所有學生，誰敢動一下，立即加以訓斥。那簡直是可怕的酷刑，我不知道是哪個變態的傢伙發明了「集體午睡」的方式。我從未眞正睡著，時間一長，手和腳麻木，宛如萬箭穿心，卻不能活動，只能強忍著。後來，我實在受不了這種折磨，請外公找醫院的同事，爲我開了一張假病歷，宣稱我有風濕病，不能這樣睡午覺。於是，我獲得「大赦」，可以晚一個小時到學校。那一個小時，我在家中自由地讀書——或許，那幾年讀了不少西方文學名著，才使我走上作家之路。

同樣可怕的是，全校學生一起做保健眼睛操和廣播體操。只有專制國家，中小學生才被要求每天在學校裡做集體廣播體操。八〇年代中國的中小學最常見的景象是：上千名青春期的少男少女，身穿白襯衣、藍褲子、草綠色膠鞋，脖子上戴紅領巾，上午上完兩堂課後，一起在大操場上做廣播體操。舉手投足，整齊劃一，頗為壯觀。而那亢奮的女聲廣播，宛如北韓中央臺。

學生做廣播體操的時刻，最開心的是站在臺上的校長和教導主任等大小官吏，他們宛如土皇帝，宛如縮小版的毛澤東，像是在天安門廣場檢閱紅衛兵一樣志得意滿。被集體主義淹沒的「群衆」，必然對應著趾高氣揚、捨我其誰的獨裁者。集體做廣播體操這一儀式所形成的集體無意識，乃是個人崇拜的奠基石。歷史已然證明：集體主義必然走向獨裁政治。獨裁的程度與集體主義的程度通常成正比，北韓的集體舞蹈「阿里郎」號稱世界之最。

海耶克說：「社會主義就是集體主義的一種，因而符合集體主義本身的一切東西也必定適用於社會主義。」我從小就不願去人多的地方「湊熱鬧」（台灣前輩作家王鼎鈞在回憶錄中說，母親告訴他的箴言是「人多的地方不去」），不願參與「集體活動」，老師給我的評語常常有「不合群」的字眼。一九五〇年代初，張愛玲決絕地離開中國，不是因為她對共產黨的邪惡有先見之明，而是她不能忍受醜陋的幹部服和秧歌；二〇一一年，作家廖亦武逃離中國，他表示，他與共產黨的對立，首先是審美上的對立。我也是如此，穿醜陋的校服和做廣播體操，宛如精神苦役，每次我總是不能跟衆人「合拍」——大家一致往左轉，我無意識地往右轉，難道我天生覺得右比左好？我不是故意標新立異，而是本能地按照自己的方式生活。幸虧我的學習成績很好，雖然不「紅」，畢竟還「專」，在紅色退潮、「知識就是力量」的鄧小平時代，勉強在公立學校生存下來；若是在毛時代，必定被嚴厲批判爲「白專」。

外公在民國時代度過其青春歲月，跟我所受的教育有著天壤之別。在晚年時，他偶爾跟我講起一九四二年考入私立「文彩中學」的往事。他是「文彩中學」第一屆學生，在文革期間，爲了避禍，忍痛燒掉那張珍藏多年的高中畢業證。

顧名思義，「文彩中學」是由川西平原赫赫有名的大地主劉文彩創辦的。用今天的話來說，劉文彩是一名「土豪」。但民國的土豪，跟共產中國的土豪相比，大大不同。劉文彩是四川軍閥劉文輝的哥哥，是川西「袍哥」頭領，堪稱教父級人物。他曾總管劉文輝防區的稅務，壟斷包括鴉片及武器在內的暴利產業，聚積了大量財富。後來，劉文彩在老家安仁鎮成立致力於地方治安和公益事業的「公益協進社」，修建道路及水電設施，並創辦文彩中學。

共產黨建政之後，在城市消滅資本家，在農村消滅地主富農，最優秀的中國人都成爲刀下亡魂。作家沈從文到四川參加「土改工作隊」，如此記載當時的情形：「來開會的群衆同時還押了大群地主（約四百人），用粗細麻繩捆綁，有的只縛頸子牽著走，有的全綁。押地主的武裝農民，男女俱備，多帶長矛，露刃。有從二十里外村子押地主來的，地主多已穿得十分破爛，看不出特別處。一般比農民穿得破爛，聞有些衣服是換來的。群衆大多是著藍布衣衫，白包頭，從各個山路上走來時，拉成一道極長的線，用大紅旗引路，從油菜田蠶豆麥田間通過，實在是歷史奇觀。人人都若有一種不可理解的力量在支配，進行時代所排定的程序。」共產黨善於激發人性中的「平庸之惡」，利用此種力量剝奪私有產權乃至剝奪「敵對階級」的生命。地主和農民雙雙失去了土地，成爲待宰羔羊。

在城市，中共逼死了資本家的代表人物「長江航運大王」盧作孚；在農村則將劉文彩當作地主階級的負面典型竭盡醜化之能事——幸虧劉文彩已經過世，得以免受無邊的羞辱。共產黨在政治宣傳中說，劉文彩在「水牢」裡折磨欠租的農民，強迫剛生了孩子的女人給他餵奶，後來證明這些都是謊言。五〇年代末，劉文彩遺留的莊園被改爲展示其「奢靡生活和對農民殘酷剝削」的「地主莊園陳列館」。六〇年代初，當局對劉文彩的「惡行」擴大宣傳，劉文彩被稱爲「三千年地主階級總代表」。一九六五年，四川當局委託四川美術學院創作泥塑群雕「收租院」，展現劉文彩及其「狗腿子」如何壓榨貧農。這座被譽爲「中國美術界的原子彈」的群雕完成後，在地主莊園陳列館展出，大獲成功。同年年底，其複製品在北京展出，吸引了數十萬參觀者。一九六六年四月，文革呼之欲出，紀錄片《收租院》在電視台播出，並在全國發行。紀錄片的旁白，被選入學校課本。

但是，外公向我講述的劉文彩，是一個跟官方宣傳截然相反的人物。外公眼中的劉文彩，是一名謙謙君子，每學期除了在開學典禮上講幾句勉勵師生的話，平常從不把師生召集起來指手畫腳，更不會干涉教學內容。爲了防止劉家子孫覬覦校產，他口授訓示：學校成立之日，劉家對校產不再擁有所有權、使用權。口頭宣佈後還不放心，他還特意將訓示刻在石碑上，並將石碑放在校園裡。開學典禮上，劉文彩對師生們透露了他的想法：「今天是文彩中學，明天就是文彩大學了！」若不是後來共產黨掌權，說不定劉文彩眞能建成一所大學呢。

文彩中學位於安仁鎭的黃金地段，爲了得到那片土地，需要完成「拆遷」工作。劉文彩沒有仗勢欺人、巧取豪奪，而是提出十分優厚的條件：農民的一畝田，換他的兩畝田；農民的一間房，換他的兩間房。農民陳啓賢原本有十畝地，應該換二十畝，但劉文彩手中的地契最小的都是四十畝，如果到縣府地政部門把地契劃分爲二，既要找人，又費時日，劉文彩建校心切，直接把四十畝地拱手相送。文彩中學占地一千多畝、耗資三億五千多萬法幣（折合兩百萬美元）。其建築與園林仿照成都由外國傳教士建立的華西醫學院，古樸典雅，花圃環繞。在首屆開學典禮上，四川省教育廳廳長郭有守評價說，綜觀形式與規模，「文彩中學當屬全川第一」。

外公時常說幾句英文單詞，發音比我還標準。他說，那是在文彩中學打下的底子。劉文彩不惜重金聘用名師，老師中有好幾位是北大畢業生。外公回憶說，英語老師吳世謙是一位華僑，英語教得非常好。劉文彩對老師禮遇有加，教師工資是普通中學的兩倍，住校內的獨門獨院，回家探親有專車接送。學生來源方面，除了安仁鎭所在的大邑縣，「文彩中學」在成都、邛崍、眉山等地設過考場，旨在招到更多優秀學生，外公就是從鄰縣考入的學生之一。第一屆招生三百餘人，通通免費入學。此後每屆學生的學費，一學期僅六斗米。學校還設有清寒補助金，補助成績優秀卻沒錢上學的學生。爲了給學生提供更好的照明條件，劉文彩在安仁鎭修建電廠，供應學校的照明，多餘的電量才輸送到鎮上與公館，公館是「沾學校的光」用上電燈的。

外公說，在文彩中學，師生不必呼喊「文彩萬歲」之類的口號，也不用集體做廣播體操。老師因材施教，學生思想自由。這樣的中學，卻被「新中國」絞殺了。直到今天，中國沒有一所可以跟文彩中學媲美的私立中學。沒有私有制和市場經濟的大背景，豈能有一流的私立學校？如今，在昔日文彩中學的舊址上，新建了一所「國際學校」，一名學生一年學費超過十萬元。然而，此種以盈利為目標的學校，比得上只有短短七年歷史卻桃李滿天下的文彩中學嗎？現在中國的私立學校，既不能獨立選擇教材，也不能自主安排教學，雖然以「貴族學校」為標榜，但哪有一點貴族氣質？

我趕上了八〇年代「思想解放運動」的尾聲

少年時代的我，在公立學校備受折磨。記得小學三年級時，有一次我在語文課上看小說，因為語文課文太無趣，老師講得亦無趣。中國的語文教育，其實是政治教育。就授課方式而言，語文課被當作數學課來教，總結「中心思想」、概括「段落大意」，考試時分析文章結構，答題時提供ABCD選項，這是某種現代八股。多年以後，我成了作家，我的文章也曾選入中學課外讀物以及語文考試的「現代文閱讀材料」，我去做根據我的文章出的考題，全都做錯了。原來，出題的老師比作者更能領悟文章的「原意」。

那時，班主任兼語文老師是一名姓熊的男性老師，他身材高大，長著落腮鬍，對待學生相當粗暴，在小孩眼中宛如一頭碩大的「狗熊」。他發現我在讀小說，一把拎著我的衣領，將我從座位上拎起來，罰我站到教室最後面的垃圾桶旁邊。放學後，不准我回家，命令我站在其宿舍門口兩個小時。他津津有味地吃飯，我只能餓著肚子、咽著唾沫看著他吃飯。那一次的經歷，我一生都不能忘記。共產黨締造了一個人與人互相敵視和傷害的社會，即便是小學和幼稚園老師，也以恐嚇和羞辱孩子爲樂，那是他們僅存的一點權力和快樂。二〇一七年，中國出現震驚中外的幼稚園老師虐待幼童事件，我並不感到吃驚，此類事件早已司空見慣，只是此前媒體不予報導。

幸運的是，在中國的威權文化之下，我的父母居然按照西方民主、平等的方式與孩子相處。我從未受過父母的責罵乃至皮肉之苦。從很小時候起，家裡有什麼事情，父母就跟我商量，傾聽我的意見。他們教導我做一個正直的人——父親本人是一名正直的工程

童年時的余杰（前排右一）與弟弟及堂兄弟、表兄弟（姊）們。

師，他是工程監理人員，負責檢查建築的質量並驗收，因發現有建築商偷工減料而拒絕在合格報告上簽字。房地產商是縣委書記的親家，找來縣委書記施加壓力，父親不為所動。結果得罪了權貴，被迫提前退休。土皇帝在這個職位上安插了連圖紙都看不懂卻乖乖聽話的人。父親的這種「強項」性格遺傳到我身上。

父母是普通的工薪階層，卻省吃儉用為我買很多書籍和雜誌，在同齡的孩子中，我的藏書量絕无僅有。後來，我考大學時填寫「志願」，選擇學文學這門似乎難以糊口且充滿荊棘的業專業。父母有些擔心，卻沒有像大部分中國的父母那樣，用「學好數理化，走遍天下都不怕」的「鐵律」來勸說和阻攔我。這是我對父母最為感激的地方。

上世紀八〇年代，是中共統治中國以來思想文化控制相對鬆動的時期，史稱「思想解放運動」。西方五百年的現代文明，在短短十年間一齊湧入中國，宛如清末民初的「知識爆炸」。對我影響最大的，當然是電視政論片《河殤》。《河殤》有一種先知般的洞見，從解構黃河、長城、龍等千百年來巋然不動的文化圖騰入手，批判黃色文明，呼喚蔚藍色文明，實際上是否定專制主義和民族主義，追求民主自由價值。當時，思想開明的中共總書記趙紫陽肯定《河殤》，要求央視播放。《河殤》在央視播放時，由於守舊派的干擾，被安排在凌晨時段。沒有想到，口耳相傳，萬人空巷，只要家中有電視機的人，個個都熬夜守候在電視機前，直到《河殤》開播。

二零一二年五月，余杰一家與蘇曉康夫婦、張伯笠夫婦相聚於美國德拉瓦州。

我們全家老小聚集在電視機前，目不轉睛地看完每一分鐘。夜深人靜，萬籟俱寂，唯有那略顯高亢和煽情的央視風格的旁白娓娓道來，那大氣磅礡的畫面，那激情澎湃的解說詞，給我帶來「亂石穿空，驚濤拍岸，卷起千堆雪」般的衝擊。我如同身陷冰與火之中，時而炎熱，時而寒涼。上床以後，久久不能入睡。第二天，上學時，睡眼惺忪，唯一的盼望就是晚上接著看下一集《河殤》。一部《河殤》，讓官方教育灌輸的僵化思想如紙房子一般坍塌了。

多年以後，我到美國德拉瓦州拜訪處於半隱居狀態的《河殤》總撰稿人蘇曉康。他先於我流亡美國二十三年。九〇年代初的一場車禍，讓他的妻子傅莉成爲臥床不起的植物人，全家經歷了常人難以想像的磨難。但他不改初衷，與命運抗爭到底，經過他的精心照料，妻子漸漸恢復知覺，如今雖然依賴輪椅代步，但談吐自如，思維敏捷，還能自己上網找資料。

二○一三年，擱筆多年的蘇曉康在台灣出版新書《屠龍年代》，他寫道：「從八○年代的龍認同，可以一路梳理到今日泛濫於中國的民族主義、愛國主義、大一統、偶像崇拜。這四樣，因背離普世價值，恰成專制統治的隱形支點。」我在書評中說，一部《河殤》，是五四之後第二次「屠龍」的嘗試，只是那時誰也不敢說破：五四屠的那條「龍」是皇帝及皇權文化，《河殤》屠的那條「龍」是毛澤東和共產黨——每個中國人心中都有一個蠢蠢欲動的皇帝夢；每個中國人心中都有一個跟自己長得一模一樣的毛澤東。

其實，播放《河殤》時，八○年代的政治改革和文化解放即將走到盡頭，第二年就發生了天安門民主運動，以及隨之而來的「六四」大屠殺，反對軍隊開槍殺人的趙紫陽遭鄧小平為首的「八大元老」罷黜，宛如清末百日維新中光緒皇帝的悲劇重演。

整個八○年代並非一直順風順水，其間不斷發生政治打壓事件，如「反對資產階級自由化」、「清除精神汙染」。在我觀看《河殤》的前兩年，開明派中共總書記胡耀邦遭鄧小平罷黜。那時我還是一名懵懵懂懂的初中生，只記得有一位常來我家的叔叔，是父親的大學同學，是擔任主管文教口的副縣長，有一天憂憂愁愁地來到我家，跟父親長談幾個小時。我在旁邊做功課，偶爾偷聽他們的幾句談話。他們扼腕長嘆，彷彿遭到沉重打擊。父親不斷添加茶水，哭喪著的臉，宛如苦瓜。我很少看到父親這副模樣。幾年之後，因胡耀邦突然去世而引發天安門學生運動，我才理解那個晚上父親和那位叔叔的哀愁。那是基層官員和普通知識份子們感到山雨欲來的無力與失望。

看《河殤》之前和看《河殤》之後，我的世界觀發生了根本性的變化。

《河殤》對我的影響集中在三個方面。首先，我成為中國傳統文化全盤而徹底的否定者、批判者，這種立場堅持至今。保守主義當然不是不分好壞地保守所有傳統，英美保守主義，是對其自由傳統的保守；中國保守主義絕非擁抱儒法互補、佛道包裹的專制主義僵屍，而是引入英美保守主義和基督教保守主義之源頭活水。英國保守主義之父埃德蒙·伯克（Edmund Burke）強調說，在捍衛前人成就的過程中，捍衛的不僅是社會關係和有秩序的自由，還有通過繼承得到的財產和特權。英國保守主義思想家史庫頓（Roger Scruton）試圖構建一種真正「傳統主義」的評價標準。他認為，傳統必須符合三個條件才是有價值的：第一，它必須具有成功的歷史；第二，它必須博得其參與者的忠誠；最後，它必須是針對某種持久性的東西。與之對立，酷刑、犯罪和革命的傳統，必然被排除在保守主義所支持的傳統之外。若以此評估中國的傳統，中國並不存在值得捍衛的自由傳統——吃人文化、裹腳文化、太監文化、流氓文化，難道要繼承和發揚嗎？

其次，我由此看到中共的本質——中共從現代西方引入「渣滓學說」馬列主義，與中國傳統文化中最幽暗的大一統、中央集權、皇權崇拜相結合，雜交成中國式極權主義。八〇年代以《河殤》為代表的改革派知識份子，因不敢與體制決裂，採取回避政治批判，以文化批判掩飾其真實意圖的敘事方式。《河殤》在表面上批判黃河文明、黃色文明、內陸文明，呼喚藍色文明、海洋文明和自由精神，實質上是否定共產主義，撬動中共的理論根基。「六四」鎮壓之後，《河殤》遭到官方媒體鋪天蓋地的批判，蘇曉康遭通緝而亡命天涯。我則因為有《河殤》打下的思想底色，再加上「六四」的衝擊，與共產黨誓不兩立，對其「自改革」不抱任何期望——共產黨是無法「自改革」的頑石。我批判所有掌握實權的共產黨黨魁，從毛澤東、鄧小平、江澤民、胡錦濤到習近平，我不認為他們當中有「好人」或「民主派」。當有人翹首以盼「胡溫新政」乃至「習李新政」時，我對他們的癡心妄想嗤之以鼻。右派必定反共，將共產黨掃入歷史的垃圾堆，乃是我的使命。

再次，我通過《河殤》這道橋樑，與胡適的「全盤西化論」接軌。九〇年代中期，我在北大唸書時，從魯迅轉向胡適。不過，什麼是西方，什麼是西化，我只有籠統的概念。在《河殤》的時代，中國知識份子只能朦朧地意識到向整體性的「西方」學習，不可能更深入分析和梳理西方內部的分歧，尤其是右翼與左翼的對立、伯克與潘恩（Thomas Paine）的對立、漢密爾頓（Alexander Hamilton）與傑佛遜（Thomas Jefferson）的對立。那時的中國知識份子長期浸淫在馬克思主義的唯物主義中，「撥亂反正」之後，又撲向啓蒙主義以來的無神論和理性主義，從盧梭（Jean-Jacques Rousseau）到沙特（Jean-Paul Sartre）一脈的法國思想被當作西方的精髓，很少有人想到西方文化的正途乃是英美文明，英美文明背後是基督新教的信仰與倫理。那時，德國社會學大師馬克斯．韋伯（Max Weber）的《新教倫理與資本主義精神》剛翻譯過來，尚未引起知識界的重視。直到「六四」屠殺發生，中國知識份子在現實的銅牆鐵壁上碰得頭破血流，才注意到韋伯的思想遺產。

在很多年以後，我與劉曉波交遊，並接觸基督教信仰受洗成爲基督徒，由此開始漫長的知識結構、思維方式和價值觀念的裂變，從「政右經左」，從「大半個右派、小半個左派」，轉型爲比胡適更徹底的「全盤的右派」。胡適一直未能對基督教文明作出深刻思考，未能進入英美文明的主流——古典自由主義或保守主義的脈絡，他接受的是杜威的實證主義和人本主義，是受歐陸左翼思想滲透的現代思潮。所以，胡適的全盤西化方向錯了。我的「全盤西化」之「西」，確定性地指向英美的右派價值和基督教文明。

第二章
從「六四」屠殺到北大「失業生」

真正的悲觀主義是主動與命運之神抗爭，視苦難為生命的動力和意義之所在。

——劉曉波

六四屠殺是我的「成年禮」，一夜之間我看清楚了這個世界的黑與白。北大新生一年的「軍政訓練」，更讓我親身體驗到共產黨政權的暴戾與僵化。

北大七年，我最大的收穫不是在教授的課堂上，而是在圖書館讀到台灣與香港的「反動書籍」。發現眞相，是自由思想的開端。

二〇〇〇年，我一畢業就失業，多年以後回首共產黨不給「飯碗」的遭遇，反倒是「塞翁失馬，焉知非福」。我從未在體制內工作過一天，成爲一名自食其力的「不自由撰稿人」，失去了鐵飯碗，卻獲得靈魂的解放。

驚悚的槍聲從收音機中傳來

一九八九年天安門民主運動發生時，我正在小縣城準備初中畢業會考，小縣城宛如世外桃源，沒有受到波及。我每天晚上收聽美國之音和ＢＢＣ等「敵臺」廣播，恨不得年長幾歲，成爲廣場上學生的一員。我的同學中，大概只有我一個人對「六四」有興趣，我是早熟的孩子，因爲早熟趕上八〇年代「文化熱」的末班車，我的同學大都沒有「成熟」到相信「天下興亡，匹夫有責」的地步。

剛開始，收音機中的消息激動人心。除了鄧小平家族、李鵬家族等極少數千夫所指的特權階層之外，幾乎所有國民都熱情支持學生的遊行示威。我在廣播中聽到許多公開支持學生的知識份子的名字，此前我閱讀過他們的文章和著述，聽到他們的名字倍感親切，彷彿跟他們認識了很久：劉曉波、蘇曉康、戴晴、包遵信、嚴家祺、金觀濤、方勵之、王若望……知識界的菁英差不多都現身了。多年以後，我有幸認識其中大部分前輩，有些人成爲朝夕相處的師友。

突然有一天，槍聲從收音機中傳來。那麼尖銳，那麼悽厲，如同來自地獄。槍聲伴隨著哭喊、呼號、呻吟，撕心裂肺，毛骨悚然。那天晚上，我長大成人了。我意識到，這個殺人的政權是不義的，它的本質跟寫在政治教科書上的條文截然相反。

那時，我有一位堂哥在深圳工作，他常常有機會到香港出差，從香港帶回各類報紙，然後郵寄給父親。他從深圳郵寄，郵局並不檢查，每封信都收到了。那時的香港報紙，好幾個版面全是「六四」的消息。當年的香港媒體人，大概未曾想到一九九七年「回歸」之後，香港的新聞自由將日漸喪失，如果中國再發生一次類似「六四」的屠殺，大部分香港媒體都只能保持沉默。我悄悄從父親的抽屜裡找出那些報紙，一邊閱讀，一邊渾身顫抖。我平時常讀繁體字、豎排版的古典小說，讀香港報紙不在話下。最讓我觸目驚心的是血淋淋的照片，滿地的血泊，燒焦的屍體，被坦克碾壓的人體……我明白了爲何香港人對「六四」念茲在茲，彷彿那場屠殺也發生在香港。

「六四」屠殺的衝擊，讓我的心思不在升學考試上。考試大失水準，以我平時成績，進入全縣前十名應當沒有問題，放榜之後，卻跌落到四十名左右。父母知道原因何在，沒有過多責怪我。

那年的考題，我全都忘記了。只記得政治考試的考卷，有一道題被人用墨水塗抹掉。我好奇地將試卷對準陽光看，發現是趙紫陽的一段講話。趙紫陽因爲反對調動軍隊屠殺學生和市民，被鄧小平等老人幫罷黜，他的講話不能出現在考題中。但試卷已印好，來不及更換，只好以人工塗抹的方式將其塗抹掉。這個小小細節呈現了中共一貫僞造、改寫、扭曲歷史的拙劣手法。

那段日子，我每天在日記中痛罵鄧小平、楊尚昆、李鵬等劊子手——讓我羞恥的是，他們都是四川人。在日記中用最骯髒的語言詛咒，尚且不能解恨，我寫了一篇現代武俠小說，在小說中，我成了《史記·刺客列傳》中身懷絕技、飛簷走壁的刺客，「風蕭蕭兮易水寒，壯士一去兮不復還」，到中南海刺殺元凶鄧小平。但我不像荊軻一擊不中，功敗垂成；我輕而易舉地解決了鄧小平，把他的人頭掛在天安門城樓上。那是怎樣一種單純、幼稚而美好的英雄主義啊。

那一年，十六歲的我發出誓言：從此，用這支筆與殺人的政權抗爭。那時，我正在讀巴金翻譯的俄國思想家赫爾岑（Alexander Herzen）三卷本的回憶錄《往事與隨想》。我讀到十四歲的赫爾岑在沙皇處死十二月黨人時發出的誓言：「我們還不理解，我們要與之戰鬥的是怎樣一個龐然大物，但是我們決心戰鬥。這怪物使我們歷盡艱辛，但是不能摧毀我們，我們也不會向它屈膝投降，不論它的打擊多麼沉重。它使我們蒙受的創傷是光榮的，正如雅各的瘸腿是他與上帝的使者夜戰的證據。」我意識到，我也有自己的戰鬥，與比沙皇政權更邪惡、殘暴的中共政權的戰鬥。

「六四」屠殺讓我無比厭惡共產黨。我開始思考，是什麼樣的「主義」讓共產黨的顯貴們以殺人為樂？為什麼共產主義到了東方比西方更加邪惡？結合八〇年代讀過的書籍，思考這些問題時，我慢慢梳理共產主義與東方專制主義、集體主義的關係，發現法治、私有產權保障、自由和人格尊嚴的重要性，更堅定了對憲政、共和、自由、獨立等價值的信念——「五四運動」中，中國知識菁英用「德先生」與「賽先生」指稱西方，實在過於簡約化。

在北大唸書時，我認識了劉曉波，然後劉曉波帶我去見「天安門母親」發起人丁子霖老師。從此，我們三家人成了親密朋友。丁子霖老師的兒子蔣捷連只比我大一歲半，我在丁老師的文章中了解到蔣捷連遇難的情形：六月三日深夜，蔣捷連和同學騎車去廣場，到了木樨地就走不動了。然後，軍隊開槍，兩名中學生都中彈了，當時他們還以爲是橡皮子彈。蔣捷連的同學被子彈擦傷了胳膊，而蔣捷連則被射中了後背，子彈斜穿心臟。那位同學聽到蔣捷連輕鬆地說了一句：「我可能中彈了！」說罷他蹲了下去，隨即昏倒在地，殷紅的鮮血浸透了他那件乳黃色的T恤衫。讀到此處，我想，倘若我在北京，再年長兩歲，那個死去的少年，何嘗不可能是我呢？哀哭切齒的父母，又何嘗不可能是我的父母呢？後來，我與劉曉波合作撰寫中國年度人權報告，遭警方傳訊。一個秘密警察用循循善誘的口吻說，你是誤入歧途，身爲北大碩士，你可以謀求好職位，過好生活，「六四」跟你沒有關係。我的回答是，對殺害孩子不准母親哭泣的政權，有什麼可說的呢？對此政權，我不抱任何期待。有一位學者爲陳獨秀寫傳記，名爲《終身的反對派》，這也是我的自我定位：永遠的反對派。警察說，你太偏激，太絕對，共產黨總有好的一面吧？共產黨不像你說的那樣一團漆黑吧？我回答說，對中共，我唯一的態度是：批判，批判，再批判。我不會說共產黨一句好話，共產黨的好話被它控制的媒體說完了，我何必重複？屠夫就是屠夫，事實就這麼簡單。

波蘭裔詩人米沃什（Czeslaw Milosz）曾談到「西方的愚蠢」：西方總是遲遲不相信納粹德國和蘇俄的暴政，關於集中營和古拉格，他們認爲這是少數人的誇張和宣傳，他們對倖存者說：「納粹是邪惡？先生，你眞的要我們相信魔鬼的存在嗎？」這也是我面對的問題——我的同胞以及某些西方人的愚蠢，到了不可理喻的程度。他們不相信中共軍隊在「六四」開槍殺人，不相信中國像納粹清理猶太人那樣驅趕「低端人口」。他們享受著「大國崛起」的好處，如何才能讓他們相信，這個世界上有魔鬼，中共政權就是魔鬼？

二〇〇三年八月十四日，丁子霖老師送我一本她寫的書《生者與死者》，在題簽中寫下這句話：「連兒若地下有知，一定會把你當做他的好兄弟。」我在離開中國時，在秘密警察的押送之下，無法前去探望丁老師和她的先生蔣培坤老師。二〇一五年，蔣老師突然病逝，我再也無法跟他相見了。但我帶上這本珍貴的書，它將伴隨我一生。我的寫作就是爲了無愧於這句話。

對於十六歲的我來說，「六四」是一生的分水嶺。二十五年之後，我在台北自由廣場參加紀念「六四」二十五週年的活動，寫下一組題爲《在這個日曆中消逝的日子寫詩》的短詩：

致六月四日

六月四日是中國最冷的一天
六月四日下起紅色的大雪
六月四日是中國最熱的一天
我們的血脈如火山岩漿般沸騰

而他們忘卻、苟活、狂歡
像唱歌一樣說謊
像喝酒一樣施暴
他們說白色和黑色是一樣的顏色

這一天之後
屠夫們用黃金打造凱旋門
向鈔票上暴君的頭像致敬

而我們，將這一天當作生日
如同蝴蝶
向死而生

致蔣捷連

你比我年長兩歲

你不辭而別之後
我如同一棵樹
增長了二十五圈的年輪

我呼喚你的名字
聲音，像風一樣
像水一樣
像陽光一樣

我親愛的兄長
二十五年了，你在時間的彼岸，在他鄉
我們不曾相遇

今天，讓我們熱烈地握手
一起眺望有螢火蟲的遠方
一起思念母親溫暖的懷抱

致劉曉波

在獄中
你買不到一朵百合花
更沒有一盞可以點燃的蠟燭
沒有一張紙，沒有一隻筆
你甚至不能寫一首哀傷的詩

然而，你或許會選擇絕食
那麼多飢餓的人已經死去
一根骨頭也沒有留下
所以，對你而言，飢餓是倖存者的懺悔
是這一天唯一的感覺

爲什麼我們還活著
因爲還有很長的路要走

我們要把好消息和不好的消息
告訴大地上的人們

致徐勤先

軍人以服從命令爲天職
卻有一位將軍
因爲不服從命令
獲得人類最高的榮譽

屠殺學生和民眾的命令
是不能服從的
不服從，比服從
更需要如鋼如鐵的意志

那麼，等待你的

是由劊子手搖身一變的法官
是審判與監牢，是羞辱與孤獨

然而，你發誓不流無辜者的血
你是化鐵為犁的將軍
唯有你配得上自由的勛章

致自由

這一座廣場
以自由命名
野百合和太陽花一起盛開

那一座廣場
以皇帝和元首的名字命名
子彈像爆竹一樣四處飛濺

今夜，我來到這一座廣場
哀悼那一座廣場上的死者
黑衣飄飄的人們，放飛白色的鴿子

而在那一座廣場
面目猙獰的警察和沒有表情的監視器
不給母親留下一個小小的角落

從這座廣場到那座廣場有多遠
從自由到暴政就有多遠

致希望

爲什麼我們仍然懷有希望呢
因爲劊子手焚燒了自己的屍體
把骨灰扔進大海

爲什麼我們仍然懷有希望呢
因爲孩子們到了天堂
唇紅齒白，笑聲朗朗

爲什麼我們仍然懷有希望呢
因爲母親的愛
如江河，永不止息

爲什麼我們仍然懷有希望呢
因爲麥子落到地裡
死了，又活了

希望是手無寸鐵者的武器
給失敗者帶來最後的勝利

一位啓蒙老師，三本啓蒙書籍

進入高中之後，我幸運地遇到一位優秀的啓蒙老師——矮矮胖胖的劉老師，高一時是語文老師，高二分班之後，我選文科班，他是文科班班主任兼語文老師。他大學畢業沒幾年，在八〇年代思想激盪的大學校園裡受過自由思想洗禮，身上還存有「做一個幸福的人餵馬、劈柴，環遊世界」的理想與激情。「六四」期間，他在老師中發起爲天安門絕食學生募捐，後來差點遭到處分。

劉老師家中有一個身體殘疾的孩子，本來他們有一對雙胞胎，因爲醫院誤診——醫生說只有一個胎兒，當師母生產時，準備不足，一個孩子被悶死，另一個孩子運動神經受損，落下終身殘疾。在照顧殘疾孩子和高考成績考評的壓力下，劉老師抽出時間跟我暢談文學。他因材施教，允許我上課時不必聽講，埋頭讀自己喜歡的書；作文課上，不必寫千篇一律的命題作文，可以隨心所欲地發揮。他幫助我推敲文章，推薦到報章發表。他借給我具有異端思想的書籍，他的書房只對我開放：《走向未來》叢書、劉賓雁的報告文學、朦朧詩，都是劉老師借給我讀的。

我畢業後多年，劉老師做過一段時間校長，因性格耿直，得罪上級，掛冠而去，仍回到甘之如飴的語文老師崗位上。有一次，我回鄉探親，特地去拜訪劉老師，他知道我跟「天安門母親」丁子霖教授有來往，讓我將他被評爲全國優秀教師得到的一筆獎金帶去捐給天安門母親。他是一介書生，清貧自守，卻將這筆不菲的獎金捐獻出來，讓我非常感動。我離開中國前夕，最後一次回老家，跟劉老師告別，送給他一本《劉曉波傳》的初稿——幾天後，劉老師來找我，他廢寢忘食地將書稿通讀並仔細校對一遍，用鉛筆作了詳細的勘誤。

父親慷慨地爲我買書，劉老師慷慨地借書給我讀。我的青春時代從來不缺書讀。在我的思想啓蒙之路上，如果列出三本最重要的書，我會不假思索地脫口而出：《山坳上的中國》、〈王實味與《野百合花》〉和《九三年》。

第一本是何博傳的《山坳上的中國：問題．困境．痛苦的選擇》。張冠生在《紙年輪：民國以來百年中國私人讀本》中，以每一個年份對應一本書的方式，描述百年來的閱讀史，一九八八年對應的就是《山坳上的中國》。清末的改革派知識份子鄭觀應有一本《盛世危言》，《山坳上的中國》就是當代版的《盛世危言》，它最可貴的是「先天下之憂而憂」的憂患意識和批判精神。據說，胡耀邦去世前看的最後一本書就是《山坳上的中國》。在書中，作者何博傳舉凡經濟、交通、農業、環境、人口、資源、教育等方面的問題，把中國的狀態比喻爲「已經艱難地翻上一個新的山坳」，「頂上有金碧芙蓉，四周佳木蘢蔥，卻又到處浮沉起蕩，危岩滑石，危險萬狀」。作者認爲，中國問題離不開三個背景：中國歷史上的專制傳統；接受俄國人的「無產階級革命」；文化大革命，而中國正處於「瘋子領著瞎子走路的時代」。

何博傳早年從事計算機研究，可惜被文革打斷，否則他有可能成爲中國的比爾．蓋茲。不過，陰差陽錯，他從科學哲學進入人文社會科學，以強烈的問題意識打破學科之藩籬，發出振聾發聵的吶喊。「山坳上的中國」成爲那個時代的隱喻。天安門廣場曾出現寫著「山坳上的中國」的條幅；武漢珞珈山研究生宿舍大樓上垂下一條白標語，赫然是「你讀過山坳上的中國嗎」；貴州一家兵工廠也打出「山坳上的中國」的橫幅上街。少年的我，被字裡行間的憂思打動——進入九〇年代，這種「憂思」如煙而逝，《山坳上的中國》成爲禁書，何博傳亦悄無聲息。也許，那一聲吶喊，耗盡他全部心力。三十年之後，此書並未過時，中國仍未從「山坳上」走下來。

第二本是戴晴的〈王實味與《野百合花》〉。其實，那不是一本書，而是一篇發表於《文匯》月刊的長篇報告文學。八〇年代是報告文學的黃金時代，如劉賓雁的《人妖之間》、蘇曉康的《烏托邦祭》、麥天樞的《西部大移民》，都是我們一家人愛不釋手的好書。《文匯》月刊是一本近百頁的刊物，當年僅四角八分一冊，文章的水準和尺度都超過三十年後的《炎黃春秋》。那時，每一期雜誌到了，一家人總是搶著讀。創刊於一九八〇年的《文匯》，於「六四」後的一九九〇年六月被停刊。最後一期的封面，是滿頭銀髮的柯靈老先生，披一件黑色呢子大衣，神情凝重，席地而坐，身後由方磚鋪就的通道上，是片片散落的金黃色的枯葉，淒苦肅殺之氣，撲面而來……我記得，一九八八年五月號的雜誌一到手，我首先讀的就是〈王實味與《野百合花》〉。王實味是一位投奔延安的北大學子，也是第一個發現延安黑暗眞相、撰文揭露，進而付出生命代價的知識人。一九四七年春天，王實味在山西蔡家崖中共晉綏行政公署公安總局駐地，被中共特務用刀砍死，據說是賀龍、康生下達的處決令。他的罪名是：托派份子、國民黨特務、反黨集團成員，但「沒有終審判決和裁定，沒有上訴與駁回，執行的依據是一份批准了的報告」。

戴晴是一位如同偵探般順藤摸瓜的記者，她採訪到在王實味一案中負刑訊、押送、看守之責的人員，有的是前參贊，有的是前局長……他們談得很自由，甚至相當動情。她還查到最後舉刀行刑那小子的下落：在四川某市幹老本行，也是什麼「長」了。戴晴指出：「王實味是中共意識形態運作中第一個犧牲的典型，延安整風從來不是偶然事件，它是中共意識形態運作的一個固有模式，五〇年代的胡風事件與六七〇年代的文革都是這種模式的產物。」用屠殺的方式對待異見者，是共產黨的本性。共產黨並不是一九四九年奪取天下之後才變壞的，在延安時代，在一九二一年其創黨時，根子上就爛透了。我對一九八九年中共在北京開槍殺人並不詫異，當年他們在延安殺害王實味，如今他們在北京殺害學生和市民，殺人不眨眼，從來如此。多年後，我寫了一篇名爲《前文革時代的祭品》的文章紀念王實味——我提出「前文革時代」的概念，「文革」乃是中共統治的「常態」而非「出軌」。一直到二〇〇四年，我到威斯康辛大學做訪問學者，第一次見到來此演講的戴晴，我才有機會向她表示感謝，謝謝她啓蒙了當年那個十五歲的少年人。

第三本書是雨果（Victor Marie Hugo）的最後一部長篇小說《九三年》。如艾茵．蘭德所說，「如果你和我一樣厭倦了墮落的人性，如果你想感受一下人性的輝煌，讀一讀維克多．雨果的小說吧」，我喜歡《九三年》超過了《悲慘世界》。在這部小說中，爲了挽救三個無辜小孩子的性命，保皇黨人朗特納克侯爵寧願放棄一生爲之而奮鬥的復辟事業；爲了捍衛心中的人道精神，將軍郭文背叛革命者的身份，幫助朗特納克出逃；鐵血的特派員西莫爾登也隨著郭文的人頭落地而開槍自殺，以此表明他良心未泯。三個主人公的悲劇命運佐證了雨果的觀點：「在絕對正確的革命之上，還有一個絕對正確的人道主義。」這絕對是右派的倫理。

讀雨果，奠定了我的文學品味；讀雨果，讓我對革命產生最初的懷疑，以後找來歷史學者朱學勤的《道德理想國的覆滅》以及埃德蒙．伯克的《法國革命論》通宵閱讀；讀雨果，讓我看到「烏合之衆」和「平庸之惡」的本相，「他們喜歡吉倫特派，卻挑選了山嶽派；他們決定了結局。他們朝成功者傾斜，將路易十六交給韋爾尼奧，將韋爾尼奧交給丹東，將丹東交給羅伯斯比爾，將羅伯斯比爾交給塔利安。他們將活著的馬拉示衆，將死去的馬拉奉若神明。他們支持一切直到某一天推翻一切。他們最善於將搖搖欲墜的東西推倒。在他們看來，你根基深厚，他們才爲你服務，你若搖搖欲墜，那就是對他們的背叛。他們是多數，他們是力量，他們是恐懼，由此產生公然的卑鄙行徑。」與其說獨裁者是極權主義的靈魂，不如說「群衆基礎」才是衍生專制主義的溫床。我不願成爲「形成暴政的大多數」之一員，選擇做「異見人士」，乃至「持自我政見者」。

在死水微瀾的北大尋找真理

一九九二年八月的一天，我收到北京大學的錄取通知書。每一年，整個縣城將近一千名高中畢業生中，大概只有一個人能考上北大。

欣喜之餘，我卻發現，信封裡還有另一張錄取通知書，是我不曾報考的石家莊陸軍學院的錄取通知書。原來，從一九八九年秋季招收的北大新生開始，必須接受爲期一年的軍政訓練。北大從一九八九年起有連續四屆新生增加軍訓教育，我剛好是最後一屆軍訓生。這是「六四」屠夫李鵬想出的一條對北大學生洗腦教育的毒計，他認爲讓北大新生在軍校接受長達一年的軍政訓練，就能讓自由化的北大人成爲循規蹈矩的「共產主義接班人」。通知書中說，新生直接到石家莊陸軍學校報到，必須攜帶《毛澤東選集》一至四卷。哪裡去找《毛選》呢？父親從單位資料室布滿灰塵的抽屜底下找到一套無人問津的「紅寶書」，這將是一年軍訓生涯中最重要的課本。

一年的「軍政訓練」是我一生中最難熬的一段時期。不過，我由此洞悉了極權體制如何戕害人性，也對解放軍官兵爲何興高采烈地槍殺平民有了答案——他們已「非人化」。若用漢娜·鄂蘭（Hannah Arendt）的理論分析，那些以折磨北大新生爲樂的教官跟在北京開槍殺人的官兵一樣，都是「平庸之惡」的典型代表：他們大都是農家子弟，只知道「以服從命令爲天職」。

在烈日下練習納粹式的「正步」時，我開始思考：爲什麼個體非得融入集體之中？爲什麼集體利益必然淩駕於個人權利之上？我如同一滴水珠，寧願被驕陽蒸發，也不願融入大海。我閱讀法國思想家米歇爾・傅柯（Michel Foucault）在《規訓與懲罰》中關於監獄制度的論述，並將這段如同監獄一般的生活記載下來。喬治・歐威爾在緬甸當過大英帝國的警察，這段經歷反倒促成他對權威統治的憎恨，我也是如此——經過軍政訓練，不僅沒有被洗腦，反而變得更加反叛。

第二年，結束軍政訓練，踏入北大校園。發生過「五四」和「六四」的校園，是「我的校園」。高中時，我讀過前輩散文家、老北大人張中行回憶民國時代北大紅樓的文字，那麼多鶴立雞群的教授和學生，讓校園流光溢彩。我以爲，九〇年代初的北大多少存留了自由和獨立的遺風。進入北大，我才發現，經過「六四」後的整肅，特立獨行的北大人早已「多乎哉？不多也」。九〇年代初的北大，「雕欄玉砌應猶在，只是朱顏改」，思想奔放、自由自在的氛圍已成逝水年華。

畢竟還有少許流風餘韻遺存，我在一些老師身上捕捉到「兼容並包，思想自由」的北大傳統。比如錢理群老師對魯迅和周作人的闡釋，讓我如同回到「五四」的現場；我更在北大圖書館讀到無數外人看不到台港的「禁書」，心靈的窗戶被打開了。

大三時，我認識了一名參加過韓國學生運動的韓國留學生。他強健如牛，隆冬時節是短褲和拖鞋的打扮。這位博士候選人發現我這個中國同學也有異端思想，便主動跟我接觸。

有一次，他神秘地說，有一部關於「六四」的紀錄片，你願意看嗎？這有一種吃禁果的刺激。我應邀來到他的房間，他把宿舍房門反鎖，把聲音開到最小。我在電腦上看了紀錄片《天安門》以及其他關於「六四」的影像、照片和資料。那天晚上，在漫天大雪中騎車回宿舍，我再次暗自發誓：一生都要與「六四」這一天聯繫在一起，寫作的目標就是呈現眞實的歷史。

在北大求學期間，身爲中文系學生，我沒有參加過那些熱鬧的文學社團——那個以詩人爲主體的「五四文學社」，我參加了一次活動之後，受不了那些「準詩人」的矯揉造作而退出。他們生活在虛幻的世界裡，自戀且自憐。二戰的硝煙散盡之後，德國哲學家阿多諾（Theodor W. Adorno）公然挑明詩與奧斯威辛集中營之間令人不安的緊張對峙：「自奧斯威辛之後，寫詩是野蠻的，這就是爲什麼在今天寫詩已成爲不可能的事情。」他繼而指出：「奧斯威辛集中營之後，任何漂亮的空話、甚至神學的空話都失去了權利，除非它經歷一場變化。」古拉格之後的蘇俄，「二二八」之後的台灣，光州屠殺之後的韓國，以及「六四」之後的中國，何嘗不是同樣處境？

我決絕地告別了詩歌以及浪漫主義文學——那是文學青年熱衷寫作的主題。我對歷史和政治題材的寫作產生了濃厚興趣。劉曉波說過，倖存本身就是一種罪孽，苟活者必須對死難者有所交代，反抗遺忘的寫作就成了必須。我意識到，挖掘眞實歷史與我自身的生活品質息息相關。

在北大求學那幾年，我發現，「六四」之後的北大和整個中國學術界，「五四」精神宛如空谷回音，「六四」更是不能被公開談及的禁忌，人人避之唯恐不及。也許出於恐懼，也許出於羞辱與愧疚——每當我談及這個話題，對方的臉上通常出現一種迷惑和冷漠的神情。

一九九七年，鄧小平死掉時，我尊敬的一位研究唐詩宋詞的教授，在客廳中掛上一幅鄧小平的肖像，或許他心中眞的感激鄧小平——若不是鄧小平下令恢復高考，他只能作爲知青在農村一輩子「修理地球」（編按：耕作農地），鄧小平的政策改變了他的命運。但是，難道他如此迅速地遺忘了數年之前，正是鄧小平下令開槍殺人，被殺害的很多就是他的學生？

更讓我吃驚的是兒童文學作家、文學評論家曹文軒。我在北大修過他的多門課，他是一位很有個人魅力也很有才華的文學教授和小說家，獲得過國際兒童文學的最高獎「安徒生獎」。在一次私下交談時，他告訴我，「六四」時，他躲在一輛公交車背後看到子彈在飛。然而，多年以後他受寵若驚地應邀出席習近平召集的文藝座談會，並在中國作家協會的新聞發布會上諂媚地表示：「我聽了習近平總書記的整個講話，我的直覺就是，習近平總書記所講的所有問題，和我這麼多年來想到的問題高度吻合，高度一致。只不過我們只是在潛意識裡想這些問題，習近平總書記在講話裡面把它更加理論化，更加理性化地作了分析。講話之後，我們所有作家感受到的就是：中國作家在一個相當自由的狀態裡面進行我們的文學寫作。」人啊，爲什麼要如此作踐自己？

儘管如此，我還是承認，很多美好而憂傷的記憶都與未名湖有關，很多「爲賦新詞強說愁」的文字都與燕園連接。我寂寞地寫作，文字難以公開發表，遂稱之爲「抽屜文學」。在怪人輩出的北大，我因爲寫作成了「異端中的異端」。畢業即失業的命運橫亙在面前。當北大人紛紛進入主流社會以菁英自詡時，我成了跟劉曉波一樣的「不可接觸的人」，成了「痲瘋病患者」。

「不自由撰稿人」：我為什麼一畢業就失業？

二〇〇〇年年初，我在北大的碩士學業即將完成。我不願唸博士，以後留校任教——一個人二十多歲預見到四、五十歲的未來，是何等無趣的事情（無非就是講師、副教授、教授、博士生導師等一節節攀爬的學術階梯）；當然，以我「白眼看雞蟲」的性格，更不適合進入政府部門和媒體。於是，我希望選擇一家研究部門，從事相對單純的文學研究。我聯繫了中國現代文學館，吸引我的是該館保存大量近、現代作家手稿、藏書。四月初，我與北京大學、中國現代文學館以及文學館上級主管部門——中國作家協會，正式簽訂一式三份的《全國畢業研究生就業協議書》。六月初，我又與中國作家協會簽訂一式兩份的《就業協議書》。至此，所有協議文書均已齊備。

七月，我通過論文答辯，獲得文學碩士學位。按照正常手續，我持有中華人民共和國教育部印製、北京大學開出的「全國畢業研究生就業報到證」，去中國現代文學館報到。但是，該館突然告知不予報到，聲稱遵照中國作家協會領導指示，不再按照協議接收我。

此後，我多次與現代文學館和中國作家協會交涉，他們始終不出示拒絕我報到的理由——連

「莫須有」的說法也不給出。報到最後日期是八月五日，這一日期過去將近兩個月，我仍未獲得明確的「說法」。在此期間，作協人事部門態度粗暴而輕率，將其保存的一份《全國畢業研究生就業協議書》通過文學館退還給我。他們無視協議中規定的條款和《勞動法》等法律法規，無知地認爲：退還協議書，協議就不存在了，就作廢了。

九月二十八日下午四點，我與律師和幾位朋友來到中國作家協會辦公樓，希望與作協人事部門負責人見面，聽取該負責人對作協單方面違約的說明。作協人事處處長說：「你沒有提前預約就找上門來，這一行爲十分不妥。」我反駁說，作協在長達三個月不履行協議，不與當事人聯繫，無緣無故將工作協議退還本人，這才是「不妥」。今天我上門來交涉，是爲了捍衛協議的合法性和個人的工作權利，是合情合理合法的，並無「不妥」。就在與該處長交談過程中，周圍幾間辦公室衝出多名工作人員，將我們團團圍住。有兩名年輕力壯的男工作人員粗魯地辱罵，其中一人衝上前來，企圖動手打人，在尙未得逞之前被另一名女工作人員拉開。

後來，據知情人士告訴我，我被作協拒之於門外，是某些文章惹的禍，中共宣傳部長丁關根親自給作家協會主席打電話，宣布中國所有的文化單位和媒體都不准接收我。然後，作協命令現代文學館不要履行合約，現代文學館遂奉命行事。館長舒乙的父親是作家老舍，老舍是被共產黨迫害致死的，他卻絲毫不以加入對年輕一輩作家的迫害而愧疚。

二〇〇〇年十月一日，我在網上發表《致中國作家協會的公開信》。我在公開信中引用聯合國《世界人權宣言》的內容：「人人有權工作、自由選擇職業、享受公正和合適的工作條件並享受免於失業保障。」（第二十三條第一款），也引用中國政府已簽署的《經濟、社會及文化權利國際公約》的內容：「本公約締約各國承認工作權，包括人人應有機會憑其自由選擇和接受的工作來謀生的權利，並採取適當的步驟來保障這一權利。」（第三部分第六條）並鄭重聲明：「我將拿起法律武器，運用輿論力量，以一種理性的方式，為自己——一個普通公民的權利奮鬥。抗爭的結果並不重要，更重要的是抗爭的過程本身。」

當然，我對重新獲得工作並不樂觀，中國是一個黨決定一切的「黨國」。我在公開信中指出：「我深知，在某些特定的歷史時期，作為一名思考者、言說者和寫作者，需要為自己的觀點付出代價。我有這樣的思想準備，也不回避不公正待遇的來臨。即使失去了應得的工作，我也可以依靠自己的寫作生存。……我生活過，寫作過，抗爭過，這就夠了。從這一刻起，感到恐懼的將不是我，而是那些躲藏在黑暗的角落裡的傢伙。」作協拒絕回應我的質疑，國家勞動部不接受我的申訴，法院也不接受我的訴訟請求，全部門都關上了。我成了北大兩千名畢業生中唯一的「失業生」。幾年以後，我聽說有一位中文系學長選擇「大隱隱於市」的工作：開一間豬肉鋪。那時，我怎麼沒有想到這個謀生出路呢？不過，即便我去開豬肉鋪，警察和城管一定不會放過我的。

另一扇門為我打開了。從此，我成了這個沒有言論自由的國度的「不自由撰稿人」——在這個盛產文字獄的國家，用「自由撰稿人」的稱呼過於矯情。回首往事，我何其幸運：從未在共產黨的「單位」內工作和生活過，也沒有沾染上體制內的思維方式和生活習慣。從二〇〇〇年秋天開始，我以稿費收入（大部分文章只能在中國之外的地方發表）養活自己和家人，儘管筆耕艱苦而清貧，但經濟的自由帶來了思想和靈魂的自由。

離開北大後在北京生活的十二年，我與劉曉波夫婦、「天安門母親」丁子霖夫婦形成了一個相濡以沫的小圈子。我們是這個國家的賤民、不可接觸的人、隱形的人。我在社會的邊緣冷靜地觀察和批判這個時代。我自食其力，自得其樂，不亦快哉。這種生活方式是美國式的——二〇一二年，當我流亡美國之後，我對美國的生活如魚得水，我沒有經歷很多中國知識份子到美國之後幻滅的精神之旅——他們習慣並迷戀聚光燈、掌聲與鮮花，享受作爲「菁英階層」和「高等華人」的榮耀；到了美國，這一切不復存在，他們找不到自己的位置，焦灼而憤怒。我早已習慣了離群索居的生活，在寂寞中自由寫作，是人生中最大的幸福。在美國，我成了眞正的「自由撰稿人」。

第三章

我的保守主義知識譜系

我無法想像一個人會如此傲慢以至於把國家視如一張白紙，在上面他可以任意亂寫。一個熱情洋溢的有思辨性的人可能希望他的社會並不是像他看到的那樣構成的；但是，一個仁慈的愛國者和一個真正的政治家總是考慮他如何能夠最好地利用國家的現有材料。保存的意向加上改進的能力，這就是我對政治家提出的標準。其他一切在理論上是庸俗的，在實施上是危險的。

——埃德蒙・伯克

童年和青年時代的生活經歷，以及教育和閱讀，並不能確保一個人成為保守主義者。從初中時代開始，我不斷地像梁啓超那樣「以今日之我反對昨日之我」，甚至像關羽那樣「刮骨療傷」，直到今天仍然沒有停止。台灣歷史學家李筱峰說過，他是從閱讀《自由中國》雜誌開始獨立思想，進而與黨國教育決裂「閱讀讓我的人生很痛苦，我的思想價值被顛覆，到底教官、老師講的是對的，還是《自由中國》講的是對？」自我思想改造的過程很痛苦，但如果不邁出關鍵的一步，一輩子都只能是斯德哥爾摩症候群患者。

保守主義者價值立場的形成與鞏固，需要以批判與反省精神，建構一套堅韌綿密的知識譜系。我之所以成爲保守主義者，首先是對近代中國革命傳統和激進思潮的反思，然後從四個知識、思想和精神的脈絡中，尋覓星星點點的微光。這四個脈絡包括：經過重新闡釋的五四人物、台灣五〇年代《自由中國》的思想遺產、當代中國「思想史上的失蹤者」以及西方世界右翼知識人群體。

即使是生於同樣的時代背景，因著不同的閱讀經驗，也會各自走向左派或右派。比我小兩歲，出生於廣東而後移居香港的作家、詩人廖偉棠，跟我一樣經歷了一九八九年的鎭壓，不願意接受精神的犬儒化，如饑似渴地尋求反抗的精神資源。廖偉棠認爲，唯一自救的可能是「選擇左翼」，他從讀新左派開始，十八歲讀馬庫色（Herbert Marcuse），因爲不喜歡中國的一批心繫權力的僞左派，轉向無政府主義。到香港後，又接觸托派，迷上切．格瓦拉（Che Guevara）、拉美左翼和解放神學，最後還是回到無政府主義的自由之中。我與他恰恰相反，在「六四」屠殺之後的憤怒與痛苦中，重新梳理「五四」的激進主義傳統，從魯迅和陳獨秀轉向胡適和周作人；然後研究台灣民主化進程及自由主義脈絡，發現了殷海光、夏道平、張灝等古典自由主義者，再從他們那裡發掘海耶克、奧地利經濟學派及基督教「人性本罪」的思想遺產；緊接著，我在當代中國找到了顧準、林昭和楊小凱留下的火種；最後，我又在西方思想界發現了埃德蒙．伯克、艾茵．蘭德和奈波爾等與我心心相印的先知。由此，我成爲堅定不移的右派。

再思「五四」：從陳獨秀到胡適，從魯迅到周作人

中國八〇年代的思想解放運動所引進的西方文化，多以啓蒙主義及現代主義爲主，文藝青年言必稱伏爾泰（Voltaire）、盧梭（Jean-Jacques Rousseau）、尼采（Nietzsche）、沙特（Jean-Paul Sartre）。對於現代中國自身的傳統，那一代人將「五四」視爲神話——一九八九年正好是「五四」七十週年，對「五四」的紀念融匯到天安門廣場的洪流之中。而八〇年代所發掘的「五四」傳統，多以激進左翼一端爲主，陳獨秀、魯迅、巴金等左派知識份子享有崇高地位。作爲「六四」後一代的我，當然未能擺脫時代潮流。此後，我讀到余英時、張灝、林毓生探討「負面五四」的著作，這才驚出一身冷汗。

從少年時代開始我就是魯迅迷。我對魯迅的「異議」始於「毛澤東爲何欣賞魯迅？」的追問。獨裁者不會親近熱愛自由的思想家，獨裁者欣賞的知識人必然有與之惺惺相惜的部分，卡爾·施密特（Carl Schmitt）爲何被希特勒所用，一如魯迅爲何被毛澤東所用。當我發現魯迅晚年思想左傾、甘願被共產黨當作左翼文壇「神主牌」，我的價值判斷逐漸向作爲魯迅論敵的胡適傾斜。從發現胡適，到發現胡適周邊的知識人群體，繼而擴展到對中國知識份子心靈史的梳理，一

步步完成自身知識體系和思維方式的更新。

「五四」有兩個不同面向，一個以激進高調的陳獨秀爲代表，發展成《新青年》；另一個以溫和低調的胡適爲代表，發展爲《獨立評論》，兩者水火不容。陳獨秀晚年脫離共產黨，放棄共產主義，回歸英美古典自由主義的懷抱，算是與胡適殊途同歸。陳獨秀晚年對比民主國家與專制國家，得出四點根本性的差異：第一，在民主國家，國家領導人是各黨派競選，由人民選舉，開會時有相當的討論和爭辯；專制國家由政黨指定，開會時只舉手，沒有爭辯。第二，民主國家無法院命令不能捕人殺人，專制國家秘密政治警察可以任意捕人殺人。第三，民主國家人民有言論、出版、集會、罷工的自由，專制國家沒有言論、出版、集會、罷工的自由。第四，民主國家反對黨合法存在，專制國家不允許存在反對黨。胡適說，「這實在是他大覺大悟的見解」。

一九四九年四月十四日夜，胡適在共產黨奪取中國而逃難在太平洋的一隻輪船上，爲推薦正式出版《陳獨秀最後論文和書信》撰寫長篇序言。他稱讚陳獨秀是「終身的反對派」，並將「反對黨派之自由」作爲「近代民主政治」之標誌，何嘗不是內心悽苦之際的自我勉勵。

胡適終身反共，北大校園裡沒有一尊胡適塑像。多年以後，我訪問台灣，有機會到南港中央研究院爲胡適墓地獻花並參觀胡適紀念館。我的性格中有魯迅的峻急和決絕的一面，通過閱讀和貼近胡適的寬容與柔和，漸漸得以調和。

然而，主張「全盤西化」的胡適，並非保守主義者。不是因爲他主張「全盤西化」的激進，而是因爲「西化」的內容並非英美文明之精粹。在現代中國知識界的政治光譜中，胡適是最靠右的一位，但若放在英美世界，至多算是「中右」。胡適留美多年並在抗戰期間出任駐美大使，卻與作爲美國根基的基督教文明疏離；他對人性懷有淺薄而樂觀的幻想，對人性的幽暗面視而不見；他受羅素分析哲學和杜威實用主義的影響甚大，羅杜二人都是無神論的左翼思想；他一直厭惡數學和經濟學，一度被蘇俄計劃經濟的成功所蠱惑。

在北大，我聽了現代文學史家錢理群好幾門課，他先講魯迅，再講周氏兄弟，最後單講周作人，這是有趣的「三部曲」。我由此發現，周作人的思想比魯迅深刻，周作人對希臘和希伯來文明及日本文化的論述無人能及。當共產黨發起反基督教運動時，左翼文人和自由主義者結成「統一戰線」表示支持，周作人則大聲捍衛宗教信仰自由，「以一人敵一國」。美國學者班傑明．史華慈（**Benjamin I. Schwartz**，思想史家張灝是其學生，稱之爲「班老師」）認爲，周作人是「一種絕望的保守主義」的代表，「他感到過去的文化是一股龐大僵滯的力量，獨立於個人意志之外，也不是意志力以任何根本的方法所能改變。實則，想改變它的努力，可想見的只是使之更糟而已」。於是，「他在文化遺產中所執取的是某些較不重要的性格——學問的慰藉，和他從蘇東坡者流之傳統所覓得的日常生活的美感」。

我也對周作人「落水當漢奸」的「歷史汙點」有了新的認識——周作人看到中國即將「赤化」，那不單是「共產共妻」，更是文明的毀滅、人性的沉淪，甚至跌入「人相食」的萬劫不復之深淵。爲了反共，他抱著「我不入地獄，誰入地獄」的心情，試圖在「悲哀的東洋」締造超越國界的「歐洲精神」，那無異於飛蛾撲火。一九四七年，以漢奸罪下獄的周作人作「打油詩」影射傅斯年等以道德主義和民族主義自詡的「愛國賊」，並對中國的未來作出極其黑暗的預言：「次有齊魯民，生當靖康際。沿途吃人臘，南渡作忠義。待得到臨安，餘肉存幾塊。哀哉兩腳羊，束身就鼎鼐。猶幸制熏臘，咀嚼化正氣。食人大有福，終究成大器。」當黑暗的頂峰「文革」到來時，周作人本人亦因「壽多則辱」被紅衛兵毆打，然後自殺而死，成爲瘋狂時代的犧牲品。

對書的閱讀，與人的交往，必然經歷一個漫長的篩選、淘洗過程。有時一見鍾情，有時日久生情。炙熱的喜愛可能轉瞬冷卻，慢熱的情感卻可能恆久持續。早年我喜歡讀金庸，後來轉向古龍。金庸筆下的郭靖有如曾國藩，遵循「俠之大者，爲國爲民」的集體主義原則；而古龍筆下的楚留香有如卡繆式的個人主義者，「古往今來，眞正的武林高手，都是特立獨行、不受影響的人，一個人若連自己獨特的個性都沒有，又怎麼能練得出獨特的武功來？」二十多年來，我放棄或告別的閱讀對象，除了魯迅與金庸，還有陳映眞、李敖、龍應台、張承志、劉小楓、尼采、沙特、羅曼．羅蘭（Romain Rolland）、海德格（Martin Heidegger）、施密特（Carl Schmitt）……他們或有毒，或養分貧乏，我不能攜帶他們的書上路。

台灣脈絡：殷海光、夏道平、張灝

北大七年，我在圖書館埋頭讀書，收穫多於在課堂上聽教授講課。在樹影婆娑及陽光閃爍中，我看到胡適在台灣出版的文集，看到《自由中國》雜誌，看到殷海光的著作。在蔣介石打壓《自由中國》時，胡適的表現太過怯懦。二〇〇三年，我到美國愛荷華小城拜訪聶華苓，她直言對胡適的失望。在此事件中，坐牢時間最長的是雷震，骨頭最硬的是殷海光。殷海光坐而論道，亦起而行道；他從五四傳統中尋覓自由主義養分，更通過翻譯海耶克的《通向奴役之路》而銜接上英美古典自由主義傳統——早年，殷海光跟一般自由主義知識份子一樣，追求「政治民主，經濟平等」，研讀海耶克之後，他將「經濟平等」改爲「經濟自由」。

對我來說，殷海光的文字和人格模式比胡適更有吸引力。殷海光對國民黨的批判不同於如陳映眞那樣的左派知識份子，落入對彼岸共產黨的幻想之中。他發現號稱「反共抗俄」的國民黨與共產黨乃一丘之貉，國民黨與共產黨師法同一個老師——蘇聯共產黨。

海耶克邀請殷海光訪美，卻被國民黨攔阻。殷海光夫人如此描述丈夫晚年的生活：「殷海光被國民黨圍剿逼害，特務守在我們家大門外，歲歲過著恐懼擔憂的日子。接著殷海光患胃癌，主治及手術醫生說他只能活六個月，國民黨仍不讓他去哈佛大學做研究員。」殷海光是被國民黨虐殺的，若干年後，劉曉波也被共產黨如此虐殺。兩代最傑出的知識人，最終以身殉道。在生命的最後日子裡，殷海光在夫人的影響下歸信耶穌基督，聯接上永生的生命源頭。

十多年之後，我到台北溫州街參觀「人面不知何處去」的殷海光故居，想像著殷海光在案頭奮筆疾書的模樣，恨不能像張灝、林毓生等「殷門弟子」那樣「從殷師遊」。

比胡適擁有更純正的古典自由主義思想的，是晚一輩的夏道平。我讀夏道平的文集，發現其文風跟一般人文學科背景的作者有所不同，沒有煽情的形容詞，沒有浮誇的句式，有的是邏輯性和說服力，或許是作者受過嚴謹的經濟學訓練的緣故。跟殷海光一樣，夏道平也是《自由中國》雜誌的重要撰稿人，也是在晚年皈依耶穌基督——「因眞理，得自由」，那終極的自由，唯有在耶穌基督裡才能找到。夏道平晚年撰文批評胡適及杜威「實用主義」之思路，認爲眞正的自由不在其中。他從奧地利經濟學派大師米塞斯（Mises）那裡發現宗教與理性不僅不矛盾，而且高度融和，從而將生命向耶穌基督全然敞開。他最後發表的一篇文章題爲《自由與宗教：一個自由經濟學者成爲基督徒的心路歷程》，他說這個題目來自於米塞斯。

五四那代知識人，少有經濟學出身的大家，而優質的經濟學必然強調保障私有產權及自由市場經濟。夏道平特別強調說，經濟學是關於有血有肉、有自由的「人」的學問，他反對那種只剩下數學的冷冰冰的「經濟學工程師」。夏道平在一九三〇年代就讀於武漢大學。那時，計劃經濟的思潮因爲蘇俄五年計劃的成功而彌漫於世界，經濟干預的理念隨著凱恩斯主義（Keynesian economics）的盛行風靡一時。國民政府口頭上反共，經濟政策卻學習蘇聯的計劃經濟。而他所接受的經濟學理念，來自從倫敦政治經濟學院經濟系畢業的導師任肯南。學者林建剛在〈胡適與夏道平：兩代自由主義者〉一文中指出：

民國知識份子中，羅隆基、儲安平、費孝通等最出名的那批人，受倫敦政經學院政治學教授拉斯基影響，成爲「民主社會主義者」。在他們背後，還有任肯南、周德偉、蔣碩傑等沒有那麼出名的另一群人——政治上主張民主政治，經濟上主張遵循市場經濟原理，是典型的亞當·斯密和海耶克的精神傳人。在倫敦政經學院，但凡是政治系與社會學系的教授，多是費邊社會主義（Fabianism）的信奉者，在政治理念上的代表是拉斯基（Harold Joseph Laski）；但凡是經濟系的教授，多數是古典自由主義者，反對對經濟的人爲干擾，其代表人物如愛德溫·坎南（Edwin Cannan）、羅賓斯（Lionel C. Robbins）、海耶克等人，致力於批判拉斯基，弘揚古典自由主義。倫敦政治經濟學院政治學系教授與經濟學系教授的思想分野，構成了英國工黨與保守黨的迥然不同。那時工黨的理論家正是拉斯基，而後來保守黨領袖柴契爾夫人的理念則來自於海耶克。

以夏道平的學術脈絡和對台灣的影響而論：「通過夏道平的師承，從任肯南到周德偉、蔣碩傑（這兩位都是海耶克器重的中國弟子）再到夏道平，可以追尋到中國古典自由主義知識份子的脈絡。這些思想脈絡，隨著一九五三年殷海光在《自由中國》翻譯海耶克的《通向奴役之路》，在思想上逐漸清晰起來。」這是一條思想史上長期被忽略和遮蔽的脈絡。

當我來到台北新生南路由周德偉任關務署署長時的官邸改造成的人文茶舍「紫藤廬」，有機會聽周德偉的兒子周渝分享並不如煙的往事。當年，這裡是由《自由中國》學人和台大師生圈子形成的自由主義學者的聚會場所，張佛泉、殷海光、夏道平、徐道鄰等學人常常在此討論海耶克的思想以及台灣的政治、經濟形勢。周德偉是海耶克的親炙弟子，也是海耶克巨著《自由憲章》的中文譯者。當年，還是台大學生的殷門弟子張灝，在此聆聽老師們

思想史家張灝院士夫婦（右三、四）與余杰及友人。

高談闊論，半個多世紀以後，他用四川口音模仿周德偉的湖南話，唯妙唯肖：「我在天上飛，你們台大的教授，都在地上爬。」

我移居美國之後，碰巧住得離張灝老師家不遠，常常去聽他「講古」，話題每次都離不開殷海光。我彷彿跟著他來到殷家客廳，聽殷海光痛罵蔣介石並講授海耶克；我也彷彿來到殷海光臨終的病床前，聽殷海光忍著疼痛在牧師的帶領下作決志禱告。而張灝對中國近代思想史的反思，亦讓我深受啟發。他不僅反省五四的激進主義，而且將思想激化的脈絡一直追溯到晚清戊戌變法時代，如譚嗣同的《仁學》就是激進主義的代表之作。他也從美國神學家尼布爾（Karl Paul Reinhold Niebuhr）那裡借來「幽暗意識」的觀念，成為解讀中國近代思想史的一把鑰匙。尼布爾說，「人行正義的能力使得民主成為可能，人行不義的傾向使得民主成為必須」；張灝進而發揮說，幽暗意識是一種「警覺性的自由主義」和一種「低調的民主觀」，「幽暗意識一方面要求正視人性與人世的陰暗面。另一方面本著人的理想性與道德意識，對這陰暗面加以疏導、圍堵與制衡，去逐漸改善人類社會。」這也正是右派或保守主義的人性論，而右派或保守主義的政治經濟觀念都建立在此一人性論之上。

中國脈絡：顧準、林昭、楊小凱

回到當代中國，對我的保守主義觀念影響頗大的先行者是：顧準、林昭和楊小凱。對於顧準，李慎之生前說過：「有人說，自進入二十世紀下半期以後，中國就再也產生不出獨創的、批判的思想家了。」這話並不儘然，我們有顧準。顧準早年自學成才，是整理財政的幹才，卻因耿直敢言，堅持民主政治和市場經濟，跟毛時代中國的走向南轅北轍，兩度被打成「右派」，關押勞動，家破人亡，五個子女與之「生不相見，死不相別」。

九〇年代，顧準被思想界重新發現，成爲「六四」之後的孤寂倉惶中的爐火。思想史家朱學勤評論說，顧準當年既被國內主流學界所放逐，又無外部先進學理資源爲援接，除了翻譯熊彼得「資本主義、民主主義和社會主義」時從該書注釋中看到一兩條西方學理概念，幾乎是一燈如豆，在思想的隧道中獨自掘進。從目前殘留的思想手稿判斷，他是在一個鐵桶般的蔽障前單兵獨進，只手破壁，達到了能夠與外部葛蘭西（Antonio Gramsci）、盧卡奇（György Lukács）、海耶克、伯林（Isaiah Berlin）等當代先進思想家對話的水準。在一黨專制的中國，顧準說出兩黨制優於一黨制的眞相：「兩黨制的議會政治的眞正的意義，是兩個都可以執政的政治集團，依靠各自的政綱，在群衆當中競爭取得選票。這是唯一行得通的辦法。」他與弟弟的通信集《從理想主義到經驗主義》，清晰地顯示了他從法國大革命、俄國革命及中國革命的「理想主義」轉向英國革命和美國革命的「經驗主義」的心路歷程。他如此提出疑問：「一九一七～一九六七，整整五十年，歷史永遠在提出新問題。革命取得勝利的途徑找到了，勝利了，可是，『娜拉走後怎樣？』」、「一七八九、一八七〇、一九一七，這一股潮流，走了它自己的路，可是還有另一股潮流，兩股潮流在交叉嗎？怎樣交叉的？他們的成果可以比較嗎？前景如何？」、「一七八九、一八七〇、一九一七，設定了一個終極目的，要不要從頭思考一下這個終極目的？」

顧準所說的一七八九、一八七〇、一九一七，是指這三個年份發生的重大事件：法國大革命、普法戰爭和蘇聯十月革命，以及以此爲標誌的歐陸思潮與實踐；另外還有一六八八年英國光榮革命、一七七五年美國革命爲代表的英美思潮與實踐。不過，顧準在此出現了一個關鍵錯誤，他未能發現宗教改革與英美傳統的關係，反倒認爲基督教思想導致法國和俄國的革命：「一七八九年、一九一七年，這股力量之所以強有力，一方面是因爲它抓住了時代的問題，一方面是因爲它設定了終極目的。而終極目的，則是基督教的傳統：基督要復活，地上要建立起千年的王國——建立一個沒有異化的、沒有矛盾的社會。」他誤讀了基督教傳統，將猶太教的彌賽亞主義誤置於基督教之上。正統的基督教神學明確區分「兩個國度」，強調在地上不能建成天國。法國革命和俄國革命不是基督教的寧馨兒，恰恰相反，是反基督教的啓蒙運動的怪胎。

如果說顧準是一位未完成的思想家，那麼林昭更像是魯迅所說的「精神界之戰士」。學者許良英在比較了顧準與林昭的思想差異後指出：顧準由於沒有自由和人權概念，對民主有不少誤解，「一九六〇年林昭的政治思想水準遠遠超過一九七四年去世的顧準。」我全面認識林昭，是從紀錄片導演胡傑的傑作《尋找林昭的靈魂》開始的。這位「思想史上的失蹤者」，比顧準更決絕地反抗共產暴政，顧準寫下了悔過書，林昭卻在獄中痛斥暴君毛澤東而被加重刑罰，遭到處決。在一九五七年的「反右」運動中，百萬計「右派」知識份子中，絕大多數不是眞正在思想根基上反對共產主義，認同自由、人權價值的「右派」，只是想善意地向中共提意見，就成爲毛澤東「陽謀」的犧牲品。朱鎔基就是這種冤屈的右派，後來還能被中共重用，成爲國務院總理。而林昭是眞正的「右派」，她沒有「冤屈」，她對共產極權的批判，確實是徹底的。

林昭的獄中文稿被妹妹彭令范捐獻給史丹佛大學胡佛圖書館。其中，最值得注意的是《靈耦絮語》、十四萬言書及《心靈的戰歌》。她振聾發聵地指出，「異民」乃是反對極權統治的先行者：

中共對我輩「異民」的政治迫害就像封建中世紀的殺滅造反者一樣：父黨母黨妻黨九族不夠至於十族盡誅！儘管看起來並不採取著肉體消滅的方式，但對於人的折磨逼迫摧殘踐踏卻是比著單純的屠殺更百倍地刻毒而殘酷！

人們將很難想像特別是西方國家的人們恐怕更難想像：天下之大、古往今來，竟然會有哪一個罪惡政權是骯髒可恥而且充滿血腥到了這樣一種程度！

謝謝上帝！十八年來以迄於今，遍地腥膻的中國總算還有一些拒絕向共產黨人「認罪」屈服的所謂「頑固份子」勉力維持著我輩，共產暴政之下的這些「政治否定」者，這些「異民」比之印度種姓制度下的賤民還低！

這比遇羅克的《出身論》更深刻、更沉痛、更悲憫與博愛，是「異民」中國乃至自由人類的抗暴檄文。

林昭超拔於共產黨反美、仇美宣傳之外，將人類的希望寄予美國。她寫道：「對共產魔鬼的最後的殊死決戰之中，特別是我們中國以及美國這兩個偉大的民族付出了如何沉痛慘重的血的代價！我們這兩個偉大的民族犧牲了自己多少個傑出的兒女啊！」林昭的父親彭國彥畢業於東南大學，主修政治經濟，畢業論文是《愛爾蘭自由邦憲法評述》。彭國彥在女兒被捕一個月後自殺身亡，但其對英美憲政的認同影響到女兒，使林昭在生命最後時刻對以美國為首的自由世界深具信心。

林昭的基督教信仰乃是其反抗暴政的支點。林昭從小在教會學校讀書，青年時代一度受共產思想蠱惑，但在思想和生命的苦痛歷程中，又回歸基督信仰。林昭的母親許憲民在女兒第二次入獄前受洗成爲基督徒，林昭亦在獄中遇上一位因拒絕更改信仰而坐牢的基督徒，這兩件事讓獄中沒有條件受洗的林昭，靠著心靈和誠實回到耶穌的懷抱，並在信仰裡找到源源不斷的力量和智慧。她的獄中文稿全用「主曆」紀年，是其表達堅定的基督教信仰的一種明志方法。林昭是憑著耶穌的愛來追求上帝的公義，正如林昭的妹妹彭令范說：「一切認識林昭的人，請在你們繁忙的生活中留下幾分鐘來悼念她吧！她是愛你們的，這種愛，甚至遠遠超過了我們姐妹之情。」

同樣是基督徒的楊小凱，被譽爲離諾貝爾經濟學獎最近的華人經濟學家。楊小凱五十三歲患癌症英年早逝，留下的學術和思想財富仍啓迪後人。文革期間，年僅十九歲的楊小凱以一篇名爲〈中國向何處去〉的文章，遭到江青點名批判，被判刑十年。在監獄服刑期間，他向獄中的大學教授、工程師學習英文、微積分等課程，監獄是一所最好的大學。後來，他以原名楊曦光出版獄中回憶錄《牛鬼蛇神錄》，揭示最優秀的中國人都在監獄中的事實，毛時代並非沒有大量反抗者，只是他們都被亙古未有的獨裁政權消滅了。

文革結束後，楊小凱赴美留學，獲普林斯頓大學博士學位。他提出新興古典經濟學與超邊際分析方法和理論，出版有中英文專著《專業化與經濟組織》、《經濟學：新興古典與新古典框架》、《發展經濟學：超邊際與邊際分析》等。對於出國後的人生選擇，取學術之路而捨政治之路，他曾如此袒露心跡：

我們反對職業革命家搞的這種極端政治。但是我們應該用「在美國這樣民主社會裡面站住腳」這個經歷建立一個公信力。這時我們爭取民主，爭取法治，但是我們還都有自己正當的職業，我們並不是那種滅了所有的職業，只剩下自己的一種職業的職業革命家。那麼怎麼建立這種公信力呢？要以自己的職業、自己的專業來建立，哪怕你是一個牙醫，一個記者，甚至是一個鞋匠，都要用你自己專業領域裡面的建樹來說服人，來建立公信力。

這正是楊小凱與大部分流亡海外的民運人士之間的根本差異。很多以民運爲「職業」或「飯碗」的人士，最終遭到西方主流社會和海外華人社群的棄絕，原因即在於此。而對於楊小凱來說，經濟學研究既是其職業，也是其安身立命的基礎，他實現了「專業經濟學家」和「業餘政治學家」的理想。

楊小凱的經濟學研究與中國現實息息相關。他與中共御用經濟學者林毅夫等人的「媚上研究」截然相反，一直嚴厲批判獨裁政治對市場經濟的戕害：「中國的市場導向改革最重要特徵是缺乏憲政秩序和法治，這表明制度化的國家機會主義，統治階層的假公濟私和猖獗的腐敗。」他進而指出：「成功的經濟發展不僅需要市場，還需要憲政秩序和法治來保持個人權利並提供對政府權力的有效制衡。適當的道德準則、行爲規範以及打破執政黨的政治壟斷是憲政秩序形成的根本。」可惜，楊小凱於二〇〇四年英年早逝，無法繼續對中國向劣質國家壟斷資本主義一路狂奔提出更尖銳的批評與分析。

除了顧準、林昭和楊小凱這三位逝去的先行者，當代中國知識人中的保守主義者，有《道德理想國的覆滅：從盧梭到羅伯斯庇爾》的作者朱學勤以及《保守主義》的作者劉軍寧等人。在我的同齡人中，有兩位雖不常見面、思想上卻彼此砥礪的保守主義者，他們都是基督徒。一位是詩人和經濟評論家蘇小和，在廣義的民主派知識份子當中，沒有人比他更懂經濟學；在寫經濟評論的作者中，沒有人比他更具人文精神。他像海耶克那樣堅持自由的價值，像保羅那樣看到人的罪性，他的寫作始終持守自由、權利、經濟人和個體價值等維度，力圖將個體命運從主流意識形態中拯救出來，乃至還原個體生命的權利與尊嚴。另一位是歷史學者劉仲敬。劉仲敬用「諸夏」解構「中國」，用「內亞」顛覆「東亞」，用「秩序輸出論」為西方殖民主義翻案，進而否定馬克思主義和民族主義締造的「大一統」和「反帝論」。作為「中國」和「中華民族」的發明者，梁啓超晚年為從潘朵拉盒子中放出魔鬼而懊悔不已，卻無力將魔鬼抓回來、關起來。如今，作為新一代「降魔人」的劉仲敬，以高強的武功破除「中國夢」和「中華民族偉大復興」等納粹式宣傳話語，若梁啓超地下有知，或許會對他感激萬分吧。

西方脈絡：埃德蒙·伯克、艾茵·蘭德、奈波爾

在西方脈絡中，我引以爲思想導師的是三位先知式人物：埃德蒙·伯克、艾茵·蘭德和奈波爾。

很難給保守主義或右派下一個準確定義，每個人的保守主義都打上他個人的烙印。然而，不管是什麼樣的保守主義，都無法越過埃德蒙·伯克。伯克是英國國教會（聖公會）信徒，是輝格黨人，是英國下議院議員，是卓越的政治評論家，也是當之無愧的「保守主義之父」。從柏克直到今天美國的共和黨，他們的「保守」都是對「盎格魯—撒克遜」一系的英美自由主義的「保守」。

在伯克的著作中，我先讀《美洲三書》（我的北大學長、文學家繆哲的優美而古雅的譯本），再讀《法國革命論》。伯克是美洲殖民地人民獨立革命的熱情支持者，也是法國大革命的嚴厲批判者——這兩者在他身上絲毫不矛盾。在《論課稅於美洲的演講》、《論與美洲和解的演講》和《致布裡斯托城行政司法長官書》等「美洲三書」中，伯克反覆強調，美洲殖民地人民是英國人的後裔，「他們不僅深愛自由，更以英國人的觀念、英國人的原則深愛自由」。美洲民衆反抗英國的統治，訴諸大憲章的傳統，訴諸「無代表，不納稅」的英國代議制和普通法傳統，因而是天經地義的。作爲下議院議員，他忠告英國政府：「在人類事務的進展中，對自由必須略作

放任與寬容，往往才能有和平：舉一項宗教制度來說吧，設立安息日是爲了人，創造人可不是爲了安息日；與安息日相比，政府並無更高的根源與權威，起碼就其運行來說是如此，所以它理當順應時代的緊迫需要，順應它治下的人民的氣質與性格，不能動輒使強用暴，力圖使人民的性格曲順於他們那待民以奴才的理論。」可惜，英國的統治階層缺乏伯克的智慧，輕率動武，失去美洲。

反之，伯克反對法國大革命，因爲他發現法國知識界致力於瓦解其重要制度的所有前提。法國人將忍受「哲學仙境」的結果，他們沒有預見到這一結果，但伯克能預見到。法國文人在大庭廣衆之下使君主制、貴族制和國家的徵稅權力喪失合法性，結果是留給他們一個權威枯竭、不能徵稅或管理貿易的政府。「在他們的學園叢林裡，在每一遠景的盡頭，你看到的只有絞刑架。」在共和國領袖身上，伯克看到的是「一種壓制性的降低品格的奴役狀態」。伯克追問說，「既沒智慧又沒美德的自由是什麼呢？」他的回答是：「它是一切可能罪惡中最大的罪惡；因爲它是缺乏之教誨或克制的愚蠢、邪惡和瘋狂。」他預言道，這一結果將是持續的不穩定和無政府狀態的威脅，只有通過大規模使用武力，最終只有通過軍事統治才能予以控制。記住以下這一點是重要的——伯克在處決路易十六、旺代十萬貧民被殺和拿破崙崛起之前就作出這一預言。

伯克向法國鄰居推薦的「革命解藥」是「英國憲法的樣本」：

這才是無價之寶，我們的幸福境遇歸功於我們的憲法，歸功於整個憲法而不是任何單獨的一部分；在很多大程度上歸功於我們若干次修正和改革中保存下來的東西，以及我們改變和增添的東西。……我也不排斥改變；但是，即使當我改變的時候，也是爲了保存。

然而，法國人自行其是，自取滅亡，兩百多年來，經歷了走馬燈式的帝制與共和的轉化，至今已是第五共和，仍紛擾不安。

多年以後，倒是有兩個法國人從伯克那裡汲取智慧。一個是托克維爾（Tocqueville），他的《民主在美國》宛如伯克《美洲三書》之「前傳」，他的《舊制度與大革命》則宛如伯克《法國革命論》的「續集」。近年來，在華語知識界，托克維爾常常與伯克一同被提及和引用。

另一位法國人是雷蒙．阿隆（Raymond Aron）——他在左翼橫行的法國知識界如此特立獨行，雖然沙特的粉絲比他多千百倍，但在對二十世紀下半葉人類所有重大事件的判斷中，他每次都正確，沙特每次都錯誤。雷蒙．阿隆精闢地指出馬列主義者的本質：「一個人也許既是馬列主義者，又擁有才智，但是他不會（在思想上）是正直的。眞摯的馬列主義者爲數並不少，但是他們都缺乏才智。」他毫不掩飾堅持一生的反共立場：「某些人說我一貫反對共產主義，我可以問心無愧地堅持這一立場。我認爲，共產主義的可憎程度並不亞於納粹主義。前者是階級救世，後者是種族救世。」他放棄大部分法國知識份子力圖扮演的角色——販賣幻想的商人，轉而推動每個人去瞭解身邊的世界並公正地批判世界，從而完成自己的使命——與其說要激動人心，不如說要啓蒙思想。這也正是伯克的理想。

第二位我引以爲思想導師的知識人是美國政治哲學家艾茵．蘭德。二十世紀，艾茵．蘭德與漢娜．鄂蘭這兩位猶太裔女性政治哲學家如雙子星座般遙相呼應。她們都從千瘡百孔的歐洲來到自由繁榮的美國，著書立說，燃燈照明。如果說體驗過納粹暴政的漢娜．鄂蘭是極權主義的診斷者，那麼體驗過蘇俄暴政的艾茵．蘭德則是自由精神的捍衛者——這位出生在俄國猶太富裕家庭的女孩，十二歲就經歷了突如其來的俄國革命，全家走上漫漫流亡路。她忍痛燒毀日記，以免落入無所不在的契卡（蘇聯政治警察，類似台灣當年的警總）手中，因其中的反蘇言論而給自己和家人引來滅頂之災。

一九二六年，二十一歲的艾茵．蘭德抵達美國，輪船抵達紐約港口那一瞬間，她被紐約市蔓延至地平線的摩天大廈建築群深深感動。後來，她在小說《源泉》裡動情地寫道：「我會願意放棄世界上最壯觀的日落場景，只爲目睹一眼紐約市的摩天大廈建築群，大廈蔓延直至紐約的天際，人類的意志力是如此明顯。……我感覺到如果這裡面臨戰爭的威脅，我會將我自己拋身天際，以我的肉身保護這一切。」可以想像，如果她親身遭遇「九一一」恐怖襲擊，她將比義大利著名女記者法拉奇（Oriana Fallaci）更加憤怒並且堅定地反擊。

艾茵．蘭德爲媒體寫作專欄，不是以日報記者的眼光看待新聞，而是以歷史學家的視角、用跨世紀的普遍眞理詮釋這個世界。她嫻熟地用小說的藝術形式傳達深邃的政治哲學，其長篇巨著《源泉》和《阿特拉斯聳聳肩》銷量僅次於《聖經》。早年她當過跑龍套的演員，或許不曾想到自己的小說會被改編成家喻戶曉的電影。政治上，她強烈反對中央集權、共產主義和集體主義。經濟上，她與米塞斯爲代表的奧地利經濟學派接近，擁護自由放任的資本主義。倫理道德上，她大膽地讚揚「英雄般的利己主義和個人主義的美國價値」。

雖然艾茵・蘭德自稱「不可知論者」，卻並未斬斷猶太教—基督教傳統。一九三一年，她獲得美國國籍，她對美國深感驕傲，後來在西點軍校的畢業典禮上發表演講：「我可以說——這絕不是愛國的陳腔濫調，而是根基於完整的形而上學、知識論、倫理學、政治和美學的智慧基礎上說，美利堅合衆國是世界歷史上最偉大、最高貴和在最初的建國原則上唯一道德的國家。」我想，此類言論一定讓「親美」的劉曉波「心有戚戚焉」。

艾茵・蘭德用畢生精力捍衛她所珍惜的美國文明。她讚美瑪麗蓮・夢露（Marilyn Monroe）這個「快樂無憂的孩子」，「她之所以受到懲罰，是出於她身上那些最好的東西，而不是相反。……任何一個厭惡眞善美並且表達過這種想法的人，都是殺害瑪麗蓮・夢露的兇手。」她多次批評甘迺迪（John Fitzgerald Kennedy）政府對經濟自由和言論自由的干涉，「甘迺迪政府不是長期集體主義潮流的起源，而是它的結果和產物」。她並非杞人憂天地指出，宣稱「公共利益高於個人利益」的甘迺迪，背後隱藏著「靜悄悄的法西斯主義」。如果她看到作爲「甘迺迪加強版」的歐巴馬

（Obama）和希拉蕊（Hillary）的所作所爲，一定會寫下數倍的批判文章。今天，正是沒有艾茵．蘭德這樣所向披靡的「女騎士」，左派控制的媒體和大學才如此指鹿爲馬。若不是川普當選，「眞美國人」在美國只能保持沉默。

第三位我所景仰的知識人是英國作家奈波爾（Naipaul）。奈波爾出生於千里達島印度裔移民家庭，後赴牛津大學攻讀英國文學並定居倫敦。他是自從邱吉爾獲得諾貝爾文學獎以來，整個二十世紀後半葉，政治和文化立場最偏右的諾貝爾文學獎得主。他比大多數土生土長的英國人更熱愛英國文化和英國價值，他比大多數標榜保守黨立場的英國政客更保守，正因爲有著從文明的邊緣移動到文明的中心的經驗，他對那些對於普通英國

英國作家奈波爾（Naipaul）

人來說理所當然的價值與傳統如此敏感、如此熱愛，他甚至說，「我在哲學上理解了它——追求幸福這個觀念具有怎樣一種美感」。

與對英美文明的竭力推崇形成鮮明對比，奈波爾對西方文明之外的所有文明都持嚴厲批評態度。奈波爾是印度裔，卻用洋洋灑灑的「印度三部曲」宣告一個殘酷的事實：印度自身的文化破敗落後、毫無積極意義，甘地的反現代化策略無助於印度的變革，印度唯有「英國化」才有光明的未來。對於在西亞、南亞以至全世界都有巨大影響的伊斯蘭文明，他同樣勇敢地批判其野蠻殘暴。他認爲，源自阿拉伯的伊斯蘭文明對南亞的佔領是人類歷史的大退步，伊斯蘭教對伊朗和巴勒斯坦地區的佔領是「負面殖民」。這是堅持絕對的「多元主義」的西方左派刻意迴避的眞相。

奈波爾是風塵僕僕的旅行者和目光如炬的觀察者，他的文字多半是旅行文學，其敏銳的觀察力超過吉卜林（Kipling）和福斯特（Forster）。他寫道：「我在非阿拉伯穆斯林中間旅行時，發現自己置身於一個已被殖民化的民族當中，他們的信仰從他們身上剝奪了所有能不斷擴展智識生活的東西，剝奪了豐富多彩的生活，還有對世界文化和歷史的深刻瞭解，而我在世界另一端的成長所帶給我的，正是這些東西。」他的筆鋒如此銳利，毫不畏懼「政治不正確」的身份定義，以及魯西迪（Rushdie）被伊斯蘭原教旨主義者追殺的前車之鑑：「他們想讓自己的頭腦和靈魂變得一片空白，一種空無，這樣他們就可以變得除了信仰之外一無所有。如此這般的努力，如此這般針對自己的暴政。這是一種通過信仰進行的殖民化，沒有哪一種殖民能夠比這一種更徹底。」他所批判的那種意識形態，就是卡爾·波普（Karl Raimund Popper）所說的「開放社會的敵人」。

對英國文明的崇尚，對印度文明、千里達殖民地文明和伊斯蘭文明的批評，使奈波爾得出英美文明乃是「我們的普世文明」的結論。在奈波爾看來，只有像伊斯蘭文明那種給其它地方帶來停滯和落後的擴張才是殖民的，而「普世文明」的擴張不僅不是殖民，而且還具有解放的意義。他自己的成功就是普世文明的典範：「普世文明既能促使人去以文學爲志業，也能提供關於文學志業的理念；同時它還提供了去實現這種志業的途徑。」

奈波爾和艾茵·蘭德都是西方文明的辯護者，卡爾·波普爾也是。西方文明的敵人就在西方內部，正如卡爾·波普爾所說：「不負責任的西方知識份子，把西方世界視爲邪惡的表徵。他們創建了一種新的宗教，硬說我們的世界不公平，註定沒落。他們經常引用斯賓格勒（Spengler）的著作《西方的沒落》做護身符，因爲他們要標新立異，所以對事實視而不見。他們不理會證據，甚至連客觀的歷史都可以扭曲。」

我成爲一名保守主義者，是長期的生活經驗、閱讀思考、精神追尋而「煉成」的。保守主義是一個豐富、敞開的價值系統，就我有限的閱讀和思想歷程而言，台灣脈絡中的殷海光、夏道平、張灝（包括周德偉、蔣碩傑），當代中國脈絡中的顧準、林昭、楊小凱（包括劉曉波、朱學勤、劉軍寧、蘇小和、劉仲敬），西方脈絡中的埃德蒙·伯克、艾茵·蘭德、奈波爾（還包括托克維爾、海耶克、卡爾．波普爾、雷蒙．阿隆）……他們構成如此美好的「百花園」，以這些睿智而敏銳的心靈爲師友的人生，是何其充實、浪漫與幸福。

第四章 我是如何成為基督徒及喀爾文主義者的？

面對不可避免的巨大災難，人們將會怎樣生活？這是一個關乎性情的問題。我還在讀中學的時候，按照慣例，選擇了維吉爾的一句詩作為我的座右銘：「不要向邪惡低頭，鼓起更大的勇氣，繼續與之對抗。」在戰爭時期那些最黑暗的時刻，我回想起這句詩。我曾經一次又一次地陷入絕境，面對那種處境，理性的深思熟慮完全無濟於事；可是接著，意想不到的事件發生了，救贖隨之降臨。甚至現在我也沒有失去勇氣。

——路德維希·馮·米塞斯

就我個人的思想與信仰脈絡來說，我的前半生經過四次脫胎換骨式的蛻變：第一步，十六歲時，經過「六四」屠殺的激盪，我提前完成了成年禮，成爲一名堅定反對共產主義的自由主義者；第二步，從觀看電視紀錄片《河殤》到與劉曉波交遊十年，我成爲批判中國專制傳統和民族主義的「全盤西化論者」，並獲得「世界人」的胸襟和視野；第三步，經由聖經眞理的光照，我看到自己是「全然敗壞的罪人」，亦是「罪人中的罪魁」的本相，從而認罪悔改、重生得救，歸入耶穌基督的名下；第四步，我在中國家庭教會和海外華人教會數十年如一日「愛，直到受傷害」的服事，以及對公共神學的思考，讓我成爲基督徒中的喀爾文主義者，進而建立起保守主義的「世界觀」和「文明論」——就如同一棵聖誕樹，原來每一顆燈泡都由一枚電池單獨控制，而一部分電池可以正常運轉，另一部分電池壞了，所以只有一部分燈泡可以閃爍；如今，全部燈泡都由一個開關來開啓，全部燈泡都可以閃亮，全部問題都有了正確答案。

我原來是一個「全然敗壞」、「無藥可救」的罪人

我很羨慕在若干代基督徒家庭中長大的信徒，他們很早就接觸到基督教信仰。我從小在無神論環境中長大，身邊的親朋好友中，除了外婆是虔誠的佛教徒之外，無人具備宗教信仰。父親是學理工出身，凡事都要經過邏輯推理，只相信「看得見、摸得著」的東西，向來「不語怪力亂神」。感謝主，在我成爲基督徒十一年以後的二〇一四年，父母到美國探親，小住半年，雙雙在豐收華夏基督教會受洗成爲基督徒。

我最初接觸基督教思想，來自於文學作品。中學時代，我最喜歡的兩位作家是法國的雨果和俄國的杜斯妥也夫斯基。他們的作品都有深厚的基督信仰背景：《悲慘世界》中尙萬強命運多舛的一生，可以用《卡拉馬助夫兄弟們》中阿遼沙的一句話來概括：「我並不知道罪惡問題的答

案，但我卻知道愛。」而杜斯妥也夫斯基那語重心長的警告，讓剛剛經歷「六四」屠殺震撼的我心驚肉跳：「沒有上帝，一切都是被容許的。」那麼，上帝是誰？上帝在哪裡？我如何才能與上帝發生關係？

好多年，我對基督信仰不得其門而入。在北大，我選修了一門名爲「基督教文學」的專題課，但老師用新潮的西方文藝理論分析文本，對我尋求信仰毫無幫助。我曾與室友去跟北大只有一牆之隔的海淀教堂參加禮拜，還買了一本《聖經》，但覺得那些白髮蒼蒼的老信徒與我的生活相距甚遠。買回來的小開本聖經，放在床頭當枕邊書，卻不曾讀完。奇怪的是，大學時代，我讀書一目十行，過目不忘，偏偏這本聖經，讀過很多次，卻一句也記不住，每次打開都像是嶄新而陌生的書。

在我讀碩士班最後一年，愛情突如其來，「天上掉下一個林妹妹」，宛如神跡。婚後前半年，琴瑟和鳴；隨即，我一畢業就失業，家中經濟陷入困頓，妻子千里迢迢前來投奔愛情和愛人，卻發現現實並沒有那麼浪漫，我們面臨著「娜拉出走之後怎麼辦」的老問題。在這個緊要時刻，妻子被上帝揀選成爲基督徒，否則我們的婚姻未必能維持下去。

那時，我對基督信仰充滿疑慮，就連妻子的洗禮也沒去參加。我接觸的某些基督徒，並未展現出讓我敬重的人格魅力。在我固化的印象中，基督徒是一群神經兮兮、不食人間煙火的社會邊緣人，我很擔心妻子也變成那樣的人。

我在理性上的障礙，倒不是有神論和創造論。我並非學理工出身，對狂妄的「科學主義」始終存疑。我不相信科學能解決所有問題，很多科學家並不能防止自己走向瘋狂。我從來不認爲進化論是「絕對眞理」，它只是「有限假說」：爲什麼有的猴子「進化」成人，其他猴子仍是猴子？這是進化論中最顯而易見的漏洞。我讀文學作品、聽音樂，會感動得熱淚盈眶，人有審美和追求崇高的精神需求，這些特質是從哪裡「進化」而來呢？這是進化論無法回答的疑問。我一直相信人是被某種高於人的存在所創造的，包括人身上的靈性也是其所賦予的。

當然，我更不認同「物競天擇，適者生存」的「社會達爾文主義」，此種冷酷僵硬的「優勝劣敗」觀念跟中國專制主義傳統中的「成王敗寇」如出一轍，也正是近代共產主義、法西斯主義等邪惡思想的源頭。

眞正阻礙我成爲基督徒的，是基督教對「罪」的看法。我不願承認自己是「罪人」。我認爲，我最多是「有缺點」的人，我在本質上是好的，只是存在一些瑕疵；我有知識份子的良知和正義感，至少比大部分人更好。信主之後，妻子常常掛在嘴邊的一句話是「我是罪人中的罪魁」，我不願接受這句自我貶損的定義——如果我們是「罪人中的罪魁」，那麼毛澤東和希特勒算什麼呢？用什麼詞語來形容這些獨裁者和劊子手呢？

記得二〇〇二年春節，我用嘲諷的口吻寫了一幅對聯，就差沒有貼在門口：上聯是「你是罪人中的罪魁」，下聯是「我是好人中的義人」，橫批是「一家兩制」。在跟妻子討論信仰問題時，我自以爲很謙卑：至少我尊重你的宗教信仰，也願意跟你討論宗教信仰。一個人可以驕傲到怎樣的程度呢，最高境界就是驕傲到以爲驕傲是謙卑。那時，我對「罪」的認識止於法律意義上的罪，用這個尺度來衡量，我怎麼是罪人呢？如果不承認自己是罪人，就不會認罪悔改。

那個階段，我把民主當作信仰，認爲只要推動中國實現民主便萬事大吉。然而，當我發現人性的幽微與卑賤同樣存在於高級知識份子和異議人士當中，這種淺薄的「民主萬能論」便動搖乃至崩塌了。自從我受劉曉波邀約加入「獨立中文筆會」並先後當選理事、副會長，這才吃驚地發現：在「民主鬥士」之間，也充滿受個人野心驅動的、赤裸裸的爭鬥，這個受打壓的、本該相濡以沫的人群，彼此之間卻如此地猜忌與敵視。劉曉波忙得焦頭爛額才勉強讓筆會維持運作，犧牲了他許多寶貴的寫作時間。筆會並沒有多少利益和資源，內鬥就已如此慘烈，若是擁有共產黨那樣無邊的權力，不知會不會演變成你死我活的鬥爭呢？

那幾年，我有機會出國訪問，在歐美見到不少八〇年代鼎鼎大名的「民運領袖」，一番談話下來，大部分人都讓我大失所望。那些表面上聲稱反對共產黨獨裁統治的民主前輩，其言行和思維方式卻跟共產黨如出一轍，甚至與共產黨具有某種「精神同構性」。他們最關心的是在同一陣營中「揪特務」——「揪特務」成爲比反共更重要的「第一要務」，成爲他們生命中唯一的樂趣。無論是中國國內的公共知識份子圈子還是海外民運陣營，我看到的都是人性的殘缺、損傷與幽暗，又如一面鏡子，照出我自己的面容：我也是讀《三國》、《水滸》並喝共產黨的「狼奶」

長大的，並不比他們高明和高尚。

有一次，有朋友介紹兩位溫州的年輕傳道人到我家做客，他們跟妻子討論信仰問題，熱火朝天，我在一邊冷眼旁觀，默不作聲。告辭時，其中一位比我還年輕的傳導人嚴肅地對我說：「如果不認罪悔改、重生得救，你必定下地獄！」他的口吻斬釘截鐵，不容置疑。我聽了以後，非常不高興：作爲客人，豈能如此沒有禮貌！但我沒有與之爭辯，微笑著握手告別。事後，我還爲自己如此有涵養洋洋自得。然而，這句似乎很惡毒的話，像一根刺一樣扎在我心中，時時冒出來，隱隱作痛。

二〇一一年聖誕節，妻子受洗成爲基督徒。之後，爲了讓我更多與主接近，她倡議在家中開一個查經班。出於對妻子的愛——至少周日她不必一大早起來到別的地方去做禮拜，我同意了她的設想。

一開始，查經班只有三對夫婦。除了妻子之外，只有另一個姊妹是基督徒。沒有人帶領我們查經，妻子就自己找資料研讀，消化後，周日再講給大家聽。另外兩對夫婦，一對是畫家，一對是音樂家，藝術家向來不受規矩條框之束縛，也不遵守時間約定，一遇到雨雪天氣，他們就不來聚會了。如果出現這種情形，妻子不願停止聚會，就對我一個人講聖經。那時，法籍華裔作家高行健獲得諾貝爾文學獎，他的一本書的名字就叫《一個人的聖經》。我對妻子打趣說，我以後要寫一本書，名叫《兩個人的教會》。那時候，我們連什麼是教會都弄不清楚。

然而，就在我家開設查經班的三年裡，參加者越來越多：畫家林鹿、音樂家李廣平、人權律師李柏光以及李和平一家，紛紛加入這個查經班。家中的椅子不夠用，李和平與王峭岭五歲的兒子大大咧咧地坐在垃圾桶上，在客廳中央安安靜靜地聽大人們討論聖經。他聽不懂，卻也從頭至尾不哭不鬧。

上帝通過種種奇妙的方式爲我們帶來不同身份的會友。有一次，在走廊裡打掃清潔的保潔阿姨，在外面聽到我們唱讚美詩，敲開門告訴我們，她在老家就是基督徒，到北京打工之後找不到教會，以後她可以調整工作的時間表，空出周日參加聚會。她果然風雨無阻，每個主日都來聚會，直到我們搬走。還有一次，剛剛租了旁邊一套公寓的一位年輕的德國建築師，敲門告訴我們說，我們唱的聖歌是馬丁．路德（Martin Luther）寫的，那是他從小到大爛熟於心的聖歌。他來北京工作一年，不願去官方管控下的國際教會，願意來參加我們的聚會。於是，這位只懂得少數中文單詞的年輕弟兄，成了我們的司琴。

因爲在我家聚會，我每個星期都要打掃房間，準備拖鞋、茶水和點心。正是做這些日常瑣碎的小事時，上帝讓我學習什麼是服事、什麼是謙卑、什麼是愛，讓我從一個自以爲「先天下之憂而憂，後天下之樂而樂」的士大夫，轉變成「認罪悔改、重生得救」的基督徒。以前，我不覺得自己有罪，當然不覺得自己需要被拯救。雖然我批判儒家文化，但儒家文化的毒素早已進入我的血脈之中。儒家相信人性本善，《三字經》第一句說：「人之初，性本善。」基督教對人性的認識與之截然相反，用《三字經》的句式來說就是：「人之初，性本罪。」一字之差，謬以千里。

睜開眼睛看見眞理的那一刻終於降臨了。當我讀《聖經》時，讀到「凡看見婦女就動淫念的，這人心裡已經與她犯姦淫了」、「我知道在我裡面，就是在我肉體之中，沒有良善，因爲立志行善由得我，行出來卻由不得我」這兩句話，如同被閃電擊中一般。這裡說的不正是我此時此刻的生命光景嗎？我的剛愎自用、自以爲義傷害過多少人呢？靠「吾日三省吾身」式的自我修煉，無法去除自己生命中的渣滓。我自以爲的純潔高尙，只是沒有被光照時的汙穢骯髒——一旦光從窗戶中照進來，這才發現原以爲乾淨的空氣中有那麼多飛舞的塵埃。我經歷了如同奧古斯丁在米蘭花園中和保羅在大馬士革路上的那種聖靈的光照，終於邁出遲疑多年的那一步，也就是齊克果（Soren Aabye Kierkegaard）所說的「信心的跳躍」。

二〇〇三年聖誕前一天，我在北京的一個家庭教會受洗成爲基督徒。當時，方舟教會剛剛建立，沒有舉行過洗禮，我跟其他幾位弟兄姊妹一起參加另一個家庭教會組織的洗禮。那是一套小小的兩居室公寓，客廳充作教會大堂，密密麻麻擠滿一百多人，每人坐一張可摺疊的小板櫈，稍微動一下身體，就會碰到前後左右的人，人們只好坐得筆直，一動也不動。

當牧師叫到我的名字時，我來到講臺前，聖靈充滿我的全身，我不由自主地跪下來，三十年來種種不堪的往事，像幻燈片一樣從腦海中閃過，若非上帝的揀選和保守，今日我豈能在這裡承受如此浩大的恩典？我頓時淚流滿面，泣不成聲。那一刻，我成了「新造的人」。

潘霍華在中國：家庭教會是一個歷久彌新的生命共同體

在沒有宗教信仰自由的獨裁國家，教會的存在本身就是反抗的標誌，教會形成了特殊的生命共同體，在公民社會尚未形成之前，它是「前公民社會」中最美好的部分。我的保守主義思想，經過教會生活的打磨與歷練，不再是書本上的條條框框，而是活生生的生命體驗和信仰實踐。

挺身反抗納粹暴政並以身殉道的德國神學家潘霍華（Dietrich Bonhoeffer）的生命與神學，在中國教會中刺激出閃亮的思想火花。他的名言「危害基督教傳播福音的政府，就是在自取滅亡」，給中國基督徒以極大的啓發。

潘霍華給包括我在內的中國基督徒提供了信仰反省的三個次元。首先，潘霍華強調「團契生活」，也就是說，基督徒彼此之間形成關係緊密、超乎血緣親情的生命共同體。宗教改革之後，基督徒與上帝之間不再需要天主教的神職人員作爲溝通中介，每個生命個體都可以與上帝單獨發生關係——通過讀經和禱告直接來到上帝面前；但是，另一方面，基督徒的信仰之旅卻不是一個人的「天路歷程」，需要與一群弟兄姊妹攙扶著同行。基督徒必須在團契和教會中彼此相愛、彼此扶持、彼此代禱，就像枝子不能離開葡萄樹，一旦離開，生命就枯萎了，如潘霍華所說：「藉著上帝的良善，我們共同的生活就像一棵樹一樣，必須從最深的根部安靜、隱匿、強壯又自在的成長。」

儘管每個人都如同渾身長滿刺的刺蝟，卻仍要簇擁在一起抱團取暖。我特別感恩的是，當我成爲基督徒之後，從來沒有一天離開過教會和團契，無論是在中國，還是在美國，我都生活在一群心意相通的弟兄姊妹之間。這就是眞基督徒與「文化基督徒」之間的根本差異。在當下的中國，很多具有知識份子身份的「文化基督徒」拒絕參加教會，並以法國哲學家西蒙娜．薇依的名言「我是基督徒，而不是基督教徒」來自我辯解。他們所理解的基督教是一種希臘式的「智慧」，只有少數人才能掌握，絕非愚夫愚婦所能享有。但耶穌揀選的是那些愚拙的人，耶穌斥責的偏偏是文士和法利賽人。我在教會中找到了信仰，我不相信那些從未有過教會生活的基督徒的信仰是又眞又活的。

其次，潘霍華的信仰是戰鬥性的信仰。他向納粹政權發起了一場螳臂擋車、螞蟻對抗大象的戰鬥。在這場實力懸殊的戰鬥中，潘霍華從耶穌那裡尋找智慧和力量。他深信，既然「耶穌基督是一個爲他人而活的人」，那麼追隨耶穌的基督徒也應當這樣做。他從安全的美國神學院回到納粹橫行的祖國，幫助惡浪滔天中搖搖欲墜的教會站穩腳跟，持守信仰，「在我們攀登到彼岸前，必須穿越一條非常黑暗的幽谷，我相信這幽谷比我們想像的還黑暗」。同時，潘霍華嚴厲譴責那些可恥地背叛信仰的教會和基督徒，他用「廉價的恩典」這個概念揭示了爲什麼那麼多基督徒會欣然支持納粹：「廉價恩典是傳揚不需悔改的赦免，不用認罪的聖餐，和不必本人親身認罪的救恩。」

今天的中共政權正在走向法西斯化，潘霍華的處境與中國教會和基督徒的境況如此契合：中國新興城市教會經過過去二十年的高速增長，已明顯缺乏後勁，「廉價的恩典」在中產階級化的教會泛濫成災，而在西方教會盛行多時的靈恩主義與成功神學結合而成的「虛假福音」也在中國病毒式地擴散。面對習近平政權對教會新一輪的逼迫，根基不穩的教會難以招架。潘霍華的神學如苦口良藥般，只是多少基督徒願意服用呢？

第三，潘霍華發現，納粹這種「邪惡思想」的源頭是狂熱的民族主義和冷酷的唯物主義，是人對上帝的背叛和人對自身的崇拜。一九四一年，潘霍華幫助教會起草了一封交給軍方的請願書，譴責納粹黨和蓋世太保鏟除新教教會的企圖，勸說軍方不要助紂爲虐。潘霍華也從納粹的《安樂死法案》中看到其「敵基督」的本質：「各宗派的基督徒對殺害所謂『不配活的生命』一事（現在教友已經更瞭解內情，而且對受害者深感同情）都非常注意而深表反對，尤其此事已經明顯違背十誡以及所有的律法，因此認爲這明確顯示出帝國領導階層反對教會的立場。」

今天的中國教會和基督徒不也應當爲自身的怯懦、自保而深切懺悔嗎？當共產黨政權在各大城市驅趕「低端人口」時，當計劃生育政策每年殺害數千萬胎兒時，當中國的小學誘騙孩子們戴上紅領巾並公開作接受共產主義信仰的宣誓時，有多少在裝修漂亮的寫字樓中聚會的城市教會爲此發出抗議的聲音呢？「只要他們迫害的對象還不是我們」，就足以構成沉默的理由。然而，潘霍華和他的同伴們指出，僅僅以認信的方式反抗是不夠的，還必須以反抗的方式認信。中國基督徒準備好這樣做了嗎？

與納粹組建「日耳曼教會」並任命「國家主教」的模式相似，中共也創建了所謂的「三自愛國教會」——其實它不是教會，而是共產黨控制、迫害乃至消滅教會的工具、爪牙，是聖經中所說的稗子和淫婦。眞的信仰者不會被「三自會」所擄掠，眞的信仰者寧願坐牢也不會加入「三自會」。而中共政權最害怕的就是「三自會」之外的、不在其掌控之下的眞教會，正如羅馬帝國害怕初代教會成爲一股顚覆性力量一樣，共產黨將教會視爲與之爭奪人心的強勁對手。

今日中國所面臨的最嚴峻的問題，是民衆與統治者一樣墮落、一樣卑賤、一樣沒有道德底線。並不是推翻了共產黨，中國的一切問題就迎刃而解了；共產黨崩解之後，還將經歷一場深刻的、全民的精神變革，才能恢復上帝所造之人的自由與尊嚴。那麼，教會如何成爲「世上的光」和「世上的鹽」呢？當這個社會的大多數人對婚外情、包二奶「寬容以待」，笑貧不笑娼時，教會應當勇於說不；當墮胎行爲司空見慣、人們不再將嬰孩當作生命看待時，教會應當勇於說不；當農民工子女被剝奪與城市居民子女平等的受教育權時，教會還是應當勇於說不。可是，有多少教會發出聲音呢？

未被挑戰的信仰如同溫室中的花朵，無法承受寒流的侵襲；不敢面對混濁俗世的教會宛如紙糊的房子，經不起風吹雨打。在無數婚姻走向破裂、離婚率超過半數的時代，教會自當倡導來自聖經的婚姻觀，舉行聖潔而簡樸的「主內婚禮」儀式，重建婚姻和家庭的根基；在公立教育崩潰、連儒家都廣設私塾的時代，教會自當恢復清教徒傳統，創辦從小學、中學到大學的各類教會學校，培養敬虔而智慧的後代；在慈善機構喪失公信力、「郭美美」式的蛀蟲層出不窮的時代，教會自當以「好撒瑪利亞人」爲榜樣，用「富有同情心的保守主義」立場參與慈善事業……如果教會這樣做了，教會的存在，乃是活的「見證」，由此展現出一套與統治者截然不同的價值觀和世界觀。換言之，教會當仁不讓地是保守主義價值的持有者。而保守主義並非像《三字經》、《百家姓》、《千家詩》、《增廣賢文》、《古文觀止》那樣僅僅用於背誦的教條，保守主義是「知行合一」且行之有效的價值觀和生活方式。如果保守主義不能實踐，它就是死的、假的、毫無價值的。

方舟教會和很多中國家庭教會在爭取宗教信仰自由的過程中，也進而爭取言論自由、新聞出版自由、私有產權保障等基本人權與自由。我和妻子在方舟教會服事的十年，是直接面對警察打壓的十年，是風雨如晦、雞鳴不已的十年，也是「壓傷的蘆葦，祂不折斷；將殘的火把，祂不吹滅」的十年。方舟教會曾在兩個月內被迫搬家六次，也曾兩度在禮拜的過程中被大群警察衝擊和騷擾。我們在北京郊外的水庫舉行洗禮，需要凌晨四點出發，趕在遊人和警察都尚未起床的時候完成。方舟教會的會友包括異議作家、人權律師、搖滾歌手、畫家、記者、上訪村「訪民」，很多都是共產黨的眼中釘、肉中刺。他們並非「國家的敵人」，而是眞的愛國者。不過，即便他們眞是「國家的敵人」，教會也要對他們敞開大門，接納他們爲「最小的弟兄」。

與六四事件傷殘者齊志勇、方正在方舟教會合影。

十多年以來，在對抗中共政權這個巨大的「利維坦」的戰鬥中，我沒有絕望，沒有投降，也沒有變得跟共產黨「精神同構」，很大程度上得益於教會這個生命共同體的滋養。如果沒有像磐石般可以依靠的教會，我會不會像宋江那樣接受朝廷條件優厚的招安呢？感謝主，我不是爲自己的名譽或理想而戰，我是爲信仰自由而戰。

最讓我得到安慰的一個例子是：劉曉波榮獲諾貝爾和平獎之後，我和妻子被國保警察非法軟禁在家，對外通訊方法如電話、手機、網路等等，統統被切斷。在此之前若干年，原有的社會關係網路如老師、同學、老鄉等，已經從我的生活中消失。我是「國家的敵人」，跟我接觸常常會給對方帶來不必要的麻煩，所以同學會、同鄉會等社團從來不會邀請我參加。這一次，專制機器齜牙裂嘴、磨刀霍霍，自然不會有北大的老師和同學前來探視，他們大都在體制內各就其位，奉行趨利避害的生存原則。

那些日子裡，我與妻子在家誦讀《約伯記》，從中汲取精神力量。有一天，我們隱約聽到樓下有人叫我們的名字，我到窗口向下張望，發現樓下站著幾位教會的弟兄姊妹，便立即叫妻子也過來。原來，這幾位弟兄姊妹發現我們悄無聲息地「人間蒸發」，主日沒有來教會，所有的聯絡方式都無法聯絡上，便相約來我們家探視。結果，守候在樓門口的便衣攔阻他們上樓，他們只好在樓下呼喊。他們是我們被軟禁後第一次見到的友人，親人見面，分外激動，雖不能握手，卻可以相望。

我們樓下對面的牆壁上，秘密警察安裝了兩台晝夜運作的監視器，樓下有保安輪班守候，警察則在業務公司的辦公室中監控監視器畫面。方舟教會那些親愛的弟兄姊妹們，無畏地對著監視器，仰起臉來一起唱讚美詩：「洪水泛濫之時，耶和華坐著為王；耶和華坐著為王，直到永遠。」那麼優美、那麼有力、那麼堅韌、那些執著的歌聲，穿雲裂帛。我與妻子在陽台上應和著，直至一群警察跑出來將這群弟兄姊妹驅離現場。那是一個多麼美好的時刻。

這幾位弟兄姊妹，大都不屬於「知識份子階層」，有在髮廊打工的剛二十出頭的小女生，有在天安門民主運動中參與工人組織的老工人，有餐廳中的服務生……他們或許不懂政治，不懂文學，不懂神學，甚至從來沒有讀過我寫的書，跟我毫無任何世俗意義上的利益相關性。但是，他們是教會裡的弟兄姊妹，只要有這一層關係就足夠了。正是這種超越血緣之上的愛，讓他們無畏地前來探視患難中的「肢體」。其實，他們無權無勢，最容易被警察傷害，警察若去他們打工的地方跟他們的老闆說一句威脅的話，他們就會失去來之不易的工作。然而，他們卻不怕被監視器錄影錄音，也不怕這樣做會給自己帶來負面影響。中國有一句古語說：「仗義半從屠狗輩，負心多是讀書人。」那一天，這句話被改寫成：「書中沒有兩肋插刀的朋友，教會卻有生死相依的同工。」

經過文革，中國人失去了群體生活的能力。但是，教會重新將愛的團契帶到我們的生活之中。教會這個歷久彌新的生命共同體，對於無論在政治意義上、環保意義上還是心靈意義上的

「廢墟中國」來說，是重建的最大希望。與活出「群體性見證」的教會一樣，保守主義也從來不是「一個人的保守主義」，而是「一群人的保守主義」，猶如葡萄樹上的枝子，各安其位，各自結果，每個人都是上帝獨一無二的創造，彼此卻有生命的連接。

基督徒的反抗：喀爾文主義與公共神學

成為基督徒，並不意味著就自動成為反抗暴政者，也不意味著就自動成為保守主義者。我不會刻意美化基督徒，基督徒中的偽君子，基督徒中的左派，比例跟在普通人當中一樣高。

在華人基督徒中，有相當大一部分是生命並未更新、觀念並未改變的「名義上的基督徒」。他們是「偶像崇拜的基督徒」，一邊敬拜上帝一邊膜拜毛澤東、蔣介石、習近平等政治人物，在兩者之間遊刃有餘並毫無「違和感」；他們是「禮拜日的基督徒」，在周一至周五照常說謊、受賄、做假帳，只有做禮拜的那幾個小時才恢復基督徒的身份；他們是「暗地裡的基督徒」，從不公開表明自己的信仰，在一個敵基督的國度卻能生活得如魚得水；他們是「有錢的基督徒」，以「工商團契」取代教會，以「職場培訓」取代聖經真理，美其名曰「成功才是榮耀主」；他們是「民族主義的基督徒」，認為唯有中國人（漢人）才是上帝的選民，自然不會同情藏人、維吾爾族等不同信仰的少數族裔被奴役的命運。

長久以來，在華人教會中存在著兩種錯誤的神學方向和思維方式，導致信仰與價值判斷的脫節乃至斷裂。一種是基要主義，一種是靈恩主義，它們將基督信仰私人化、神秘化。在鄉村，流行的是民間宗教化的基督教；在城市，流行的是中產階級俱樂部式的基督教，徒具基督教的外在形式，喪失了基督教的內在精神。

成爲基督徒之後，如果走向喀爾文主義，信仰必定能深化、鞏固、扎根。有了政治神學和公共神學的裝備，必定能應對在社會生活的各個層面對信仰的挑戰。儘管保守主義者並不必然是喀爾文主義者，但喀爾文主義者必然是保守主義者。對我而言，從清教徒時代傳承而來的政治神學、公共神學及其內在的保守主義思想，重構了我的反抗者身份。

我成爲基督徒之後，讀到的第一本神學著作是華人牧師、神學家任以撒所著的《系統神學》，這本書幫助我建構了初步的信仰框架。然後，我接觸到兩位當代具有思想家氣質的神學家，一位是唐崇榮牧師，一位是趙天恩牧師，他們都是喀爾文神學的發揚者和實踐者。唐崇榮牧師是「述而不作」的布道家，是百科全書式的知識份子，在異教佔有統治地位的印尼打下基督信仰強有力的楔子，其數十年如一日的布道事工對整個華人世界產生重大影響。我聽了唐牧師的數十片講道光碟，也有機會多次與唐牧師會面和交談，對其倡導的「歸正運動」心有戚戚焉。趙天恩牧師則是一位訓練有素的中國教會史家，他的《當代中國基督教發展史》是該領域的奠基之作。他創建「中國福音會」，深入中國傳播福音及田野調查，幫助中國家庭教會起草信仰告白，並提出先知式的「三化異象」——「中國福音化，教會國度化，文化基督化」。可惜，我成爲基督徒之時，趙牧師已英年早逝，我後來遇到了不少趙牧師的同工，向我講述了趙牧師的許多感人故事。

緊接著，我進入喀爾文神學這一輝煌殿堂的內部。喀爾文神學的影響不僅僅局限於改革宗和長老會，它對新教各個宗派都產生持久影響，進而塑造現代世界諸多核心觀念。喀爾文神學對人性的負面本質「全然敗壞」、「無藥可救」的深刻認識，成爲近代權力分割和制衡的民主政治的開端。教會的治理與政府的治理是相通的，教會和政府都是罪人的集合體。在教會內部，每一個宗派、每一個模式都有其局限性：長老會的「長老共治」，往往容易出現長老權力過大，將牧師當作僱工驅使的弊端；浸信會的會眾制，容易形成難以約束的「多數暴政」乃至「平庸之惡」的泛濫；聖公會的主教制，則又容易形成主教專權、個人獨裁，成爲變種的天主教的等級結構。政府的治理也是如此，即便是呈現出憲政共和精神「最不壞」一面的美國模式，也存有若干難以避免的弊端。美國憲法亦非盡善盡美，隨著時代的變遷不斷添加修正案。因爲人性本罪，在地上不可能建立天國，美國不是天國，地上的任何地方都不是天國。

另一方面，如聖經所說「人算什麼，你竟顧念他」，喀爾文神學對人是上帝所造、人具有上帝形象與榮耀的正面肯定，又成爲近代人權觀念的起點。正如美國法學家約翰．維特（John Witte）所指出的，喀爾文及其追隨者——其在日內瓦的繼承人貝扎（Theodore Beza）、荷蘭的約翰內斯．

阿圖修斯（Johannes Althusius）、蘇格蘭的約翰・諾克斯（John Knox）、英格蘭的約翰・彌爾頓（John Milton）、美國的約翰・亞當斯（John Adams）和麥迪遜（James Madison）等——發展出一套神學和人權法學，逐漸使這些權利學說對現代早期歐洲和北美的制度和憲政形式產生持久的影響。「對於現代早期的喀爾文教徒而言，第一位的和最爲關鍵的權利是信仰權利——個體信仰者享受良心自由和宗教活動自由的權利，以及團體信仰者享有自由敬拜和自我管理的權利。」前者還包括其他不可分割的權利，如「集會權、言說權、敬拜權、福音宣講權、教育權、家長權、旅行權等」；後者包括其他不可分割的權利，如「法律人格權、法人財產權、集體敬拜權、有組織的仁愛權、教區教育權、出版自由、契約自由、結社自由等」。舉例來說，在喀爾文那裡，只是克制地提出唯有下級公務員才可反對暴政；在諾克斯那裡，則完整地闡述了公民基督徒有權反抗乃至誅殺暴君的理論；到了美洲殖民地獨立革命時代，天賦人權的觀念深入人心，不言自明；此後，更被載入美國憲法第二修正案，成爲公民持槍權神聖不可剝奪之濫觴。

西方現代自由主義理論無法戰勝「進化」了的中國共產黨的專制學說，因爲西方現代自由主義本身遭到左翼思想的滲透和毒化而奄奄一息，相對主義和多元主義的自由主義變得軟弱無力；中共的新意識形態則融入中國傳統文化、民族主義和民粹主義等「春藥」反倒如同「百足之蟲，死而不僵」。在這場觀念之戰中，唯有聖經眞理以及由此衍生出來的喀爾文神學、保守主義的世界觀，可以抗衡習近平版本的「中國模式」和「具有中國新時代特色的極權主義」。

二〇〇六年夏天，方舟教會在北京郊外舉行洗禮儀式。

二〇一二年一月十一日，我們全家安全抵達美國首都華盛頓。上帝爲我提供了安全而自由的思想與創作環境，我必當謹愼自守、警醒禱告、全力以赴、奔赴戰場，因爲聖經中說，「要愛惜光陰，因爲現今的世代邪惡」。

第五章

一切分歧都是價值觀的分歧

——保守主義者對十個關鍵社會議題的回答

現代人已不再思考生命和真相到了一個嚴重的地步，並且安於沒頭沒腦地隨波逐流，或對科技的盲目信從，或是像古希臘人那樣毛躁地求新求異，或是以不假思索地否定一切歷史為代表的極端懷疑論者。……基督徒發言人的首要任務，就是要把上述一切都扭轉過來，並激勵大眾重新進行深入的思考。

——巴刻（Packer）

在美國的語境下，因著對十個關鍵的社會議題截然不同的回答（當然，還有其他差不多同等重要的議題，這裡列出十個只是我個人的選擇），整個社會分裂爲右翼美國和左翼美國，或者說保守派美國和自由派美國。

在若干邁向現代化和民主化的國家和地區，類似爭論相繼浮出水面。在中國，目前焦點仍是如何盡快結束中共一黨獨裁，實現和平轉型及民主化。在此目標之下，反對共產黨的人士可暫時擱置其他分歧。但一旦共產黨統治崩解，民主化過程中，此類涉及道德倫理、經濟文化等領域的議題必然凸顯出來，此前在「反共」旗幟下達成的脆弱「共識」將不復存在。在台灣，類似議題造成社會的分裂乃至撕裂。蔡英文剛一執政，在更關鍵的轉型正義方面尚無重大突破，卻傲慢而輕率地推動並未達成多數共識的同性婚姻合法化，造成其支持率直線下降，可謂得不償失。

我生活在美國，我秉承宗教改革以來基督新教的信仰傳統，以及扎根其上的保守主義價值觀，這些議題當然與我息息相關，我有自己的立場和答案。在美國的政治光譜中，我是一名不妥協的右派。當然，我不會自詡爲「百分之百的保守主義者」，我也不相信存在所謂「百分之百的保守主義者」，但我頗爲自豪的是，我形成了整全性的、保守主義的世界觀和文明論，在回答這些環環相扣的問題時，不會自相矛盾，而是自洽自足。

保守主義者為何反對福利國家？

經過羅斯福新政以及六、七〇年代黑人民權運動、反越戰運動、甘迺迪政府的「偉大社會」改革，美國出現了部分「福利國家」的特徵。雖然美國的福利制度與歐洲各國尤其是北歐「社會民主主義」的高稅收、高福利制度大相逕庭，但比起此前崇尚勞動、競爭、自我奮鬥、自力更生、「不做工、不得食」的傳統美國來，福利逐漸成爲政府的功能和特權。

保守主義者反對福利國家，原因有三。

其一，保守主義者並不全然反對福利本身，而是反對政府壟斷福利。保守派政治家高華德（Goldwater）譴責「政府的福利主義」是二十世紀最大的邪惡之一。政府主導福利，勢必造成政府過分強大、干預過多和代價昂貴，政府部門膨脹、官僚主義盛行、稅收增高、通貨膨脹。保守主義者認爲，福利或慈善事業應當以教會、民間團體、私人機構爲主；以政府爲輔，政府從旁提供政策支持，不宜赤膊上陣。高華德指出：「要讓福利成爲私人關心的事情。讓個人、家庭、教會、私人醫院、宗教組織、社區慈善單位來促進這件事。」以英國而論，當年國家體制拖垮英國經濟，形成「英國病」。柴契爾新政首先削減國家福利，在福利供應中引入成本觀念，尋求資金的更高效率和價值；鼓勵私人部門在提供住房、醫療、教育和養老金方面發揮更爲重要的作用。對症下藥，果然藥到病除。

其二，過度的福利讓被救助者喪失工作主動性、喪失尊嚴、喪失人格。即便是左派學者邁克爾．哈靈頓（Michael Harrington）也在《另一個美國》一書中感嘆，長期不工作的人，「不願從事收入較低的工作」，卻「自甘墮落去領取公共救濟金」。由無神論者和共產黨人轉變爲基督徒和保守主義者的學者馬文．奧拉斯基（Marvin Olasky）在《美國同情心的悲劇》一書中反省說，六〇年代的社會改革並沒有給窮人帶來好處，反而導致更多婦女和兒童被拋棄，或者陷入極度貧困。「窮人，尤其是無家可歸者，被當作動物園的動物，到特定的時間等著別人來餵食。有些人被當著肉食動物，等著有人來把大塊的肉投進籠子；有的則像熊貓一樣，還能享受到一些特殊待遇。」奧拉斯基倡導「有同情心的保守主義」，「我們應當向政府的福利項目宣戰，不僅是因爲它們太昂貴——很清楚，很多錢被浪費了，而且也是因爲，在把人當人而不是當動物看的這一方面，它們表現出不可避免的吝嗇」。過度福利必然貶低人性，那些本來有勞動能力卻長期依賴福利的人群過著極度悲慘的生活：「狡詐、欺騙、奉承和守株待兔會成爲一個人的謀生手段。人一旦沒了自尊，就等於失去了靈魂中最美的東西。」

其三，福利制度是政府調整社會分配的方式之一，以避免過度貧富懸殊，並救助弱勢群體。然而，當政府跨越「有限政府」的紅線，充當「殺富濟貧」的角色，必然破壞鼓勵辛勤工作、追求自我實現的新教倫理，挫傷商人和資本家經營的積極性，進而危害自由市場經濟的運行。在許多福利國家，刺激發明家、資本投資者和精明的工商企業領袖們發揮主觀能動性和冒險精神的創業動力是無可挽回地衰減。另一方面，過多依賴或依附於政府會腐蝕公民的獨立精神，特別當人民從政府那裏獲得太多好處時，就意味著個人自由和權利的減少，就會忘掉那些值得珍視的個人自由和財產權，直至最終喪失個人的自由和權利，淪爲政府的奴隸。

總之，富有同情心的保守主義認爲：政府應當克制包辦福利的野心，允許和鼓勵民間力量從事福利和慈善事業，嚴格確定最爲貧困者的利益所在。

保守主義者為何反對政府管制經濟？

二〇〇八年美國爆發金融危機之後，媒體和大學的知識菁英告訴大家，是「放鬆管制」和「不受約束的自由市場」摧毀了經濟，如果沒有聯邦政府的監管，形勢會繼續惡化。頗有代表性的是凱恩斯主義者、經濟學家和專欄作家保羅．克魯格曼（Paul Robin Krugman）在《紐約時報》開出的「藥方」（與其說是藥方，不如說是催命符）：在干預的基礎上強加更多的干預。難怪他會盛讚中國的計劃經濟和一黨專制神奇且萬能。

面對表面上突如其來、實際上咎由自取的金融危機，社會主義者歐巴馬採取跟中國政府一樣的方式：他發誓拯救三大汽車製造商，拯救房利美和房地美以及華爾街的巨頭們，投入近八千億美元聯邦援助資金「救市」，美聯儲成爲其如臂使指的私人金庫。他還利用民主黨控制國會的政治優勢，通過《多德．弗蘭克法案》（Dodd-Frank Wall Street Reform and Consumer Protection Act），以此實現一百年來美國政府對金融業最嚴苛的管制，把金融市場的每個角落都納入聯邦政府的直接干預之下，此舉非但沒有穩定金融秩序，反而嚴重擾亂銀行業的正常運營。與此同時，美國政府的財政赤字與債務水準居高不下，若干公共福利項目接近破產邊緣，政府公共項目中的呆帳、壞賬數目顯著增加，許多政府開支去向不明，大量社會福利款項被冒領，造成國家公帑的巨大浪費。就連歐巴馬政府津津樂道的健保制度，也引發市場紊亂，各州百分之八十以上的保險份額被三家保險業巨頭控制，醫療保險成爲全美壟斷程度最高的行業之一。堪比羅斯福新政的經濟刺激方案，換來二戰後最緩慢的經濟復甦，民衆收入連續七年沒有實質增長。這就是歐巴馬帶給美國的「改變」。

其實，只要用「常識」治國就能化險爲夷。所謂「常識」就是「讓市場的回歸市場，讓政府的回歸政府」。眞正支持自由市場的人沒有任何選擇：他們需要參考奧地利學派的觀點，只有他們的觀點是從當前的危機出發，眞正將自由市場放在重要位置上來分析的。

米塞斯研究院高級研究員托馬斯・伍茲（Thomas E. Woods）在《清算謊言經濟學》一書中指出，金融危機不是自由市場造成的，眞正的兇手是政府干預，是政府不允許市場自身去協調生產與消費。雷根（Ronald Wilson Reagan）說過，「政府不能解決問題，政府就是問題本身」，金融危機並非源於金融家的「貪婪」，這種說法就像將空難歸咎於地心引力一樣荒謬；金融危機的元兇是中央銀行刻意調低利率使經濟在短期內呈現繁榮景象。

托馬斯・伍茲發現，最不可思議的事實是：作爲金融危機罪魁禍首的美聯儲在衆人眼中卻成了救世主。美聯儲這個僱傭兩萬多人的世界上最大的央行，主導美國經濟的權力甚至超過總統，它控制美國的貨幣供應，影響利率上下波動，也充當最後貸款人的角色。它的存在違背了資本主義自由經濟的原則。然而，「美聯儲的存在表現了人們在政策上的錯誤估計和慣性思維，他們認為像美聯儲這樣的機構的存在是理所當然的」。即便是共和黨中最主張自由市場經濟的政治人物也不敢挑戰它。「美聯儲就像穿著新裝的皇帝，每個人都在自欺欺人，假裝沒看到它的醜態，甚至在指責政府措施失敗時，大家也都對它避而不談，而倒楣的自由市場無辜地成了代罪羔羊。」

沒有美聯儲，美國經濟將更健康、更強勁，甚至貨幣政策也不必政府主導，如海耶克所說：「縱觀歷史，我們找不到一個正當理由說明現在政府擁有發行貨幣的特權是正確的。我們無從知曉政府會比其他機構更能為大眾提供好貨幣。」民間機構發行貨幣史有先例：宋朝出現於成都的世界上最早的紙幣「交子」由私人錢莊發行。又如荷蘭的崛起及國際貿易的繁榮，並非政府的作為，而是民間商業機構自發推動。

保守主義者為何反對國家壟斷教育？

保守主義者反對國家壟斷教育，原因有兩個：其一，父母對孩子的教育方式和內容擁有比政府更大的發言權。如果公立學校禁止師生公開禱告，由此形成對公民宗教信仰自由的傷害，父母有權選擇讓孩子上教會學校或私立學校。父母作為納稅人，其稅款用於教育的部分，不應被公立教育部門壟斷，也應適度支持教會學校和私立學校。同時，政府不能干涉非公立學校的教育自由。

其二，還是出於自由市場經濟的原則——教育應當是一個良性、多元、競爭性的「自由市場」。如果教育成爲一個高度壟斷的領域，它就會跟其他公有部門一樣，變得低效、無能、充滿惰性；另一方面，也會如同極權主義國家那樣，淪爲政府對民衆進行洗腦宣傳的工具。

歐巴馬執政期間，積極支持「各州共同核心課程標準」，意圖將原本地方自主的教育導向以國家共同課程標準爲中心的體制。同時，歐巴馬政府介入地方教育，尤其偏重公立教育，以經費補助之由將行政命令直接下達學區。歐巴馬更以聯邦政府的經費補助爲槓桿，強迫公立學校實行所謂學生「性向自由選擇」，即俗稱的「廁所法案」——學生根據自己「感覺」的性別，而非生理上的性別，自由選擇使用男生或女生廁所，大量的性侵事件由此發生。

歐巴馬的這些作法與美國多元及地方自主的教育傳統大相逕庭，引起民間許多質疑的聲音及共和黨的強力反對。保守主義者主張市場機制，對於歐巴馬政府的教育團隊意圖扮演大有爲政府，擴大中央權力，甚至直接影響學區教育施政的作法理所當然地加以反對。

反對歐巴馬教育政策的選民將選票投給川普，因爲川普「沒有教育政策的教育政策」符合保守主義者理念。川普在競選中對教育政策闡述不多，更沒有一般競選政見將教育藍圖逐項鋪陳的作法，證明他認爲聯邦政府應「少管教育」的主張。川普的「少數幾個教育主張」是：縮減聯邦教育部權限、擴大教育選擇權、取消「共同核心州立標準」、打破「教育官僚」，回歸多元選擇。

川普上任之後任命了一位「主張取消教育部的教育部長」——戴弗斯（Betsy DeVos）。戴弗斯來自一個超級富豪家族，在過去二十年間，她始終關注並推動教育改革事業，並將個人財富的大部分用於擴大學生擇校和向私立校學生提供補助金的事業中。她主張教育應以尊重傳統道德爲基礎，教師應引導學生以傳統價值觀來看待世界，幫助他們獲得健康、傳統的精神生活。

保守主義者為何支持強大的國防力量？

保守派承認政府必須存在，政府是「必要之惡」；但除了主張維持強大的國防外，他們主張維持一個小的、有限的政府，「最好的政府是最小的政府」，「恨不得將政府裝進浴缸裡面」。

保守主義者，尤其是雷根政府以來的新保守主義者認爲，必須支持增加軍費開支，維持世界上最強大、不被任何其他國家挑戰的軍力。被稱爲新保守派導師的政治哲學家施特勞斯（Leo Strauss）確信，不同的民族和文化之爭不是多元文化之爭，甚至也不是杭亭頓所說的「文明的衝突」，而是高尚與卑鄙、美好與醜惡、文明與野蠻之爭，敵我問題是正當與不正當的問題；民主價值觀必須通過鬥爭來爭取，道德上的相對主義使人墮落並將漸漸使其被法西斯主義所控制。

歐巴馬政府花錢大手大腳，偏偏竭力削減國防預算，打擊美國軍隊的士氣，給美國的國家安全和世界和平帶來重大危險。川普（Donald John Trump）上台後扭轉了此一局面。二〇一八年二月十二日，川普政府宣佈向國會提交總額四萬億美元的新財政年度聯邦政府預算，其中包括五角大廈申請的六千八百六十一億美元的國防預算。川普在做出這項宣佈時說：「我們將建立一支比以往任何時候都要強得多的軍隊。我們正在補強幾乎每一項武器庫。我們正在更新和創建嶄新的核部隊。老實說，我們不得不這樣做了，因爲別人正在這麼做。」兩天以後，參議院軍事委員會就美軍各軍種備戰能力舉行聽證會。與會作證的高級將領們表示，美國各個軍種的備戰能力有所好轉，美軍有能力打勝仗，但是不穩定的國防經費乃是其最大的挑戰。美軍將根據新國防戰略的要求，加強現代化，增強自己的打擊能力，應對中俄兩國的挑戰，這是長期計劃。

保守派在維持強大國防力量的前提下，也在醞釀新的外交戰略。其一，鑒於聯合國等國際組織已淪爲無所作爲的甚至助紂爲虐的「流氓國家俱樂部」，中國等殘酷迫害人權的國家居然「當選」聯合國人權理事會成員，美國保守派學者早在二〇〇六年就提出「普林斯頓計劃」，其核心是拋棄大而無用的聯合國，創建一個類似北約的以條約爲基礎的「民主國家協同組織」。川普上台後削減美國繳納的聯合國會費並退出聯合國教科文組織，川普起用保守派政治人物波頓（John Robert Bolton）出任舉足輕重的國家安全顧問——波頓曾在小布希政府任美國駐聯合國大使，並多次宣稱聯合國已失去存在的價值。由此可見，普林斯頓計劃頗有起死回生的可能。台灣與其無望地爭取「重返聯合國」，不如在此組織成立後，憑藉自身的民主成就申請加入並發揮作用。

其二，保守派智庫企業研究所提出了「四加四戰略」，其核心是建立美、英、日、印「四大國聯盟」，並實施四大鞏固戰略——重視極端主義、恐怖主義和核擴散的危險；重視中國日益增長的「軍事實力和政治野心」；不再將俄羅斯普丁政權當作主要敵人；動用軍隊仍然是有效合法的手段。川普的「印太戰略」，以及將中國而不是俄國當作首要敵人，顯然從中汲取了靈感。

保守主義者為何反對同性婚姻合法化？

美國政治哲學家艾茵．蘭德在一九七一年接受訪問時指出，同性性行爲是「不道德」和「令人厭惡的」，因爲它「牽涉到了心理上的瑕疵、腐化、錯誤」。同時，她也指出：「我不相信政府有權利禁止同性性行爲。任何個人都有特權依據他的意願選擇各自的性生活。」她認爲：「所有禁止同性性行爲的法律都應該被廢除。我並不一定認爲這些行爲或態度是道德的，但要以法律干涉成年人之間的自願關係是不恰當的。禁止腐化未成年人心智的法律是恰當的，但成年人應該獲得徹底的自由。」艾茵．蘭德反對同性戀基於道德考量，反對政府禁止同性戀行爲則基於自由至上原則。

在此議題上，我的立場出於基督徒的良心，我反對同性婚姻合法化，即便貌似多麼「政治不正確」，我也不會向「貌似多數的暴政」低頭。家庭和教會是上帝賜予人類社會的兩大支柱，不可動搖。納粹、共產黨和各種左派思潮、運動，首先要摧毀的就是這兩大支柱。

家庭建立在婚姻之上，婚姻的定義是「一男一女、一夫一妻」，然後再加上孩子。現時的一夫一妻制，有理性論據和社會科學數據支持，並且在一定程度上行之有效。同性婚姻一旦成立，必然改變婚姻的概念與邏輯，長遠下去會破壞乃至摧毀婚姻制度。婚姻有自然基礎，是一種前政治的社會秩序（pre-political social order），國家不應干預，不應在某一部分社群的壓力之下立法改變婚姻的定義及背後的價值。政府以立法的形式認同同性婚姻，即意味著不當權力的粗暴干預，所以是不公義的。公民社會的三大制度「家庭、市場與宗教」是社會的根本，對確保自由與自治至爲關鍵，它們限制了國家權力，並維持堅實的共和式管治。國家應與這三大制度保持距離，而不是動輒干預，不然所產生的破壞往往是國家本身不能醫治的。

同性婚姻支持者主張，婚姻是基本人權，雙方同意的事情，並不傷害別人，社會應賦予他們做此事的權利，故此眞心相愛且互相委身的人應該有權結婚。然而，這種邏輯將導致婚姻制度的混亂和瓦解，因爲根據相同原則，「多人婚姻」、「近親婚姻」，甚至與兒童結婚，甚至人與動物結婚，也應獲得「婚姻平權」（台灣的同婚運動的口號是「多元成家」）。

婚姻有其神聖的定義，正如紅綠燈有其確定的含義——如果有人堅持說，雖然絕大多數人認同「紅燈停、綠燈行」的交通規則，但有人偏偏認爲「紅燈表示行、綠燈表示停」，這是個人的觀點與選擇，在一個相對主義和多元主義的世界上，個體的觀點和選擇必須得到尊重和允許，那麼交通秩序必然陷入混亂，車毀人亡的事故頻繁發生。所以，紅綠燈約定俗成的交通規則不能改變，家庭和婚姻的定義也不能改變。同性戀者可以通過其他的契約的方式建構其共同體。

更可怕的是，同性婚姻代表著對同性戀制度性的肯定，必然將同性戀運動思想主流化和制度化（如在教育制度和媒體），這會促進一種審查「對同性戀的異見」的文化，導致對不認同同性戀人士的壓制——逆向歧視（reverse discrimination）。美國已出現這樣的案例：不願意爲同性婚禮做結婚蛋糕的蛋糕店老闆被告上法庭，不願爲同性婚姻頒發證書的政府公務員遭到開除，不願意刊登同性戀者結婚照的婚慶雜誌在壓力下被迫停刊。對同性戀持不同看法的人士的良心自由、言論自由、教育自由等基本人權，已然遭受嚴重侵犯。

保守主義者為何反對婦女自由墮胎？

在美國，支持或反對墮胎是重新界定現代政治文化的重要問題之一。在歐洲，墮胎被按部就班地從道德問題轉化爲技術問題。但是在美國，由於清教徒傳統的影響，墮胎不僅僅是健康問題，它是兩種絕對的對立物之間的衝突問題——選擇權與生命權之間的對立。

保守主義者認爲，嬰孩的生命權高於婦女墮胎的「自由選擇權」。反之，自由派以珍惜生命爲名反對死刑，卻又支持本質上是虐殺嬰兒的婦女墮胎權，在邏輯上自相矛盾。

關於生命是在什麼時候形成的，保守主義者認爲，基於聖經對生命的定義，在精子與卵子相遇形成受精卵那一刻，就有了上帝所造的獨一無二的生命。生命不是嬰孩呱呱墜地之後才稱之爲生命。所以，人的生命從受孕開始，就應該受到保護。因爲人是尊貴的。在衆多生靈中，只有人有「尊嚴」。若胎中的嬰兒是人，他就有生存的權利，這是最基本的人權。

一九七三年，美國聯邦最高法院對「羅訴韋德案」做出裁決，五名非經選舉的、自由派傾向的最高法官認爲，生育權包含在私人的根本權利之中，就像言論自由和宗教自由一樣，受憲法保護。該裁決允許婦女在懷孕至二十六週期間墮胎。此一判決動搖了生命倫理的根基：華盛頓大學由此允許銷售墮胎嬰兒的身體器官。此後，墮胎在美國大部分州合法化。據統計，美國的總人口數大約是三億兩千萬，每年的墮胎數量約一百萬。

基督教思想家法蘭西斯·薛華（Francis August Schaeffer）將反對墮胎視爲一項重要使命。他廣泛探討墮胎合法性問題，視其爲獨裁政府和極權主義威脅的案例。一九七六年，薛華觀察到：「在胎兒認定上，法院武斷地區別存活和活人的定義。如果這樣可行，我們是否也可以任意定義老年，剝奪其生存權？這樣下去，安樂死很快就可以爲人們所接受。如果這是對的，我們豈不是要在人腦死之後，取用植物人的器官和血液？」薛華與美國右翼基督教領袖福爾韋爾（Jerry Falwell）等人一起發起聲勢浩大的反墮胎運動，極具影響力的右翼基督教組織「道德多數」成爲這場運動的重要平臺。在一九八一年的《基督徒宣言》中，薛華將墮胎定義爲美國社會關鍵性議題，呼籲基督徒可以訴諸非暴力反抗，甚至提出武力抵抗政府的想法。

比婦女自由選擇墮胎更可怕的是，一些國家的政府爲控制人口增長，強迫女性墮胎。美國國務院在關於中國的人權報告中確認，在中國，強制墮胎、強制閹割以及其他濫用權力的行爲被大規模使用，以施行計劃生育政策。中國每年的墮胎數量高達兩千三百萬，意味著每年發生一場數量爲納粹屠殺猶太人數量（六百萬人）將近四倍的屠殺，也意味著每分鐘有四十三個嬰孩被殺死。

我個人於反對墮胎，但並不是「絕對反對」。在特殊情況下，我同意婦女可選擇墮胎，比如醫生證明繼續懷孕會威脅母親生命，胎兒不健全、出生亦不能生存，以及因強姦或亂倫而成孕。

保守主義者為何支持死刑？

二〇〇八年，殺死上海六名警察的楊佳被判處死刑。幾乎與徵集《零八憲章》簽名同步，民主派公知們起草了一份呼籲免除楊佳死刑的公開信，大部分《零八憲章》簽名人都參與了簽名。但我和劉曉波並未在公開信上簽名。我們不認同楊佳殺害素不相識的普通警察這種「原始正義」，也不贊同公開信中「廢除死刑」的立場——受西方左派思想影響，中國民主派公知特別是維權律師群體，一般都是「廢死」的積極活動人士。

死刑爲剝奪生命的刑罰，乃國家基於法律所賦予的權力。死刑的存廢政策各地不同，歐洲國家大都已廢除死刑，如《歐洲聯盟基本權利憲章》第二條明定禁止執行死刑。在美國，聯邦政府、三十二個州及美軍保留死刑。據蓋洛普民調顯示，美國有六至七成的民眾贊同保留死刑，基督徒中贊同保留死刑的比例更高。

死刑可用於懲罰謀殺者，將之用在犯下兒童謀殺、虐殺或大規模殺人（包括戰爭罪或反人道罪）等惡性重大謀殺行爲的製造者身上是合理的。美國法學家羅伯特·布萊克認爲，處罰的痛苦度必須和罪行成比例，「讓犯下如此恐怖罪行的罪犯活著是不義的」。唯有死刑才是對謀殺者的公平處罰，也唯有如此才能展現社會對於維護「不可殺人」原則的決心。對於某些罪大惡極者，唯有死刑是公義的，不將之處死會有損社會對生命保護的價值。

挪威首都奧斯陸爆炸案以及烏托亞島大屠殺的兇手布雷維克（Breivik），先於奧斯陸政府大樓外引爆炸彈，導致八人死亡；又在烏托亞島開槍掃射一個青年夏令營，導致六十九人死亡、三百一十九人受傷。由於挪威沒有死刑也沒有無期徒刑，布雷維克遭判處最重刑期：有期徒刑二十一年。他在獄中獨享三間套房，包括起居室、研讀室、運動室，備有電視、無網路功能的電腦、遊戲機，每年耗費納稅人數十萬美元。布雷維克卻抱怨獄方對他單獨監禁，將法務部告上法院。法院判定，挪威政府侵犯原告人權，必須支付三十三萬克朗訴訟費用。倖存者彼得森（Pedersen）對挪威廣播公司表示：「聽到這消息以後，我先是大感驚訝，然後是憤怒與沮喪。老實說，他這樣的罪犯還能贏得判決，根本就像是在我的內臟上打了好幾拳。」加害者的人權遠遠高於受害者的人權，只有北歐極左派的政府和法院才能演出如此荒誕劇。

我個人對死刑持謹慎支持態度。死刑的判決應當在民主法治的國家由陪審團作出。諸如中國、北韓、伊朗等專制國家內部的死刑問題，則又另當別論。

保守主義者為何支持持槍權？

我有一位朋友，跟我一樣是來自中國的政治流亡者，他是文革中因反對「血統論」而遭殺害的思想先驅遇羅克的弟弟遇羅文。遇羅文最大的愛好是玩槍，家中收藏上百支各種類型的槍械，足以武裝一個連隊。他說，這是居住在美國最大的自由和幸福。如果中國人有持槍權，毛澤東和共產黨能一手遮天嗎？遇羅克會如此悲慘地死去嗎？如果我在中國可以合法持槍，那些不出示任何證件和文件、身穿便衣的國保警察還敢肆無忌憚地衝進我家，抄家並毒打我嗎？

美國的持槍權受憲法保障。美國憲法《第二修正案》規定：「紀律良好的民兵隊伍，對於一個自由國家的安全實屬必要；故人民持有和攜帶武器的權利，不得予以侵犯。」它是美國權利法案之一（前十條修正案被稱爲「權利法案」），於一七九一年十二月十五日正式通過。

第一批乘坐「五月花號」到達北美大陸的歐洲移民，正是依靠槍械才得以在這片土地上落地生根。此後，北美十三個殖民地逐漸成形，因爲沒有常備的政府軍，各州都依靠民兵自我防衛。美國獨立戰爭靠擁有武器的平民組成「大陸軍」，與強大的英軍苦戰八年，最後打敗英國，贏得獨立。因此，持槍權牢牢根植於美國歷史之中。另外，爲了防止政府權力膨脹進而侵犯公民權力，賦予公民擁有反抗暴政的武器的權利，也是此法案的內在精神，俗謂「天授槍權」。美國法學家海斯認爲，私人擁有槍支是《第二修正案》保護的一個特權，《第二修正案》的目的是讓世世代代的美國人享有美國革命時期前輩所行使的「對暴君造反」的權利。

不過，對此一憲法條文的不同闡釋，形成美國政治生活中黨派爭論的焦點：就《第二修正案》持槍權的主體，大體上說，保守派學者持「個人權利說」，強調它保護個人持槍權；自由派則持「集體權利說」，認爲它只保護民兵的集體持槍權。

二〇〇八年，美國聯邦最高法院就「赫勒案」（District of Columbia v. Heller）所作之裁決，是保守派捍衛持槍權的勝利。赫勒（Heller）是在華盛頓聯邦法院辦公樓站崗的一名武裝警衛，年輕時他是一名傘兵，平時佩戴左輪手槍執勤。由於生活在犯罪高發地區，他希望在家裡能與上班一樣，擁有手槍自衛。但華盛頓對居民持槍有嚴格限制，他擁有手槍的申請被華盛頓市政府拒絕。於是，他以憲法權利受到損害爲由，狀告市政府，官司一路打到最高法院。

二〇〇八年三月十八日，最高法院舉行庭辯。六月二十六日，最高法院以五票對四票作出裁定：《第二修正案》保護的是個人基於傳統的合法目的（如在家裡實施自衛），擁有並使用槍支的權利，而且這個權利與是否參加民兵組織無關。雷根總統任命的大法官史卡利亞（Scalia），是最高法院九名大法官中保守派的旗手，他受首席大法官羅伯茨（John G. Roberts Jr）之托，起草五位保守派大法官的多數意見（法院意見書）。史卡利亞寫道：「《第二修正案》的權利由個人行使並屬於所有美國人。」他重申：「憲法權利應在一定範圍內受到人民膜拜：即人民批准它們的時候被當時人民所能理解的意思，而不管將來的立法或法官是否認爲這個範圍過寬。」

二〇一六年，史卡利亞去世，歐巴馬企圖任命自由派法官佔據這個關鍵位置，在國會受阻，共和黨控制的國會拒絕對其任命進行表決。直到川普上台，才提名並由國會通過了對保守派法官尼爾·戈蘇奇（Neil Gorsuch）的任命，兌現了其在競選中的承諾——要「任命一位像史卡利亞大法官一樣的法官，將保護我們的自由，以及對最高憲法的尊重」。二零一八年七月底，大法官甘迺迪（Anthony Kennedy）正式退休，川普總統有機會再任命一名保守派大法官。當川普總統提名卡瓦諾（Brett Michael Kavanaugh）之後，左派爲阻止這一任命，無所不用其極，甚至唆使一名並不認識卡瓦諾的女子公開指控卡瓦諾在高中時代的一次派對中曾經對其性侵。經過參議院司法委員會漫長的聽證會和聯邦調查局的反復審查，證明卡瓦諾是無辜者，參議院遂投票確認了卡瓦諾的任命。這兩次任命是一個重要的轉捩點，標誌著未來數十年美國憲法和法律的變遷，天平擺向保守派那邊。

保守主義者為何反對非法移民？

保守主義者不反對移民，而反對非法移民。

首先，保守主義者堅持對法律的信仰，如法學家伯爾曼（Harold J．Berman）所說：「法律必須被信仰，否則它形同虛設」。既然制訂了有關移民的法律，就必須遵守並實施。對非法移民的縱容，是對合法移民權益的侵害。然而，若干民主黨主政的城市，居然不能使用「非法移民」這個稱呼，而欲蓋彌彰地稱之爲「無證移民」。所謂「庇護城市」對非法移民的「非法庇護」，也是對法治的踐踏和嘲諷。其實，左派「保護」非法移民的原因，並非他們口頭上宣揚的「大愛無疆」，而是基於利益的考量——如果加州驅逐非法移民，誰爲中產階級修剪草坪？誰爲農場收割水果蔬菜？

其次，美國等民主國家對移民進行嚴格甄別無可厚非，長期以來，美國接納了太多仇恨美國的移民。如果不認同甚至反對移居國的價值觀，爲什麼要移民呢？民主國家必須小心呵護其價值觀，其價值觀不能被認同專制獨裁價值的移民稀釋、滲透乃至摧垮。美國聯邦調查局局長韋伊（Christopher Wray）在國會參議院情報特別委員會發言指出，除了中國政府外，「整體華人社群」（the whole of Chinese society）都危害到美國安全。中國不只用國家機器來削弱美國，中國在海外的人民亦是中國政府的情報工具。「我們正試圖理解，中國威脅不只來自中國『整個政府』，而是來自中國人『整個社群』，我認爲我方需要以『整個社群』來回應（中國人的威脅）。」作爲華人移民之一員，我不覺得這是「種族歧視」，我支持美國政府清除混入美國的「移民垃圾」——用假資料申請政治庇護，獲得美國居留權甚至公民身份，卻又跑去歡迎習近平訪美並辱罵、攻擊抗議的民主人士、藏人及維族人，這種人難道不應當被取消身份、驅逐回中國嗎？

歐洲的伊斯蘭化是目前歐洲面臨的最大危機，美國的移民制度亦千瘡百孔。川普總統在二〇一八年一月三十日到國會所作的國情諮文中，提出移民改革計畫的四個支柱：第一個支柱是爲一百八十萬從小被父母帶到美國的非法移民打開慷慨之門。達到教育和工作要求，且顯示良好道德特質的人們將能夠成爲合法美國公民。第二個支柱是保衛邊界。這意味著在南部國境線上建設有效的牆，雇傭更多人員保證美國的安全，消除此前被罪犯和恐怖份子利用來進入美國的法律漏洞。第三個支柱是結束不考慮申請人技能、綜合素質和美國人民安全而隨機發放綠卡的「簽證抽籤制度」，並建設一個基於申請人綜合素質的移民系統，這個系統應該接受擁有技能且願意工作的申請人，能夠對美國社會作出貢獻的申請人，以及熱愛且尊重美國的申請人。第四個支柱旨在終結連鎖移民，保護核心家庭。根據現行的移民法，一名移民可以將無限多的遠親帶進美國。在新的計畫下，將只關注直系家屬，減少對其他人的接收：只接收配偶和孩子。此種移民改革是對美國利益和美國價值的必不可少的保護。

保守主義者為何支持政教分立，而不是政教分離？

保守主義者支持政教分立，而非政教分離，兩者一字之差，卻謬之千里。美國憲法並沒有明文規定政教分離，只是規定聯邦政府不得設立「國教」（這是鑒於歐洲國教模式所帶來的危害），各種宗教及宗派自由發展（當然，基督新教是美國的主流宗教）。由此，美國形成了托克維爾所說的生機勃勃的「宗教市場」。

從美國建國開始，政教一直彼此交織，不可「分離」——美國總統就職典禮上總統必須手按聖經宣誓。個人的宗教信仰無法與政治立場隔絕。教會固然不能成爲政黨式的政治組織，卻與其他社團一樣有權參與政治和社會活動。美國學者艾倫·D·赫茨克（Allen D.Hertzke）的《在華盛頓代表上帝》一書中指出，在政治光譜上偏左翼的民權領袖馬丁·路德·金恩（Martin Luther King），其成功的秘訣卻是按照美國傳統，以「新的宗教願景」來對抗「舊的宗教願景」。「如果沒有黑人教堂的存在，人們很難想像會有實際經歷過的那種民權運動；黑人教堂如此生動地體現了美國多元主義和行動主義宗教環境的遺產。」

不可否認的事實是，沒有基督教就沒有美國。美國政治哲學家艾倫·布魯姆（Allan Bloom）指出：「一切與價值選擇有關的事情都是源自宗教。人們無需探究別的東西，因爲基督教是我們歷史的必要而充分的條件。理性可以傳輸價值，並使之常規化、正常化；但它不能創造價值。」迄今為止，宗教仍是美國生活和文化中一支重要力量。與一些西歐國家中宗教明顯衰弱的現象相反，美國的宗教依然蓬勃發展。美國人不僅對教會的信心遠勝於對其他社會機構的信心，而且大多數是教會成員。在任何一週裡都有超過百分之四十的美國人上教堂，近百分之六十的美國人可稱為定期上教堂者。

保守主義者追求百分之百的宗教信仰自由。歐巴馬時代，基督徒的宗教自由受到嚴重損害，在政治正確的壓力下，連「聖誕快樂」都不能說，只能說「節日快樂」。歐巴馬是美國有史以來最敵視基督教的總統，以致於很多人將其看作「隱藏的穆斯林」。與之相反，川普在競選中承諾廢除《約翰遜法案》（Johnson Amendment）——該法案禁止教堂等免稅團體發布政治言論，舉行政治活動。二〇一七年五月四日，川普簽署「宗教自由行政令」，允許宗教團體在政治言論方面獲得更大自由。川普在白宮玫瑰園的國家祈禱日活動上對宗教領袖和白宮工作人員說：「信仰深深的嵌入我們國家的歷史，我們建國的精神，我們國家的靈魂。……我們將不再允許有信仰的人們被瞄準、被欺負或被噤聲。」二〇一八年二月三日，在國家祈禱早餐會上，川普誓言促使國會「徹底廢棄」《約翰遜法案》。他強調，信仰是美國歷史和傳統的一部分，在美國獨立宣言中，先輩四次提到上帝；美國的錢幣上寫著「我們信上帝」；美國公民的效忠宣誓詞裡表明「我們是在上帝之下的一個國度」；在華盛頓紀念碑上刻著「讚美上帝」，同樣的話語也刻在美國人心中。「政府的權力不是人授予的，而是造物主授予的」，唯有在這種觀念之下，掌權者才會懂得什麼是眞正的謙卑。

基督教誠然不是美國的國教，但美國文明無疑是基督教結出的「果子」。持保守主義立場的福音派基督徒認爲，屬靈的和屬世的兩個世界不能斷然割裂，基督徒生活在完整的「天父世界」，基督徒的使命是「管理全地」——當然包括用信仰影響政治領域。在此意義上，基督徒和教會理應是公民社會的中流砥柱，是公民美德的根基。

第六章

「我的保守主義」不是「他們的保守主義」

道德是一座倚靠我們自身努力無法攀越的高山，即使我們登上了頂峰，也會因為山頂上刺骨的嚴寒和稀薄的空氣而喪生。我們缺少的是一雙用於完成餘下行程的翅膀，因為正是從那裡，真正的美景才開始出現。繩子和斧子到此為止，剩下的事，關乎飛翔。

——C·S·路易斯（Clive Staples Lewis）

C·S·路易斯所說的「翅膀」，就是信仰。人的道德的盡頭，就是信仰上帝的開端。保守主義先是知識的積累，再是信仰的突破。單有知識的積累，而無信仰的突破，就如同在沙灘上修築城堡，潮水一來，頓時化爲子虛烏有；若有知識的積累，再有信仰的突破，則如同插上翅膀，可以如鷹展翅上騰。我持守的保守主義，有兩個核心要素：一是基督新教（尤其是喀爾文神學），二是英美傳統（價値上的「盎格魯圈」，而非種族上的「盎格魯人」）。一言以蔽之，保守主義，保守的對象是基督新教和英美傳統。若脫離這兩個保守的對象，就不是我所定義的保守主義或「右派」。

無疑，「我的保守主義」是一個獨特且具有排他性的觀念和價值系統。在其他文化傳統和價值體系中的「保守主義」，即「他們的保守主義」，與「我的保守主義」相比，是全然不同的「物種」。如同「橘生淮南則為橘，生於淮北則為枳」的典故，對於不同語境下的「保守主義」，必須作細緻而嚴格的甄別，不可一概而論。

在英美傳統之外，法國、德國、西班牙等西方國家並未形成強大的保守主義思想及實踐；在基督新教影響的國家之外，其他宗教信仰的社會中並未產生保守主義及奠基其上的文明（包括天主教和東正教文化圈）。當保守的內容是儒家、法家、道家、民間宗教信仰等中國傳統文化，如梁漱溟、牟宗三、錢穆；當保守的內容是印度教，如印度國父聖雄．甘地（Mahatma Gandhi）、印度詩人泰戈爾（Tagore）；當保守的內容是東正教，如蘇俄異議作家、諾貝爾文學獎得主索忍尼辛（Solzhenitsyn）；當保守的內容是伊斯蘭教原教旨主義，如伊朗精神領袖霍梅尼（Khomeini）、阿富汗伊斯蘭極端主義組織塔利班（Taliban，即「神學士」）、土耳其獨裁者艾爾多安（Erdogan）；雖然他們仍然使用「保守主義」這個名詞，但早已名不副實。「他們的保守主義」與「我的保守主義」的差別，並不亞於右派與左派之間的天壤之別。

從嚴復到蔣慶，從新儒家到鵝湖學派：保守儒家傳統是保守主義嗎？

一九〇五年，嚴復作爲大清國特使，赴倫敦與英國政府交涉開平煤礦事務。被清廷通緝的革命派領袖孫文正好路過倫敦，特意前去拜訪。朝廷命官與通緝犯見面，倒也不尷尬。嚴復說：「中國民品之劣，民智之卑，……爲今之計，唯急從教育上著手，庶幾逐漸更新乎！」孫文回答說：「俟河之清，人壽幾何？君爲思想家，鄙人乃執行家也。」跟激進派孫文相比，嚴復更接近保守派。

不過，嚴復並非我所定義的那種保守派。嚴復在留英期間所接受的英國文化，是被近代左翼思想玷汙的英國現代文化的末流，是史賓塞（Herbert Spencer）、穆勒（John Stuart Mill）、赫胥黎（Thomas Henry Huxley）及其背後的功利主義、「社會達爾文主義」，是伯克最擔憂的滲透到英國文化中的法國大革命的思想奠基人盧梭。更何況，嚴復對英國和西方思想的翻譯介紹，有著迫切的功利之心，那就是「尋求富強」——美國學者史華慈以此作爲嚴復傳記的名字。這或許是嚴復無法逃避的歷史宿命：他要爲被西方羞辱的祖國討回公道。然而，事實依然是，「凡在價値觀念被認爲是達到強盛的手段的地方，這些價値觀念就很可能是靠不住的、無生命力的和被歪曲了的」。過於急功近利，使得嚴復未能發現另一個歷久彌新、生生不息的英國：伯克的英國、保守主義的英國、清教徒的英國、大憲章和普通法的英國。所以，當第一次世界大戰展現出社會達爾文主義血腥的一面時，絕望的嚴復轉而擁護孔教會、支持袁世凱稱帝，這是他在「尋求富強」的過程中抓到的最後一根救命稻草。

大清國崩潰之後，嚴復的論敵康有爲繼續「變儒家爲儒教」的烏托邦事業，乃至參與臭名昭著的張勛復辟；而康有爲的論敵章太炎，失去了早年革命派的意氣風發，轉而成爲「國粹派」與「漢學派」，並試圖以民族主義取代儒家中聖人與君王的地位。在五四新文化運動中，與西化派和啓蒙派對立的是長期被遮蔽的學衡派，這個守舊的學術群體聚集在東南大學，遙遙地與趨新的北京大學對峙；三〇年代，梁漱溟、張君勱等中國文化守成派力圖在鄉村建設和政黨政治中實踐其理論，卻無法與越來越激進和血腥的馬克思主義的階級革命學說抗衡。史華慈認爲，現代中國的保守主義主要是「文化的保守主義」，「是一種受民族主義情感所影響的文化保守主義，這種文化保守主義情感很少會對當時的政治秩序有所肯認」。

三〇年代，在剿共內戰和日本入侵的戰火中稍稍獲得喘息之機的南京國民黨政府，在王陽明的推崇者蔣介石的號召下開展虎頭蛇尾的「新生活運動」，其思想資源大部分來自儒家，少部分來自法家，更少部分來自基督教（衛斯理教派背景的宋美齡在其中發揮了一定作用）。蔣介石及其幕僚陶希聖、陳布雷、陳立夫以及模仿德國納粹衝鋒隊的藍衣社，想從儒、法家綜合的角度，爲建立現代中央集權的政治體系，尋找本土的歷史先例，由此實現「以德治國」、「以法（法家）治國」。對此，史華慈指出：「當時蔣介石提倡新生活運動，想必是對儒家傳統的『現代』

效用，懷有高度的信心。」但是這個運動嚴重脫離中國現實——在赤貧的農民食不果腹、衣不蔽體之際，要求他們不隨地吐痰，無異於天方夜譚。

一九四九年，共產黨奪取中國政權，作為失敗一方的，不僅是國民黨及勉強依附於國民黨的自由主義知識份子群體，還包括倡導中國傳統文化（主要是儒家思想）的「文化保守主義者」群體。留在中國的梁漱溟、熊十力、馮友蘭等新儒家學者受盡屈辱，生不如死，逃亡天涯的牟宗三、唐君毅、錢穆、徐復觀等海外新儒家代表人物則痛定思痛，逆流而上——一九五八年，海外新儒家發表《為中華文化敬告世界人士宣言》，堅持中國文化本位，卻也不諱言用日耳曼哲學中的康德、黑格爾觀點重新詮釋儒學。

這群海外新儒家大都認同現代民主自由價值：徐復觀感時憂國，猛烈批判中國從秦漢以來定型的皇權專制政治模式，指出儒家的根本缺陷在於傾向從統治者的角度思考問題，更承認中國文化在政權轉移時的暴力問題上交了白卷，但他仍然希望從古典儒學中尋找具有「人民主體性」的經世儒學。唐君毅贊成民主自由，認為孔子的「為仁由己」的自由定義，可以涵蓋中西各種自由觀念，但又承認由於儒家思想的民主精神只局限於道德領域，未能進展到公民人格和社會組織層面，因此沒有建立起民主政治制度。牟宗三贊成民主法治，認為現代國家制度的建設，是西方文化之所長，中國文化之所短；儒家以仁為中心的「內聖」，無法開出民主科學法治的「外王」。因此，儒家道德理念必須經過一個自我否定的過程，接受吸納西方的民主科學法治，才能完成中國文化的創新。

吊詭的是，二十世紀支持中國傳統文化的知識份子們，大都有西學背景。學衡派的理論根基來自於美國人文主義者白璧德，而新儒家最大的創新則是用德國哲學來啓動垂死的儒家思想，這本身就表明儒家的生命力之衰竭。比新儒家晚一輩的海外中國文化研究大家余英時，公開聲明自己並非「新儒家」之一員，並指出儒家衰微的命運已不可挽回：「從歷史上觀察，我們可以清楚地看到：儒家的新趨向大致是退出公領域而轉移到私領域。」余英時也在受訪時指出，中國民間沒有發展出像西方的教會那樣與政權抗衡的組織體系，這是中國無法走向民主的關鍵因素。

作者夫婦與史學大師余英時。

至今仍執著於振興儒教並有一整套「政治儒學」論述的，是被劉小楓稱爲「蔣子」的蔣慶。早年自稱「儒家憲政主義者」、也曾翻譯海耶克傳記的學者秋風，認爲蔣慶是改革開放以來對中國貢獻最大的人，「是六十年來中國唯一的思想家」。有意思的是，我記得二〇〇五年前後，劉曉波特意約了我，跟秋風、劉軍寧在北大附近的萬聖書園晤面。那時，劉軍寧剛剛撰文討論從老子思想中發掘古典自由主義（當然不可能有結果），劉曉波打趣說：「內憂外患，自由主義的旗幟扛不下去了？」我則強調，自由主義本身無法成為一種讓人可以安身立命的信仰或信念，所以，在現實的壓力之下，自由主義者的轉向比比皆是；而保守主義要穩如磐石，背後應當有基督信仰的支撐。於是，我們又開始討論基督信仰。尊崇儒教的秋風不以為然，與劉曉波發生了激烈的爭論。

數年之後，秋風繼續向儒學偏移，乾脆將憲政的主張棄之如敝屣。他鼓吹繼承孫文「驅逐韃虜，恢復中華」的口號，事實上迎合了共產黨對少數民族的種族歧視政策。二〇一二年八月，他帶著數十個學生在曲阜孔廟行跪拜大禮，被輿論痛批為「順服專制」。二〇一四年，台灣太陽花學運爆發，他斥責學運為「情緒化行動」，「帶來的一定是負面結果，不可能有正面結果」，「局面混亂，開了一個極壞的頭」。在〈在儒家傳統中發掘憲政資源〉一文中，他強不知以為知地說：「台灣沒有什麼啓蒙運動，蔣氏父子執政時盡力保護傳統文化，由此實現了憲政。日本、韓國都是這樣。」秋風對台灣民主運動歷史驚人地無知：他不知道殷海光、夏道平、彭明敏等幾代自由知識人前仆後繼推動的「思想解嚴」，卻將蔣介石麻醉人民的「中華文化復興運動」當作台灣民主化的必要條件；他不知道從陳智雄到鄭南榕、陳文成等殉道者揮灑的鮮血，卻將專制屠夫蔣氏父子譽爲「民主之父」。國粹派、「新新儒家」遂與藍粉、國粉、蔣粉合流。

近年來，在台灣，作爲新儒家末流的「鵝湖學派」，在馬英九主導的「課綱微調」中充當向大中學生推行洗腦教育的主力軍。台灣學者郭柏宏指出，課綱微調十位委員，潘朝陽、黃麗生、陳昭瑛是鵝湖月刊社社務委員，潘朝陽還是時任社長，董金裕出身自台師大國文系，本身也編纂過中華文化基本教材。而由王財貴發起的，得到國民黨和民進黨大員一致支持的「讀經運動」（讀的是儒家中最末流的「弟子規」），也由台灣登陸中國。其背後的支持者居然是民間宗教一貫道，若是孔夫子地下有知，必定會哀哭切齒——理性主義的儒家從來對那些「怪力亂神」的民間宗教不以爲然。

無獨有偶，彼岸的中國，在中共當局的默許、縱容之下，「十博士上書反對聖誕節」、漢服運動、私塾運動、曲阜反對修教堂等亦成爲熱門的新聞事件。直至二〇一七年九月，中共中央辦公廳、國務院辦公廳印發《關於實施中華優秀傳統文化傳承發展工程的意見》，將「全面復興傳統文化」作爲「重大國策」宣告天下，共產黨對以儒家爲主流的中國專制主義傳統的對接和利用，不再遮遮掩掩，連泰山封禪大典都吹吹打打地上演了。

那麼，蔣慶的「政治儒學」會不會由此迎來其輝煌呢？習近平接見了北大溫和的儒家學者湯一介，下一步會起用激進的蔣慶嗎？蔣慶的夢想是做變法成功的康有爲：他不認同海外新儒家，認爲海外新儒家沒有從變革政權和政治入手，只是注重道德完善，偏安於學院之中；又批評新儒家熱心於改造儒學，追求自由民主法治，背離了儒家宗旨，「力圖使中國成爲西方文化的殖民地，……導致中國固有的政治形態滅亡，從而文化滅亡」。蔣慶提出「重建中國儒教」，將中國變成一個政教合一的儒教國。儒教人物取得全國政權或成爲統治者之後，應實行「王道統治」。他還設計了通儒院、庶民院、國體院「三院制」，實行「以禮治國」，反對法治、自由、平等、民主、人權等西方價值。

不過，蔣慶的朋友、加拿大學者貝淡寧（Daniel A. Bell）在《中國新儒家》一書中指出，蔣慶沒有說出口的意思是，馬克思主義是外來意識形態，從長遠來看很難作爲政治正當性的基礎。暫時還不敢拋棄共產主義的中共，恐怕很難「大用」企圖讓儒家取代共產主義的蔣慶——數年前，當局在天安門廣場一側豎立了一尊孔子像，沒有幾天又悄悄撤走，此一細節顯示中共高層對如何利用儒家和孔子尙舉棋不定。

總而言之，從嚴復到蔣慶，從新儒家到鵝湖學派，對儒家的政治和文化傳統的保守，絕對不是我所認定的保守主義。在政治上，儒家是皇權專制主義的理論基礎；在經濟上，儒家從未誕生保障私有財產的觀念，並支持國家管制經濟（以《鹽鐵論》爲代表）。所以，儒家與共產主義才會一拍即合。

法國傳統、德國傳統，甘地、索忍尼辛：英美傳統和基督新教之外有保守主義嗎？

曾在雷根總統時代，任美國教育部長的保守主義思想家詹姆斯・貝內特（William J. Bennett）說過：「要成爲盎格魯圈的成員，需要遵循那些構成英語文化核心的基本習俗和價值觀，它們包括個人自由、法律之治、注重合約與契約、自由是政治及文化價值的第一追求。組成盎格魯圈的國家分享著共同的歷史記憶：《大憲章》、英國和美國的《權利法案》、陪審制、無罪推定以及『一人之家即他的城堡』等普通法原則。」那麼，在英美傳統之外有保守主義嗎？

英美傳統的基石是基督新教，特別是宗教改革中最深邃、對社會政治影響最爲深遠的新教喀爾文宗。喀爾文派的政治學說之所以能成爲近代憲政民主革命的濫觴，並不是偶然的。對於喀爾文而言，人的罪性和淪落，在社會政治方面到底意味著什麼呢？簡單地說，這導致了現代民主制度的一個基本原則，即制約權力：「從人的墮落這一原理中，喀爾文所引出的第一條結論是，統治者必須受到統治，換言之，應該施行某種「控制與均衡」系統（簡稱制衡系統）。……在政府之中對政治權力的行使實施「制衡」，這在喀爾文看來無論如何都不會貶損上帝的主權；事實上，它是對統治者內在悖逆上帝、自命不凡傾向的永恆控制，是對壓迫人民之專制暴虐的永恆羈絆。」學者劉宗坤指出，就人性淪落的現實和制衡權力的必要性而言，喀爾文的思想對於現代民主政治理念更具有實際的意義，更具實踐性和現實主義精神。

因此，C．S．路易斯在爲民主憲政論辯護時，求助於基督教政治現實主義所依據的人性論落觀：

> 自盧梭以來，很多人熱衷於民主，因爲他們認爲人類是如此賢明，如此善良，以致每個人都配得在治理國家中占一席位。這種維護民主的論據是很危險的，因爲它根本是錯誤的，一旦這缺點暴露出來，贊成暴政的人便會利用這事實來支援他們的論點。我不需要觀察別人，只需看看自己，便知道這論據是錯謬的。我不配去參與治理一個雞場，更遑論治理一個國家。至於其他大部分的人，就是那些對廣告篤信不移、根據口號來思考、散佈謠言的人，也是不配。支援民主的眞正論據恰恰相反，乃是因人類如此墮落，以致我們不能把駕馭別人的絕對權力託付給任何人。亞里斯多德說，有些人只配做奴隸，我並不反對這看法，可是我反對奴隸制度，因爲我認爲沒有人配做主人。

普遍的論落狀態使得沒有任何人有理由做別人的主人，擁有絕對的權力。人們可以舉出無數的理由爲民主制度辯護，但這無疑是最有力的理由。

那麼，在基督新教之外有保守主義嗎？

在法國，大革命時代的保皇派當然不是保守主義者，他們保守的不是自由，而是絕對君主專制和天主教。儘管法國出現過托克維爾、雷蒙．阿隆等極少數大致可以歸入保守主義者的思想大師，但法國從未建構起根植於保守主義之上的政治、經濟和社會模式。法國的世俗政治是獨裁制，從路易十四到拿破崙到戴高樂都是如此；法國的宗教是被法國世俗政治改造的世俗化的天主教。

在德國，德意志帝國的締造者、鐵血宰相俾斯麥（Bismarck）不是保守主義者，而是早期的國家主義者。俾斯麥不相信議會制，他在下院首次發表的演講即不加掩飾地指出：「當代的重大問題不是通過演說和多數派決議所能解決的……而是要用鐵和血來解決！」納粹的御用法學家施密特更不是保守主義者，施密特將暴力和權力視為信仰，他相信霍布斯（Thomas Hobbes）所說的「權威，而非眞理制定法」，法治是隨時可以被踐踏的娼妓——希特勒顚覆威瑪共和的作為，在施密特看來乃是替天行道。而劉小楓對施密特的推舉，無非是想利用施密特來改造儒家，上達天聽。

那麼，馬克斯．韋伯呢？馬克斯．韋伯是德國人，但他的傑作《新教倫理與資本主義精神》研究的對象卻主要是英語國家。一九〇四年九月，美國聖路易斯召開世界博覽會之際，馬克斯．韋伯應邀到美國參加國際學術會議，並趁機走訪很多地方，近距離地接觸美國社會和人民——雖然跟當年行走美國的托克維爾路線不同，但認識美國的目標是一致的。韋伯沒有像托克維爾那樣專門寫一本《民主在美國》，但此行的許多感受成為他寫作《新教倫理與資本主義精神》的靈感來源。他記得早年從亞當·斯密作品中讀到的預言「美洲的殖民地將組成一個空前、強大的國家」，他親眼看到美國強大的生產力，感受和體會了新教信仰和資本主義的生機勃勃，他稱讚這個國家的「資本主義精神創造出它最爲生動的象徵」，「阻礙資本主義文化的一切事物都以閃電般的速度被粉碎」。韋伯以一個學者和政治分析家深邃和長遠眼光，預估美國將在世界舞台發揮越來越重要的力量，甚至認爲美國取得世界統治地位是必然的。

因此，在一戰前夕，韋伯竭力阻止德國挑戰美國——他譴責德國潛艇攻擊美國民用船隻的挑釁行爲，認爲這種做法將給德國帶來滅頂之災。然而，德國統治階層躊躇滿志，認爲德國的工業和科技已超過大英帝國，更不把美國看在眼裡。韋伯的逆耳忠言無人傾聽，他的關於美國民主制度的演講應者寥寥。德國的結局，被韋伯不幸而言中。遠比韋伯預言的情形更糟糕的是，在他於一九二〇年去世之後十多年，他參與起草的威瑪共和國憲法被希特勒顛覆了，第一次世界大戰的失敗給德國帶來巨大的精神創傷，復仇之心使得納粹掌權並發動第二次世界大戰，德國將承受更慘痛的失敗。

奧地利學派的大師們當然是保守主義者，他們捍衛經濟自由的原則，經濟自由乃是人類自由中不可或缺的核心部分。從米塞斯到海耶克，大都成長在德語世界，亦非新教徒，但他們都是從歐陸到美國之後才大放異彩。米塞斯在回憶錄中說，「奧地利經濟學派是屬於奧地利的，因爲它生長在奧地利文化的土壤上」，但實際上，在納粹還未吞併奧地利時，奧地利政府便開始迫害這個群體，當局撤銷了多名教授的教職。後來，如果不是大西洋彼岸的美國爲這群大師提供庇護所和實踐其經濟學說的舞台，他們只能成爲納粹集中營中的無名屍體。所以，與其說他們是奧地利學派，不如說他們是芝加哥（大學）學派——他們中的很多人聚集在芝加哥大學經濟系，著書立說，與凱恩斯的學說抗衡。米塞斯謙卑而堅定地將自己定義爲「一個熱愛自由的人」，他流離失所，目睹國家被納粹佔領，著作被焚燒，論文被剽竊。對他來說，敵人就是壞思想——包括納粹，包括共產主義，包括凱恩斯主義，以及一切大政府、計劃經濟。他們受惠於英美傳統和新教倫理，並爲英美傳統和新教倫理貢獻出活力四射的思想產品。

全世界範圍內，還有另外一些人被稱爲保守主義者。但他們並不在我的保守主義者的名單上。你能說伊朗的霍梅尼是保守主義者嗎？你能說阿富汗的塔利班是保守主義者嗎？你能說土耳其的艾爾多安是保守主義者嗎？或者，你能說中非嗜好吃人的皇帝博薩卡是保守主義者？如果你這樣認爲，就是對保守主義這個高貴詞語的玷汙。

當然，另一些歷史上的正面人物，被人們冠以保守主義者的冠冕而少有爭議。比如，印度「國父」甘地常常被稱爲保守主義者。甘地在歷史上的作用是把印度調動起來，團結成強大而堅固的力量對抗英國殖民統治，在這方面他確實很成功。另一方面，甘地希望復興印度教傳統，清除英國帶來的現代化影響，轉回鄉村牧歌式的古老印度。他拋棄早年在南非時的西裝革履，轉而以印度教僧侶赤裸上身、土布包裹下身的裝束面對世界，爲自己打造了一個具有象徵意義的個人品牌。然而，甘地的遺產中存有大量有毒成分。奈波爾在其恢宏的《印度三部曲》中尖銳地批評說：這種「壞的保守主義」對印度極其有害，從文明發展的角度，必須對甘地主義予以徹底否定。甘地強烈反對西方文明，試圖在現代社會中回歸過去，從本質上說是拿過去來扼殺未來。奈波爾認爲，「甘地活得太長了」，早在一九三〇年左右，他雖然還活著，但他的思想實際上已經「死去」；一九四七年印度獨立時，甘地「適逢其時」地被人刺殺，甘地作爲一個時代至此就該徹底結束；但將近三十年後，在一九七五年進入「緊急狀態」的印度社會中，甘地居然鮮明地活在印度的政治生活及日常生活之中。奈波爾深有感觸地發現：甘地毀了印度，至今還在毀滅著印度。

人們在大肆讚美甘地時，偏偏忘記甘地的對手是英國駐印度總督蒙巴頓勛爵（Mountbatten）和英國首相邱吉爾（Churchill），是即將完成其歷史使命、含淚謝幕的大英帝國。如果甘地的對手是毛澤東，是希特勒，是史達林，他的絕食會有任何效果嗎？與那些冷血暴君對壘，甘地沒有一線成功的希望。追求民主獨立的激情可以理解，但對英國文化的恨意於印度無益。甘地把印度帶出一個「黑暗年代」；而他的成功又不可避免地將印度推入另一個黑暗年代——法治的倒退、秩序的混亂以及至今仍未達成有效的自我治理。長期居住在印度的瑞士記者貝爾納德·伊姆哈斯利（Bernard Imhasly）在《告別甘地》一書中亦指出：「我看到了民間社會的脆弱，人們明顯地缺乏公民意識和公共利益的觀念，只知道堅持自己的權利，而把社會責任和義務統統推給國家。基於這些政治慣例和消費行爲，這個社會變得玩世不恭，腐敗盛行，冷漠和缺乏寬容。」這不僅僅是甘地的失敗，也是未能「全盤英國化」的印度文化的失敗。即便如此，殘存在印度的英國文化至少讓印度成爲聯邦制的民主國家，其國家形態、政治制度和民衆生活狀況遠遠優於法國和西班牙的前殖民地。

另一位通常被視爲保守主義者的是蘇俄異見作家、諾貝爾文學獎得主索忍尼辛。索忍尼辛剛流亡美國時，在演講中痛斥西方資本主義的「聲色犬馬」。此後十多年，他隱居蒙大拿的鄉下莊園，過著與世隔絕的隱居生活。他認爲，「西方世界和全部西方文明」正在走向「總崩潰」，但它並非由於蘇聯的成功，而是由於其自身的危機所致——原因之一是追求「無止境的經濟進步」，而他堅信「經濟增長不僅不必要，而且有害」。從一開始起，索忍尼辛就從斯拉夫—東正教的角度反抗蘇聯體制，學者金雁稱之爲「向後看的反專制運動」。索忍尼辛對基督新教持負面評價，他認爲現代性將自私當作美德是其獲得持久成功的關鍵之一，新教正是推動這一進程的重要因素，「喀爾文主義認爲，信仰根本不取決於人，信仰已經被預先決定了；在對天主教的激烈反抗中，新教匆忙拋棄了信仰中對一切奧秘的、神話的和神秘的方面，連同禮儀。從這個意義上來說，它使宗教變得貧瘠不堪」。他或許沒有讀過當然也不會認同韋伯的《新教倫理與資本主義精神》——如果用韋伯的觀點來看俄國，俄國現代化的失敗，重要原因之一在於它未能完成新教化，也就是說，東正教未能經歷自己的宗教改革，仍然是一種中古的宗教模式。

索忍尼辛憧憬的古老信仰，既不是天主教，也不是建制派的俄國東正教，而是「古老的、具有七百年歷史的謝爾蓋．拉多涅斯基、尼古拉．索拉斯基的正教，還沒有被尼康歪曲的、沒有被彼得大帝搞成枯燥無味的俄國正教」。拉多涅斯基、索拉斯基都是十四世紀的隱修士，號稱「最受尊崇的羅斯農民神甫」，他們「既勤奮，又能吃苦」，不僅精通宗教典籍，而且「自己做飯，親自動手做蠟燭」，乃至從事「普通農民的勞動、生產和經營」，他們帶領門徒開發並定居在「祖國最北方」遠離塵囂的淨土，於是有了後來舊教的「北方崇拜」。在這種「分裂派」的東正教傳統中，索忍尼辛自以為找到了俄國乃至人類的希望所在。然而，復興古老的「分裂派」東正教傳統，在西化且拜占庭化兩百多年的俄國社會宛如空谷回音——俄羅斯的年輕一代迷戀索忍尼辛所蔑視的西方通俗文化，最後索忍尼辛絕望地將此種希望投射到威權主義「新沙皇」普丁身上——他不顧普丁打壓言論自由甚至暗殺揭露真相的記者的黑暗事實，欣然接受普丁的授勛，此舉成爲其晚年最大的汙點。

C．S．路易斯與法蘭西斯．薛華：有清教徒精神的英美保守主義典範

對我而言，具有清教徒精神的英美保守主義者，有兩位典範人物，一位是C．S．路易斯，一位是法蘭西斯．薛華，他們是我效法的榜樣。如果有人問我，你想成爲什麼樣的人？我的回答

就是：C．S．路易斯和法蘭西斯．薛華那樣的人。

誰是C．S．路易斯？他被稱為「最偉大的牛津人」和二十世紀最暢銷的兒童文學作家。他的傳奇而傷感的愛情故事，被他寫入痛徹肺腑卻又從未停止信靠、仰望的《卿卿如晤》一書，後來拍成催人淚下的電影《影子大地》。我第一次讀到C．S．路易斯的書，是在二〇〇六年訪問美國時，陳佐人牧師送給我一本薄薄的《返璞歸真》，從那以後我就不可抑止地愛上了這位作者。

神學家巴克指出，C．S．路易斯是「一位平信徒傳道者」和「一位邏輯與想像兼精的教師」，他的信仰風格保守，且強而有力地為古老事實辯護。青年時代，路易斯有過一段叛逆生涯，直到一九二九年復活節，「痛改前非，承認上帝是上帝。我跪下，我禱告，那晚，我很可能是全英國最喪氣也最不情願但卻回頭了的浪子」。從此，他知道上帝要他做什麼，他在一九五二年寫道：「自從我成為基督徒以來，我一直認為我能為我身邊不信主的朋友們所做的最好的，恐怕也是唯一的服事，就是在他們面前解釋和捍衛已為幾乎歷時歷代基督徒所稔熟於心的信仰。」他的目標是促使常人思考基督教信仰的歷史性，並使自己在為基督教信仰辯護中見證並感受其力量與魅力。路易斯必定認同二十世紀備受尊敬的神學家和布道家鐘馬田（Martyn Lloyd-Jones）宣講的觀點：基督徒，是，也必須成為這個世界上最偉大的思想者；上帝帶領成年人皈信的第一步，就是帶領這個人去開始思考。針對某些反智主義的教會和基督徒，C．S．路易斯在《地獄來鴻》

中通過各種方式告訴讀者：缺乏思考力導致了靈魂的毀滅。

作爲偉大的信仰，基督教爲人類提供了完整而平衡的世界觀。路易斯的時代，左翼的「政治正確」已然大行其道，但他大聲說出貌似「政治不正確」的觀點：不信基督教，你就不能好好地度過一生。他如此對比指出：基督徒和非基督徒都想要給他們的同伴做點好事，基督徒相信人是上帝創造的，有永恆的生命，在此根基上建造這個生命，他們會發現，眞實而持久的幸福單單來自於與上帝聯結。然而，非基督徒相信人是物質的無規則運動偶然產生的結果，人只不過是從動物進化而來，他們的生命不過是在世的七十年左右，幸福完全可以通過良好的社會福利和政治制度達成，評價一項社會政策（如活體解剖、計劃生育、司法系統、教育等）「好」或「壞」的標準僅僅在於它是助長還是減損那種「幸福」。

C·S·路易斯接著指出，基督徒的保守主義者和非基督徒的非保守主義者，或許在某些民生問題上可以達成共識——兩者都認爲應當建設高效能的排水管道和醫院，也都贊同健康的飲食；但是，他們信仰的不同一定會導致在具體實踐上的不同。當一個議案擺在面前，唯物主義者會問：「實施這個議案會增進大多數人的幸福嗎？」而基督徒可能不得不說：「即使它能夠增進大多數人的幸福，我們也不能這麼做，因爲這缺乏公義。」不必掩飾這一天壤之別，路易斯揭示說：

自始自終，一條巨大的鴻溝會貫穿他們整個的政治觀。對唯物主義者而言，國家、階級、文明一定比個人更重要，因爲每一個個體的生命不過是短短七十多年，而一個群體組織可能持續數百年；但對於基督徒而言，個體生命更爲重要，因爲他們的生命是永恆的，而諸如民族、文明這些的，相較而言不過短如白晝。

這就是「文明衝突」的根源所在。

C·S·路易斯比較容易被歸類爲學院派知識份子，他一輩子沒有離開過牛津大學和劍橋大學，儘管他在追逐新奇思想的學院中被視爲不可救藥的守舊派；而法蘭西斯·薛華則是一位難以歸類的人物：他是長老教會信徒，早年受教於改革宗神學家梅欽（Machen）和范泰爾（Cornelius Van Til），卻與福音派教會保持若即若離的關係。教會內外的人們都不知道如何定義他——牧師、佈道家、福音預工、護教者、知識份子的宣教士、基要主義的導師、哲學家、先知？都是，卻又都不是。

一九五五年，薛華在瑞士山間小鎮霍模斯，創辦稱爲「庇蔭所」的獨立福音機構，致力於「教導年輕人基於史實的基督教答案，對一切眞誠的問題予以誠實回答」。他最重要的著作是《前車可鑒》，以及根據這部著作拍攝的電視紀錄片。他將理論課題普及化，成爲條理清楚和深具意義的體系，凸顯不同時代和不同領域間廣泛的關聯。「他讓無數的高中和大學生，首度注意到歷史和文化中重要觀點的意義，以及基督教在智性上的豐富遺產。」美國學者魏爾（Veith）指出：「薛華對人文學科的重整以發揮其正確功能，在近代比任何人出力尤大。他闡明藝術文化的深邃價值和偉大是根源於上帝，上帝拯救了人類，同時也拯救了人文。」亞斯伯里神學院教授華爾斯（Jerry Walls）讚許說：「薛華的書使我對基督教的認識改觀。他幫助我比以往更廣泛地思考我的信仰。我的信仰演變成較完整的世界觀，包含許多以前我從未清楚想過和屬靈有關聯的事物。」

薛華站在社會邊緣地帶，傳達的卻是「治理全地」的信息。荷蘭鹿特丹大學歷史學家麥克·漢彌爾頓（Michael S. Hamilton）指出，若要嘗試衡量薛華所代表的意義，或許可以跟葛理翰（William Franklin Graham）比較。兩人同時達到個人影響力的高峰，同樣對美國福音派有難以估算的衝擊。葛理翰代表著中間溫和的福音派——化解爭論，希望人人圓滿，同時與共和、民主兩黨爲友，不輕易擾亂中產階級的成規，願意和所有人合作。誠如歷史家葛蘭華克（Grant Wacker）所言：「當葛理翰說話，美國中產階級聽到的是他自己的聲音。」見到葛理翰和總統走在一起，就如同見他手持聖經、站在講壇一般自然。但是，正如人們無法想像德蕾莎修女（Mater Teresia）會在名牌服飾店購買貂皮大衣，人們也無法想像薛華和名流富豪打高爾夫的模樣。如果葛理翰代表福音派有如玻璃當中平滑的部分，那麼薛華代表的則是壓碎的玻璃邊。薛華服事的重點不是教會，而是一般教會談虎色變的群體：激進主張的青年一代，批判基督教的知識份子，自由派的媒體，甚至獄中的罪犯。

薛華歷史觀點的中心概念，在於看見相對論在後基督教世界的勝利：「現代人已經喪失絕對標準，汙染了道德的每一面，以享樂和相對主義決定標準。」他看到了西方中產階級教會的軟弱、妥協、封閉以及信仰的私人化、表面化和碎片化，他不斷地挑戰他們，這是另一種傳福音的方式。薛華的一生都在傳達一種積極的、整全的、反抗性的、保守主義的世界觀，以「眞正的絕對」來改善或審訂文化、國家和社會。他力抗號稱「人本主義」的左翼思潮，以及作爲其極端版本的極權主義，「當極權政府由內產生或自外入侵，而我們基督徒不出言抗拒，我們本身和我們的兒女終會成爲社會國家的『敵人』。一個眞正的極權政體是不能容許人宣講或實踐這種『眞絕對』」。他發現，眞正的危險來自於西方文明內部，來自於法國大革命以來從未退潮的左派意識形態——即便蘇聯東歐共產集團瓦解，左派仍未偃旗息鼓。但薛華相信，禱告可以讓柏林牆倒下，一如美國總統雷根的信念。有趣的是，C．S．路易斯和法蘭西斯．薛華都不是人們心目中具有固定形象的基督徒，他們與建制化的教會保持若即若離的關係。C．S．路易斯選擇在離家僅數百公尺外的教堂聚會，只是爲了「當家中一壺水快燒開的時候可以趕回去關上爐火」，牧師平庸的講道無法滿足他在智性和靈性上的需要。還好，他身邊有一群可以討論信仰的好朋友，包括《魔戒》的作者、天主教徒托爾金（Tolkien）。而法蘭西斯．薛華對「中產階級俱樂部」式的教會的批評，也讓對方很不舒服。他常常故意挑起論戰（比如墮胎議題），而教會內部早已形成一種固化的「和諧文化」，非常害怕出現爭議性話題。他服事的對象很多都是不來教會、甚至被教會排斥的人群：玩世不恭的左派文人、放浪形骸的藝術家、吸毒和性解放的大學生……他認爲，被教會認爲不會接受福音的群體，其實更需要福音。

那麼，C·S·路易斯和法蘭西斯·薛華之後，誰來承接這場用人的眼光來看似乎很難獲勝的思想之戰呢？左派佔據主要的媒體、電影產業、大學和其他學術機構，具有基督信仰的右派在這些領域是不敢大聲說話的少數派。但是，如果換一種眼光，從上帝的眼光來看，翻轉這盤棋局，只是舉手之勞。

左右之爭，是價値觀之爭，也是信仰之爭，是馬克思、羅爾斯（John Rawls）與C·S·路易斯、法蘭西斯科·薛華之爭。中國基督徒評論家蘇小和指出，這是一場屬靈的爭戰：

> 目前的局面，幾乎所有的左傾自由主義都是拿著羅爾斯的思想體系在和以基督信仰爲根基的保守主義作戰。這是一場屬靈的戰爭，川普所代表的保守主義眞正的對手是羅爾斯。……作爲一種嶄新的觀念力量，羅爾斯的《正義論》如此之強大，可以說在這個世界上幾乎找不到對手，核武器、洲際導彈、利益、國家、時代，還有各種不同類別的思想體系，都不是《正義論》的對手。唯一能夠打敗羅爾斯美麗《正義論》的武器，就是人類恒久忍耐的基督信仰觀念體系。「只有觀念才能打敗觀念」，當你記住海耶克的這句話，當你切入歐

美思想史的傳統，你就能理解，爲什麼川普的團隊從一開始就高舉信仰和福音，爲什麼那些支持川普的人們總是在說，「川普先生，我們爲你禱告。」

這套被中國左派和西方左派恥笑的、被信仰所滲透的敘事方式，正是基督新教的英美保守主義的精髓所在。不理解基督新教的教義，不理解英美傳統的本質，就無法理解眞正的保守主義和右派思想。

第七章
被左派定義的右派，其實是極左派

法西斯主義是馬克思主義的一種變體。

——格里戈爾

一般而言，人們對左派和右派最簡單化的一種區分是：左派認爲平等先於自由，右派認爲自由先於平等。不過，這個概念無法涵蓋左派和右派的核心思想觀念。

經典的左派至少具備以下七大特點：第一，集體主義。也就是個人必須服從集體（包括種族、階級和國家），用艾茵·蘭德的話來說，「人類的歷史就是主動者和被動者鬥爭的歷史，是個人和集體鬥爭的歷史」。

第二，民粹主義。左派相信「少數服從多數」和「民主集中制」原則，以法國學者古斯塔夫·勒龐在《烏合之衆》一書中的分析，民粹主義非常危險，因爲「在從衆效應之下，一般人民會喪失思考能力」。

第三，民族主義。左派在口頭上標榜國際主義，以階級分野取代民族對立，所謂「全世界無產階級者聯合起來」；但在實際操作時，偏偏對民族主義情有獨鍾，因爲民族主義最容易煽動暴民政治，並以此奪取和鞏固權力。

第四，國家主義。從霍布斯的「利維坦」（Leviathan，又譯「巨靈」，聖經中記載的海怪，比喻強勢的國家權力）學說到黑格爾（Hegel）的「絕對國家」觀念，國家成爲現代思想中的新圖騰。左翼統治者的一個秘訣是，用「愛國主義」的教育、宣傳系統，塑造出一種全新的、順服的民衆。

第五，計劃經濟。在左派統治之地，必然以計劃經濟取代自由市場經濟，以國有企業取代私營企業，並消滅私有制；其「計劃」又不僅僅限於經濟領域，進而對社會生活其他方面甚至包括家庭、婚姻、生育實行嚴格的計劃管控。

第六，中央集權。左派的理想不是「小國寡民」，而是建立中央集權的大國。即便是小國，也實行更爲嚴密的中央集權制度，如北韓、古巴、阿爾巴尼亞等小型共產黨國家，其中央集權程度超過蘇聯和中國等共產黨統治的大國。

第七，反基督教。左派信奉無神論、唯物論和社會達爾文主義的世界觀，反對所有宗教信仰（左派本身形成一種「次宗教」），尤其反對基督新教。左派滲透進新教和天主教內部，掏空基督信仰的本質，如拉美盛行一時的「解放神學」，即爲馬克思主義化的神學。

如果用以上七大要素衡量被左派思想界定義爲「右派」或「極右派」的意識形態，如法西斯主義、納粹主義、形形色色的威權和獨裁政體，則所謂的「右派」或「極右派」偏偏符合左派的各要件。由此可知，它們乃是戴上面具的「極左派」。

已有很多學者注意到「被左派定義的右派，其實是極左派」的事實。英國政治學者馬克．尼古拉斯（Mark Neocleous）在《法西斯主義》一書中指出：「法西斯主義、社會主義和馬克思主義之間存在某種關係。法西斯主義通過將民族作爲核心，嘗試著將工人階級融入到民族當中。它的社會主義是爲人民而不僅僅是無產階級。」他進而認爲：「法西斯主義自稱是反馬克思主義和反布爾什維克主義的，但卻出於各種理由堅稱法西斯主義也包含了對社會主義的承諾。法西斯主義盜用社會主義的術語、口號，偶爾還有其論點，並將它們融入到一個更廣闊的意識形態框架之中。」斯特爾恩黑爾在《法西斯主義意識形態的誕生》中指出：「法西斯主義是對馬克思主義的一種修正。」拉瓦爾在《法國法西斯主義》中指出：「民族主義加社會主義就是法西斯主義。」羅徹爾在《法西斯主義與社會主義》中有如下結論：「法西斯主義與社會主義和共產主義都有著相同的目標，即都代表人民。」

那麼，爲什麼被歸入「右派」實際上是「左派」的政權，包括義大利法西斯政權、德國納粹政權、日本軍國主義政權、西班牙和葡萄牙及中南美洲獨裁政權、中國國民黨政權，還有印尼獨裁政權等，偏偏要全力撲殺公開標榜左派的共產黨呢？他們既同是一家人，何必同室操戈呢？道理很簡單，他們要爭奪「對眞理的壟斷權」和「唯一的正統性」，就好像台中的街道上有好多家太陽餅店，每一家都會標榜是唯一正宗的太陽餅，並貶斥其他家是仿冒者。太陽餅業者只會與其他太陽餅業者競爭，不會去跟鳳梨酥業者較勁。

若以義大利法西斯政權和德國納粹政權，西班牙、葡萄牙以及南美獨裁政權、中國國民黨政權等個案來分析，答案昭然若揭。現在是摘去這些政權頭上名不副實的「右派帽子」的時候了。

義大利法西斯和德國納粹是「隱藏的左派」

在西方左翼主導的政治學光譜中，義大利法西斯和德國納粹長期被歸入「極右翼」陣營，使得本來已被妖魔化的右翼更不堪入目。然而，義大利法西斯和德國納粹眞的是「極右翼」嗎？

希特勒引以爲朋友的，不是西方民主國家的領導人羅斯福和邱吉爾，而是蘇俄的獨裁者史達林。獨裁者跟獨裁者之間惺惺相惜。希特勒表面上仇恨蘇俄，骨子裡對史達林由衷羨慕。英國戰略家和史學家李德哈特（Liddell Hart）在戰後採訪了若干倖存的德軍高級將領，寫出《戰敗者的觀點》一書，提供了不少德軍將領對戰爭和希特勒的另類看法。書中記載了德國國防軍副參謀總長布魯門特的一段談話：

> 國家社會主義體制與布爾什維克體制相似之處甚多。希特勒有一次和身邊的親信談話，

說他實在羡慕史達林，因爲他還不能像史達林那樣用極端的手段對付那些堅持己見的將領，他還談到戰前史達林對紅軍將領的大清洗。蘇聯軍隊和將領全心全意忠於布爾什維克主義，全軍上下如同一人無條件地服從領導，對此他表示羡慕不已。而德軍將領和參謀總長則對國家社會主義缺乏狂熱的信仰，「他們遇事顧慮重重，愛提意見，對我做不到徹徹底底的同心同德」。

希特勒羡慕史達林，不僅出於兩個一生未曾謀面的獨裁者個性上的相似性——希特勒見過墨索里尼（Mussolini），他並不欣賞這個稍顯軟弱、多愁善感的義大利獨裁者，如果希特勒跟鐵血無情、鐵石心腸的史達林見面，一定會欣賞跟他一樣強悍、冷酷的史達林。

希特勒羡慕史達林，應當放置在國家社會主義體制與布爾什維克體制相似性的大背景中看待，比如兩者都迷戀計劃經濟。蘇俄的「五年計劃」自不必論，納粹也實行「新四年計劃」——完全不懂經濟的戈林被希特勒任命爲該計劃的負責人，德國政府縮減進口、控制工資和物價、修築高速公路、大力發展軍工企業，就表面效果來看相當顯著。再比如獨一無二的執政黨對文化、教育和宣傳工作的牢牢控制，蘇俄和納粹德國都有規模龐大、權力巨大的宣傳部。

雖然義大利的法西斯主義運動早於德國的納粹運動，納粹卻成爲法西斯的升級換代版。如果說義大利法西斯主義是鴉片，德國納粹運動就是提純的海洛因。若墨索里尼生在德國，絕對成不了一呼百應的元首，只能成爲戈培爾之流的配角。墨索里尼靠宣傳起家——毛澤東也是如此，當過國民黨宣傳部長的毛澤東欣賞與本人類似的「筆桿子」勝過武將，如「四人幫」當中的張春橋和姚文元即深受毛的寵愛，當林彪企圖整肅張春橋時，毛澤東爲了保護張春橋不惜拿掉「副帥」林彪，因爲唯有張春橋能延續毛的思想遺產。

墨索里尼早年是一個名不見經傳的教師，混跡鄉間，了無指望。從一九〇八年開始，成爲一名左派記者。英國學者馬丁·布林克霍恩（Martin Blinhorn）在《墨索里尼與法西斯主義義大利》一書中指出，在一戰前，墨索里尼是義大利社會黨激進派發言人，是該黨左傾路線創始人，也是該黨主要日報——米蘭《前進報》的編輯。就像他對義大利罷工工人的熱心支持一樣，他最初信奉社會主義是發自內心的，「他的社會主義表現爲極爲個性化的東西，在他生活中，他所理解的馬克思主義在理論上更接近革命工團主義或是暴動的共和主義」。至少在其公開表達中，義大利法西斯主義是以勞工力量爲基礎的。

義大利法西斯運動得到工人和農民的熱情支持，進而發展出「社團國家」的理論和實踐。該制度主張革命和社會相統一，在一個依法組建的框架內團結僱主、經理和工人，以保證經濟進步和社會公正。一九二三年，工業聯合會與法西斯勞工聯合會簽訂《齊吉宮協定》。一九二五年一月以後，人們對社會黨和人民黨工會的支持急劇減少，使得法西斯工會迅猛發展，工業聯合會再度與之簽署《維多尼宮協定》，從此簽約雙方將對方分別視爲勞方和資方的唯一代表。一九二六年，法西斯政權通過勞資關係法並成立社團部，次年大力鼓吹《勞動憲章》。一九三〇年，社團國家跌跌撞撞地成長起來，一個頗具潛力的社團議會成立。一九三九年，一個更成熟的、全方位的「法西斯與社團議會」宣佈成立，社團國家在義大利成了現實。它引來很多國際上的政治崇拜者和效仿者，包括英國的法西斯頭目莫斯利爵士和阿根廷未來的獨裁者庇隆。

德國納粹運動在某種程度上也是工人運動，納粹黨的全名是「國家社會主義工人黨」。這個黨名比任何一個標榜正統馬克思主義的政黨——「共產黨」、「勞動黨」更左：因爲在馬克思主義中，工人是名副其實的「無產階級先鋒隊」。希特勒將自己視爲勞工階層中的一員，他崛起於一九二九年世界範圍內的經濟危機，當時德國有三分之一的勞動人口失去工作，絕望的工人紛紛投票給宣稱代表他們利益並能改變他們處境的希特勒和納粹黨。納粹的國家壟斷資本主義政策確實有效，失業率迅速下降，工人的收入和生活水平大大提升。英國學者迪克·吉爾里（Dick Geary）在《希特勒與納粹主義》一書中指出，納粹成立了名爲「快樂帶來力量」的組織，爲工人提供相當好的休閒設施及假期。在一九三四年享受「快樂帶來力量」假期的人爲兩百三十萬，僅四年之後，就達到一千萬以上。

義大利法西斯黨和德國納粹黨，比蘇聯和中國的共產黨更符合馬克思主義的經典描述：即以工人爲革命主體。義大利和德國產業工人在總人口中的比率遠高於還是農業社會的蘇俄和中國。不過，義大利和德國並未像蘇聯、中國那樣徹底顛覆原有的階級差別（當然，蘇俄和中國在顛覆原有社會秩序之後，又產生了更爲龐大且腐敗的「新階級」），而是用相對溫和的方式暫時轉移或掩蓋了階級差異。墨索里尼和希特勒的焦點在別處：民族主義。墨索里尼巧妙地處理了民族主義和社會主義之間的張力，兩者的目標之間存在著關鍵的相似之處：它們都致力於義大利的現代化。墨索里尼讓義大利人相信他能帶領他們創建「新羅馬」——一個比羅馬帝國更強大的帝國。希特勒則承諾建立日耳曼人的千年帝國即「第三帝國」，他在《我的奮鬥》中以如此直截了當的方式進入核心正題：「首先，我成了一個民族主義者。」當然，希特勒的帝國並非以「國家」爲核心，乃是以「種族」爲核心：「人類生存的最高目的不是保存國家，更別說是保存政府，而是維持一個人種。」

民族主義不是一個右翼觀念，其背後必然是集體主義、民粹主義等左翼思想，它們彼此聲援和支持。艾茵·蘭德指出，左右分野的標誌在於個人主義與集體主義的差別。美國的基本原則是個人主義，美國建立在「人人擁有不可剝奪的權利」這一原則之上。反之，蘇聯和納粹德國是集體主義的見證，「無視道德標準和個人權利的原則，最後只能導致暴力」。

由於戰後左派思想泛濫，逐步掌握歷史敘事權並控制人文社會科學大多數領域，使得歷史書寫和全球敘事中，義大利法西斯主義、德國納粹主義（也包括日本軍國主義）等「失敗的意識形態」被莫名其妙地劃入「極右翼」範疇之內，而與蘇聯、東歐及中國等共產黨國家劃清界限、截然對立。實際上，義、德、日各有自身特色的意識形態，與右派有什麼關係呢？與伯克、喀爾文、邱吉爾、雷根等眞正的右派人物和右派思想有什麼關係呢？這是左派的刻意誤導和長期陰謀，他們由此事不關己地譴責臭名昭著的法西斯和納粹思想，顯示其「偉光正」（偉大、光榮、正確）的一面。殊不知，他們跟法西斯和納粹才是具有同樣「精神血緣」的「一家人」。

西班牙、葡萄牙和中南美獨裁政權是「變形的左派」

西班牙佛朗哥（Francisco Franco）政權和葡萄牙薩拉查（Salazar）是歐洲最後兩個獨裁政權（如今仍是獨裁或威權體制的白俄羅斯和俄羅斯，通常不被當作歐洲國家）：西班牙獨裁者佛朗哥從一九三九年剿滅極左翼的共和國，一直到一九七五年去世，掌權達三十六年之久。隨後西班牙國王展開民主改革，西班牙邁入英國式君主立憲政體。葡萄牙獨裁者薩拉查從一九三二年執政，一直到一九六八年中風辭職，掌權也是三十六年之久。一九七四年，葡萄牙軍官團發動「康乃馨革命」，終結了薩拉查建立的「新國家體制」，葡萄牙邁入民主時代。美國政治學者杭廷頓將一九七四年葡萄牙的「康乃馨革命」，一九七四年希臘軍政權結束，以及一九七五年西班牙佛朗哥法西斯軍政權結束，視爲第二波民主化與第三波民主化之間的分界點。

西班牙和葡萄牙的獨裁政權被習以爲常地定義爲「右翼獨裁」。事實眞的如此嗎？

佛朗哥一生堅持反共立場並篤信天主教。他掌權後對左翼共產黨人、共和國政府的支持者、自由主義者以及地方主義者大肆鎮壓。雷蒙德·卡爾（Carr.R.）在《西班牙史》中指出，佛朗哥的西班牙是民族主義和反民主的國家，他的權力奠定在內戰中的暴力所形成的「鮮血盟約」之上。在其統治初期，流放、囚禁和處決成爲普遍現象，其嚴酷程度連納粹都自歎不如。一九四〇年，納粹黨衛軍頭子海因里希·希姆萊訪問西班牙時對佛朗哥強力的政治壓迫感到吃驚，向其建議說，某些迫害其實是「不必要的」。

儘管如此，佛朗哥的社會政策卻與左派不謀而合：他以義大利的工團主義爲藍本創建國家工會體系和年輕人與婦女的組織（宛如中共的共青團和婦聯、國民黨的反共救國團與婦聯會）。其經濟療法是從世界市場上撤退，創立進口替代的工業和國家干預手段補充私人資本的不足。「自給自足是以歐洲法西斯主義國家爲模型的，反映了佛朗哥及其長槍黨支持者對納粹德國和義大利的羨慕。」戰後，佛朗哥發現閉關鎖國讓西班牙經濟困頓，便利用西方經濟體的高速發展，向西方民主國家開放經濟；並任用技術官僚實施「對國民經濟的統制主義」，但在政治上絕不改革。外國資本因爲西班牙的增長潛力、政府補貼和低勞動力成本被吸引而來，西班牙開始享受高於歐共體國家的經濟增長率——或許因爲它的起點實在太低，其經濟增長率顯得較高。這種發展模式類似於台灣七〇年代的經濟起飛以及中國鄧小平時代的改革開放政策，並不表明獨裁政權擁抱自由市場經濟，其建立的是一種扭曲的「權貴資本主義」。

與之相比，葡萄牙獨裁者薩拉查上台，未經過西班牙那樣長達三年的血腥內戰：一九三二年，在經濟大恐慌給葡萄牙經濟帶來致命打擊的背景下，經濟學教授出身的財政部長薩拉查出任總理，次年制定新憲法，建立的「新國家體制」，該體制帶有強烈的法西斯性質。薩拉查隨即建立青年團、國家軍團，仿效義大利墨索里尼的黑衫隊進行軍隊訓練。

二戰中，葡萄牙與西班牙一樣保持中立，戰後加入美國為首的反共陣營。美國在冷戰中面對蘇俄集團的強大壓力，暫時容忍西、葡兩國威權主義政體及對人權的迫害。薩拉查一方面於國內整合原有的國家安全與情報警察，建立國家安全警備總署，依靠該機構維持反共政策及威權政府管制；另一方面，他反對葡萄牙殖民地獨立並派出軍隊鎮壓起義，彈丸小國居然在非洲殖民地維持十多萬駐軍。

特別值得指出的是，西班牙、葡萄牙具有深厚的天主教背景，獨裁者本人並未放棄天主教信仰（佛朗哥甚至對希特勒迫害天主教以及將納粹主義宗教化的做法有所不滿），國家政策得到天主教會的背書，並「投之以桃，報之以李」地對天主教會有明顯的支持。所以，西班牙和葡萄牙形成了「天主教加獨裁再加左翼」的奇特組合。這也從反面說明新教與天主教之間的區別：西班牙和葡萄牙這兩個國家，在大航海時代拔得頭籌，搶在荷蘭和英國之前搶佔廣袤的殖民地，卻因爲缺乏如韋伯所說的「新教倫理和資本主義精神」（此爲保守主義之精髓），未能經歷新教式的資本主義化過程，故而從殖民地掠奪的財富並未促進母國的可持續發展，西、葡兩國逐漸淪爲政治和經濟最落後的歐洲國家。即便這兩個國家的天主教擁有強大力量，卻未能有力推動政治民主化和經濟自由化。兩國雖是歐盟及北約成員，卻不能歸入「英美保守主義文明圈」之中。

西班牙、葡萄牙的精神及文化特質，滲透到它們在亞非拉「第三世界」的殖民地。中南美洲的前西班牙、葡萄牙殖民地，獨立之後長久無法建立民主政治和自由經濟，與大部分前英國殖民地形成鮮明對比。中南美洲若干獨裁政權，此前也被納入「右翼獨裁」之範疇。其實，它們與昔日的母國西班牙、葡萄牙一樣，應當算是「失敗的左翼」。爲什麼說它們「形右實左」呢？以管窺豹即可一目了然：比如它們都迷戀國有經濟和高福利制度。在阿根廷，「庇隆民粹主義」佔據主導地位長達七十年，過度福利帶來經濟崩潰：財政赤字、高失業率、百分之三十的高物價上漲率、負經濟增長率。眞正的右翼信奉的是自由市場經濟，阿根廷的經濟政策與之背道而馳。

革命是左派的政治特徵，中南美洲是革命家的天堂，而革命家墮落成獨裁者是一條必然之路。作家奈波爾對南美通行無阻的獨裁制度及文化作出精準的評論：革命只是暴力和混亂的迴圈，它將不加區分地摧毀一切文明和秩序，增加這個世界的混亂和悖謬。比如革命後的阿根廷陷入極其可悲的境地：「寄生於一種遙遠的文明，沒有能力自我更新，因爲人唯一的行爲模式是由奴隸制提供的。……政客一邊糟蹋自己的窩，一邊又在國外、在有法治的地方搭建一個金窩。」庇隆政權摧毀了阿根廷的傳統，卻未能帶來新的穩定的模式，它像「準共產黨國家」那樣依賴謊言和暴力治國，它在納粹全勝時代向納粹暗送秋波，在蘇俄擴張時代又與蘇俄展開合作，而人民成爲愚民政策的犧牲品：

這裡的政治現實充斥著掠奪和掠奪造成的仇恨，長期以來一直被花言巧語所籠罩。這些花言巧語誰也騙不了。但在一個政府從來就不開放、知識資源又很稀缺的國家，通常只有政權的花言巧語能存留下來，對國家的狀況加以解釋。阿根廷擁有一個有教養的開放社會所需的基礎設施，這裡有報紙、雜誌、大學和出版社，甚至還有電影產業，但這個國家卻仍然不了解自身。大街小巷以總統和將軍的名字命名，但這裡卻沒有歷史分析和寫作傳記的藝術。這裡有傳奇和古老的浪漫故事，卻沒有眞正的歷史。這裡只有年鑑、統治者名錄和編年史。

近二十年以來，中南美很多國家從「貌似右翼」的個人獨裁或軍政權模式，紛紛轉向赤裸裸的左翼獨裁。拉美左翼政權大都擁有鮮明個性和魅力的領袖，這些人物對民衆的吸引力來自圍繞不平等的原因及解決辦法的激烈言辭。他們的演講以維護人民的利益以及反對寡頭、公司、金融資本、商業部門和外資公司的利益爲基調。他們的經濟政策如出一轍：強烈批判私有部門、外資公司和多邊機構，將其視爲導致嚴重不平等的諸多問題的根源。委內瑞拉將嚴厲的控制作爲控制通脹及減少食品成本的機制；阿根廷將外資公司收歸國有，單方面廢除與外國投資者簽訂的合同；玻利維亞奪取企業的合理利潤並大幅提高工人工資。

委內瑞拉是「左翼烏托邦」的典型。在極左派查維茲（Hugo Chavez）執政初期，高油價勉強支撐其左翼民粹主義福利政策，故而贏得民衆的支持。查維茲推行無償福利和反市場經濟政策，導致國內製造業凋敝，國民面臨生活必需品嚴重不足。等到國際油價下跌，委內瑞拉頓時經濟崩潰，倒退到一九五〇年的水準。

雖然查維茲主義、基什內爾主義、巴西勞工黨以及玻利維亞莫拉萊斯的政策各有不同，但他們同屬左翼陣營。然而，不到二十年時間，昔日光彩奪目的拉美左翼圖騰像多米諾骨牌一樣一個接一個地倒下。加速南美左翼政權沒落的，是左翼的民粹主義、經濟低迷和當政的無能之輩的腐敗。政治上高度獨裁，經濟上違背市場經濟原則，這樣的左翼有何進步、平等可言？

然而，這樣一種虛假的、失敗

余杰前往普林斯頓拜會前輩流亡作家劉賓雁，劉賓雁一生最可貴的品質是堅持說真話，但其始終未能突破其社會民主主義的左派理念。

的左翼，卻成爲不少華人知識份子寄托莫大希望的「第三條道路」。二〇〇四年，我去普林斯頓拜訪中國前輩知識份子劉賓雁時，他給我看一本厚厚的剪報，全都是關於拉美新左翼政權的各種報導與評論。在中國以「知識份子良心」著稱的劉賓雁，對中國共產黨政權完全失望，卻不願放棄早年熱情澎湃的社會主義理想。他批判美國式的資本主義模式，拉美左派成了一線希望所在。如果劉賓雁活到現在，看到拉美左派政權將國家搞得一場糊塗的景象，不知該作何感想？

中國知識界一度擔憂中國步向拉美化，這個陷阱至今仍然存在。要眞正逃脫拉美化的歸宿，就必須健全法治，尊重憲法和法律，保護個人權利以及私有財產，而不是打著公平的旗號違背法律，以窮人之名行劫富濟貧的多數人暴政。

中國國民黨政權是「殘次的左派」

無論在中國還是台灣，知識界和普通民衆一談起國民黨威權政府（包括兩個不同時空的階段：一九二七年至一九四九年在中國的以蔣介石爲首的南京國民政府，一九四七年「二二八」事件爆發至一九八七年「解嚴」期間在台灣的「兩蔣時代」）時，往往會不假思索地脫口而出「右派政府」。特別是今天台灣反對國民黨的人士，也抓住其「右派」名稱痛加針砭，卻不探究何謂「右派」。說國民黨是「右派」，乃是一個天大的誤會。國民黨政權從來不是「右派」，它是中共的「孿生兄弟」，與義大利法西斯政權、德國納粹政權，西班牙、葡萄牙及中南美洲的獨裁政權，還有土耳其的凱末爾政權、埃及的納賽爾政權一樣，也是左派的一種，而且是「殘次的左派」——中國人做什麼事情都不認眞，即便搞獨裁亦三心二意，作爲「舶來品」的左派意識形態及實踐如同工廠流水線上的「殘次品」那樣，美麗的口號多於紮實的實踐。

在戰後漫長的冷戰時代，敗退台灣、苟延殘喘的國民黨政權全面倒向以美國爲首的西方國家陣營，並以「自由中國」自詡。然而，眞正的古典自由主義者和民主派群體，聚集在《自由中國》雜誌周圍，議政並試圖組織反對黨，卻遭到自稱「自由中國」的國民黨政權絞殺，這是五〇年代台灣最大的「黑色幽默」。爲了生存，國民黨政權接受來自美國的經濟和軍事援助，靠著美國海軍第七艦隊阻隔台灣海峽，才避免了中共渡海而來，武力犯台。兩蔣政權對作爲「救星」的美國畢恭畢敬，甚至連美國不准國軍「反攻大陸」的「無理要求」亦忍氣吞聲地接受，卻堅持繼續一黨獨裁乃至「一家獨裁」的格局，拒絕由美國輸入美式民主自由的政治模式和價值觀。

國民黨的統治模式和思想基礎大致有四個來源，無一不是傾向左翼：中國儒家傳統中的宋明理學、日本軍國主義、德國納粹主義和蘇俄布爾什維克主義。從孫文的「三民主義」開始，國民黨的意識形態多半從以上四個傳統中汲取資源，並煮成一鍋大雜燴。

中國的儒家傳統，放在現代政治學的光譜中衡量，當然是左派。儒家反對商業貿易、反對私有制，支持大一統、中央集權、集體主義，與馬克思主義有某些相通之處。儒家末流是宋明理學，宋明理學積極配合君主權力無限擴張，將儒學變成「奴學」。蔣介石自稱基督徒，實際上是王陽明的信徒，他信仰的耶穌是「王陽明化的耶穌」。在內憂外患中，蔣介石以宋明理學為基礎，打造「力行哲學」。蔣認為，要抗日必須先打敗日本的武士道精神，而日本的武士道精神是以王陽明「知行合一」的哲學為基礎——這個看法是錯誤的，日本的武士道精神自有其神道教淵源，跟儒家關係不大。蔣介石知道孫文生前不同意王陽明的學說，遂竭力彌合兩者的差異，他「再度研究總理學說與王陽明學說的異同」，得出的結論是：「總理雖然抨擊陽明的學說，但我們體驗總理注重實行的精神與陽明學說的『本質在行』的意義並無出入。」宋明理學賦予蔣介石極度的道德自信，這種道德自信強化了其獨裁者救世主的心態，所謂「國人醉生夢死，痲木不仁，徒以名利與欺詐相當，誠令人憤愧急躁，晝夜不安，人心已死，唯在我一人提倡力行，以冀挽救也」。然而，由於脫離實際國情，從新生活運動到中華文化復興運動，如同浮光掠影、曇花一現，實際效果有限。

蔣介石一生最大的功績是抗日，但其迷戀日本軍國主義終其一生而不變。歷史學者黃自進在《蔣介石與日本：一部近代中日關係史的縮影》一書中指出，早年蔣介石的東瀛留學之旅，是其接受現代科技文明洗禮的起點；蔣能獲得孫文的肯定，也來自於他在日本前後六年的生活體驗。蔣在自述中承認，他平生之所以奉行篤實踐履，養成「即知即行」的生活習性，乃學習日本人的生活態度而來。敗退台灣後，蔣介石重用日本僱傭軍組成的「白團」，靠「白團」幫助其整訓國軍和防禦金門，他對日本軍人的信賴超過美軍。蔣介石看到的日本的長處，是軍國主義「忠君愛國」的一面，他本人恨不得成爲「中國的天皇」，以實現對黨政軍如臂使指的控制。蔣介石早年在日本振武學校（類似於職高）學習軍事和文化，在同期六十二名學生中，名列第五十五名，也就是倒數第七名。雖然其成績不佳，但學校的課程無疑影響了他日後的世界觀，比如振武學校的歷史課程包括東洋史和西洋史，兩者皆以進化史觀評斷歷史，「優勝劣敗，適者生存」是一切歷史演進的法則，其論述反映著日本教育界對歷史的認知。此一西方近代左翼的歷史觀念成爲蔣介石成長經驗的一部分，他的國際政治史觀也由此形成。

蔣介石及國民政府與納粹德國的關係，美國學者柯偉林（William C. Kirby）有專著《德國與中華民國》加以研究。一九二七年掌權之初，蔣介石已對德國表示出友善態度。其第一位德國顧問馬克斯·鮑爾（Max Bauer）是重炮和坦克專家，也是一戰期間保障軍備供應的「興登堡計劃」的重要策畫者。鮑爾的政治活動圍繞「民族布爾什維克主義」展開，他強烈反對資本主義和「帝國主義」的西方，也曾訪問蘇聯，讚揚布爾什維克領導者們作爲「行動的人」是「第一流」的。鮑爾向蔣介石提出若干建議，如對所有「要害企業」實行國有——這一點德國並未做到，反倒是蘇聯做到了。蔣介石通過宋子文等人做過國有化嘗試，不甚成功。納粹掌權後，蔣介石被希特勒取得的巨大成就深深打動，納粹也樂於向國民政府傳授經驗。德國與中國的師徒關係得以建立並延續到二戰全面爆發之前。蔣介石發現，軍事化、工業化和秘密警察是納粹成功的秘訣，「法西斯主義則是一個衰落社會的強心劑」。國民政府在其黃金十年（一九二七年至一九三七年）的「國家建設」，亦步亦趨仿效德國經驗，但只是在有限範疇內獲得成功，在更廣泛的層次上，「德國人的經驗似乎並不靈驗」——即便蔣介石親自領銜的「藍衣社」也遠不如納粹的蓋世太保有效率。蔣介石的個人魅力更是難以望希特勒之項背。

蘇俄模式對國民黨政權的影響，更超過儒家傳統、日本軍國主義和德國納粹主義。首先，毫無疑問，沒有蘇俄就沒有國民黨，也沒有國民政府——儘管蔣介石在佔領上海取得江浙財團的財源後，通過血腥清黨驅逐蘇聯勢力及其傀儡中共，但黃埔軍校的底子和國民黨的組織模式都是蘇俄賦予的。當初，孫文本已眾叛親離，走投無路，是列寧和共產國際發現此一「棄子」，加以「廢物利用」，才讓廣東成爲北京政府控制之外的「革命飛地」。之後，蘇俄的軍事和政治顧問、武器及軍費源源不斷地運入廣州。北伐並不是蔣介石打贏的，而是蘇俄身經百戰的軍事顧問、先進的武器和充足的經費的合力取得的成果。而在抗戰前期，西方國家冷眼旁觀，蔣介石又向蘇聯求援，得到蘇聯輸入少許落後武器——蘇聯希望中國拖住日本，使日本不至於與德國一同對蘇聯施行東西夾擊。

國民黨從廣州時代就奠定了其列寧式政黨的本質，即便與共產黨纏鬥數十年，也不能改變其「準共產黨」的本色，所謂「民主無量，獨裁無膽」，準共產黨自然不是眞共產黨的對手，蔣介石的敗逃是其必然命運。一邊高喊反共抗俄，一邊以俄爲師，國民黨並不覺得這是精神分裂。蔣介石在中國的統治和在台灣的前半段統治自不待言，蔣經國在台灣的後半段統治更是如此。蔣經國青年時代在蘇俄度過，娶的妻子也是蘇俄普通女工，其人生觀在蘇俄求學和工作的時代就已成形。蔣經國回國之後，蔣介石對其並不放心，列出中國儒家經典及孫文著作讓其在奉化老家閉門苦讀，但此種「再洗腦」功效有限，蔣經國行事爲人已完全遵循俄國人的那一套。

蔣經國的統治方式，離英美右翼保守主義相差甚遠，跟蘇俄的左派極權主義卻頗多相似之處。不論是江西「小蘇聯」夢想的雛形，或者台灣「小蘇聯」夢想的實現，都可追溯到蔣經國早年在蘇聯的經歷。其中，有兩點尤其値得注意：一是計劃經濟，二是特務政治。

以計劃經濟而論，如今有相當一部分台灣民衆仍肯定的「十大建設」是其典型。蔣經國在推動「十大建設」時說過：「今天不做，明天就會後悔。」然而，「十大建設」帶有鮮明的蘇聯計劃經濟色彩，蔣經國在回憶錄中明白地表達過對蘇聯令人印象深刻的巨型工程的追慕。但那些熟悉社會主義國家歷史、深受其戕害的人，對此會有不同觀感。這類獻禮和形象工程，往往不計代價成本和收益，首長意志通常違背科學決策。時任行政院長的蔣經國宣布「十大建設」的宏偉計畫時，財政部長李國鼎竟一無所知，事後卻必須無條件爲之鞠躬盡瘁，死而後已。歷史證明，「十大建設」遠非其宣傳的那麼光鮮亮麗，後遺症多多，比如電氣鐵路工程就是一大敗筆。但在專制時代，任何政府成就都有宣傳機器無條件的造勢；反之，在民主時代，媒體只會盯著政府是否犯錯。一個吊詭的情形出現了：台灣歷史彷彿只記得「十大建設」的輝煌成就。

蔣經國對蘇俄克格勃（KGB）功效的體認，遠非未曾長期在蘇俄生活的國人所能比擬。蔣經國對秘密警察的堅定信念，可從他給蔣介石的家書中得到印證。蔣經國舉一九三七年史達林清洗紅軍異己份子、槍決八大紅軍將領爲例，向蔣介石諫言說，史達林槍決紅軍八大將領的目的，是要提防內部反對勢力圖謀不軌，「領袖之左右，必有企圖造反之人」。一九四七年二月，蔣經國大膽地向蔣介石提出中國版的「國家政治保衛局」計畫，即「特種監察網組織計畫」。依照這項計畫，「特種監察網」將是籠罩中央調查統計局、保密局、國防部第二廳、憲兵司令部、首都警察廳、交通警察總局等六大情報系統的「太上」機關，而蔣經國就是這個「太上」機構的頭腦，直接向他的父親負責。如果蔣介石接受了兒子的這項構想，那麼蔣經國早在一九四七年即可成爲比戴笠權力更膨脹的情報頭子。然而，內戰硝煙瀰漫，形勢每況愈下，蔣介石來不及讓兒子主持此計劃，國民黨在中國的統治就崩潰了。

一九四九年，國民黨殘餘勢力逃亡台灣。一九五〇年三月，下野一年餘的蔣介石在台北宣佈復職。蔣介石復行視事之後，第一件重要的人事任命，就是要蔣經國擔任總政戰部主任與總統府資料室主任。前者是在軍隊裡面密佈眼線，建構軍中情報網，鎮壓軍中異己份子。功勛卓著的名將孫立人因反對蔣經國在軍中安置政工幹部，被羅織莫須有的罪名加以整肅，幾乎幽禁終身。而總統府資料室則是前述「特種監察網組織計畫」的變體機構，同樣擁有情報機構「太上皇」的無上許可權。總統府資料室日後改組爲國家安全局，蔣經國始終是該機構的實際負責人，無論國家安全局局長是誰，蔣經國都是其幕後老闆，直至他一九八八年去世爲止。在蔣介石死去、嚴家淦繼任總統的過渡時期，該機構居然蒐集嚴家淦的資料並列入「匪諜」欄目，總統是匪諜的奇觀也只有國民黨可以炮製出來。由此可見，該機構只對蔣經國一人負責，傀儡總統嚴家淦一無所知。

蔣氏父子從蘇俄學來的「特務治國」模式，給中國及台灣帶來莫大傷害。作家殷惠敏在《論特務頭子變民主推手之謬誤》一文中提醒中國民主人士，不要寄希望中國出現一名「蔣經國」自動賜予中國民主，台灣的民主化並非蔣經國締造的。作者指出：「蔣經國靠著情報特務系統而控制軍隊，控制政府的運作以及行政和技術官僚。但在這個過程中，他所操縱的特務系統也變成了一個尾大不掉、行走於法律邊緣的怪獸，對台灣政治和社會的荼毒，罄竹難書。在他統治下的台灣，一些有政治理想的人，他們的基本權利被剝奪。不少有志之士或政治異議者因政治主張而投獄、受難，甚至喪失生命。」

極具諷刺意義的是，兩蔣雖高呼「反共抗俄」的口號，但環顧台灣島上，再沒有第三個漢人比他們更像俄國人。尤其是蔣經國的靈魂深處烙上深深的俄國印記——蔣經國既不是台灣人，也不是中國人，而是俄國人。台灣民主化三十年之後，中國國民黨仍未徹底擺脫其「左翼殘次品」的底色。

第八章
反對左派是當務之急

奴役遍布於他們生活的各處，就像扎根於每一片土壤的雜草。

——埃德蒙・柏克

掌握權力、施行暴政的中共當局，是我批判的首要對象。中共存在一天，我的批判不會停止一天。

但是，單單批判中共是不夠的，更要系統性地批判近代以來全球性的左派思潮，中國是其受害者之一。左派思潮如同人體中的腫瘤，馬列主義、史達林主義、毛主義（以及它們在紅色高棉、北韓、古巴、委內瑞拉的變種）則是腫瘤中已經發生癌變的那一類。即便對非極權主義的、普通的左派意識形態，也不能掉以輕心。法國是西方左派的「文化聖地」，法國《世界報》承認，歐洲左派長期喜歡強人，毛在這裡享有崇高聲望一直到一九七六年去世。史達林也曾像毛一樣地被尊崇。也不要忘了托洛斯基，他吸引了整整幾代活動份子。卡斯楚的古巴也受到過尊奉，委內瑞拉的查維茲和馬杜羅現在在法國還擁有效忠者。所以，不能說某些腫瘤是「良性」的就不去清理它，連醫學上的外行都知道，「良性」的腫瘤不是對人體有益的部分，它隨時有癌變的可能，必須盡快動手術清除之。

我對各種左派意識形態及其代表人物從來不假辭色，嚴厲批判。不過，我沒有私敵，只有「觀念之敵」。右派深知人心的幽暗，用制度來約束和規範之；左派偏偏要將人心中最幽暗的部分，用最美好、最光明的方式呈現出來：搶奪他人的財產，美其名曰天下爲公；剝奪他人的自由，美其名曰追求平等；戕害他人的生命，美其名曰造反有理。

自以爲「替天行道」的左派比強盜和屠夫更壞，香港政治評論人盧斯達在《左膠之路》一文中諷刺說，左膠甚至不如黑社會：「現在人生孩子，最怕不是他學壞入黑社會，而是怕他失足成了左膠。……黑社會起碼有常識、講人話；左膠卻是摒棄常識，以一套外人難以理解的語言溝通，簡直像一個邪教。」C．S．路易斯指出：「在所有的暴政中，爲受害者的好處而眞誠地行使的暴政可能是最壓迫的。比起全能道德主義的愛管閒事的人，生活在強盜之下會更好。殘暴的強盜有時可能會睡覺，他的貪婪可能在某種程度上會滿足；但那些聲稱爲我們自己的好處而折磨我們的人，他們會無止境地折磨我們，他們會如此做直到自己感到心滿意足。」這就是左派最大的特徵。

「左膠」是當代華語中的最佳發明

在近年來香港的本土運動中，「左膠」（Leftard）和「大中華膠」是兩個讓我眼睛一亮的新詞語。「膠」源自香港網路術語「硬膠」，而「硬膠」是廣東粗口「戇鳩」的諧音，帶有愚蠢、思維僵化之意，故「左膠」爲一貶稱。BBC在一篇報導中認爲，左膠的意思爲「無用的自由主義者」（useless liberal）。根據香港網路文化權威香港網絡大典，一些左派人士用心研究馬克思、格瓦拉等社會主義代表性人物，認爲只有透過實踐社會主義建立的理想社會，方可體現出平等公義及人類的終極幸福。當中有部分人自命清高，堅持自己主張，令人覺得不切實際，行爲漸漸受到指責而被形容爲「膠」，於是衍生「左膠」一詞。

在港、中、台構成的華人世界中，香港經過英國百年殖民的歷史，吸取英國制度和文化的精華，保守主義傳統特別是個人主義、自由市場經濟最爲深厚，對左派思想也最爲敏感；中國是最左的共產黨加上最左的儒家，遂成一片吞噬人的獨立性和自主性的爛泥沼；台灣則是國民黨帶去的儒家文化，再加上日本式的集體主義，也「左」得一塌糊塗。

「左膠」這個香港政治俚語，發明者爲香港政治評論人林忌。「膠」字是一個來自「高登」（香港當年最著名年輕人的討論區）的術語，二〇〇四年左右「膠」字已上報；二〇〇七至二〇〇八年前後，有香港「經濟右派」如李兆富、孫柏文等人用「環保膠」形容左翼環保人士，甚至稱之爲「西瓜」——即綠皮紅心，表面上是綠色的「環保膠」，實際上是紅色的共產黨。林忌在與左翼死硬派（如社民連成員以及環保界左翼人士）論戰時，首先使用「左膠」這一術語。二〇〇九年一月十三日，林忌在部落格文章〈立法禁止除褲放屁！〉一文中，用「左膠」形容支持立法強制「停車熄匙」的左翼人士。這個詞語的定義相當明確：指一些教條主義，不顧現實的死硬派。包括口說大愛包容，實際上眞身卻是中國民族主義者的「假左派」。

「左膠」受西方極左思想影響而濫用人權、濫稱包容，爲社會製造深層次危機。他們大多認爲人性本善，卻不會考慮現實世界的種種不完美，往往抱著不切實際的思想，試圖用一攬子的方式解決所有社會問題。二〇一五年，歐洲移民危機急劇惡化後，「左膠」一詞被套用於世界各地不顧後果歡迎及任由難民或移民湧入其國家定居的政客和民間人士。

香港專欄作家陶傑指出：「本人反左膠，主要的對象是歐洲和美國的左膠。西方的左翼，僵化爲左膠，變成了歐威爾小說的一九八四，倒過來西方文明遭受白人左膠的自疚式歧視，歐洲對伊斯蘭移民中門大開，危害文明生存和國家安全。這是世界的危機。」他舉例說：「在左翼的光譜之中，有許多有毒的內容：對伊斯蘭移民的盲目大愛包容、禁止笑話幽默、澳洲雪梨墨爾本市政府以「文化多元」爲理由，批准華人親中團體在市政會堂舉辦紀念毛澤東的音樂匯演（若有人舉辦紀念希特勒的音樂會，這些左膠會批准嗎？）」

在香港，幾年來崛起的「右翼本土」勢力認爲，傳統泛民陣營充斥著左膠，這是二十年來香

雨傘革命，九月二十九日，香港警方採取武力驅散後，數以萬計市民佔領金鐘主幹道，並亮起手機燈光。人潮經後方夏慤道天橋延伸至干諾道中。

港民主運動失敗的重要原因（首要原因是中共將香港「中國化」的強勢政策）。「右翼本土」勢力批評說，左膠強調「和理非非」（和平、理性、非暴力、非粗口），造成行動效率低，故步自封，不求突破。最具典型性的事件是：二〇一四年雨傘革命初期，在十月一日中華人民共和國國慶日之時，有大批參與者希望衝擊舉行升旗儀式的金紫荊廣場，但在行動之前，左膠卻散播消息叫大家「克制」，不要在大好形勢下「落中共面」（讓中共丟面子）。

大部分左膠，都是言行脫節的「思想的巨人，行動的侏儒」，眞像崇拜格瓦拉的泛民議員「長毛」梁國雄那樣身體力行左派信仰的沒有幾個——但即便是梁國雄，也沒有像格瓦拉那樣在香港搞游擊戰，而是乖乖地遵守香港現行法律的規定，參與立法會選舉，搞議會鬥爭。盧斯達諷刺說：「兒女成了左膠，父母不必跳樓。因爲左膠不是玩眞的，左膠因自我矛盾而存在。幸好他們不是眞的講馬克思，他們也不會搞暴力革命奪取飛鵝山。他們只是希望過一種很有型的生活：搞社運、讀左翼話語，是一種有型的生活態度。在星巴克喝一杯咖啡，用macbook air看電子版的《經濟學人》，太中產，這不合左膠青年對『生活態度』的『想像』。」

「左膠」發源於香港，後來在台灣也被廣泛使用。有台灣網友指出，台灣的左膠集中於文組社科院，「這群人把自己弄進一個封閉的社會學院裡面近親繁殖後，再弄出一堆徒子徒孫」，「雖然經過二十世紀的共產主義實驗，已經證明他們的錯誤，但是他們並不相信」。

此「右」非彼「右」，此「左」非彼「左」：不同語境下的左右之爭

左右之爭遍布全球。

美國的左右之爭，始於埃德蒙·伯克與潘恩之爭，以及漢密爾頓與托馬斯·傑佛遜之爭。

美國資深政治評論人尤瓦爾·萊文（Yuval Levin）在《大爭論：左派和右派的起源》一書中指出，沒有比潘恩和伯克更能代表左派和右派的思想家了。潘恩思想的核心深處最基本的烏托邦目

標——將個人從他所處的時代、地點及同他人的關係所加諸在他身上的限制中解放出來——對美國的左派依然至關重要。潘恩提出建立首個福利國家，以後美國的進步主義者在歐洲社會民主思維的影響下，開始信奉一個積極的國家政府。今天的左派明確體現了這種物質集體主義和道德個人主義的組合。與此同時，伯克思想核心的深處對世代延續性以及對含蓄的社會知識制度的承諾，對今天的美國右派依然至關重要。拆毀一切，打碎一切，徹底重建一個完美社會，是不可能達成的幻想，只可能是「種下龍種，收穫跳蚤」。保守主義者捍衛傳統的社會制度和家庭，試圖讓文化對孩子更友善，批判技術專家政府的企圖和野心，堅持對憲政制度的忠誠。

美國歷史學家約翰·菲爾林（John Ferling）在《美利堅是怎樣鍊成的：傑佛遜與漢密爾頓》一書中指出，這兩位針鋒相對的國父，對美國的政黨政治和政治傳統的影響甚至超過凌駕於他們之上的華盛頓。兩人的遺產如同DNA的雙螺旋，繼續塑造著美國的形態。作者承認，在過去半個世紀裡，右派的漢密爾頓的聲望一直處於上升之中，左派的傑佛遜的聲望則再次急劇下降。雷根總統對漢密爾頓的「遠見卓識和明察秋毫」讚不絕口，美國公共廣播電臺的紀錄片將漢密爾頓稱爲「被遺忘的國父」，保守派專欄作家喬治·威爾評論說：「我們紀念傑佛遜，但我們生活在漢密爾頓的世界裡。」漢密爾頓被右翼政治勢力視爲「保護神」，他爲他所代表的金融業所做的工作以及他對自由市場經濟所做的承諾贏得了讚譽。

川普的出現讓美國的左右之爭臻於美國建國以來最激烈的狀態。這場政治與文化之爭仍在蔓延和發酵。賓夕法尼亞大學法學院教授Amy Wax發表了一篇題為〈美國奮鬥文化崩潰的代價〉的短文，在文化界和思想界掀起軒然大波。左派群起而攻之，賓大三十三名教授甚至聯名要求開除作者。（這是典型左派的不寬容，就連左派評論家、《紐約時報》專欄作家紀思道（Kristof）都承認：「我們進步派崇尚多元，我們要與女性、黑人、拉丁美洲人、同性戀者和穆斯林同席——喔，只要他們不是保守派。」這種排斥保守派的文化在大學盛行，對教育質素產生不良影響——當大學變為「一言堂」，既有的左派立場壟斷話語權，不再受到挑戰時，最終全部人都淪為輸家。）

這篇文章為什麼讓左派視若洪水猛獸呢？作者只是希望公眾珍惜「過去的資本主義文化為我們的生活制定準則」：「先結婚然後再要小孩，為了家庭和孩子們努力維護婚姻。為了找到高收入的工作，努力獲得所需的教育。努力工作，拒絕懶散。盡可能為你的客戶和雇主多做一些事情。做一個愛國者，隨時準備為國家服務。盡可能維護鄰里和睦，具有公民意識，慈善意識。避免在公開場合使用粗俗的語言，尊重權威。避免藥物濫用和犯罪。」左派不樂於看到這樣的呼籲。然而，左派卻要破壞發出此種呼籲的言論自由，跟共產黨有什麼區別呢？

在歐洲，左派和右派的定義跟美國差異甚大。一般來說，歐洲人喜歡東西兩岸左派觀念盛行的美國，到了舊金山以為回到歐洲——舊金山有左派政治、大麻和性，而且沒有他們討厭的基督教。啓蒙主義締造的左翼歐洲厭惡持守清教徒傳統的右翼美國，將篤信上帝的美國視為未開化的蠻族。投之以桃，報之以李，美國保守派對歐洲的看法也相當負面：「歐洲人是唯物主義的，歐盟是由迷戀貿易和金錢的官僚設計的。……在一個如此多的人不喜歡孩子的地方，是很難有家庭傳統的。當只有不到百分之二十的人上教堂的時候，在歐盟那個地區是很難有宗教價值觀的。」

具有諷刺意義的是，「六四」屠殺之後大批中國學生和知識份子流亡歐洲，那一年正是法國慶祝法國大革命兩百週年，在慶祝大典上，法國政府安排流亡的中國人組成方陣，走在隊伍最前列，以此彰顯法國大革命與天安門民主運動的血緣關係。然而，數年之後，絕大多數中國流亡者都離開法國和歐洲，遷居美國。歐洲可以容納數百萬反對民主自由等普世價值的伊斯蘭世界難民，為什麼不能讓中國流亡者安居樂業呢？恐怕不僅是語言隔閡的問題。

即便是美國民主黨，在多數重要的社會議題上，如國家規模、犯罪懲罰、外交政策，都比被認為是右翼的那部分歐洲人更保守。換言之，在美國是左派的民主黨，如果到了歐洲，在政治光譜上會被當著「最右的政黨」。歐洲沒有類似於美國共和黨的政黨——美國的政治重心比任何其他發達國家都靠右。所以，歐洲對歐巴馬當選欣喜若狂，在其剛剛上任、還未施展任何政策時，就輕率地授予他諾貝爾和平獎——與其說這是給歐巴馬的獎勵，不如說這是一個顯示歐洲政治正確的「反布希獎」。

在日本，右派的定義只有小部分跟美國重合。安倍晉三政府被視為右派政府，在反對中國霸權和反對共產主義、加強美日聯盟等外交政策上，在尊重自由市場經濟的國內經濟政策上，安倍政府確實偏向右翼；但安倍強烈的民族主義和福利主義傾向卻不是右翼的價值。明治維新之後，日本有過短暫學習英國並與英國結盟的時代，然而英國的普通法和清教徒傳統太難移植。同樣是後發展的資本主義國家，日本發現德國的軍國主義模式更能立竿見影，遂轉而以德國爲師，最後與德國乘坐同一輛戰車衝向二戰戰場，幾乎「玉碎」。二戰之後，美國佔領日本並在麥克阿瑟（Douglas MacArthur）的支配下進行全方位改革，但日本的「美國化」只成功了一半，政治和經濟制度大致符合美國的要求，但在精神取向上，日本仍然是「曖昧的日本」。

日本有深厚的左翼思潮的傳統。如今，日本左翼牢牢控制著主流媒體和大學——這一點比美國更嚴重。中國的天安門屠殺和蘇聯東歐共產集團的崩潰，並未動搖日本左派的基本面。那些自稱左派的日本知識人，居然對中共的天安門屠殺保持沉默甚至支持，哪有左翼標榜的「良心」？以主流媒體《朝日新聞》和文學家大江健三郎爲代表的日本左派，因盲目反美而讚美「中國模式」，無視在中國發生的人權災難，反倒是很多立場偏右的日本人士關心中國的人權議題。

在台灣的語境下，左右之爭又呈現出不同的面貌。在經濟學和政治學層面，海耶克的譯者殷海光以及弟子周德偉、蔣碩杰的自由市場經濟和公民社會的思想，對台灣崛起爲「亞洲四小龍」以及民主化產生了重要影響。台灣經濟的活力，存在於不計其數的中小企業當中，而非佔有壟斷地位的大型國有企業。拎著皮包走遍天下的台灣商人，宛如猶太人一般，「野火燒不盡，春風吹又生」。然而，存在於昔日知識人群體中的古典自由主義或保守主義政治哲學，此後在台灣學界和社會猶如空谷回音，應者寥寥。台灣社會經濟騰飛之後，左派思想大泛濫，福利國家、高稅收、大政府大行其道，連超市衛生紙漲價也有人呼籲政府出來製定「統一價格」。

在社會倫理議題上，台灣社會缺乏深刻而理性的辯論，大多數時候這些重要的議題淪爲藍綠、統獨對立之下的「子議題」。比如說，在支持或反對同性婚姻合法化的爭論中，反對同性婚姻合法化的社團「信心希望聯盟」背後是一群與國民黨關係密切的「黨國教會」和靈恩派教會，致使其他反對同性婚姻合法化的人士被錯誤地劃入國民黨陣營，遭到對方的妖魔化，進而失去公信力。在一邊倒的支持同性婚姻合法化的知識界、社運界、媒體界，反對者差不多被消音，或被醜化爲「人權迫害者」。當反對同性婚姻合法化的人士推動對此一議題進行公投的時候，那些自以爲進步的人士立即反駁說，「人權議題」不能公投。那麼，究竟由誰來決定哪些議題是「人權議題」呢？如果以踐踏法治精神、剝奪反方言論自由的方式來實現同性婚姻合法化，到了下一個階段，就有可能是焚書和焚人了。

台灣的兩黨政治，更多地呈現爲「中國意識」與「台灣意識」的對立，而不是如同英美那樣的左右對立。台灣並沒有眞正的「右派政黨」，傾向民主的知識份子通常將國民黨定位爲「右派」——在這裡，右派是一個負面價値，指向威權政體。然而，若放在英美政治哲學框架內，國民黨不是右派，而是左派：兩蔣口口聲聲「反共抗俄」，但其社會和經濟政策全部照搬蘇俄。民進黨反對國民黨，其政黨結構卻模仿國民黨——如「中常委」的設置，就是共產黨及國民黨的架構，西方選舉型的民主政黨不會有此種模式。在大政府這個理念上，民進黨和國民黨都是大政府的擁護者，希望政府成爲千手觀音，包治百病。左派獨大、福利國家，全民健保，不是台灣的驕傲，乃是台灣的危機。未來台灣民主自由制度的鞏固，需要出現一個類似於美國共和黨和英國保守黨那樣，代表正面價值的右派政黨，來充當平衡和制約的力量。

認賊作父的毛派及其「新教父」劉小楓

毛派和新左派都是中國思想界的劇毒。如果說毛左「新盟主」是「新國父論」始作俑者劉小楓，那麼新左派「帶頭大哥」就是「中國新秩序」倡導者汪暉。這兩個人或許彼此看不起對方，但他們的共同之處是：使用極度晦澀的書寫方式，用大量西方新潮理論和詞彙對年輕學子造成震懾和吸引，從而成爲擁有極多粉絲的人文學者。儘管他們的影響力從未溢出學術圈——像易中天或余秋雨那樣「通俗」是他們不屑爲之的事情，但他們深諳「學界登龍術」，知道用什麼樣的方式讓自己的名聲和影響力最大化：出版厚重的著作，培養忠心耿耿的弟子，主持核心學術期刊，出席西方學術會議並結交西方學者，然後將西方的知名度反饋回中國。這樣，他們就能成爲「學術明星」，享有「准國師」的地位——他們的心思不在書齋裡，而在朝堂中。如果有朝一日被請到中南海給常委會講課，面對連「寬農通商」這個道理都不懂的、只有小學文化程度的習近平，他們會轉變敘述方式，使用習近平「喜聞樂見」的語言嗎？

「烏有之鄉」網站上那些老毛派，在審美和智力上都無法讓人信服——鞏獻田的僵化、張宏良的傲慢、孔慶東的粗鄙、摩羅的濫情……使「烏有之鄉」網站宛如一所瘋人院。（二〇一八年四月，「烏有之鄉」網站所屬的星火旅行社，組織「紀念抗美援朝戰爭勝利六十五周年中國人民赴朝文化交流參訪團」，團員多是中國紅歌會成員，也是當年到北韓參與韓戰的將軍子女。結果，途中出了一場離奇的車禍，包括網站主編刁偉銘等三十多名毛左身亡，提前去見毛祖宗了。）劉小楓從基督徒和最熱心將基督教文化思想引入中國的學者，搖身一變成爲狂熱的毛派，讓很多誤認爲他是自由主義者或保守主義者的「同道」大跌眼鏡，卻讓粗鄙的毛派大喜過望。當代中國毛派中從未有過如此高深莫測的學者，劉小楓果然是劉小楓，「加盟費」或「投名狀」乃是沉甸甸的「新國父論」。

「新國父論」的鋪墊是「朝鮮戰爭正義論」。劉小楓說：「清末以來與西方外敵的交戰，幾乎都是被迫的，到了朝鮮戰爭的後期中國則完全轉爲主動，並且第一次與西方強敵打成平手。我們應當注意到，這場戰爭的敵方美國，一方面是軍事上最強大的對手，另一方面也是截然不同的政制的代表。或許在這個意義上，朝鮮戰爭是漢武帝以來，中國與蠻夷對戰中最大的一次勝利。」他在此處毫無顧忌地使用「蠻夷」這個詞語，掩飾不住對美國和西方的刻骨仇恨。劉小楓又認爲，「朝鮮戰爭扭轉了中國在東北亞的地位，塑造了中國人的現代品格」，「中國也在這場戰爭後恢復了文明大國的身份……晚清以來弱國態勢被扭轉，並且可以抗拒聯合國的安排。」他對朝鮮戰爭的肯定，甚至超過中國官方的宣傳機構，官方喉舌在若干史料被披露之後不敢如此理直氣壯地爲朝鮮戰爭唱讚歌，難怪他會感嘆說：「可惜這場戰爭在今日的歷史教育中變得輕描淡寫。」當然，朝鮮戰爭中無辜死難（或者故意被毛當作炮灰犧牲掉）的數十萬中國軍民，以及朝鮮戰爭導致中國閉關鎖國三十年，劉小楓故意視而不見。

肯定朝鮮戰爭，當然是爲肯定朝鮮戰爭的始作俑者。劉小楓轉入正題：「一般來說，傳統國家走向現代離不開領袖人物，朝鮮戰爭中，毛澤東親自指揮了戰爭，並且入朝在毛澤東看來是很關鍵的時期。……由於代替了蘇聯與美國爲戰、保衛第二共和的主權，也證明了國家軍隊能夠捍衛主權，這就是偉大的勝利。所以朝鮮戰爭顯得關鍵，是因爲中國在國際政治上站穩了腳，便是能夠介入國際政治格局——或許下一步就是要進行制度創新，在制度上與英美各國競爭。從這一點上看，毛澤東的理念最深源頭共產主義還是有著自由主義的現代政治根基。」在此背景下，劉小楓贊同毛澤東「台灣事小」的自我解嘲——以暫時失去征服台灣的時機而贏得「第三世界」領袖的地位，這是一筆畫算的買賣。然而，劉小楓的論述卻又陷入自相矛盾之中：他將共產主義與自由主義煮成一鍋粥，毛既是一代天驕，又是民主先驅。然而，邏輯上的漏洞是如此明顯：毛在制度上與英國各國展開競爭，當然要用與西方民主自由制度迥異的「中國模式」來競爭；如果毛的理念的源頭仍舊是西方自由主義，他跟西方的競爭不就成了「張飛打岳飛」般荒謬嗎？

最終，劉小楓抬出他的「新國父論」：毛是「中國現代的國父」，比孫文和蔣介石偉大一百倍，「統一中國僅僅算是中國歷史上的功德，『文化大革命』則具有世界歷史意義」，毛創建並統一了帝國，是「華盛頓加林肯」。爲確定毛的「國父」地位，劉小楓連中共自己在《關於建國以來黨的若干歷史問題的決議》中對文革的描述「全域性的、長時間的左傾嚴重錯誤」都不承認，而給予文革以完全正面的評價。他大概沒有讀過文革歷史研究者王友琴寫的《文革受難者》一書，那一個又一個的悲慘故事，足以顛覆「國父」的神光圈。

劉小楓從自由派變成毛派，從基督徒變成法西斯，有跡可循。首先，劉小楓雖狂傲不羈，卻在歐洲和美國找不到一份教職，在香港基督教機構道風山的編輯工作也因其神學立場趨於「不信派」而失去，由此他對基督教和西方資本主義世界充滿怨恨——難怪他對德國哲學家舍勒的「怨恨理論」頗感興趣。當「崛起的中國」向他招手、提供待遇優厚的教職，他哪能抵抗「被招安」的誘惑呢？

其次，在信仰和知識層面，劉小楓接受的是德語世界的末流文化——他最推崇的德國法學家施密特是一名法西斯份子和國家主義者，施密特相信唯有暴力和征服才是政治的本質。劉小楓雖然多年翻譯介紹基督教名著，卻與英美清教徒、代議制、普通法的傳統格格不入。他宛如尼采附體，夢想在漢語世界取得如同尼采在德語世界的思想巨匠之地位。

第三，劉小楓從未告別「國師」情結，這是他與「政治儒學」的鼓吹者蔣慶惺惺相惜的重要原因。從希特勒到毛澤東只有一步之遙，從孔子到「毛子」也只有一步之遙——如果用劉小楓「同道中人」甘陽「通三統」的說法，在「孔子」和「毛子」之間還要加上「鄧子」（鄧小平）才算完整的「三大傳統」。當然，未來或許還要再加上「習子」（習近平）。

指鹿為馬的新左派及其「帶頭大哥」汪暉

劉小楓「乾坤大挪移」的本領，比起新左派「領軍人物」、清華大學教授汪暉來又自歎不如。

中國新左派多引用西方新左派的理論，如新馬克思主義、後殖民主義、東方主義以及後現代理論。上世紀九〇年代初，我剛進入大學時，此類理論漫天飛舞。中文系等人文社會科學領域的學生，言必稱杭士基（Chomsky）、詹明信（Fredric Jameson）、愛德華·薩伊德（Edward Wadie Said）。我一開始就跟這些東西保持距離。如果說西方新左派對西方社會弊端確有一定的針對性和批判性，那麼中國新左派只批判西方、不會挑戰中國當局則是精心算計的滑頭。其敘事策略包含一枚硬幣的兩面：一面是用後現代否定現代性，認爲現代性是具有基督教背景的「地域性概念」，不具備普世性；另一面是肯定中共的統治，肯定黨國體制讓中國「成功」，用北大法學博士、香港中聯辦研究員強世功的說法就是，「中國的國家意志就是黨國意志，黨是靈魂，國是肉身」，這種模式又是可以向全球推廣的普世性模式。新左派眞的相信他們說的這些話嗎？或者這只是其「敘事策略」：他們清楚地知道什麼是可以反對的（在中國反對西方沒有任何危險），什麼是不可以反對的（在中國反對中共必然付出沉重代價）。

在西方媒體面前，汪暉熟練地扮演著「批判型知識份子」的角色。西方左派旗艦媒體《紐約時報》採訪汪暉，他刻意騎著破舊的自行車前去接受採訪，並大談參加「六四」學運的往事，「在六月三日的夜晚，軍隊進入北京城的時候，汪暉是那些在天安門廣場中心集會的人之一，他可以聽見槍響」。之後，汪暉受到長達數月的審查，被發配到陝西「接收教育」。當然，汪暉不認爲自己現在還是一名「持不同政見者」，因爲「這是個冷戰時期的範疇」，「現在它已經沒有任何意義了。很多在美國的中國執不同政見者可以回到中國，但是他們不願意回來。他們在美國過得不錯」。他如此自我定位：「我們是批評的知識份子。我們支持某些政府政策，某些我們反對。這都要根據政策的內容來決定。」爲什麼同樣有過廣場經歷、目睹殺人事件，劉曉波此後二十多年執著於反抗中共暴政並付出生命代價，汪暉卻能成爲中共當局青睞的學術紅人呢？

以汪暉的聰明，他事先研究過採訪他的記者潘卡奇．米西拉（Pankaj Mishra）的作品——這位記者剛在《紐約時報》發表了一篇同情流亡藏人的報導。汪暉絕口不提他爲中共西藏政策辯護的雄文《東方主義、民族區域自治與尊嚴政治——關於「西藏問題」的一點思考》。在那篇文章中，標榜反對西方殖民主義的汪暉，對中共在西藏更殘暴的殖民主義給予正面評價。他認爲中共幫助西藏廢除農奴制度和神權政治，給西藏帶去現代文明。他稱讚中共的「民族區域自治制度」是「全新的創造」，是「帝國遺產、民族國家與社會主義價值的綜合」，是「以平等、發展和多樣性爲方向而進行的持續探索、創新和實踐」。他譴責「自由西藏運動」將當代西藏的變遷形容爲「文化種族屠殺」是「根本性的誤導」。他也譴責西方支持西藏的人士是不明眞相的群衆（潘卡奇・米西拉也是其中之一），「許多好萊塢的明星和名人——他們很可能對西藏一無所知——成爲喇嘛教的信徒和敵視中國的人物，這件事情發生在西方時尙世界的中心，倒也並不奇怪。」

在這篇文章中，有一個小標題是「反抗的尊嚴」——讀者千萬不要誤以爲此處是說捍衛宗教及文化自由的藏人，而是二〇〇八年北京奧運前夕聖火全球傳遞過程中，「自發保衛聖火」的海外留學生和海外華人。在汪暉眼中，對西方強權的反抗才是「反抗的尊嚴」：「這場運動保衛的是奧運火炬，而不是保衛中國火炬，其中包含著尋求世界和平、捍衛各國人民在奧林匹克旗幟下的公共交往的意義。……抗議運動主要不是針對『西藏問題』，而是針對西方主流媒體對於西藏暴力事件的系統性扭曲和對奧運火炬傳遞過程的不公正報導；海外留學生和海外華人要求澄清事件眞相，抗議在西藏發生的暴力行動。」一百多年前，熱情支持義和團的是若干儒家菁英份子；一百多年後，汪暉等新左派也欣然與憤青和五毛們合流了。

這樣的文章當然不能翻譯成英文在英語世界廣爲流傳，否則那些支持汪暉的西方左派情何以堪？瑞士蘇黎世大學高級研究員韋伯（Ralph Weber）如此評價汪暉：「在過去二十餘年裡，汪暉在中國一直是學術、文化和政治論壇中一個響亮的聲音，而近年以來，他在歐洲和美國也愈來愈是如此。」當汪暉被揭發出靠抄襲的著作獲「長江讀書獎」且自己評獎給自己時，中國有六十三名學者聯名要求清華大學展開調查，汪暉及其同黨居然網羅了八十二名西方學者簽名為其辯護——那些辯護者聲稱他們確信汪暉不曾抄襲，但汪暉被揭露的那部抄襲之作以及抄襲的對象，並無英文及其他語言的譯本，簽名支持汪暉的西方學者如何作出斷然判斷？更具諷刺意味的是，辯護者幾乎全是歐美發達國家知識份子，汪暉及新左派集團最痛恨的不正是西方嗎，為什麼他要靠西方人證明自己的「無辜」呢？

同在清華任教的學者郭宇寬感嘆說，汪暉「驚人的邏輯不一致，見人說人話，見鬼說鬼話。用英語講一套，用中文講一套，完全是一個巧言令色的騙子」，同時卻有一種「邪惡的智慧」。郭宇寬看到新左派圈子內的種種怪現狀：汪暉有一個哥們兒是著名的北大教授，在一次會議上，引用阿瑪蒂亞·森（Amartya Sen）的觀點，批評美國通過設置移民門檻來維護本國公民福利是自私的政策，接下來講到中國國內問題，說「現在開放北京和上海的戶籍是完全不切實際的，只會造成社會混亂」。另一個汪暉的哥們兒，也是清華著名教授，在一次研討會上，聲討美國的「帝國主義政策」，「美國阻撓中國統一台灣暴露其霸權主義嘴臉」，接下來講到朝鮮半島問題又興奮了，「中國決不能坐視南北朝鮮統一，那樣危害中國核心國家利益」。在這幫人的圈子裡，汪暉是主要「帶頭大哥」之一。郭宇寬指出：「如果一個邏輯不一致的人，居然被一些人捧成著名學者和思想家，這是整個社會在智力上墮落的標誌，也是中國學術界墮落的標誌。」

毛派和新左派周邊，還有民族主義和民粹主義，這幾種黑暗思潮彼此激盪。中國的民族主義在九〇年代中期升溫，一九九六年，暢銷書《中國可以說不》出版，發行三百萬冊。以此爲標誌，民族主義進入下層民粹層面。緊接著，《妖魔化中國的背後》、《中國不高興》、《全球化陰影下的中國之路》、《威脅中國的隱蔽戰爭》、《碰撞》、《中國站起來》、《C型包圍：內憂外患下的中國突圍》、《中國夢》等類似書籍相繼出版。政治評論家馬立誠指出，這類書籍的共同點是激烈的反西方立場，以《河殤》爲代表的中國八〇年代親西方、學西方的氛圍被顛覆了。

其中，國防大學教授劉明福所著、二〇一〇年出版的《中國夢》一書，具有明顯的大國沙文主義傾向，宣稱世界即將進入由中國充當領袖的「中國時代」，「中國有做世界領導者的文化基因」。這本粗陋不堪的宣傳手冊，成爲習近平「中國夢」的理論根基。習近平貧乏的精神世界，只能跟這種等而下之的、連《我的奮鬥》也不如的文化垃圾「對接」。

接下來，民族主義繼續發酵，加速粗鄙化和下流化的進程。在反日遊行示威活動中，出現「哪怕華夏遍地墳，也要殺光日本人」、「寧願中國不長草，也要收復釣魚島」之類極端言論，跟瘋狂的伊斯蘭國已然相去不遠。

近年來，已經入籍美國的作者宋鴻兵寫的《貨幣戰爭》系列，其低劣的陰謀論主題，宛如清末儒家士紳炮製西方傳教士對中國孩童「挖眼剖心」謠言之翻版。從一八八四年起，湖南鄉紳周漢寓居長沙，撰寫刻印各種反基督教宣傳品，總數達到三四十種。在一冊名為《鬼叫該死》的印刷品中，基督教被直呼為「鬼叫」，「鬼叫都有妖術，切得婦人們崽腸子奶尖子、孕婦胞胎、小孩子腎子，他拿去賣與商人配製照相的藥水，熬煉銅鉛，每百斤銅鉛熬出八斤銀。凡從叫（教）的死了，鬼叫不准親人近前，要由他殯殮，他把眼睛刻了去，也是賣去配藥……」圖文並茂的《謹遵聖諭辟邪全圖》更是活靈活現地展現了傳教士殺人、吃人的種種場面。《鬼叫該死》一書僅在湖南就散發了八十萬冊，在整個長江流域的散佈數量更是難以計數，最遠的散播到了新疆。與之相比，《貨幣戰爭》系列上千萬的銷量以及在網路上的傳播更是驚人。這種在智識上和審美上都無比卑賤的宣傳品之所以能風行一時，表明中國政府和中國民眾素質低劣，這也再次印證了郭宇寬的判斷「中國離白癡共和國不遠了」——不，中國已提前進入「白癡共和國」。

第九章
沒有基督教保守主義，中國無法完成民主轉型

世界上還是有一些值得我們毫無保留全力支持的事情。對我來說，和平與社會公義就屬於這類事情，對基督祂自己來說也一樣。最近我突然想到《國王的新衣》這個童話故事，它確實反映著這個時代。我們現在所欠缺的就是在故事結尾說出真相的那個孩子。我們應該好好地演出這場戲。

——潘霍華

基督教信仰是近代民主制度的思想基礎，具有基督教背景的國家構成了今天民主世界的主體。尤其是五百年前的宗教改革，開啓了現代世界的大門，基督新教的倫理，不僅帶來馬克斯·韋伯所說的資本主義精神，也帶來現代意義上的民主憲政制度和人權觀念。

美國及若干在英語文化影響下的國家持久而強勁的宗教復興，讓美國社會學家彼得·伯格（Peter Ludwig Berger）修正了他此前的看法：「我想我和大多數其他宗教學家在二十世紀六〇年代就世俗化所寫的東西是個錯誤。我們的潛在論述是說世俗化和現代性攜手並行。越現代化就越世俗

化。……但是我想它基本上是錯誤的。今日世界上大部分國家確實是富有宗教色彩而不是世俗化的。」

彼得．伯格和其他兩位合作者在新著《宗教美國，世俗歐洲？》中指出，西方民主國家大致可以分為這兩大陣營：世俗的歐洲，近年來挫敗連連，既無力處理發生在家門口的科索沃戰爭（歐盟無法形成有作戰能力的聯軍，最後要由北約出面解決），更不能應付來自伊斯蘭原教旨主義及穆斯林數百萬移民的衝擊，福利國家體制無以為繼，英國退出歐盟讓歐盟組建「超級世俗國家聯盟」的理想受到重挫。

具有諷刺意義的是，近代以來，中國亦步亦趨地效仿的正是各種歐洲模式：無論是啓蒙主義、理性主義的法國，還是民族主義、民粹主義的納粹德國（日本學德國，中國再學日本），以及列寧主義─史達林主義的蘇俄，中國像溫順的小學生那樣，以這些國家為師，看不到前車之鑑，欣然重蹈覆轍。

與之相反，由於清教徒傳統根深蔕固，使得美國充滿活力的宗教與它強勢的政治、經濟、文化、教育等社會生活各個層面相映生輝，正如學者貝拉（Robert N. Bellah）所說，美國有「公民宗教」（Civil Religion in America），它並不公開表現為基督教，但它的靈魂是基督教的。基督新教是美國的「隱性國教」，也是美國政體建立的基石。美國重大的公共儀式和典禮總是從禱告開始，最後以「上帝祝福美國」結束。儘管沒有挑明，這個上帝實際就是猶太教和基督教的上帝。美國法學家小約翰．維特（John Witee Jr.）指出，基督教爲個體發展和社會團結提供了所必需的重要價值源泉，「良心自由、自由實踐、多元主義、平等、政府與教會分離、禁止確立國教等原則鑄成了這種作爲美國屏障的最基本的混合體」。

基督教一神論的世界觀跟中國理性與巫術混雜的儒家文化差異最大。中國在近代化過程中沒有以美國爲師，也少有中國知識份子思考宗教改革以來的新教傳統與民主、人權、自由、憲政這些普世價值的關係。

那麼，社會主流價值爲非基督教價值的國家，能實現民主化嗎？目前全球穩定而成熟的民主國家中，只有一個是非基督教國家——日本。不過，日本的民主化有其特殊背景，是二戰之後美國強加給作爲戰敗國日本的，從新憲法的制訂到天皇的去神格化，都是由佔領軍統帥麥克阿瑟強勢主導。而日本人對麥克阿瑟敬若天神，當麥帥被杜魯門總統解職歸國之時，數十萬日本民眾沿街相送，麥帥儼然就是日本的「新國父」。而麥帥是虔誠的基督徒，他治理日本無非就是將美國式的民主制度和自由經濟照搬過來而已。

在東南亞國家中，以佛教爲國教的泰國，君主立憲制實施了一個世紀，仍然政局不穩，政變不斷。二〇一六年八月，泰國國會通過了軍方主導的新憲法，民眾勉強認同由「隱形的軍政權」取代民選的文官政府。參議員的產生從原來由選民選舉和獨立機構指派相結合的方式轉變爲完全由軍方指派，其中六個主要席位由武裝部隊最高司令、海陸空三軍司令、國家警察總監及國防部次長自動擔任，軍方事實上成爲政府的「太上皇」。另一個以佛教爲國教的緬甸，則正在艱難地從軍政權轉型爲民主政權，能否成功尚待觀察。政府實際掌權者翁山素姬企圖從佛教中發掘民主傳統，卻無力阻止佛教徒與穆斯林之間的殺戮。

信奉藏傳佛教的流亡藏人在印度達蘭薩拉建立的流亡社區，近年來實現了民主選舉，達賴喇嘛亦宣佈廢止政教合一的傳統，退出政治生活，專注宗教事務。未來若西藏獲得獨立或半獨立地位，這一套民主機制或許可推廣到整個西藏。但必須承認，民主制度不是來自於佛教，達賴喇嘛本人長期在西方和印度生活，深知西方民主政治的運作方式，也懂得像西方的政治領袖和娛樂明星那樣利用媒體傳播其形象及理念。二〇一六年新當選的「行政中央」總理洛桑桑格（Lobsang Sangay），在血統上是藏人，但在精神氣質和思維方式上，更像美國人：一九九五年，洛桑桑蓋獲得福布萊特獎學金赴美國留學，先後獲哈佛大學法學碩士、博士學位。他也是哈佛大學首位藏人法學博士，他在波士頓學習和生活了十五年。他跟西藏的佛教喇嘛的相似之處，遠遠少於跟美國的法學教

美國佔領軍統帥麥克阿瑟與日本昭和天皇（裕仁）合影，以此將天皇拉下神壇。

授、法官和律師們的相似之處。

伊斯蘭世界的民主化不容樂觀。原本最接近西方民主世界的土耳其，二〇一六年以來，土耳其總統、獨裁者艾爾多安（Erdogan）利用一場失敗的軍事政變，清除異己、集權、修憲，蛻變成類似普丁和習近平的獨裁者，並讓整個國家轉頭回到東方，回到伊斯蘭。土耳其原本是伊斯蘭世界唯一的一個「半民主國家」，自其國父凱末爾（Mustafa Kemal）在上個世紀二十年代推動現代化以來，迄今已有將近一百年時間，但這一次的倒退一下子將土耳其打回原形。近年來，埃及、印尼、馬來西亞等伊斯蘭國家的民主自由指數亦不斷退步。未經歷「宗教改革」的伊斯蘭世界，能否實現政治民主，能否邁入現代文明，猶是未知之數。

中國現代化歷程中，基督教在政治領域的缺席

自從馬禮遜（Robert Morrison）於一八〇七年進入中國傳教，新教進入中國已有兩百多年。從一八四〇年鴉片戰爭打破中國閉關鎖國的狀態，中國跌跌撞撞地走向現代化已有一百七十多年。然而，儘管西方傳教士給中國帶來福音，帶來現代教育、新聞出版、醫療、婦女解放、慈善事業等，包括促成廢除女子纏足這一在中國盛行一千年的殘酷而變態的「文化」；但是，基督教文明在政治、經濟等關鍵領域始終缺席。

一九一一年，辛亥革命推翻滿清帝國，中國成爲亞洲第一個共和國。但是，那個時代最具遠見卓識的知識份子，並未深入思考民主、共和、憲政等政治模式跟基督教文明之間的關係。

中國儒家思想對人性持樂觀評價，將良好統治的希望寄託於賢明君王身上，如果君王的品格足夠優秀，就能帶領整個國家進入太平盛世。美國學者列文森（Joseph R. Levenson）在《儒教中國及其現代命運》一書中指出，儒家具備道德完美的可能性，所以儒家甘願成爲皇帝的依附者：「當一個王朝還能正常運作時，他們便爲王朝的君主們披上一件道德外衣，但這將掩蓋統治的眞實基礎。當儒家虛僞地、甚至是奴才似的將道德獻給皇帝時，他們似乎眞正成了他的工具。」與之相反，基督教的「人論」對人性持悲觀看法，人在伊甸園中早已犯罪墮落，虧缺了上帝的榮耀。陷在墮落中的人，不能掌握絕對的權力，若國王成爲絕對君主，必定淪爲暴君，正如英國思想家阿克頓（Lord Acton）所言，「權力導致腐敗，絕對的權力導致絕對的腐敗」。正是基督教，尤其是誕生於宗教改革中的喀爾文神學對人的罪性的深刻認識，使得近代以來新教國家政治制度的設計嚴格遵循三權分立的原則。

中國可以表面上複製西方的議會制度，制訂紙面上的憲法，卻不明白議會制度和憲法背後價值和宗教信仰的支撐，只移植樹苗，卻不知道樹苗賴以成長的土壤更加重要。

辛亥革命之後建立的中華民國，民主、人權保障、憲政制度長期無法得以確立。從一九一二年到一九二七年，北洋政府統治時期，政府受軍閥派系轄制，運作不良，儘管有國會，卻出現公開賄選的醜聞。從一九二七年到一九四九年，國民黨建立的南京政府，其制度架構完全學習蘇俄黨國一體化、黨政一體化、黨軍一體化模式，內有共產黨的暴動，外有日本的侵略，始終硝煙瀰漫、疲於奔命。直到被更加集權的共產黨打敗、退守台灣，蔣介石政權未能將中國建成眞正的共和國。

被國民黨塑造成「國父」的孫文，自稱基督徒，本質上是一個洪秀全式的造反者。歷代中國農民起義者從本土民間宗教中汲取靈感，洪秀全則將一知半解的基督教教義篡改成「拜上帝教」和「太平天國」。孫文以洪秀全爲師，試圖以基督徒的身份贏得西方的支持。當這個策略沒有成效時，孫文立即轉而投靠中國最危險的敵人、以無神論立國的蘇俄，將國民黨這個原本參與民國議會政治的選舉型政黨改造成只對他個人效忠，並從事武裝暴動的列寧式政黨。孫文的政治理念與政治策略，完全背離他的基督教信仰，或者說，他的基督徒身份根本就是一種僞裝和面具。

以孫文的學生自居的蔣介石更是如此。蔣介石頂禮膜拜的「聖經」，除了基督教的《聖經》之外，還有其他兩本：一本是孫文的《三民主義》等著作，統稱「國父遺囑」，蔣介石強迫學校將其當著絕對眞理對學生實行洗腦教育；另一本是明朝儒學大師王陽明的文集，蔣介石無限仰慕王陽明，將臺北郊外的風景勝地草山改名爲「陽明山」，將王陽明的思想改造成「力行哲學」——基督教是他的招牌，儒家是他的骨肉。蔣介石擁有私人教堂和御用牧師，也跟妻子——似乎很虔誠的基督徒宋美齡——一起讀經、禱告，但他從來沒有思考過《聖經》與民主、人權觀念的關係，照樣違背聖經中「不可殺人」的教導，在中國大肆屠殺民眾，敗退台灣之後製造「二二八」慘案以及白色恐怖；他也違背聖經中「不可製造偶像」的教導，在中國和台灣掀起個人崇拜——當然，其個人崇拜的烈度比起毛澤東要遜色許多。

一九四九年，共產黨擊敗國民黨，建立中華人民共和國政權。在共產極權體制下，有少部分知識份子不願放棄對民主的追求。但他們中很少有人從基督教信仰中汲取思想支援。毛澤東時代在思想探索上走得最遠的知識份子顧準，是最早闡釋海耶克自由市場理論的中國經濟學者，但他在政治上找到的源頭則是古代希臘的城邦制度——他似乎不願或不敢研究英美古典自由主義的脈絡。上個世紀八〇年代，在開明派領導人胡耀邦和趙紫陽執政期間，中國知識界有一段學習西方的熱潮，家喻戶曉的電視紀錄片《河殤》提出拋棄黃色文明（以黃土、黃河爲象徵的中國傳統文化）而擁抱蔚藍色文明（以海洋爲象徵的西方文明）這個振奮人心的觀念，卻未能繼續探究「蔚藍色文明」內部的歧義，也未能梳理基督教文明在塑造近代西方社會中所起的作用。

新教進入中國兩百年來，中國教會形成自我封閉與被迫封閉的傳統，以疏離於主流社會和反智主義爲榮。學者陶飛亞有一本研究基督教與近代中國的著作，便以「邊緣的歷史」爲名。不僅中國教會的歷史是一段「邊緣的歷史」；中國教會在中國社會的存在也是一種「邊緣的存在」，甚至是「隱蔽的存在」。其原因在大致有三：

第一，中國民間信仰、秘密會社的傳統的侵蝕。學者劉志軍在研究山西平陸縣張店鎭居民的信仰狀況時發現，當地許多基督教徒的信仰受到傳統民間信仰的影響與制約，基督信仰在被人們高度實用化和功利化。許多人到教會為尋求醫病趕鬼、發財致富的機會，通常是因為在佛教、道教和其他民間宗教那裡沒有得到滿足；而一旦他們在基督教這裡仍未得到這些東西，便立刻回轉去拜各種偶像。於是，神秘主義在教會盛行。同時，教會也從不介入政治事務（比如村委會選舉、鄉人大代表選舉等），不少信徒表現出比一般人更消極的參與態度。信徒對政治事務的淡漠有導致這部分人集聚於教會，形成政治上無為的團體。此一情形在廣大中國鄉村教會中頗具普遍性。

第二，神學觀念的偏差。新教進入中國以來，英美教會的主流神學，即對於政教關係有著最清晰判斷、對於教會和基督徒在這個世界上作鹽作光的使命有著最自覺承擔的改革宗神學、或曰清教徒神學，始終不是中國教會的主流，而帶有靈恩主義和基要主義的神學在中國頗受歡迎，併發展出具有中國特點的靈恩運動。無論是著名的西方傳教士，如馬禮遜、戴德生（James Hudson Taylor）；還是中國本土產生的教會領袖，如宋尚節、倪柝聲；無論是政治人物中的基督徒，如蔣介石、馮玉祥，還是知識份子和專業人士中的基督徒，如老舍、林巧稚，都不是改革宗信徒，缺乏喀爾文神學之薰陶。他們很少在公共空間彰顯信仰，對信仰加以自我設限。他們的見證和著作一般不涉及信仰與政治、經濟、文化、法律等領域的關係，他們的「國度」觀念相對薄弱。

第三，一九四九年，中共政權建立，中國的政局和社會制度發生劇變，民國時代宗教信仰自由的狀況終結。中共以馬克思主義、毛澤東思想爲主流意識形態，對包括基督教在內的各種宗教採取打壓乃至消滅政策。官方組建「三自會」的目標是最終消滅教會，這在最高層的講話和宗教局的內部文件中都有明確表達。少部分教會被納入「三自會」體系之中，從而失去了信仰的本質；大部分持守信仰的教會以家庭教會的形式存在，長期處於地下狀態。上世紀八〇年代以來，隨著官方宗教政策的調整，部分家庭教會浮出水面，以「半地下」狀態存在。很多教會遂滿足於此種夾縫中存在的處境，很少教導信衆如何在「客旅」中活出耶穌基督的樣式，以及如何在世俗世界中爲主作美好的見證。直至今日，家庭教會中完全公開信仰並建構「上帝之城」的「地上教會」寥寥無幾。

另一方面，海外華人教會因著特殊的歷史淵源與現實處境，也陷入某種自我封閉狀態。以台、港牧者和信衆爲主體的華人教會，由於台、港所經歷的較長期的殖民歷史，台、港的教會無可避免地帶有被殖民心態，自動地遠離公共事務，使教會即便在相對自由的環境中也帶有某種私密和隱藏的特點——台灣長老教會是一個罕見的例外，其反抗精神背後正是喀爾文神學的影響。

是故，許多台、港人士從上個世紀中葉開始在北美和歐洲等地拓展的以華裔移民爲主的教會，也帶有此種將信仰私人化的特徵。而中國本土自上世紀八〇年代才大規模移民海外，以中國牧者和信衆爲主體的華人教會近二十年才在海外建立和成長，普遍還處於幼稚期，其工作之重點尚在教會內部屬靈生命的建造而不在教會對外部的輻射。除了表達反對同性婚姻合法化的立場之外，他們還少參與所在國的社會議題的討論，儘管這些議題跟信仰息息相關。正因爲自身「先天不足，後天失調」，「非公共化」成爲許多華人教會自我保護的生存策略。這必然導致教會在眞理教導上不全備。其實，許多公共性的議題都與基督徒的信仰生活水乳交融，不可用「政教分離」來躲避對此類議題的關心和參與。這種低調、躲避的「鴕鳥政策」，讓教會無法得以復興；而教會越是弱小，越不敢涉足公共領域、害怕出現任何的爭議。這便形成了一個難以改變的惡性循環。

中國海內外民主運動的「冰凍」狀態

習近平執政以來，江胡時代容忍一定程度公民社會的「韌性威權」已經消失，提出這個概念的美國學者黎安友表示，習近平時代不適用於「韌性威權」的概念。台灣學者徐斯儉和王占璽在論文《消失中的威權韌性：習近平時期的國家社會關係》中指出：在鞏固黨國領導權威上，習近平強調黨的絕對領導，並在意識形態上反撲、否定西方價值；在官僚體系的改造上，以反腐爲名清洗敵對派系，將中紀委塑造成現代錦衣衛；在社會控制上，強勢而持續地打壓被他認爲具有威脅性的社會力量，以此在社會部門創造寒蟬效應——江胡時代對「不穩定力量」是「定點清除」，只選擇代表性人物進行打擊，如民主黨的組黨活動、法輪功的抗議、《零八憲章》運動

（即便是《零八憲章》運動，被抓捕並判刑的只有劉曉波一個人）；但在習近平時代，打擊則從「點」轉向「面」，如對維權律師群體的全國性大抓捕，是一次性地將最危險人物、危險人物和次危險人物全部抓捕。江胡時代出現雛形的公民社會以及維權力量，遭受重創、土崩瓦解，用一名身在其中的人士的說法就是：人權活動者被抓捕，爲他們辯護的維權律師被抓捕，爲維權律師辯護的同行被抓捕，然後是他們的家人遭到連坐懲罰，於是全國一片鴉雀無聲。

在此嚴峻形勢之下，中國中產階級審時度勢，安於現狀，推動社會變革的意識非常薄弱。美國《政治研究季刊》（Political Research Quarterly）發表了學者陳捷題爲《中國的民主化和中產階級：中產階級的民主態度》的論文，這篇文章以大量的抽樣問卷調查數據爲支持，回答了人們非常感興趣的問題「中國城市的中產階級在何種程度上支持基本的民主價值和制度？」文章認爲，一方面，和大部分下層階級的民眾一樣，大多數中產階級對與自己切身利益密切相關的個人權利很警醒。然而，另一方面，當這些權利「有可能會」破壞社會秩序時，大部分中產階級都不願意行使其政治權利；他們沒有意願對政府事務發表意見以及在政治變革中發揮作用；他們似乎只支持當前一黨主導和控制的選舉制度下的差額選舉。從比較視角來看，城市的中產階級在整體上對民主原則和制度的支持度不如下層階級。陳捷的研究結果表明：儘管中產階級或許「希望有一個相互制衡的制度來有效地約束黨的權力」，以免自身的經濟和社會利益受損，但他們並不樂意支援和參與促進民主的政治變革。

就海外民主運動來說，我的看法不是形勢大好，而是處於某種可悲的「冰凍」狀態。海外華人主流社會基本不認同海外民主運動。清末時，流亡海外的改良派代表人物康有爲和梁啓超，革命派代表人物孫文和黃興，在日本、東南亞、美國和歐洲獲得海外華人的熱情支持，包括資金捐助——那時海外華人大多是處於社會底層、沒有受過良好教育的苦力。而今天的海外華人，相當一部分是八〇年代中國改革開放之後到西方留學、獲得較高學位並定居的專業人士和中產階級，甚至有數十萬人是「六四綠卡」的受益者。然而，他們對海外民運普遍持負面看法，支持民運者寥寥無幾。

海外民主運動的邊緣化、泡沫化，當然有中共特務搗亂、中共的民族主義宣傳以及海外華人在國內有參與、且對國內親友的安全有顧慮等原因，但民主人士自身的弱點和缺陷也不容迴避。由於沒有更高的信仰及道德標準，民主運動日漸淪爲對有限資源的爭奪，以及由此造成的彼此之間的謾罵和攻擊。

長期的流亡生活，讓魏京生等曾被西方追捧的標誌性人物，逐漸被人遺忘，最後他們只好靠不切實際的幻想麻醉自己。有一個笑話說，在紐約法拉盛，街頭行走的人當中有超過一百位未來中國的總統和總理。其實，這不是笑話，那些人確實認眞地認爲自己是未來中國的總統和總理，甚至擬定「影子內閣」名單。有一名自封爲總統的人，嚴肅地對某位追隨者說：「以你的才能，不能當部長，只能當副部長。」有一個自稱「中國過渡政府」的組織，定期發佈所謂的「政府文告」，宣佈「通緝」中共政權現任領導人。權力是春藥，虛幻的權力也是春藥。

在紐約法拉盛這個美國最大的華人聚居地，存在著幾十個形形色色的反對黨組織，人們很難從名字上分辨其政治綱領的差異。號稱「民主黨」的組織就有好幾個，需要在後面的括號之內標註出彼此的不同（就好像台灣台中的特產「太陽餅」，一條街上有數十家太陽餅店鋪，每一家都聲稱自己是正宗創始店）。很多反對黨辦公室的樓上都有律師辦公室，黨組織和律師聯手辦理一條龍的「政治庇護移民」服務：那些來自福建等地的偷渡客，支付數千乃至數萬美金，註冊成其黨員，然後由該政黨安排一群偷渡客去中國使領館抗議，黨證和錄影就成爲其辦理政治庇護申請的關鍵文件。或許，得不到華人社群捐款支持的政黨只能通過這種方式掙錢才能生存下去。但是，正如劉曉波所說，民間力量跟共產黨抗爭，既沒有錢，也沒有武器，唯有道義。如果連道義都沒有了，還能剩下什麼呢？一個靠爲偷渡客辦假政治庇護而生存的海外反對黨，到了未來中國民主化的那一天，還有可能回中國去參選甚至執政嗎，它拿什麼來取信於民呢？

對於很多中國自由主義知識份子來說，民主或自由主義並不能成爲生命的支柱，曠日持久的壓迫、疏離、孤獨和邊緣化，會讓他們選擇放棄乃至背叛自己的初衷。代表性的例子就是八〇年代的改革派知識份子甘陽。六四屠殺之後，甘陽流亡西方，曾在芝加哥大學求學，因攻讀博士學位受挫而對西方充滿仇恨。後來，甘陽赴香港大學任教，成爲反西方的、民族主義的吹鼓手。他炮製出「打通三個中國偉大傳統」的理論，希望被最高當局採納。所謂「三個傳統」，即孔子的儒家傳統、毛澤東的社會平等的傳統、鄧小平的改革開放的傳統。然而，這三傳統自相矛盾、彼此對立：毛澤東時代曾批判孔子，派紅衛兵砸爛孔廟、發掘孔墓；鄧小平的改革開放政策，對毛澤東來說則是修正主義、是叛徒。甘陽爲了被中國政府寬恕並重用，匆匆獻上「通三統」理論作爲投名狀，完全顧不上修補這些學理上一目了然的漏洞。近年來曾經紅極一時的反對派名人如焦國標、艾未未等人也走上了「殺人放火被招安」的老路。

喬治．歐威爾在《動物農莊》中的最後一句話是：「窗外的動物們先看看豬，再看看人，又反過來先看人，後看豬，但他們再也分辨不出人和豬有什麼分別了。」當反抗者變得跟反抗的對象一模一樣，反抗還有什麼價值呢？

讓基督教保守主義像光一樣照亮反對運動

那麼，中國反對運動的出路何在？中國如何開啓未來的民族轉型之路？中國家庭教會以及在家庭教會中成長起來的基督徒保守主義者、基督徒公共知識份子，可以在其中扮演什麼樣的角色？

近年來，喀爾文神學及保守主義政治哲學，進入中國城市新興教會。喀爾文認爲，神學是一種「實踐科學」，他自始至終都致力於從神學的視野思考法律和政治觀，他比馬丁．路德更積極地強調上帝的律法對基督徒生活和公共政治的指導和約束——一切拓展人類自由的事業方面，教會都負有不可推卸的責任。

基督教的重要價值是「讓被虜的得自由」。德國神學家莫特曼（Moltmann）指出，「上帝」這名字應許從罪惡和死亡中得自由是人們無盡的自由。從政治性的奴隸制度「出埃及」，進入應許之地，在舊約傳統中佔據核心地位；被釘十字架的基督復活，進入永遠自由的國度，在新約傳統中佔據核心地位。基督徒相信基本的價值觀，如人性尊嚴、人身自由、人權等，都是源自創造萬物的上帝。自由是上帝賜予人類的禮物，不能讓這個寶貴禮物被獨裁者無緣無故奪走。放棄自由，就意味著人忘記自己是上帝按照其形象造的；放棄自由，就意味著人玷辱上帝賦予的「治理全地」的權柄。使徒保羅說：「你們是重價買來的，不要作人的奴僕。」基督徒不能安於被奴役的狀態，教會也不能成為政權的奴僕。

以改革宗信仰出發，教會必然是一種公共性的存在，個人的信仰必然是一種整全性的生活方式。歸正信仰不主張採取「屬靈」與「屬世」完全對立的、一刀兩斷式的二分法，而主張基督徒既是天國的子民、又是地上的公民。信徒對教會有委身，教會對社會有責任。教會要成為抵擋和糾正錯誤的時代潮流的中流砥柱。教會具有獨立和超然的地位，如果教會像牆頭草一樣隨風而動，便背離了上帝的真道；如果教會成為政權手中的籌碼，超越性的信仰便無法持守下去。

在教會歷史上，曾有過若干血的教訓。納粹剛興起時，德國主流教會假裝沒有看見納粹迫害猶太人的罪惡行徑，爲「反正納粹殘害的不是我們」暗自慶幸；後來，當納粹向教會伸出黑手時，教會已無招架之力，乖乖地臣服於希特勒的淫威之下。潘霍華嚴厲批評說：「我們的教會在這些年只爲自己的存留而奮鬥，好像這才是主要的目的，這樣的教會沒有能力成爲世界的代言人，爲人們講出和解及拯救的話語。」他強調，基督徒不能單單安享上帝的恩典而對外面的世界閉目塞聽：「由於基督承擔起我們的重擔，所以我們應當擔負起同伴的重擔。基督的律法就是背十字架，這也是我們要完成的任務。」

中國海內外民主運動陷入低潮，原因之一是：「民主」無法形成一種永恆性的信仰，它只是權力和社會資源的分配方式，只是諸多社會運行模式中「最不壞」的一種，它甚至沒有民族主義和民粹主義的號召力。反對運動需要更高的信仰提供意義和價值，基於基督信仰的保守主義價值觀可以像光一樣照亮反對運動。

有一位特別值得關注的基督徒反抗者，他就是二〇一六年八月三日被判處七年半重刑的北京家庭教會長老胡石根。胡石根在「六四」後因參與民主黨組黨活動，被判處二十年重刑，已經坐過了十六年牢。這一次再度被判重刑，刑期加起來差不多要「將牢底坐穿」。這一次判刑，檢方將胡石根受洗的照片作爲罪證之一，而罪名是「利用宗教力量反對黨和顛覆政府」。

前一次入獄的十六年當中，胡石根一直在苦苦思索中國的出路。在世俗政治的黑暗和人性的敗壞中，他看不到任何希望。「我在監獄裡，眞的是對中國人陷入絕望。我曾經提出過這樣一個命題，叫「中國孬種」。很多人聽了會不太舒服。什麼意思呢？就是說，經過將近一百多年的奴役，中國人把過去所僅有的一點剛強、勇敢、骨氣，都給消磨了。尤其是經過這六十多年的奴化教育，上上下下，幾乎所有人，都變成服服貼貼的奴隸，而且甘心於做這樣的孬種，覺得好死不如賴活著。那時，我覺得不僅個人沒有希望，整個國家都沒有希望。」

一位報導中國眞相的記者說過，光明不是由黑暗來定義的，而是由尋找光明的人來定義的。在暗無天日的監獄裡，胡石根驚訝地發現，有一批基督徒獄友和別人就是不一樣，他們謙卑、忍耐、平安、喜樂。於是，胡石根就跟這些基督徒攀談、交往，從他們那裡聽到福音，進而被上帝挑選成爲基督徒。胡石根在《聖經》中發現了自己的名字：「上帝的家，就是永生上帝的教會，眞理的柱石和根基。」奇妙的是，並不是基督徒的父母親，給他取名時讓他的名字中包含了「柱石」和「根基」的雙重含義。

第一次出獄後，胡石根成爲北京一間家庭教會的長老，他在新興城市教會中找到了中國的希望所在：

> 看到家庭教會的發展，看到很多弟兄姊妹積極傳福音，看到那一張張洋溢著神的榮光的

臉，我又慢慢從絕望中振奮起來。我感到中國還是很有希望的，上帝正在中國施行奇妙的事情。這六十年，對中國損害最大的，還不是這個物質財富上的損害，更多的是，是對人心的毒害、對文化的毒害。我們有必要通過福音化，來解決人心的缺失、文化的缺失問題。從而使得我們在爭取民主化的過程中，能夠贏取人心；在鞏固民主化的過程中，能夠凝聚人心。這就是福音化在中國的重要意義。

出獄後的那幾年裡，胡石根將生命的重點轉向傳福音和建教會，但也沒有放棄參與政治活動，他身體力行地將內在的生命敬虔和影響公共社會兩者融爲一體。清教徒時代的信徒就是如此，信仰與社會生活的方方面面都發生關係，上帝從來沒有讓基督徒在政治領域缺席。信仰不是政治之工具，信仰卻不能外在於政治而存在。

胡石根如此描述對自己所在教會以及中國家庭教會的熱切期待：「我希望我們這個小小的團契，能夠在查經學習當中，通過禱告，通過分享，通過查經，不僅是在知識上瞭解神學，瞭解基督教，瞭解聖經，更多的是要把我們個人的生命、個人的生活，同主耶穌連結在一起。我們要活出主耶穌基督的生命來，這樣我們的教會就能成爲一個主所悅納的教會。我希望更多的家庭教會，現在也許會被稱之爲老底嘉那樣的教會，通過跟主建立生命上的聯繫，來變成偉大的教會，在中國基督教興起的時代中，來見證神的榮耀。」

中國並非沒有未來，中國的未來不掌握在共產黨手中，也不掌握在被共產黨意識形態所毒化的、做著皇帝夢和總統夢的「當代洪秀全」、「當代孫大砲」手中，而掌握在像胡石根那樣的「行公義，好憐憫，存謙卑的心，與主同行」的家庭教會信徒手中。

下卷——

我是獨派

第十章

我是四川人，我是蜀國人

夫川人以爭路與政府相抵抗，猛歷進行，萬死不顧。不二三月，聞天下土崩。各省次第宣告獨立，吾川燦爛光華之大漢獨立軍政府，亦於今日告其成。大漢四川軍政府之宗旨，基於世界之公理，人道主義組織共和憲法，以鞏固我大漢聯邦之帝國而與世罔極，所當與吾川七千萬人子子孫孫共守之。

——一九一一年十一月二十七日大漢四川軍政府獨立宣言

也許有人覺得奇怪，但我一出生就理所當然地以四川人爲榮，我的四川人認同遠比中國人認同強烈。

在十八歲考上北京大學之前，我沒有走出過四川盆地，一直覺得「天府之國」是世界上最好的地方：麻辣的川菜是打遍天下無敵手的第一菜系，回鍋肉、麻婆豆腐、辣子雞、酸菜魚……百家百味，百吃不厭，我也有自己的秘方；四川話生動形象、幽默睿智、柔中帶剛，充滿民間的活力和煙火的氣息；四川的氣候四季分明，冬天不會太冷，夏天不會太熱，秦嶺擋住北風，濕潤的空氣讓四川人個個唇紅齒白；四川的風景絕天下，山清水秀，如詩如畫，峨眉山、青城山、樂山大佛、九寨溝……遮不住的青山隱隱，流不斷的綠水悠悠；四川的文風極盛，文人雅士，群賢畢集，魏顥之《李翰林集序》一開頭就說：「自盤古劃天地，天地之氣，艮於西南。劍門上斷，橫江下絕，岷、峨之曲，別爲錦川。蜀之人無聞則已，聞則傑出，是生相如、君平、王褒、揚雄、降有陳子昂、李白，皆五百年矣。」

等我上了北大，坐三十八個小時火車從成都到北京，雖然也震撼於北京的「霸氣」，卻並不覺得巨型建築鱗次櫛比、「大而無當」的北京比我的家鄉更好。北京風沙撲面，讓人口乾舌燥，冬天酷寒，夏天酷熱，不是一處宜居之地。不曾想到，此後我在北京一直生活了十九年，擁有了「北京戶口」，也在北京買了房子，從不認爲自己是名副其實的「北京人」，也學不會捲舌的北京話，更未對北京有強烈的認同感。北京於我，是陌生的他鄉，我不喜歡「帝都」氛圍——在北京，評估人的價值，以你離紫禁城和中南海的距離爲標尺。

反之，四川處於「帝國的邊緣」，四川人「處江湖之遠」，「帝力於我何有哉」，自由自在，無拘無束。四川人天生有「反骨」——我也不例外。小時候，常常想，四川具備自給自足、豐饒優越的地理條件，也有自成一體、源遠流長的文化傳統，爲什麼不能獨立成一國呢？爲什麼四川非得被遙遠的北京當著奴隸一般驅使呢？大一統帶給四川的，不是幸福，不是「大國崛起」的驕傲，而是鋪天蓋地的災難、蠻橫無理的掠奪以及對自然環境的毀滅性破壞。

大饑荒與三峽工程：大一統陰影下四川的浩劫

四川歷史上最大的浩劫，發生在中央集權如鐵桶一般的毛澤東時代。一九五九至一九六一年，在這風調雨順的三年裡，中國發生了亙古未有之「人禍」——大饑荒，荷蘭學者馮客（Frank Dikotter）在《毛澤東的大饑荒》一書中指出，大饑荒中的非正常死亡人口至少爲四千五百萬。原本爲魚米之鄉的四川，出現餓殍遍野的悲慘景象。僅僅在我的爺爺奶奶、外公外婆家族當中，就有超過二十人在大饑荒中被餓死。據四川省原政協主席廖伯康在回憶錄中所述：「四川省餓死人超過一千萬。」當時，中央辦公廳主任楊尙昆（四川人）聽了廖的彙報，並查對辦公廳保存的資料，同意死亡數字爲一千萬。「鋤禾日當午，汗滴禾下土」的農民，吃不到自己耕種的糧食，四川產出的糧食絕大多數被中央強行搜刮而去。唯有大一統、中央集權、計劃經濟，才會釀成此種慘絕人寰的悲劇。

大饑荒發生之後，劉少奇罕有地頂撞毛澤東說：「人相食，要上史書的。」因此惹來殺身之禍。劉少奇所說的「人相食」並不誇張，而毛澤東是張獻忠者流，對此無動於衷。四川是人吃人慘劇最嚴重的地區。據溫江專區崇慶縣退休幹部鄭大軍回憶：「一九六〇年我任縣農村工作組副組長到東陽公社二大隊公共食堂檢查工作。那天縣工作組到食堂看到社員領取一勺糠米粥，社員喝完後坐在地上舔碗。一會兒，隊長大吼一聲：『歡迎工作組！』於是社員起立鼓掌，一致背誦

『公共食堂好，人人吃得飽，感謝毛主席，感謝黨領導！』一連喊三遍，就有五六人因消耗元氣過度，倒地昏厥過去。平時，一日三餐清水煮紅苕，一人兩小碗；或者清水野菜，撒幾把米糠進鍋攪勻。廣大社員只好上山找食物，撈著啥吃啥，樹葉、樹枝、草根、野菜、地菌、蚯蚓、地蠶，後來連整張草皮也爭著鏟回家，挖觀音土用來充饑。生產五大隊一隊，全隊共八十二戶、四百九十一口人，僅在一九五九年十二月至一九六〇年十一月期間，就虐殺並吃掉七歲以下女孩四十八名，占全隊同齡女童人數百分之九十一。有的戶，老人死了，就偷偷地把頭、腳、五臟埋了，把肉割下來煮熟吃了。百分之八十三的家庭有吃人史。」如果四川是一個獨立國家，會發生此種人吃人的慘劇嗎？

在中共統治下，四川的第二大浩劫是三峽工程。我反對三峽工程，首先從四川人的角度反對：在文化意義上，長江是南方的母親河，長江文明比黃河文明更璀璨——沈從文的《長河》與高行健的《靈山》，都是在西南發現了未被儒家所玷汙的美善與高貴的人性。然而，三峽工程將長江攔腰截斷，毀滅了數百個擁有千年歷史的古老城鎮，迫使數百萬計四川人背井離鄉成爲無根的遊子。詩人王以培哀嘆說：「由於嚴重的水土流失，我們正在逐步喪失記憶——失去神話傳說，忘卻祖先的經歷。」那些承載著歷史記憶的地名永遠消失了：昭君在門口的溪水邊梳妝打扮，脂粉遺落下來，溪水香起來，於是有了香溪河；五月初五，神魚駝著屈原回到故里，姐弟團圓，於是有了秭歸（秭歸縣）；有個女子在石頭上刷衣服，石頭動起來，原來石頭是條魚，於是

三峽大壩建成前後長江三斗坪段水域變化圖。

有了魚嘴。王以培以《白帝城》、《江有汜》、《沉沙》、《河廣》等「四部曲」拯救被三峽工程毀滅的人文與地理：「那些沉入江底的家園，古鎮村落，煙雨樓臺，親人墓地，正是我的聖地、我的信仰，我的根基。」

即便在經濟層面，三峽工程對四川亦有百害無一利。三峽電站利用水力所發的電力，並不供應四川民眾，而是輸往長江下游那些經濟發達的省區。這是中央的安排和計劃，四川人無從表達異見。更可怕的是，修築三峽大壩讓四川及周邊數個省份自然生態失衡，進而誘發了二〇〇八年的汶川大地震，造成數十萬四川人死難、殘疾和受傷。如果四川是一個獨立國家，北京豈能如此巧取豪奪四川的水力資源，不經四川民眾之公投而強行上馬此一勞民傷財、貽害無窮的水利工程？

大一統就是大災難。而四川獨立並非不切實際的異想天開。如果將大一統的中國解構成「百國爭鳴」的歐洲，四川如同居於歐洲心臟的德國，拙朴淳厚、堅韌不拔、奮發圖強的四川人一定能創造屬於自己的美好生活。四川人口九千多萬，比德國的八千多萬還多；四川面積四十八萬平方公里，比德國的三十五萬還大——若不算被中國暴力吞併的、歷史上以非漢族居民爲主體的「少數民族自治區」如新疆、西藏、內蒙、青海，在以漢人爲主體的「內地」，四川是疆域最大、人口僅次於河南的省份。四川若是一個獨立國家，就面積、人口及經濟實力綜合而言，在全球可躋身前三十名的強國之列。

以中國歷史來看，若以有文字可考的三千年而論，四川有接近一半時間處於獨立或半獨立狀態。歷史學者葛劍雄指出，四川盆地的糧食、紡織品、鹽、鐵等基本物資足以自給，人口有一定數量，地形易守難攻，對長江下游據有上游的優勢。成都和重慶早就成爲該地區的兩個中心，因此從秦以後先後爲西漢開國皇帝劉邦、東漢初的公孫述、蜀漢先主劉備、十六國成漢的李特、五代前蜀主王建、後蜀主孟知祥、北宋李順、元末明玉珍、明末張獻忠等人的據點。除了劉邦最終統一建立統一王朝之外，其餘無論是地方官割據，還是農民戰爭，長則數十年，短則一年，都曾建立過獨立政權。可見，自古以來，四川人最具獨立意識，漢字「獨」的右邊一半就是「蜀」，蜀人天生有「獨」的傾向。

在歷史上，四川有三次黃金時代：第一次爲三星堆和金沙文明；第二次爲「三國鼎立」的蜀漢政權；第三次爲清末至二十世紀三十年代中葉的四川自治。

三星堆文明既早於也優於中原文明

美國總統川普訪華時，躊躇滿志的習近平在紫禁城會見川普，像乾隆皇帝那樣顯示「天朝大國，無所不有」。習近平帶領川普參觀紫禁城，炫耀中國從未中斷的三千年文明如何悠久燦爛，川普則回應說埃及有七千年的文明史——但如今的埃及如何呢？歷史悠久的國家，並不能保證其國民今天能過上幸福、自由、富足和有尊嚴的生活。

中國人喜歡說自己歷史悠久，舉出例子往往是故宮、長城、兵馬俑、殷墟考古，這些象徵物都在中原與北方，代表著中原和北方的皇權中心主義。這些地方和這些文化，恰恰是自由知識份子在《河殤》中竭力批判的「黃色文明」，「黃色文明」正是代表著大一統、中央集權的意識形態。從此角度看，非常容易理解爲什麼三星堆文明在中國主流的文宣、教育和學術研究中被刻意遮蔽和貶低，至今仍不爲人所知。

一九九七年，三星堆博物館在成都郊區悄無聲息開幕。當我進入館內，琳瑯滿目的古蜀秘寶目不暇接。首先是光怪陸離、奇異詭譎的青銅造型：有高二點六二公尺的青銅大立人，有寬一點三八公尺的青銅面具，更有高達三點九五公尺的青銅神樹，均堪稱獨一無二的曠世神品。以流光溢彩的金杖爲代表的金器，以滿飾圖案的邊璋爲代表的玉石器，亦爲前所未見的稀世之珍。這些被列入國寶級的文物，比起台北故宮博物院和北京故宮博物院所保存的同時期的珍寶有過之而無不及。

此前，中國的考古發現顯示，年代最久遠的有仰韶、河姆渡、紅山、良渚等遺蹟。屬仰韶的半坡文化最古老，距今約六千年，爲半地下室式，遺存除了一些粗陶，找不到文明的影子；河姆渡約五千五百年，有稻穀，無甚文化；紅山文化五千年，文化程度高一些；良渚文化四千年，玉器較精美。但所有這些文化，與三星堆文化相較，都相形見拙。

三星堆文化可溯及五千年前，延續至三千年前。史學公認，它是青銅器、城市、文字符號和大型禮儀建築所構成的燦爛的古代文明。同時期的中原找不到如此豐富的文化堆積：甲骨文最遠只有三千五百年，後母戊大方鼎只有三千二百年，毛公鼎只有兩千八百年。三星堆青銅器製造水準遠高於同時代的中原地區，在浩瀚如煙海的中國古籍中找不到相關記載，可反向證明三星堆文明早於、亦優於商周文明，很可能中原的鑄造工藝受到三星堆的啓發和影響而非相反。

三星堆古遺址分布面積達十二平方公里，遺址分布於廣漢、什邡、新都及彭縣境內，成都市的故埤江兩岸亦有相關遺址密集分布。此外，嘉陵江流域、大渡河流域都有發現三星堆文化遺存。當我在博物館內流連忘返之際，不禁浮想聯翩：若於三、四千年前，身處這座古城之內，東、西、南、北皆有城牆圍繞，城外可能還有護城河環繞。若按著中軸線，由北而南行走，可依次發現玉石器手工作坊、陶窯等，提供日常生活之所需；城南端爲祭祀所在地，有神殿等建築。這比柏拉圖、莫爾、培根所描述的烏托邦更爲壯觀。三星堆離我的家鄉只有數十公里之遙，我家鄉的先民亦處於三星堆文明輻射圈之內。

二〇〇九年，有關部門在修復地震震壞的汶川縣布瓦碉群時發現了「布瓦遺址」，距今四千八百年，有學者認爲這是三星堆文化的源頭。汶川山高水急，不可能有原發性的文化，此文化或許從青海河湟地區傳承而來。三星堆文化與羌族很有可能在五千多年前共同自青海、甘肅進入四川岷江流域地區。那麼，四川不是文明的邊緣，而是文明的另一中心。四川沒有理由妄自菲薄，更不必對中原和北方俯首稱臣。

三星堆出土文物又產生了一個重大課題：中華文明可能來自於西亞文明。中國考古界從不敢正視此一問題——中國文明到底是原發性的，還是外來的？不是考古學界不敢正視，而是它涉及到「政治正確」，一旦說出眞相，就會被扣上「賣國」和「民族虛無主義」的大帽子。三星堆文物的出土，本身就是對中原和北方皇權中心主義的顚覆。如果以西南「邊陲」的三星堆取代中原或北方「中心」的故宮、長城、兵馬俑、殷墟，官方的愛國主義和民族主義敘事將無以爲繼。如果再考證出三星堆文明來自西亞，中國人的民族自尊心將如同「玻璃心」一樣碎得滿地都是。

三星堆文明發掘之前，中國學界可以臉部紅心不跳地向世界豪言「中華文明是原發性的可與埃及和兩河流域媲美的璀璨文明」。自從三星堆文明發掘以來，這個問題就成爲難以回避的現實——實物擺在那裡，端看你如何解釋。實在無法解釋，就將其打入冷宮。三星堆從二十世紀二〇年代開始發掘，到八〇年代大規模發掘，然後一九九七年建立博物館，卻從來不是學術研究和文宣的焦點、熱點。

其實，上世紀之初即有西方學者研究四川古史，輔以田野調查，提出石破天驚的見解。二十世紀初，傳教士陶然士在汶川地區考察羌族文化，發現羌族的文化和信仰跟中原各族裔完全不同：他們敬拜唯一神、尙白、以羊爲祭、塗血於門框且有祭司。由此，陶然士認爲，羌族有可能是以色列第十二支失散的支派。更有西方學者指出，中國的二十八宿、陰陽概念、農曆、青銅鑄造技術，在西亞地區先於中國就已存在，很可能是從西亞傳入中國的。

在中國學者中，有兩位非考古界人士亦提出「中國文化西來說」。五四一代的女作家和文學史家蘇雪林，爲楚辭研究大家，早在一九四三年整理《天問》正簡之後，就陸續撰寫《屈原〈天問〉中的舊約創世紀》、《後羿射日》、《諸天攬海》三篇論文，刊登在《東方雜誌》上。蘇雪林發現，中國故紙古籍無法解決的神話問題，竟然在《舊約．創世紀》中得到證實，而《舊約．創世紀》實受西亞兩河流域文化影響。她也發現《天問》以一百七八十個問題書寫全文的體制在國學史裡非常罕見，這種文體在《舊約》和印度古經文裡卻可找到呼應。她認爲，域外文化入華時間最早略在夏商周時代，以後又發生在戰國初年。然而，一般論者都以爲她用域外文化解釋屈賦，是藐視中國固有文化，是「野狐禪」。多年以後，三星堆文物出土爲其論點提供了有力物證，比如青銅神樹可能就是《山海經》裡的「不死樹」，以及《舊約》裡的「生命樹」。既然青銅鑄造工藝可傳入中國，文化思想當然也會傳入中國。在屈原的時代，域外和異質文化已是楚文化的一部分。

出身四川的年輕一代歷史學者劉仲敬在《中國窪地：一部內亞主導東亞的簡史》等著作中也提出「中國的秩序來自內亞」之說法。「中國窪地」是一種隱喻，它指的不是中國所處在歐亞大陸東端上的地理低地，而是指和內亞相比，中國在政治秩序和文明上一直是被輸入區域，是技術、文明和秩序的窪地。中國文化只能向朝鮮、日本輸出，而無法向西方輸出，這本身就說明中國政治窪地的性質。劉仲敬認爲，華夏諸國所在的東亞大陸，一開始沒有能力產生

三星堆的青銅器文明遠遠領先於中原。

強大秩序，其文明開端被來自內亞的政治秩序所主導。這一幕場景，在後面的千年中一次一次上演。一部東亞大陸的古代史，幾乎等同於內亞主導東亞的歷史。三星堆文明是劉仲敬「秩序輸出論」的一個重要證據，而中國尤其是中原及北方確實處於秩序的下端。

三星堆的考古發現，不單單是讓後人親眼目睹一批美輪美奐的藝術品，更帶來嶄新的歷史書寫和思想觀念，中原和北方不再是「天下」的中心，四川則由此獲得充足的文化自信心。

「田疇辟，倉廩實，器械利，蓄積饒」的蜀漢時代

十有八九的男孩子，少年時代都是「三國迷」。《三國演義》以三國中最弱的蜀國爲「漢室正統」，給予表彰和褒揚。生活在蜀國都城旁邊的我，從小就與蜀國的遺蹟近距離接觸。小學時，學校舉辦校外教學，常常去武侯祠，對魯迅所說的三國演義中「長厚而似僞」的劉備、「多智而近妖」的諸葛亮的故事瞭如指掌，對「五虎上將」關羽、張飛、趙雲、黃忠、馬超的武功津津樂道。當然，其他時代的歷史古蹟如杜甫草堂、三蘇祠、樂山大佛等，亦是我常常流連忘返之地。李白、杜甫、蘇東坡的許多詩詞散文都與四川有關，我從小吟唱著這些優美的文辭長大。

我不會認同《三國志》和《三國演義》中的儒家倫理價值，但我從這些古籍中發現獨立時代的蜀國何其有趣、豐饒、精彩。如果我是一名一輩子在四川生活的四川人，可以選擇生活的時

代，我會選擇生活在劉備、諸葛亮時代的蜀國，或生活在毛澤東、李井泉時代的四川？若是在前一個時代，一名農夫可以「躬耕於田疇，溫飽於灶頭」，一名文士可以「不爲五斗米而折腰」；若是在後一個時代，一名農夫連外出逃荒的自由都被剝奪而只能「以家爲牢」、活活餓死，一名文士則連保持沉默、道路以目的權利都蕩然無存而只能山呼萬歲，融入「平庸之惡」的洪流。

在魏吳蜀三國中，偏居西南一隅的蜀國版圖最小，主要地區僅限於巴蜀漢中等地。諸葛亮儘管「七擒孟獲」，但並未實現對雲貴「蠻夷之地」的實際統治。直到蜀亡時，只有戶二十八萬，人口九十四萬，軍隊約十萬，可見國力之弱。而當時魏國，有人口四百四十萬，軍隊約六十萬，力量對比差距明顯。

其實，諸葛亮的軍事才能沒有《三國演義》中渲染的那麼神出鬼沒、百戰百勝，但他大致算是一名良相。諸葛亮在經濟上推行「務農殖穀，閉關息民」的政策，全力發展農業生產，又挑選有理財知識的人擔任農官，加強糧食管理和對農產的督導。他深知農田水利是農業的命脈，對水利設施的新建和維護十分用心，曾派壯丁一千二百人保護秦時李冰所修的都江堰，並專門設置堰官主管都江堰的維護，讓都江堰的灌溉功能充分發揮。同時，諸葛亮大量興建各類灌溉設施，時人稱爲「諸葛堰」、「小諸葛堰」。

當時，曹操在北方實行「屯田」制，有效地恢復了北方的農業生產，也爲其爭霸天下奠定了堅實的物資基礎。諸葛亮不甘落後，在蜀國實行「休士勸農」、「分兵屯田」政策。史載，諸葛亮曾招募五千人到漢中屯田，又派呂義「為漢中太守，兼領督農，供繼軍糧」。

僅有農業不足以讓民衆致富，諸葛亮突破儒家思想的桎梏，大力發展手工業和商業。他製訂各種政策鼓勵養蠶業和紡織手工業，由於蜀國在絲織業上的大量投入，蜀錦的品質和工藝水準是三國中是最高的，蜀錦成為天下皆知、潮人必穿的高品質衣料。蜀錦甚至成為蜀漢政府最大的對外貿易收益來源，連作為敵國的魏吳都派專人前來採購，史載：「江東歷代尚未有錦，而成都獨稱妙，故三國時魏取布於蜀，而吳亦資西蜀。」據《三國志．蜀志．後主傳》載，蜀亡時，還庫存有錦八十萬匹，就見當時生產規模之宏大。

蜀國不靠海，無法取得海鹽，但蜀國生產一種獨特的鹽：井鹽。諸葛亮對製鹽業十分重視，甚至親自到鹽井煮鹽，提升製鹽工藝。他還設立鹽鐵公營機構——司鹽校尉及司金中郎將，專門負責管理鹽鐵的生產，並農器、兵器的製造。後世四川聞名天下的井鹽，就是在此期間發展起來的。制鹽業很快成為蜀國經濟的一大支柱。

經過一番努力經營，蜀國由劉備去世時的「益州疲弊」，變成一派「田疇辟，倉廩實，器械利，積蓄饒」的繁榮景象。陶淵明在詩歌中靠想像描述桃花源的境界：「相命肆農耕，日入從所憩。桑竹垂餘蔭，菽稷隨時藝。春蠶收長絲，秋熟靡王稅。荒路曖交通，雞犬互鳴吠。俎豆猶古法，衣裳無新製。童孺縱行歌，斑白歡遊詣。」蜀漢時代的成都平原，雖然達不到此種境界，也算是亂世中的一片綠洲。

如果諸葛亮及其繼承人姜維等人「知足常樂」，或者用鄧小平的語言來說「韜光養晦」，蜀國「小國富民」的狀態將能持續更久時間。在此意義上，被「英雄史觀」妖魔化的「劉阿斗」後主劉禪，實際上比「聰明反被聰明誤」的諸葛亮們聰明得多——劉禪沒有諸葛亮「復興漢室、統一天下」的野心，他知道蜀國並沒有那樣強大的國力，如果橫挑強敵，只能是自取滅亡。然而，諸葛亮卻有問鼎天下的雄心壯志，當他感到蜀國「兵甲已足」之時，便不再與民生息，而是出師北伐。如果北伐成功，諸葛亮未嘗不會像魏國的司馬家族取曹魏而代之以晉那樣，廢掉劉禪自立為帝；然而，雙方力量的懸殊註定了諸葛亮的多次北伐必然是失敗的結局，他自己也「出師未捷身先死，常使英雄淚滿襟」。

諸葛亮及其繼承人窮兵黷武、勞民傷財，反倒加速了蜀國的衰亡。諸葛亮的治理模式基本上是儒法併舉，縱橫家與厚黑學一起用；而劉禪則是黃老之學，無為而治，與民休養生息——後者比前者更適合蜀國的國情。劉禪應當被史家「平反」。

蜀地歸晉之後，蜀地百姓由蜀國國民變成晉國國民，但生存狀態不僅沒有更上層樓，反倒每下愈況。作為「二等公民」，他們深受苛捐雜稅之苦。而當晉朝的統治迅速崩潰之後，蜀地「城門失火，殃及池魚」，陷入長久的混亂之中。

夢想「蛇吞象」式的統一，結果是現有的獨立也無以為繼。一千多年之後，奉系軍閥首領張作霖犯下跟諸葛亮一樣「小兒科」的錯誤：他若保持「一動不如一靜」，好好治理東三省，必定能讓東三省更加繁榮富強，自己亦能得以善終；他偏偏要入關爭奪大中國的元首位階，結果不僅自己血肉橫飛地死去，東北的基業也很快被敗家子張學良拱手相讓給日本人。

軍閥割據並非暗無天日，聯省自治未能開花結果

大清王朝的崩潰，不是靠「孫大炮」在海外鼓吹革命，也不是靠武昌起義一聲炮響，而肇始於四川的保路運動。所謂「天下未亂蜀先亂，天下已治蜀未治」，四川人從來就不願服從中央，天下分崩離析，往往從四川開始。

成都武侯祠有一副清代官員趙藩所撰的對聯：「能攻心則反側自消，自古知兵非好戰；不審勢即寬嚴皆誤，後來治蜀要深思。」清廷在治理蜀地、蜀人時並未「深思」，因「鐵路國有」的錯誤政策，喪失民心，激發川人揭竿而起。

當時，四川民眾自籌一千六百萬兩白銀修築川漢鐵路西段（成都至宜昌）。清廷一反承諾，企圖將鐵路收歸國有。川人於一九一一年年六月組成「保路同志會」，引用光緒上諭中「庶政公諸輿論」、「川路准歸商辦」之語，拒絕官方接收。朝廷下令有「屠夫」之稱的四川總督趙爾豐強力彈壓，「如有匪徒煽惑，擾害治安，格殺勿論」。

八月二十四日，川人在成都舉行保路大會，決議罷市、罷課、停納捐稅，革命黨及哥老會領

導各州縣響應。趙爾豐連電告急，謂群情激奮，如不准所請，全國將受牽動。九月二日，朝廷命令欽差大臣端方率湖北新軍入川鎮壓。七日，趙爾豐誘捕諮議局議長蒲殿俊及保路會會長、股東會會長、鐵路公司董事十餘人，此舉宛如抱薪救火、揚湯止沸。新軍將校及哥老會組織「同志軍」包圍成都，由和平請願發展成武裝反抗，局勢一發而不可收拾。《劍橋中國晚清史》記載：「多達十萬人的各種武裝集團打垮了政府軍，後者到十月初只能集中防守省會和少數城市。……一批縣城宣佈獨立，有的甚至成立軍政府。」湖北新軍走到半路，發生兵變，端方死於亂軍之中。

清廷調動湖北新軍沿江而下鎮壓四川的保路運動，造成湖北守備空虛，武昌起義遂一舉成功。若無四川保路運動，就不可能有武昌起義勝利並終結清朝的統治乃至終結兩千年一以貫之的帝制。毋庸諱言，辛亥革命的大半功勞要歸功於四川人民之反抗。

在中華民國成立之前，大漢四川軍政府已宣告成立，並以大漢旗作為政權象徵。一九一一年九月二十五日，王天傑等在榮縣宣告獨立，建立了近代中國第一個獨立的縣級政權——榮縣軍政府。十一月二十二日，重慶獨立，成立蜀軍政府。二十七日，大漢四川軍政府在成都成立。次年一月，蓉、渝兩個軍政府派代表在重慶會商，並達成協定：以成都為政治中心，設四川都督府，以蓉、渝兩處都督分任正副都督；重慶為重鎮，設鎮撫府。四月二十七日，四川都督府成立。

就四川的經驗來看，「獨立比統一好」是歷史確鑿的記載，也是現實真切的體驗。入民國之後，四川群龍無首，長期陷入軍閥割據，從未有一個軍閥擁有絕對優勢，可完全支配四川軍政事務。川軍只是四川軍閥的總體稱謂，從未形成統一體系。據老人們回憶，川軍混戰，很多時候宛如戲班子演戲，一場戰鬥只有百十官兵傷亡。戰敗者通電下野，到上海、天津當寓公；戰勝者網開一面，不會窮追不捨、致人死命。普通百姓，大都作壁上觀，日常生活所受影響有限。從一九一二年民國建立到一九三七年全面抗戰爆發、蔣介石的中央軍入川，二十五年間四川發生了上百次大小戰爭，但川軍死亡人數遠不及抗戰八年，更比不上國共內戰三年。四川軍閥劃分防區，各自爲政，四川宛如小型邦聯。在此局面下，公民社會反倒發展迅猛，民間自發的秩序亦行之有效。

一九二〇年代的聯省自治運動，最有成效的是湖南、廣東、浙江、四川。護國之戰及滇黔軍入川，激起四川人「川人治川」意識，亦號稱四川的「門羅主義」。「四川自治運動宣言」明白指出四川支持聯省自治的理由：「吾川介在南北，爲雙方所爭，當局者時而托命中央，時而附和護法，或南或北，徘徊莫定，一誤再誤，民不堪命矣。唯及今力圖自治，則戰端可由之而弭。」

在四川軍閥中，熱衷於聯省自治的有熊克武、劉湘等人。熊克武宣稱：「邇來新潮澎湃，自治聲浪，漸增高漲，軍、政、學、紳、商各界，以及議會中人，咸積極於自治之運動。」一九二一年一月八日，劉湘、但懋辛聯合通電表示自治決心：「在中華民國合法統一政府未成立以前，川省完全自治，以省公民意志制定省自治根本法，行使一切職權，共謀政治革新，爲圖振興實業，並在南北任何方面，決不為左護右袒。」經過一九二二年的重慶將領會議和一九二二年的成都將領會議，四川軍閥在十二月中旬宣佈自治。

一九二二年二月至三月間，四川公法學者陳啓修擬定的《四川省自治組織法草案》刊登於《北京晨報》。陳氏認為，中國應為一聯合之共和國，而非單一國，「四川省自治團體為中華民國最高自治團體之一」，非經本自治團體制作並經省公民直接投票批准，中華民國憲法及對外條約皆無效。同年三月，四川省議會召集臨時會議，討論制訂省憲法，並成立省憲籌備處。一九二三年一月十日，省憲起草委員會在成都正式成立。經過多次討論、審查，於三月十日完成一部共十二章一百五十八條的《四川省憲法草案》。然而，時不我待，就在此時，南北大戰又發生，四川再度被波及，四川的制憲事業，不得不半途而廢。儘管如此，學者胡春惠指出：「四川省憲起草行動較晚，所以能摘擇湖南、浙江、廣東各省憲法精神之長，因而給日後中國制憲事業留下不少足堪參考之價值。」

四川軍閥統治時代，長期被國共兩黨主導的歷史敘事所妖魔化。其實，四川人民在軍閥時代所擁有的自由遠遠多於國民黨實際統治四川時期（一九三七年至一九四九年）以及共產黨統治四川時期（一九四九年至今）。軍閥只是一個中性的身份描述，並不必然帶有貶義。很多軍閥的人品優於國民黨和共產黨的官僚。比如，四川軍閥中的後起之秀劉湘深受川人愛戴，「劉律己甚嚴，摒絕一切嗜好。川中貴胄巨賈多左擁右抱，金屋藏嬌，多多益善，已成為一種摩登風氣。而劉氏則夫唱婦隨，相敬如賓，為四川人士所稱道不止者。劉氏部曲多營華屋，置良田，如師長潘文華、范紹增之居值十萬之巨，唐式遵、曾子唯之山林田產掩有數場之多。而劉在嘉陵江畔之住所，外披芳草，內部雖較富麗，總計建築費不過三四萬金耳。」若非四川軍閥長期勵精圖治，四川豈能成為抗戰八年的大後方？齊邦媛之《巨流河》，最動人的部分是回憶作為流亡學生在成都平原的那段青蔥歲月，雖然戰時處處「克難」，但富庶的四川保證了湧入的上千萬難民至少衣食無憂。

政治學者劉軍寧在《聯省自治：二十世紀的聯邦主義嘗試》一文中指出，二十世紀之初的中國，各種政治運動風起雲湧，其中一些是批判性的，如民族主義運動、無政府主義運動。有些不僅是批判性的，而且是毀滅性的，如極權主義運動。而聯省自治運動，既是批判性的，其矛頭針對的是在中國有數千年歷史的大一統中央集權主義；同時又是建設性的，其目標是在中國通過聯省自治建立一個聯邦主義的憲政民主國家。其實現的路徑是：以個人為最基本的自主單位，以村鎮為最基本的自治單位，聯民而村鎮，聯村鎮而市縣，聯市縣而省邦，聯省邦而共和，由是達到聯邦共和的境界。

然而，聯省自治最終未能成功，中國並不具備北美十三個殖民地剛獨立時的民情，也缺乏自治性的公民社會。劉軍寧說：「二十世紀對中國來說是充滿機遇，而又極其不幸的世紀。二十世紀喪失的最大機遇之一，恐怕是與聯邦主義失之交臂。」根深蒂固的大一統觀念是一大障礙，

「中國在二十世紀遭遇的種種不幸與對中央集權大一統的不懈追求與忘情擁抱是分不開的」。

由於蘇俄極權主義進入中國並如潮水般征服人心，四川再度與獨立或高度自治的道路擦肩而過。若非日本全面侵華，潰敗的國民黨政權逃入四川鳩佔鵲巢（宛如國民黨政權在國共內戰中潰敗逃到台灣鳩佔鵲巢一樣。值得注意的是，蔣介石選擇重慶而不是成都爲「陪都」，是因爲重慶本地軍閥勢力薄弱，而成都本地軍閥勢力強大、盤根錯節、難以控制），然後是慘烈的國共內戰，共產黨奪取了包括四川的整個中華民國版圖；否則，四川與其他省份一樣，在自治模式上小心探索、步步爲營，再與兄弟省份通過「聯省」而成爲美國式的聯邦共和國，那是何等美善的結局？

中共統治中國以來，實行極權主義與中央集權之模式，帶來罄竹難書的罪惡。未來，我的夢想是：不單單要推翻共產黨政權，更要解體中國這個可怕的「利維坦」。先從每個省開始，建立眞正「民有、民治、民享」的自治體，然後，究竟是各自獨立，還是聯合成歐盟式的邦聯或美國式的聯邦，都交付住民自決。那麼，未來，我既願意做一名蜀國人，也願意做一名自由、民族、憲政、共和的「華人合眾國」內的四川人。

第十一章

我是蒙古人，我支持南蒙古獨立

「如果有一天我熟悉了所有的徽章，」忽必烈問馬可．波羅，「是不是就可以真正擁有我的帝國呢？」

威尼斯人回答說：「汗王，別這樣想。到了那一天，你只是許多徽章中的一枚徽章罷了。」

——卡爾維諾（Italo Calvino）

卡爾維諾筆下的忽必烈汗異常憂鬱：他叼著鑲著琥珀色嘴子的煙斗，鬍鬚垂到紫金項鍊上，腳趾在緞子拖鞋裡緊張地弓起，眼皮都不抬一下，聽馬可．波羅彙報四方遊歷所經過的城市。手握無邊的權力，他卻發現自己的帝國不過是一個既無止境又無形狀的廢墟——整個世界正在崩塌。只有馬可．波羅的報告，讓他從絕望的深淵中片刻抽離，依稀看見那些倖免於白蟻啃噬的雕花窗格。

卡爾維諾自承並非歷史專業人士，但他這段馬可．波羅奉命出使的故事，卻並非憑空想象——他根據的是那本舉世聞名的《馬可．波羅遊記》，儘管嚴肅的歷史學家並不能肯定這部書的眞實性，這部書卻開啓了幾代歐洲人對東方的想像。當然，卡爾維諾不是現實主義流派的作家，根據他的這番描述，你很難畫出一幅忽必烈的素描來。卡爾維諾筆下的人物和城市都只存在於其想像之中。

那麼，忽必烈及成吉思汗究竟長得什麼模樣？所幸，他們的畫像可以在中學歷史課本中找到：當年，在追封成吉思汗爲元太祖時，忽必烈想起祖父沒有留下一幅畫像，無法掛在祠堂的牌位上面。而忽必烈和成吉思汗的長相頗爲相似，所以宮廷畫匠和禮霍孫基本上照忽必烈相貌的輪廓，加上別人的描述，在一二七八年繪製出一幅成吉思汗的畫像。其他成吉思汗畫像多是以此爲摹本。

這幅成吉思汗最標準的肖像畫，如今收藏在北京的中國國家博物館。這幅畫也是「踏破鐵鞋無覓處，得來全不費功夫」：一九五三年，中國文物鑑定專家史樹青在一個偶然的機會從民間征集到這件國寶。經鑑定，這是一幅元人的作品。圖中，成吉思汗的容貌是：寬額

成吉思汗畫像

圓臉、細長眉毛、單眼皮；戴外白裡黑的皮冠，身著淺米色毛絨衫；連髯鬍鬚，黑白相間，額前有髮微露，右左分披，冠下耳後垂髮。在畫像的右上角題寫著豎行漢字：「太祖皇帝即諱成吉思汗貼木眞。」

我在唸中學時，就有同學說我長得像課本裡的成吉思汗和忽必烈。一開始，我只是當作玩笑，後來拿過鏡子仔細一對照，眞覺得還有點像：都是額頭寬闊、眉毛疏淡、眼睛細長、圓臉。不過，我們家只是平凡人家，幾代以上都沒有出過値得誇耀的人物。我的爺爺是一名務農的「袍哥」。四川的「袍哥會」，即哥老會，與洪門（天地會）、青幫併稱清朝三大秘密結社。哥老會成員被稱爲袍哥，大概有兩種解釋：一說是取《詩經．無衣》之「與子同袍」之義，表示是同一袍色之哥弟；另一說是袍與胞諧音，表示有如同胞之哥弟。「袍哥人家，絕不拉稀擺帶」，意思是袍哥既勇敢又講義氣。奶奶告訴我，爺爺確實是這樣的人物，雖然家境貧寒，卻有一副俠義心腸，頗受鄉親的尊重。可惜，爺爺在三十出頭的英年，因闌尾炎惡化、沒有錢去醫院動手術而去世。那時，鄉間缺醫少藥，爺爺是被活活疼死的，在人間連一張照片都沒有留下。

後來，我有幸結識了四川老詩人、「老右派」流沙河先生。一九五七年，流沙河因發表詩歌《草木篇》，被毛澤東點名批評爲「假百花齊放之名，行死鼠亂拋之實」。偉大領袖金口一開，哪裡有本人分辨的機會，二十出頭的流沙河被劃爲「右派」，連續接受多種「勞動改造」，失去自由累計達二十年。流沙河原名余勛坦，原籍爲四川金堂。博學多才的老先生告訴我，他跟我是余姓同宗，成都郊區很多「佘」姓，都是元朝末年由「鐵」改「余」姓，這些余姓之人都是蒙古人。

我恍然大悟說：「難怪我們都有反骨呢！」我們老少二人相對而笑。是的，我們原本就不是儒化的、唯唯諾諾的、低眉順首的漢人，我們如同草原上的駿馬和蒼鷹，熱愛自由、反抗專制是我們的本性。

二〇一二年元旦，在我離開中國前夕，流沙河老師和夫人吳茂華老師專程到我的老家來看望我們全家，特別安慰我的父母說：「現在，以衆人的眼光來看，你們的兒子是『國家的敵人』，沒有當官，也沒有發財，不能給家人帶來好處，反倒帶來麻煩。但是，作爲父母，應當以這樣的兒子爲驕傲。」那一刻，我爲之淚下。這就是年老的余氏對年輕的余氏最後的叮囑與期許。

蒙古後裔「鐵改余姓」的傳奇故事

余姓爲中國第四十大姓，人口約有六百多萬，約占全國人口的〇．四八％。余姓在四川是一個常見的姓氏，當一位姓余的四川人操著一口流利的四川話跟你「擺龍門陣」（聊天）時，你可能不會想到，四川本土的余姓居民中，有一些帶有蒙古族血統。這些余姓人認爲，他們是成吉思汗的後裔，當年祖上爲了避禍，由「鐵」改成「余」姓，隱藏祖傳的身份和族裔，靠著一首暗藏家族秘史的「分手詩」明辨血統——「本是元朝帝王家，紅巾趕散入西涯。瀘陽岸上分攜手，鳳錦橋邊插柳椏。否泰是天皆由命，悲傷思我又思他。十人誓願歸何處，如夢雲遊浪卷沙。余字並無三兩姓，一家分作千萬家。」

散居四川及西南各地的部分佘姓人士，保持著他們的記憶與傳統。佘體福老人是涼山州越西縣人，是中華佘姓歷史文化研究中心副主任。在他的記憶中，這首老一輩傳來下的詩歌十分傳奇，幾乎就是四川「鐵改佘姓」認族歸宗的重要依據之一。佘成文老人是雅安市名山縣人，他剛識字起，就被長輩要求牢記這首「分手詩」。早年，他並不知道這首詩的眞正含義，但兒時的記憶相當深刻——父母在他起床時，揪著他的耳朵大喊：「記到，我們是蒙古人的後代。」

在《說文解字》中，余與舍字同義。在甲骨文和金文中，余字像樹木支撐的房屋形。上部爲屋頂，下面爲梁架和支柱，整個字形像房屋架構側面圖。余的本義是房舍，後來演化爲第一人稱「我」和富餘之「餘」，均爲房舍的引申義。

所有「鐵改佘姓」家譜都記載，鐵木健是「鐵改佘姓」家族先祖。佘氏家譜記載，鐵木健生長在五國城，後到安徽、江西，又轉河南京山、湖北麻城一帶。民國二十三年（一九三四年）重新修編的明代兵部尚書佘子俊所序的《青神佘氏家譜》記載：「世祖之孫鐵木健其人也。……封鐵木健爲南平王、東路不花元帥，鎮江南。」該族譜成書於成化二十二年（公元一四八六年），佘子俊身爲明大臣，似無僞造家世之必要；且其去元亡不遠，祖先之事世代口傳，必有所聞，族譜所記必有根據。

鐵木健，即蒙古乞顏部奇渥溫·孛兒只斤氏，元太祖鐵木眞第五代嫡孫，生於十三世紀中後期，卒於十四世紀中葉。鐵木健自幼在忽必烈軍營中成長，十五歲隨軍出征，戰功顯赫，很得忽必烈器重。後封南平王，食邑湖廣行省黃州府麻城縣。一三四〇年，遼陽「金後人」聚衆反元，鐵木健奉命征討，大獲全勝，卻在班師回朝的路上不幸病逝。家譜中記載，鐵木健育有九男一女，九個兒子都中了元朝進士，後來他招的一個女婿也中了進士，故有「九子十進士」之說法。

而據《鐵改余姓總譜》記載，元順帝時民不聊生，發生紅巾軍起義。朱元璋的軍隊攻佔元大都後，驅趕元朝臣屬。聚集在湖北麻城以觀後變的鐵木健「九子一女」無法北歸，爲避免遭遇滿門抄斬之禍，商議西逃。於是，「九子一女」攜帶家屬及隨從三百八十餘人往西遷徙。他們逃到瀘州鳳錦橋時，決定分散逃離，以免全軍覆沒。爲讓後人記住自己是蒙古皇族，十人每人咬指作筆，以血代墨，每人吟詩一句，作爲日後認親的憑證。詩畢，又相約插柳爲記，撮土焚香，望空朝北而拜，對天明誓說，余姓子孫永世相親相認，不得富不認貧、貴不認賤。後來，這群蒙古後裔遍佈四川及雲南、貴州等西南地區。

元末「鐵改余姓」，爲何單單選擇「余」爲姓？第一種說法是，這一大家族輾轉到達瀘州鳳錦橋時，決定分散各地隱居以求生存，並相約改姓爲余，寓意「殺不盡斬不絕還有餘」；隨從則改姓「于」，意爲上不戴帽、下不穿衣。在瀘州分散後，他們流落到重慶、瀘州、富順、納溪、青神、榮縣、樂山等地。

第二種說法是，當這個大家族逃難到大渡河地區及雲貴川三省交界地區時，爲避免九族盡滅之禍，決定讓部分人改鐵姓爲金姓。後經考量，金姓與鐵姓仍易被識破，便又改金姓爲佘姓。於是，便有了鐵、金、佘一家的說法。此三姓之間亦有互不通婚之默契。

第三種說法是，鐵氏九子一婿及家屬、隨從等行至肥河邊時，因同行目標太大，決定改姓換名各自逃命。忽見河中魚躍，大家相約改鐵爲佘姓，含有蒙元餘留、剩餘，又取魚字諧音之意。

第四種說法是，逃難人群抵達大渡河邊，水流湍急，無法渡河。大家一籌莫展。此時，河中出現一條巨大的神魚，駝鐵氏子弟過河，故而獲救的鐵氏之地決定改姓佘（魚）。這種說法已經是《西遊記》式的神話故事了。

若屬於「鐵改佘姓」的佘氏家族，其族譜和祠堂都會顯示其獨特身世。如四川樂山犍爲縣同興鄉佘家灣，有二十多戶人家自認爲是蒙古後裔。佘海奎老人出示了一冊編撰於兩百年前的《佘氏族譜》，該族譜記載，他們這個家族是蒙古皇族，從十四世紀中期開始已在此居住六百多年。

又如，成都市雙流縣煎茶鎮尖山村佘朝元老人，出示了一本絹制封皮的《佘氏族譜》，殘破的扉頁上有乾隆五十年字樣。正文第一頁介紹祖先淵源：「元之先本胡地蒙古部下人也，與女眞國爲鄰……孫世襲爵，至十世孫其勢愈大，名曰鐵木眞……」族譜記載了佘姓先祖鐵木健「九子十進士」等事件。成都市文化局文物處的專家對紙張年代作了考證，確認族譜是在清中期以前完成的。四川省歷史學會會長譚繼和又對族譜所記載內容進行查證，結論是內容與史實基本吻合。

再如，在川滇黔渝邊區的余氏宗祠，一般都以「光前須顯十進士，裕後還朝五尚書（正殿及神龕對聯）」及「問族一門四太守，尋宗六部五尚書（中殿）」作爲堂聯。祠堂內供有鐵木見（健）的牌位，上面寫著：「皇元太師南平王鐵公諱木見祖公之神位」。此格局與其他漢族余姓所供的神位、堂聯明顯不同。

一九九七年初，川滇黔渝邊區的「鐵改余姓」子孫成立了「中國鐵改余姓蒙古族續修族譜委員會」，第一次公開承認蒙古族身份。他們收集到各地珍藏的家譜三十六本，並參閱《元史》、《明史》、《蒙古源流》、《蒙古秘史》等史籍文獻，基本梳理出「鐵改余姓」之來龍去脈。他們進而推動「說蒙古語，穿蒙古袍，祭奠成陵」等「認祖歸宗」活動。

然而，中共一貫認爲，民族問題是一個相當「敏感」的領域，並不認可這部分余姓居民將民族身份改回蒙古族的願望。迄今爲止，除四川漢源，貴州大方、石阡、思南、黔西，雲南廣南、馬關、西疇、曲靖、鎮沅等少部分地區「鐵改余姓」人士獲得批准改爲蒙古族外，其他地區都停止批准改變民族身份之要求。短期之內，聚居於川滇黔渝等西南地區的一百萬「鐵改余姓」子孫難以恢復其蒙古族身份。

一名大漢族中心主義者撰寫了一篇題爲〈「鐵改余」現象——漢民族自我瓦解的警告〉的文章，對要求改回蒙古族的余姓人士上綱上線、口誅筆伐，甚至上升到與台灣陳水扁執政時「去中國化」政策「同等危險」的高度。文章指出：「全國鐵改余認祖歸宗的統一指揮部——中華佘姓歷史文化研究中心，現在在好些地方都指使辦了蒙古語文掃盲班。台灣提出「去中國化」以後，有些人暗地中也授意要搞「去漢族化」，現在即使是戶口上還是漢族的人，對漢文化和漢民族的認同都很淡漠了。對蒙古文化和蒙古民族反而認爲無比神聖，出現了一些專門從事這些活動串聯的族人。」這如同向當局告密，並添油加醋地彙報說：這些人是不穩定因素，應當趕緊鎮壓。

這篇文章抬出史達林關於民族的定義，否定部分余姓族人認祖歸宗的要求：「即使『西南鐵改余』姓中眞有一部分人是蒙元蒙古族後裔，但蒙元距今六百多年，若我們以二十五年爲一代計，他們融合在漢族中也已經二十多代了，根據史達林的民族識別理論還能再算是蒙古人嗎？漢族其實只是一個文化共同體，它由無數個民族融和而成。中國歷史上的少數民族融合入漢族這個大海，這是中國幾千年歷史的普遍現象，同時這也是中國社會的一個正確的發展方向。」殊不知，史達林的「民族識別理論」早已破產，建立在這一理論上的民族區域自治制度以及蘇聯帝國早已灰飛煙滅。此人仍然迷信史達林思想，眞是不知今夕是何年。

這篇文章宛如文革大字報，瀰漫著漢族中心主義的種族優越感，對非漢族極端歧視：「『西南鐵改余』現象是一種開歷史倒車的行爲！爲什麼會出現這種現象呢？現在的民族政策有問題！爲什麼現在有些人身上僅有二分之一、四分之一、一百分之一，甚至沒有少數民族血統的人都爭著加入少數民族籍？而且他們對少數民族的認同感更甚於他們身上的漢族血統，有些人甚至以身上有漢族血統為恥。若漢族中的各個姓氏也都拿出一些似是而非的依據來，打著『認祖歸宗無罪』的旗號動輒幾十萬、上百萬的要恢復成少數民族，那麼漢民族的瓦解也就指日可待！」這位作者認為，中共在教育和計畫生育等方面過於「優待」少數民族，導致人們用「鐵改余姓」為藉口將漢族身份轉換為蒙古族身份，人們是被利益和好處所惑。作者看似義正詞嚴，但我要反問的是：即便中共實施「優待」少數民族的政策，仍然無法得到少數民族對其政權的歸順，若是廢除這些「優待」政策，少數民族更會離心離德。中共難道不應該好好反思自己的民族政策為什麼還比不上帝制時代？而支撐「大中國」的帝國想像和獨裁體制的「漢族」和「中華民族」這兩個「偽概念」，眞有存在的必要嗎？

北蒙古終成共和國，南蒙古淪為殖民地

近代以來，曾經創建世界上最大帝國的蒙古民族衰落了。清帝國時代，蒙古諸部擁有高度自治地位，且滿蒙一體化，蒙古人擁有比漢人更高的地位。辛亥革命之後，蒙古被人為地分為北蒙古和南蒙古兩部分（即中國所謂「外蒙古」和「內蒙古」）。北蒙古抓住時機爭取到獨立地位，並於一九二四年成立蒙古人民共和國，但實際上卻是蘇聯的附庸國和殖民地。一九六〇年代以後，蒙古被迫將軍隊交由蘇聯指揮，由於中蘇關係惡化，蘇聯在蒙古與中國的邊境陳兵百萬，對

中國東北及首都北京構成嚴重威脅。杯弓蛇影的毛澤東害怕蘇聯對中國發動突襲，下令將中國北方及沿海的工業中心南遷、西遷，所謂「三線建設」對中國的經濟發展帶來毀滅性的影響。

一九八〇年代末，蘇聯東歐劇變，共產主義體制崩潰，蒙古也被波及。一九九〇年一月十二日，首都烏蘭巴托爆發示威，演變成一場民主革命，最終蒙古以非流血方式修改憲法和走向民主化。一九九二年二月十二日，蒙古人民共和國改國名爲蒙古國，並更改國旗、國徽，宣布放棄社會主義，實行多黨制和議會制，走上親西方的道路。在俄國和中國兩大強權壓迫下，蒙古有意深化與美國的關係，加入美國主導的全球政治、經濟和安全秩序。二〇一八年三月，美國國防部負責亞太安全事務的副部長薛瑞福（Randall Schriver）訪問蒙古，評價蒙古國是「爲亞洲乃至世界和平穩定做出巨大貢獻的民主和平國家的典範」。

與獨立自主、走上民主正途的北蒙古相比，被劃分爲南蒙古的區域，不得不處在中華民國和中華人民共和國的統治之下。尤其是中共的暴政，讓南蒙古瀕臨環境惡化、種族滅絕之厄運。日籍蒙古裔歷史學者楊海英（蒙古名字爲「俄尼斯．朝格圖」）在《沒有墓碑的草原》一書中指出，經過中共多年有計劃的移民，今天的南蒙古，蒙古人只有四百多萬，漢人則有一千八百萬，早已形成「鳩佔鵲巢」之態勢。

在政治上，從晚清以降形成的蒙古菁英階層，到文革幾乎被屠殺殆盡。在那個清算與鬥爭的年代，身爲「蒙古人」就是唯一的原罪。共產黨及被煽動、被愚弄的漢人對蒙古人的殺戮規模之大、時間之長，爲歷史罕見。南蒙古草原化作大屠殺現場——「男人遭清算，女人被強姦，牧民被強制內遷，家園由漢地移民居住，母語被禁言。」根據楊海英統計，文革期間在南蒙古「約有三十四萬人被捕，兩萬七千九百人遭到殺害，十二萬人致殘。當時蒙古人人口約一百四十萬，平均每個家庭至少有一人被囚禁，每五十人中有一人被殺害。這完全是中國政府和漢民族主導的滅絕種族的大屠殺。中國爲了建立漢人統治的國家，而對於反對中國統治、力爭建立自己的國民國家的蒙古人進行大肆虐殺。」更可悲的是，納粹對猶太人的屠殺被釘在歷史的恥辱柱上，但中共對蒙古人的屠殺卻是一場靜悄悄的、不爲世界所知的種族屠殺。加害者依然顧盼自雄、高高在上，受害者及其家人、後人只能隱忍沉默、無處伸冤。

在環境和經濟層面，南蒙古原住民擁有的土地、牧場被非法剝奪，他們在家鄉淪爲弱勢群體和「低端人口」。楊海英在論文《殖民地統治與大量虐殺——中國民族問題研究的新視野》中指出，隨著漢人移民和農業墾殖，美麗的草原越發荒漠化。遊牧民幾千年的生活並未導致任何沙丘出現，中國人入侵後僅三、四十年就使黃沙漫天飛舞、草場嚴重退化。瘋狂開墾草原，導致沙漠化的是中國人，但破壞環境的罪責卻被轉嫁到蒙古人和他們的家畜身上。在名爲「生態移民」的強制移居政策下，蒙古人被迫放棄畜牧，被驅逐出草原後，不得不住在中國人骯髒的城市和街道，他們祖祖輩輩習慣的遊牧民族的生活方式被徹底斬斷。中共團派大員胡春華擔任內蒙古書記期間，有蒙古牧民抗議中國企業在南蒙古開礦，卻遭到殘酷鎮壓——胡春華想學胡錦濤靠鎮壓藏人上位。

一九九九年夏天，我有機會赴南蒙古錫林郭勒草原旅行，這是我唯一一次到祖先生活的區域「尋根」。然而，所到之處，我驚奇地發現，所謂的草原，並非「天蒼蒼，野茫茫，風吹草低見牛羊」，而只是「淺草才能沒馬蹄」。我騎著牧民的一匹駿馬奔馳數小時，大腿兩側都磨破了皮。夕陽西下之時，我與若干牧民「大碗喝酒，大塊吃肉」，醉了就睡在草地上，醒來就看到漫天星辰。那時，我就想，我的祖先曾在草原上自由地馳騁，剛健而單純、勇猛而直率，他們不需要固定的房舍，蒙古包是他們移動的家，他們還能繼續這樣生活嗎？

然而，在今天的「內蒙古自治區」，蒙古人逐漸發現，他們連一處安置蒙古包的地方都找不到。地方政府與無良地產商勾結，以房地產開發的方式實現「點石成金」，使得鄂爾多斯等美麗之地成爲「鬼城」，一棟棟的住宅大樓剛修好就被廢棄。失去土地和家園的蒙古人，不得已到北京「上訪」——這是中共當局精心設計的一個制度外的「補丁」，只是給上訪者最後一線虛幻的期望而已，上訪基本上不會有好的結果。如今，就連上訪在當局眼中都成了一項罪行，上訪者淪爲被打擊、被治罪的對象。鄂爾多斯杭錦旗政府把上訪、與境外媒體聯繫等行爲，列作「掃黑除惡」的針對範圍。此消息先在內蒙古鄂爾多斯杭錦旗檢察院的微信傳出，說「杭錦旗人，必須知道杭錦旗掃黑除惡的二十一個領域」；而中共杭錦旗紀律檢查委員會等官方微信，也在二〇一八年三月十六日起以公告的方式發佈該消息，令上訪人士倍感震驚。

在當局公佈的二十一個「打黑除惡」範疇中，有至少六項是與上訪有關的。當中包括如果信訪程序結束，訪民仍「越級上訪」、「非法上訪」，做出「尋釁滋事或製造事端」行徑，就將被視爲「黑惡勢力」；拒絕以法律管道解決涉法案件，長期利用信訪途徑，也會被當作「黑惡勢力」；組織群體在網上滋擾他人的，同樣被形容爲「黑惡勢力」。訪民上訪往往尋求媒體關注，但該「掃黑除惡」的公告中，第二項就明確指出，若與境外敵對勢力通過網路媒體，以矛盾糾紛爲由，醜化抹黑政府形象，就等同於「黑惡勢力」。中共是世界上最大的「黑惡勢力」，卻隨意將「良民」劃入「黑惡勢力」範疇。居住在南蒙古的蒙古人的惡運，不知何時才能終結。

南北蒙古，如同南北朝鮮，也如同昔日的東西德國，兩種制度形成鮮明對比。北方取得獨立地位的蒙古國，經濟雖不佳，但已走在艱難的變革之路上，蒙古人是國家的主人，擁有基本自由與人權，可投票選舉總統、各級政府官員及議員。南方被中國殖民的「內蒙古自治區」，表面上看有更多高樓大廈、高速公路，但擁有者大半是漢人移民和少部分甘當「蒙奸」的「高等蒙古人」，普通蒙古人居於社會最底層，土地、牧場等私有產權不受保障，基本人權被肆意踐踏。在南蒙古，中共的鎮壓和迫害政策從未停止過一天，如楊海英所說：「非常明顯，『少數民族的種族滅絕』才眞正體現了社會主義中國少數民族政策的強權和暴力的本質。即使在今天，中國政府依然大肆宣揚，合併台灣是善行的『祖國統一』，而維吾爾人和蒙古人與同胞統一的願望則是萬惡的『民族分裂』。這表明，在中國，完全存在隨時再次發動『爲了正義的種族滅絕大屠殺』的危險。」

南蒙古居民的獨立運動，沒有圖博和東突厥斯坦的獨立運動那樣備受國際矚目，但這並不表明中國對蒙古人更仁慈或蒙古人比圖博人和維族人更怯懦。隨著南蒙古的蒙古民衆奮起抗暴的「群體性事件」頻頻發生，海外從事獨立運動的蒙古人及學者也越來越多。未來，如果中共政權崩潰、中國解體，俄羅斯的力量進一步衰退，俄羅斯控制下的以蒙古族裔爲主體的加盟共和國也獲得自由與獨立，南蒙古或許可以選擇與蒙古國、唐努圖瓦共和國、卡爾梅克共和國合併成「大蒙古聯邦國」。

擺脫中國史，從內亞史乃至世界史的視角看蒙古

長期以來，中國人是最蠻橫的帝國主義者和種族主義者。就帝國主義而言，正如香港評論人盧斯達所說：「中國從古到今都是帝國主義，沒有一天不是帝國主義。十九至二十世紀的那一段，其實中國都是帝國主義，只因爲實力不足，而潛心等待。在帝國主義的建設路上，中國是西方的前輩，早就在終點線等待他們。在羅馬共和國未形成之前，秦始皇已經『南征百越』，之後不同君主的侵略行動，一直受到後世儒生之文飾。左宗棠、王震在新疆的種族屠殺，國民黨之屠『皇民』，亦自不用言。」癡迷大一統觀念的漢族或中華民族，以統一爲最高信仰或最高價值，

但中國的疆域並無明確的界限，不斷擴張成「統一」這個目標所合理化。

中國人被西方強國侵略，鬼哭狼嚎、哭天搶地、臥薪嘗膽、報仇雪恨，中日戰爭過去了七十年，中國人念念不忘，不斷拍攝如同裹腳布一樣長的「抗日神劇」聊以自慰。反之，中國人侵略別人，則自以爲是天下歸心，是王道，是經略，是「壯志飢餐胡虜肉，笑談渴飲匈奴血」；而「蠻夷」一旦敢反抗天朝，就是不自量力、螳臂當車，當然要「殺無赦」。

就種族主義而言，中國人是全世界最嚴重的種族主義者。中國人譴責南非和美國當年的種族隔離制度，自己卻不加掩飾地歧視黑人。如果哪個黑人娶了中國姑娘，中國人會覺得民族自尊心備受傷害，對那個竟敢嫁給黑人的女同胞給予冷嘲熱諷。除了白人以外，中國人歧視所有皮膚比自己黑的人。除了美國人和西歐人以外，中國人也歧視所有比自己貧困的人。中國雖然屬於「第三世界」，卻歧視所有第三世界國家。現在的中國人相信地球是圓的，不再堅持世界是方的、中國處於世界中心的觀念，但「中國中心主義」的思維方式並沒有絲毫改變。無論是主辦奧運會還是國際會議，中國人都認爲這是一種「萬國來朝」的儀式。

從古代的《二十六史》到中共精心構建的《中國革命史》，中國的史觀堅持漢族中心主義，所謂「非我族類，其心必異」，對所有由「異族」建立的政權，都竭盡汙衊醜化之能事。中國一面肯定元帝國和清帝國開拓疆土的功勞，卻不承認那時漢人地位低下，而中國的「固有疆土」只是人家龐大帝國內部的一塊殖民地。中國的「正史」對「元朝」（其實根本沒有元朝，只有元帝國，元帝國不是中國的一個朝代）一筆帶過，充滿鄙夷和否定式描述，比如蒙古統治者如何缺少文化、如何殘暴、如何愚蠢、如何「漢化不足」，所以短短一百年就被漢族農民起義推翻、被漢人趕回蒙古大漠。我從小接受的就是此類教育，從課本到演義小說再到電影電視，全方位的洗腦灌輸，人人都信以爲眞。很多漢人對蒙古人天然地充滿鄙視和仇恨。然而，元朝的歷史眞是如此嗎？

如果拋棄中國中心主義的史觀，將蒙古史當作內亞史和世界史的一部分來審視，則可發現別有一番天地。必須承認，蒙古並非「自古以來」就屬於中國，反之，在相當長一段時間之內（特別是元帝國時期），中國才是屬於蒙古帝國的一部分。

就人種學意義而言，蒙古人種（Mongoloid）包含漢族。這一名詞最初是德國人類學家布盧門巴赫（Blumenbach）於一七九五年所命名的，布盧門巴赫採用蒙古來命名黃色人種，因爲蒙古人頭骨最典型、最具代表性。迄今爲止，在人種分類理論中，蒙古人種與高加索人種、尼格羅人種仍常被使用。蒙古人種包含大多分布於東亞、東南亞、中亞的人群，亦包括北美洲和南美洲及部分西伯利亞的原住民。

眞正幫我徹底打破漢族中心主義史觀、對蒙古這一族裔身份產生自信心和自豪感的，是日本學者杉山正明的一系列研究蒙古史的著作，如《忽必烈的挑戰：邁向蒙古海上帝國之路》、《蒙古帝國與大元王朝》等。杉山正明將眞相從歷史的迷霧和文明的偏見中釋放出來，藉此重新認識蒙古和元帝國。

杉山正明在其著作中指出，忽必烈政權一方面將草原軍事力作爲支配的根源，一方面又導入中華帝國的行政模式，以中華世界作爲財富之源來管理。再利用穆斯林的商業網，創造出由國家主導的超大型商業流通體系。大元汗國是一個打破各地關稅壁壘、由政府保護貿易安全、各地度量衡標準化，並以商業稅爲政府歲入的世界國家，而不僅僅是中國的「元朝」。忽必烈讓草原起家的蒙古成了海陸帝國，也讓歐亞大陸首度具備世界史的意義。

杉山正明認爲，「資本主義」、以「銀本位制」爲背景的紙幣政策，這些早於近代的經濟樣貌，是在蒙古主導下出現的。蒙古帝國治下，創造出形式統一的施令公文系統，以及負責翻譯不同語言的機構，這是非常具有「近代」性質的事情。早在十三世紀末，人類史上首次圍繞著歐亞陸海循環的交通網絡，是蒙古人在和平狀態下形成並掌控。若無「蒙古時代」，便不會出現西方人的「地理大發現」。蒙古政權並非此前人們認識的單一的草原帝國、內陸帝國，蒙古政權擁有史上前所未有的大型艦隊，實行以穆斯林商人爲主軸的國際通商和自由經濟政策。十三世紀末，從中國東海經印度洋到中東的海上絲綢之路，掌握於蒙古人之手。

杉山正明進而認爲，蒙古帝國已創造出一種趨於近代化的「普世價值」：

在蒙古的疆域裡頭，不問區域及政權，各式各樣的人種、語言、文化、宗教幾乎都在未受國家限制的形式下，形成了一個並存、共生的狀況，可以說是「沒有意識形態的共生」。……蒙古時代後半的世界，是在「近代」以前非常罕見地，國家及政權都共通爲物質主義、合理主義、重視現實都風潮所籠罩的世界。而且，對於與自我相異的存在、文化、價值觀的排它性與攻擊性，並不如今日嚴重。混血政權蒙古爲中心的政治與經濟帶來的異文化共存、多元化社會的狀況變得理所當然。

換言之，蒙古人建立起一個近代之前的、運行良好的「歐亞聯盟」或「蒙古體系」，蒙古人對世界的貢獻長期被低估和遮蔽了。

杉山正明特別舉出青花瓷的例子來說明蒙古帝國對世界文明的貢獻，以及如何塑造出一種「時代的品味」。青花瓷的鈷藍染料是伊朗特有，但瓷器則是中國特產，串聯起這兩種技術的，是同時控制了中國和伊朗的世界帝國蒙古。蒙古讓伊朗的鈷藍和彩繪技法，以及中國高度的瓷器生產技術合二爲一。「深藍和白的調和色彩，是蒙古自身的品味，青花就這麼樣地成爲權力與財富的象徵，而在歐亞普及。這是如假包換融合了東西方的精華。」

而且，蒙古也發展出別具特色的協商民主模式，它優於中國的絕對君主專制。蒙古大汗不是中國說一不二的、不必向任何人和機構負責的皇帝，蒙古大汗的權力受到一定程度的分割與制衡。今日阿富汗國民會議「支爾格大會」即可追溯到十三、十四世紀蒙古的「捷爾給」傳統之中。那時，蒙古貴族議事採取團團而坐的方式，並且會後必有酒筵慶祝，以彌合彼此之分歧。另一方面，杉山正明通過嚴密的歷史考據指出，歐洲人視蒙古大軍爲「黃禍」，然而蒙古大軍在征戰中的屠戮被誇大，有時甚至是蒙古故意散佈「屠城」的訊息，以達到震懾守軍、「不戰而屈人之兵」的目的，實際上並未發生屠城慘劇。蒙古的征戰並不比歐洲、中國的內戰更爲殘酷。

如果站在亞洲或世界的蒙古的高度看中國，則又可發現另一個顛覆舊有觀念的眞相：就中國地區而言，形成統合的力量幾乎都來自外部——蒙古人的大元汗國，實現了南北的再統合，而之前統合中國地區的，是隋唐這兩個鮮卑系遊牧國家。中間的幾百年，則是遼、五代、北宋、金、南宋、西夏等分裂、多級、縮小版的「中國」。從秦到清的歷代王朝，通常被理解爲是以中國爲名的持續二千年以上的整體國家——這是習近平在紫禁城向川普炫耀的一個謊言「中國的文明是世界上唯一未曾中斷的悠久而燦爛的文明」。其實，若以各個政權爲單位檢視，就會發現這些王朝的規模、結構、內容、形態，彼此差異頗大。有的是北亞型、有的是中亞型、甚至還有包含北亞和中亞的巨大帝國蒙古，而不只局限在中國地區。也就是說，就元帝國的統治而言，是蒙古將中國帶向世界舞台，而不是中國讓蒙古內化爲中華文明的一部分。

蒙古對世界文明的貢獻，正被日本、美國和歐洲學界越來越多地認識和肯定。當然，這樣的研究成果在中國不可能得到公正和公開的呈現。網際網路和全球化時代，中國在資訊流通上仍然如鐵桶一般「針插不進，水潑不進」，一般的中國民衆根本不可能讀到新清史、新蒙古史的著作。當我到了自由的美國，獲取「衆聲喧嘩」的資訊，這才得以糾正此前被中國的教育和宣傳機構強加的錯誤觀念和思維。新的史料、新的資訊、新的思想、新的觀念，使得此前作爲遊牧民族的蒙古人被冠以的「歷史反派」、「文明破壞者」的「負面象徵」終於被摘除。遊牧文明並不低於農耕文明，蒙古人同樣爲人類文明作出卓越貢獻。

由此，我以自己身爲蒙古人而無比自豪。

第十二章

中華民國退場，台灣國呼之欲出

最終而言，台灣人民最應依靠的是他們的民主制度之品質。若是制度是以扭曲反映出來的全民意志做為決策根據，由少數人定調而得不到主流支持，卻又硬做決定，則一定不利。過度依賴美國，以及有瑕疵的政府制度，都不符合台灣民眾的利益。經過變化多端的歷史之後，讓我們期望台灣人民能得到他們真正應得到的政治制度及未來前途。

——卜睿哲（Richard C. Bush）

中學時代，我的台灣想像是由一群台灣作家和音樂人共同塑造的：柏楊、李敖、龍應台、陳映真、鄭愁予、林海音、白先勇、李昂、蔡志忠、鄧麗君、侯德健、鄭智化、羅大佑、張雨生、蔡琴……那裡有碧海藍天，有外婆的澎湖灣，有香火鼎盛的媽祖廟，有牯嶺街書街，有阿里山和日月潭。總之，那裡是一處非常「文藝」的地方。不過，那時我還分不清「中國民國」跟「台灣國」是兩種完全不同的國家認同。

我第一次踏上台灣的土地，是在二〇〇七年三月：應陸委會邀請、由《印刻》文學雜誌安排，參加「兩岸作家高峰論壇」。在短短數天裡，我走訪了台北、台中、台南、高雄等地，並在台灣大學、東海大學、成功大學與數百名師生面對面地交流。在美麗島上，我發現了一個與中國完全不同的華人世界（華人是一個暫時使用的稱呼，不一定準確，因爲很多台灣人屬於南島民族），更發現這個國度正在朝著民主自由的光明之路穩步前行。

我第二次訪問台灣，是參加台灣民主基金會「人權講座」。這一次，是我單獨一人訪台，台灣民主基金會安排一位同仁全程陪同我的參訪。訪問項目大都由我自行擬定，再由民主基金會幫助聯絡參訪的地點和人物，如到宜蘭訪問林義雄，參觀台北的殷海光故居、鄭南榕紀念館等。這一趟，我更腳踏實地地看到在地的、草根的台灣。

二〇一二年，我離開中國、旅居美國之後，每年都到台灣訪問兩三個月。太陽花學運那一年，我趕上了一個小尾巴，看到了民主運動深入人心的動人場景；更因著撰寫「台灣民主地圖」系列作品，得以走遍台灣的每一個縣市——我先後去過一百多個鄉鎮，以及大部分外島，極少有中國背景的知識人走過台灣這麼多地方。幾年下來，我認識了上千位台灣友人，台灣朋友比中國朋友還多，台灣成了讓我魂牽夢繞的「第二故鄉」。

即便不在台灣時，我也通過臉書時刻追蹤台灣的資訊，並持續爲《自由時報》、《蘋果日報》、《民報》、《新頭殼》、《上報》、《六都春秋》、《關鍵評論網》等媒體撰稿，對台灣的時政及兩岸關係發表意見。我成了比很多台灣在地人更瞭解台灣、更熱愛台灣的「榮譽台

於台灣宜蘭慈林拜訪林義雄。

余杰拜訪台獨教父、自由主義政治學者彭明敏教授。

在台灣桃園大溪古鎮的古家大院找到了故鄉的感覺。

余杰一家在桃園大溪古家大院，宛如回家。

灣人」。

對台灣的認識越深，我就越支持台灣獨立建國，不是華獨（中華民國獨立），而是台獨。我對台灣獨立的支持，不是對綠營或民進黨等特定政治勢力的支持，而是對熱愛自由和獨立的台灣民間社會的支持。這一點，我與曹長青、袁紅冰等到台灣「淘金」的投機份子有著根本的不同。曹袁等中國背景的「異議人士」，本無恆定的信仰和價值堅守，「拿人錢財，幫人說話」，「見人說人話，見鬼說鬼話」，「哪裡有錢有權，就往哪裡靠」（用台灣話來說，就是「西瓜偎大邊」）。當年，薄熙來在重慶唱紅打黑，有一個名叫李莊的律師跑去幫下獄的黑幫頭子打官司，自以爲聰明，發訊息告訴同事，「人傻，錢多，快來」，結果被薄熙來抓起來「黑打」。而曹袁之流眼中的台灣，亦爲一處「人傻，錢多，快來」之地，他們哪裡愛台灣，他們只愛自己。他們絞盡腦汁、見縫插針地結交達官顯貴，而我所接觸的台灣，是生機勃勃的民間社會，是教師、學生、社運人士、教會教友等，我刻意跟官員和立委保持距離。我是一名靠寫作維生的獨立知識人，我需要思想獨立和百分之百的言論自由，我不屑於如某些文痞那樣「拿這派的錢去罵另一派」。

破除三重「台灣幻象」：國民黨的台灣、中華民國的台灣、中國文化的台灣

中國知識份子的台灣敘事，基本上被「三重幻象」所主導：國民黨的台灣、中華民國的台灣和中國文化的台灣。這三重幻相都在大一統思想的籠罩之下。

第一重幻象是將台灣與國民黨劃等號。中國有一大群國民黨和蔣介石的粉絲，甚至打出「泛濫聯盟」的旗號。他們認爲台灣的民主化是蔣氏父子賜予的，同時因爲中共的暴政太可怕了，就只恨自己沒有生活在兩蔣的統治下，整天盼望著「王師北定中原日」。

第二重幻象是將台灣與中華民國劃等號。中國也有一群中華民國的粉絲，他們不一定對國民黨和蔣家王朝五體投地，但對逝去的民國卻充滿香草美人式的想像。他們雖然分不清五色旗和青天白日旗的區別，一九一二年至一九二七年的北京政府和一九二七年至一九四九年統治中國的南京政府以及此後遷播台灣的中華民國的區別，反正煮成一鍋粥，民國就是好。

第三重幻象是將台灣與中國文化劃等號。中國還有一群中國文化的粉絲，認爲正宗的中國文化在文革中被毛澤東摧毀了，只有一部分完好地保留在台灣——他們對繁體字和豎排版的台灣書籍和報紙雜誌敬畏有加，對沒有階級鬥爭暴戾之氣的「台灣國語」新奇不已，發現台灣人彬彬有禮、溫柔和氣，沒有人霸佔捷運上的博愛座，也沒有人當街大小便，由此像韓寒那樣對「台灣的中國文化」讚不絕口。

這些貌似開明的中國人對台灣的想像，與眞實的台灣是脫節的。他們不知道太陽花之後的台灣，台灣主體意識已是「兩岸猿聲啼不住，輕舟已過萬重山」，「天然獨」一代全面登場。他們卻還停留在以讀龍應台的書爲「進步」的那個階段，根本不知道龍應台早已成了「龍太后」。更具諷刺意味的是，二〇一八年四、五月之交，「黨國院士」管中閔的那封「捍衛」所謂「大學自治」的公開信，在中國微信群中廣爲流傳，被某些「過於善良」的中國文化人當作「隆中對」與「出師表」，來嘲諷正在舉辦一百二十周年校慶的、風骨全無的北大。如此錯位，只能讓人啼笑皆非。

當然，在台灣，確實存在著若干印證中國人以上三重想像的地標。比如，中正紀念堂、兩廳院、國父紀念館、中山樓、士林官邸、忠烈祠、慈湖兩蔣寢陵及文化園區、故宮博物院……這些地方都是中國遊客到台灣的必遊之地。

不過，我在這些地方看到的，並非國民黨的美好、中華民國的美好以及中國文化的美好。在國父紀念館，對孫文的介紹全是無限溢美之詞。實際上，孫文爲滿足個人權力慾望，不惜出賣國家利益，與日本簽訂賣國條約，引蘇俄之惡狼入室，中國至今仍受共產黨之蹂躪，孫文罪不可赦。孫文生前僅僅以美國人的身份短暫造訪作爲日本國土的台灣，跟台灣並無更深的淵源。台灣人憑什麼畢恭畢敬地尊之爲「國父」？太陽花學運期間，衝進立法院的學生們第一先要做的事情就是將孫文的巨幅畫像取下來。

太陽花學運。

在故宮博物院，那些頂級的中國文物固然讓人驚艷，但我更從中看到中國文化的停滯、僵化、腐敗和衰朽。乾隆皇帝在每一幅古人的書畫上都蓋上他奇醜無比的印章，以表示這些都是他的私人財富，就跟小狗要跑到每一棵樹下撒泡尿，以示這是它的領地一樣。藝術家們窮一生的時間和精力，在核桃殼上雕刻出一件美輪美奐的藝術品，但幾千年來，中國人都搞不清楚人體的結構並對症下藥。這樣的中國文化，有什麼值得驕傲的呢？

我曾經下榻過台北和高雄的「國軍英雄館」，類似中國的軍隊招待所。國營單位的服務水準不敢恭維，大堂及房間中種種陳設亦充滿兩蔣時代意識形態色彩，如宣揚國軍戰績的油畫，「偉大光榮正確」之表現手法與共產黨不相上下。

我不是先知先覺，多年以前，我也曾經在這三重幻象的過濾之下想像台灣。不過，我對台獨從來就不反感。我最早接觸讓人談虎色變的「台獨」這個詞語，是在李敖的書中看到有關彭明敏的故事。大中華意識濃得化不開的李敖，不認同彭明敏的台獨立場，對彭明敏百般攻擊和辱罵。然而，上帝讓萬事互相效力，李敖怎麼也不會想到，我從他書中的小小細節出發，順藤摸瓜，找來彭明敏的自傳《自由的滋味》，這本書成為我的「台獨啓蒙書」。在廣泛的台獨群體中，我比較認同彭明敏的自由主義和西化一脈的台獨，而不太認同史明的左派台獨和暴力台獨。

此後，我到台灣訪問，感興趣的通常是那些一般中國遊客不會去的地方：台北的鄭南榕紀念館、陳文成紀念館、義光教會，林義雄在宜蘭設立的慈林基金會，綠島人權園區，台灣文學

一家三人在台灣花蓮看海。

館……這些地方，是無法用「天龍國」的台灣、國民黨的台灣、中華民國的台灣以及中國文化的台灣來涵蓋和定義的；這些地方，才是台灣國的台灣、在地的台灣、生機勃勃的台灣、海洋的台灣，世界的台灣。

我的台獨思想的形成乃是水到渠成，並未經歷「一刀兩斷」的轉折。對我來說，台灣是一個充滿希望和生機的美麗島，一定不能被中國染指、侵佔。雖然有不少高級外省人沉溺於對中國的「鄉愁」之中（那個記憶中和想像中的中國，其實早已不存在），但今日的台灣與中國已成爲截然不同的兩個世界：一個地方有自由，另一個地方沒有自由。台灣自由精神的源泉，在於台灣是面向海洋的開放文明，而不是中國那樣封閉自戀的大陸國家。台灣屬於世界，不屬於中國。台灣如同一條魚，若被關進中國這個爛泥塘，就是死路一條；若游向浩瀚無垠的太平洋，就能「海闊憑魚躍」。

「凍獨」是死路，獨立是活路

對於許多台灣的本省人來說，台獨思想的淵源是「二二八」事件。國民黨軍隊的屠殺打破了台灣人「回歸祖國」的美好幻想。他們不是國民黨眼中的「日本皇民」，而是要當家做主、出頭天的自由人。

對於很多外省人來說，年輕一代經過太陽花學運的洗禮形成了堅固的台灣認同，更年長一代則是受彼岸「六四」屠殺的刺激而放棄了「中華情懷」。台灣資深媒體人卜大中在《孤狗人生》中描述了其認同的轉變過程：年輕時候，他認識了老立委胡秋原，以及胡的弟子們，如曾祥鐸、王曉波、陳鼓應等，胡秋原自費創辦《中華雜誌》，鼓吹反共、反台獨、提倡中華民族主義。受其影響，卜大中當時他所寫的文章和中時的專欄，「全部站在國府立場，就是反共、反獨、選擇性批判國民黨政權，對黨外勢力的崛起一則鼓勵，因符合民主化的理想，但又反對推翻國民黨政權」。他反思說，這是「我在台灣扭曲的政治現實中的求生表演」。

一九八九年春天，卜大中參加一個台灣的代表團訪問中國，所見所聞使他對中國這個龐然大物的看法發生了大轉彎。那時，天安門學運剛剛興起，他看到那些遊行的大學生們戴著眼鏡，斯文秀氣，和平溫馴，討人喜歡。四月底，參訪團回到台灣，時任中時駐洛杉磯特派記者卜大中再回到其居住地洛杉磯。由於電視天天播放天安門遊行事件，電視台都在賭共軍會不會開槍。來自台灣的媒體人沒見過共產黨的兇殘，都認爲不可能開槍鎮壓，但當時在洛杉磯的北京作家阿城卻在電視上保證中共會開槍，阿城說你們不了解中國共產黨，爲了保權，他們什麼事都做得出。

六四屠殺第二天，卜大中在家門口碰到鄰居、也是好友的東尼·海曼先生，這位普通的美國老人十分憤怒地問：「你們的政府怎麼回事？你們總理怎麼回事？中國人怎麼了？怎麼在衆目睽睽下開槍、還命坦克殘暴輾壓？」當時，卜大中語塞無法回答，也覺得很羞恥，直覺反應說：「我不是中國人，是台灣人。」當中國人太丟臉啦。那天之後，卜大中和老美都說：「我是台灣人，不是中國人」。但在那之前，他從來都驕傲地自稱是中國人。

六四在華人世界留下的少數正面遺產，就是讓大中華的想像自我毀滅。卜大中說：「這就是我從統派轉軌成反統台灣人的故事。這樣的政權我們伺候不起，但惹不起你，躲得起你，是嗎？現在生物辨識和監聽、監視的技術，你連躲都躲不掉。……權力太可怕，不分權制衡暴政一定反覆前來。這是我從統派變成反統的原因。」

六四也是我的人生轉折點。我的右派和獨派的思想，都是因六四催生出來的。所以，我對那些經歷過六四，仍然是左派和統派的人，如陳映眞、李敖、陳文茜，連白眼也不願給一個。

針對台灣議題，我對台灣的統派，特別是共產黨的孿生兄弟國民黨從來不假辭色、嚴厲批判。同時，我對民進黨內部的種種亂象，也是尖銳批評。比如，民進黨在國會中的黨鞭柯建銘，曾提出以「凍獨」作爲民進黨和中國共產黨談判的「投名狀」，實在讓我無法認同。這不是柯氏個人的意願，而是近年來島內一種普遍的思維：面對咄咄逼人的中共政權，藍營染紅，綠營染藍，學者吳介民所謂的「兩岸跨海政商集團」宛如無物之陣，政界和商界人物川劇「變臉」式的演出讓人眼花繚亂。過久了太平日子的台灣民衆，在懵懵懂懂中就被出賣了。

馬英九「兩岸不是國際關係」的說法，背棄了李登輝「兩國論」爭取到的獨

余杰於自由廣場紀念六四天安門事件。

立自主原則；柯建銘「凍結台獨」的設想，則是民進黨自掘墳墓之舉。民主與獨立，宛如天使之兩翼，缺一不可，去除了台獨的追求目標，民進黨還有存在的必要嗎？乾脆併入也以民主為面具的國民黨算了。台灣民眾知道國民黨沒救，才寄望民進黨能堅守主權、守護台灣。如果民進黨棄守追求獨立的黨綱，民眾不如支持更會棄守的國民黨。

柯建銘之類的「老油條」政客，自以為聰明，卻昧於國際大勢和中國的眞實情況。如果他的觀念影響蔡英文的外交政策，則台灣危矣。

以國際形勢而論，在世界範圍內，獨立的潮流壓倒了統一的號召。晚近半個多世紀以來，獲得獨立的國家的數量，跟原有國家的數量一樣多。近期，就連老牌殖民帝國英國之本島，也出現了聲勢浩大的蘇格蘭獨立運動。蘇格蘭獨立的全民公決如期舉行，險些過關，英國只能靜觀其變。而西班牙加泰泰尼亞自治區的獨立運動，更是箭在弦上、不得不發，西班牙當局雖然強力打壓，反倒讓當地人越戰越勇。

中國已然千瘡百孔，如同泥菩薩過江，自身難保，並沒有外界想像的那麼可怕。那些叫囂打台灣的中國鷹派人士，早已將子女送到西方留學，是只會過嘴癮的兩面派。既然他們不敢將自己的子女送上戰場，老百姓又怎麼會將獨身子女送去當炮灰呢？近年來，在中國控制的「邊疆區域」內，港獨、藏獨、疆獨、蒙獨，勃然興起；在中國「內地」的各片區、各省份，地方主義、地方自治思想亦不斷挑戰中央集權的單一體制。如果中共的統治出現危機，中樞權力瓦解，宛如清末民初各自爲政的格局必將出現，中國自顧不暇，那就是台灣獨立的最好契機。

在此背景下，民進黨政府應當在中國面前昂首挺胸，捍衛而不是放棄台獨的基本理念。如果台灣放棄獨立訴求，香港如今的悲慘處境就是前車之鑑。民進黨既已完全執政（掌握了行政和立法機構），國民黨所能起到的破壞作用有限，就當大步前行，勇敢地傳播、張揚台灣獨立的崇高價值：有了獨立，才會有百分之百的自由；有了獨立，才會有穩固的憲政架構；有了獨立，才會有完善的人權保障；有了獨立，才會有個體和國家的尊嚴。行政院長賴清德不畏中國的威脅，明確標榜「我是台獨工作者」，是台灣少數有風骨的政治人物。政治家與政客之間最大的分別，就是有沒有理想、理念和價值的堅持。民進黨不能被政客所把持，民進黨需要胸襟遠大、視野開闊、價值清晰的政治家來領導。

「左獨」為何紛紛走向「左統」？

在台灣廣義的獨派之中，「左獨」一直佔據舞台中央，「右獨」始終不成氣候。但是，「左」與「獨」原本就是對立之理念，不可能長久並存。很多「左獨」的前輩，後來由於太「左」（當然，他們的「左」不過是作秀罷了，他們更喜歡過醇酒美人的資產階級生活），放棄了「獨」，搖身一變成了「左統」。曾擔任過民進黨主席的施明德和許信良都是如此。

二〇一七年十月十七日的《聯合報》刊出一篇對許信良的專訪，標題是「許信良：中國大陸領導世界，台灣可以幫大忙」，十月十八日的ETtoday有更露骨的標題：「美國不行了——許信良：中國將領導世界，台灣可幫大忙」。

許信良的言論讓島內和國際輿論爲之困惑。如果他是一介平民，自然可以隨意發表個人政見，無論是親中還是親美，無論是支持民主還是崇拜專制，都是法律保護的言論自由。然而，許信良雖非政府閣員，卻擔任亞太和平研究基金會董事長之職——亞太和平研究基金會的前身是歐亞基金會，爲台灣國安會下屬的研究台灣與中國關係的重要智囊機構。許信良的職務是蔡英文政府授予的，其釋放的觀點會被解讀成民進黨政府下一步的新思維、新動向。一名擔任如此要職的官員，向中共一邊倒，公然唱衰美國，破壞台美之間的親善關係，讓台灣社會及友邦人士深感憂慮。

關於許信良其人，早在二十五年之前，我還在北大唸書時，在北大圖書館收藏的一本雜誌上讀到其訪談，其中有一張在其書房或辦公室中拍攝的照片，後面的牆上掛著毛澤東手書詩詞《沁園春．雪》之複製品。在這張龍飛鳳舞、飛沙走石的書法下面，許信良儼然是一個「小毛澤東」。當時，我就作出判斷：此人並非民主鬥士，而是獨裁信徒。雖然許信良曾反對過國民黨，並出任民進黨主席，但反對專制的人並不必然熱愛自由，某些反對專制的人只是企圖建立自己的專制。如今，許信良的這番言論，再次證實我在四分之一個世紀之前作出的推斷。許信良看中國，只看到權貴資本主義轟轟烈烈，卻看不到劉曉波等民主人權人士被凌虐至死。數十年他一路走來的足跡表明，他加入民進黨只是一時策略，他心中的大中華、大一統情結濃得化不開。

關於中國的前途，許信良比習近平還要樂觀。習近平從新華社的「內部參考」等渠道掌握足夠的資訊，他當然知道，中國內憂外患、矛盾重重，對內維穩的開支超過軍費就表明這個政權民心盡失。習近平擔心船要翻掉，才集權於船長一身。就在許信良「熱情圍觀」中共十九大之際，英國《泰晤士報》發表評論文章指出，如果習近平眞想成爲一名強勢領導人，就必須讓中國保持開放，以及接受建設性的批評，進行政治改革，這樣才符合中國人民的利益。習近平必須有勇氣解決其國人的擔憂，找到良好的治國之道，只有這樣，才能承擔起在國際上的責任。然而，今天的中共從本質上講，仍延續著列寧式政黨的模式，一切都是靠管控和打壓自由來維持統治。中國的發展模式並不是可持續發展的模式，未來幾年中國將遇到相當嚴重的政治和經濟危機。如果台灣跟中國緊緊捆綁在一起，當中國像鐵達尼號那樣沉沒之時，台灣也會不由自主地成爲殉葬品。

至於美國和西方是否眞像許信良預測的那樣「不行了？」恰恰相反，川普上台之後，美國經濟增長強勁，外交上一改歐巴馬時代的綏靖政策。歐洲多國家經過民主選舉誕生了朝氣蓬勃的年輕一代領導人，即將帶領歐盟走出困局。儘管埃及、土耳其、俄羅斯等國的民主出現倒退甚至逆轉，但以法治原則、個人自由和代議制政府這三大要素構成的西方文明，仍是人類普世價值和進步之路。當年，在納粹德國崛起的陰影之下，英國政治家邱吉爾堅信，建立在民權觀念之上的社會才是文明社會，「在這樣的社會，暴力、武備、軍閥統治、騷亂與獨裁，讓位於制定法律的議會，以及可以長久維持法律的公正的獨立法庭。……當文明統治國家，芸芸眾生才得享安定幸福的生活。」反之，「中國模式」無人跟隨，更不可能顛覆普世價值。台灣今天來之不易的民主自由，也是接受近代西方普世文明的遺產，在民主化三十年之際，只能深化民主和進一步實現轉型正義，不可輕言放棄，重回威權時代。

那麼，在獨裁中國與自由西方之間，台灣如何選邊站呢？是不是中共政權看上去腰包鼓鼓，甚至不遺餘力地「輸出專制」，台灣就應當靠在這個似乎顯得更大一些的「西瓜」一邊，對中國卑躬屈膝、百依百順呢——即便中國用將近兩千枚導彈對準台灣，即便「一國兩制」的騙局已經讓香港的自由和法治窒息而死？以許信良之流的「準中國人」的觀點，一定要搭上中國的「順風車」，一定要沾上中國的「發展之光」，台灣才有未來和希望。我的看法與之截然相反，台灣必須跟西方民主世界站在一起，與美國、日本和韓國建立更緊密的政治、經濟、文化聯盟，這是台灣最好的選擇。難道台灣要像當年依附於納粹德國的羅馬尼亞、匈牙利、南斯拉夫等國那樣，因甘當希特勒的走狗，在戰後淪爲任人宰割的戰敗國嗎？

左派必然「反美親中」，他們眼中只有「萬惡」的「美帝」，對台灣惡言威脅的中國反倒不是「中帝」，這就是左派長盛不衰的「政治正確」。許信良故意看不到的事實是：二〇一五年七月一日，中國全國人民代表大會常務委員會通過《國家安全法》，明訂「維護國家主權、統一和領土完整是包括港澳同胞和台灣同胞在內的全中國人民的共同義務」。中共選擇在七一建黨紀念日通過《國家安全法》，是要將該法案作爲給黨的「生日獻禮」。人人都知道，在中共的權力系統中，全國人大只是「中看不中用」的橡皮圖章。該法案的內容，早就由中共政治局審議並批准，它所體現的是習近平強硬而蠻橫的意志力。

同日，台灣陸委會主委夏立言表示，中國國家安全法草案在二次審議稿時，自己在第三次兩岸事務首長會議上，向中國國台辦主任張志軍表示此舉不妥的嚴正立場。他說，政府一再聲明，要中國面對兩岸分治的現實，任何片面或法律作爲都不能改變，「這對我們很不禮貌」。

夏立言對中共的抗議，太過軟弱無力。這不是禮貌問題，這是滅國的問題。絞索已套在台灣脖子上，台灣只能譴責中國的「不禮貌」嗎？別人要取你性命，你大聲疾呼說，「友誼第一，比賽第二」，有用嗎？習近平時代的《國家安全法》是胡錦濤時代的《反分裂法》之升級版。中共用國內法界定台灣問題，表明「九二共識」並不存在——中共從不認爲「一個中國」可以「各自表述」，一個中國理所當然是「中華人民共和國」，「中華民國」早已是「過去時」——正如南京國民政府總統府舊址前碑石上鐫刻的年代，中華民國在一九四九年即「戛然而止」。

中國的《國家安全法》出現之後，台灣各界對習近平「親台」的迷思，是否煙消雲散？我在訪問台灣期間，接觸不少飽學深思的人士，大都對習近平心存幻想，認爲其辣手打貪且聲稱依法治國，或許會是中興之主，對台灣可能網開一面。民進黨第一次執政期間當過台灣國防部副部長的林中斌就持此種觀點，簡直就是習近平這個品牌在台灣的「廣告代言人」。這群掩耳盜鈴的人士對習近平的鯨吞之心視而不見、聽而不聞，誤將強敵當朋友，這才是台灣最大的國安危機。

吳明益不是中國人，我們都不是中國人

台灣獨立，至關重要的是獨立意識的普及和紮根。這是一個相當漫長且艱鉅的過程。我不認爲通過一次獨立公投就能「畢其功於一役」——因爲台灣不在並無吞併台灣之心的美國的邊上，而在口口聲聲所要將台灣納入囊中的中國的邊上。

中國人特別喜歡強迫台灣人承認自己也是中國人。這種霸凌不僅出現在中國本土，也出現在中國移民越來越多的西方國家。台灣女孩段曼姿到澳洲雪梨一家中國老闆開的火鍋店上班，第一天老闆就在對講機上問她：「台灣是不是屬於中國的？」她答：「當然不是啊！」過了二十分鐘，老闆就通知她被解雇。另一名台灣女孩楊雅婷在雪梨一家燒烤餐廳上班，第二週有客人問她是否是中國人，她答：「不，我是台灣人。」半小時後她也失去了這份工作。隨著中國政府加強打擊不承認「一個中國」政策的個人或企業，許多海外中國人也自動擔起打擊任務。在近年因中國經濟崛起而獲益的澳洲，這種現象越來越嚴重。澳洲台灣同鄉會主席林柏梧認爲，澳洲必須爲解決這個問題作出更多努力，否則澳洲人認同的民主、人權和法治，恐將遭到侵蝕。

近日，我在臉書上看到友人吳明益發佈一則好消息：他的新作《單車失竊記》入選曼布克國際獎決選作品。「雖然只是入圍了第一階段的長名單，我萬分榮幸名列其中，並且後面的國籍寫的是『Taiwan』。希望這本小說能讓讀者看到台灣的歷史、視野和此地的靈魂。」這是一本我一口氣讀完且愛不釋手的好書。我爲吳明益感到高興，但心中又略有隱憂。果然，很快吳明益就發佈另一則最新消息：「在曼布克國際獎的長名單公佈後，主辦單位網頁已將Taiwan更改爲Taiwan, China。這和我個人的立場不同，我會尋求協助，向主辦單位表達我的個人立場。」經過台灣政府的協助和台灣民衆堅定的表達，主辦方又將國名改回Taiwan。

這一惡作劇，是中國的黑手在背後操弄：中國駐倫敦使館的官員親自與基金會交涉。除了中國這個「天朝」之外，世界上沒有哪個國家，強迫數千萬跟它毫無關係的人成爲其國民。眞正強大富饒、民主自由的國家，會像磁鐵一樣吸引他國民衆蜂擁而至、歸化入籍。比如，多少移民歷盡千辛萬苦、懷抱美好夢想來到美國，他們永遠記得紐約自由女神像下面鐫刻的詩歌：「送給我，你的貧困弱病，你那些渴望自由呼吸的芸芸衆生，和你遺棄岸邊的累累生靈。來吧，你風顛浪簸的喪家之人，在這金色的門際，我爲你高舉明燈。」與之相反，中國對別國人士毫無吸引力，有多少西方文明世界的國民入籍中國呢？

中國是一個神奇的國家。一方面，用武力強迫台灣人、香港人、圖博人、東突厥斯坦人、蒙古人都成爲中國人，成爲帝國臣民；另一方面，中國的菁英份子，包括權貴家族和中產階級，爭先恐後移居美、加、澳、歐，或爲了孩子接受優質教育，或爲了自己享有免於恐懼的自由。

除了台灣這個「美麗島」之外，世界上眞沒有哪個地方，國家地位如此模糊不清，民衆的國家認同如此游移不定。在台灣，有少數人認同中共政權，所謂「一中同表」，卻只想去彼岸淘金，不願放棄台灣的健保等國民待遇（如洪秀柱、黃安之流）；也有一些人認同「中華民國」這個百年招牌，中華民國本來就是比中華人民共和國更長命的獨立國家，如今只是暫時「在台灣」，是爲「華獨」；太陽花之後，更多人（特別是年輕人）則認同台灣，希望早日去除「中華民國」這個殘破不堪的軀殼，「台灣國」破繭而出，由毛毛蟲變成可愛的蝴蝶，是爲「台獨」。我贊同台獨，而不贊同華獨——因爲中華民國是國民黨的「隨附組織」，台灣不需要這件「國王的新衣」。

在國民黨白色恐怖時代，台獨被視爲跟共產黨一樣危險的「毒」，台獨的主張不是言論自由的範疇，台獨的言論足以遭致死刑。我在史料中發現了第一位爲台灣獨立的理念而被國民政府從日本誘捕回台、槍殺處決的台灣菁英的名字：陳智雄。陳智雄並未在島內武裝反抗國民黨政權，僅僅因爲他在海外主張台獨，雖擁有瑞士國籍，仍被國民黨特務從日本綁架回台灣。一九六三年五月二十八日清晨，陳智雄在晨曦中被喚醒，從警總看守所的牢房被押往馬場町，據當時遭到監禁於相同牢房的政治犯難友施明雄以及劉金獅的口述，遭到拖出牢房的陳智雄拒絕下跪，堅持直挺尊嚴地站著，捍衛作爲台灣人的尊嚴直到生命的最後一刻，並一路高喊「台灣獨立萬歲」。警總兇殘的中國士兵拿斧頭劈爛了陳智雄戴著腳鐐的雙腳，使他慘遭拖行，一路血跡斑斑。國民黨的屠夫們更以鐵絲刺穿陳智雄的雙頰，使他無法張嘴，但他仍奮力撕裂滲血地喊著「台灣獨立萬歲！」直到子彈穿進頭部奪去其生命的那一刻。陳智雄才是台灣共和國的國父之一。

共產黨與國民黨在武力對峙的時代，在反台獨上亦達成默契。台灣民主化之後，國民黨更是向中共卑躬屈膝。連戰訪問中國，展開國共破冰之旅，所謂「第三次國共合作」，「聯中反台獨」成為新共識。洪秀柱訪問中國，大言不慚地說：「台灣過去這段期間，教科書去中國化、台獨化，使得兩岸關係越走越遠，將不利未來的統一」。中國一方面給出所謂的「惠台政策」，用小恩小惠籠絡某些見利忘義的台灣人；一方面又施行嚴格的「身份甄別政策」，凡是有台獨言行乃至「疑似」有台獨言行的人士和公司，一律無情封殺——甚至原本並非持台獨立場的人士和公司，一旦遭到別有用心人士的舉報，立即被中共列入台獨名單，從而失去中國這個龐大的市場。

中國宣傳機構將「台獨份子」描繪成青面獠牙的怪獸、數典忘祖的敗類、喊打喊殺的暴徒。台獨人士眞有那麼可怕嗎？這些年來，我在台灣的親身經歷足以表明：從彭明敏到李筱峰，從吳晟到陳奕齊，這些知名的台獨人士都是文質彬彬、品行高潔的優秀人才。在我遇到的台灣人當中，讓我肅然起敬的幾乎全是獨派，沒有一個統派。

據我對吳明益的瞭解，他是一個清晰而堅韌的台獨人士。此次吳明益被曼布克獎主辦方擅自更改國籍，再次表明台灣作為「亞細亞孤兒」在國際社會的艱難處境，正如李登輝所說，「身為台灣人的悲哀」。台灣作家（包括其他方面的傑出人士）要想贏得國際獎項，比其他國家的同行要困難若干倍，根本原因在於中國的瘋狂打壓——除非這位台灣人低眉順首地接受「中國人」的命名。以文學成就而言，無論是吳明益，還是更年長的宋澤萊等多名台灣作家，都優於中國御用作家莫言——莫言的作品，文字粗糙，情節荒蕪，思想匱乏，以色情暴力招搖過市，卻因爲有中國大外宣政策爲之撐腰，躋身諾獎得主行列。這種對台灣人的不公平，在國際社會明明可見。

吳明益不是中國人，我也不是中國人。我以世界人自居，並全身心地支持台獨的理念及實踐。

第十三章
川普時代的美、中、台「三國演義」

只要我們為自己身為何人、為何而戰感到驕傲，就沒有我們做不到的事情。只要我們對我們的價值觀、信仰和國民充滿信心，並且堅信上帝，我們就不會失敗。

——川普

冷戰結束之後二十多年，中國受惠於美國建立和維持的國際政治經濟秩序，以奴役勞工和汙染環境的代價，成爲世界工廠。隨著國力的增長，中國在東海、南海乃至全球蠢蠢欲動，企圖挑戰美國的全球唯一超級大國的地位。習近平的如意算盤是，趁美俄交惡之機，與俄國結盟對抗美日。

然而，川普的東亞外交政策新思維，讓習近平猝不及防。習近平對二戰之後美國最軟弱無能的總統歐巴馬予取予求的好日子一去不復返了。美國將暫時放過俄國，與西方盟友一起對付中國，跟當年的尼克森（Richard Milhous Nixon）和季辛吉（Henry Alfred Kissinger）的「聯中抗蘇」策略相比，川普反其道而行之。七〇年代，蘇聯是美國的頭號敵人，故而美國聯合實力遠遠不如蘇聯的次要敵人中國對付頭號敵人蘇聯；如今，中國的經濟重量是俄羅斯的數倍，成爲美國的頭號敵人，故而美國將次要敵人俄國放在一邊，集中力量對抗頭號敵人中國。而就價值觀而論，儘管俄羅斯未能成功轉型爲民主國家，但威權國家總比極權國家好一些，俄國在敘利亞、烏克蘭等地出手對抗西方，但對西方全球利益的威脅不如中國，而且俄國所信奉的東正教畢竟是基督教文明的旁支。

川普不是閉關鎖國的孤立主義者。韓國《中央日報》在一篇評論文章中提醒說，人們普遍忽視了川普在選戰中僅有的一次關於外交政策的演講——那是二〇一六年九月七日在菲拉德爾斐亞，川普以「實力促和平」的說法重新「啓動」了當年雷根的競選承諾。川普主張擴大陸軍、海軍和海外派遣軍隊的規模，特別承諾加強海軍實力，而最有可能成爲海軍作戰地區的就是亞洲。很明顯，這是爲了應對中國快速提升的海軍實力以及其他方面的威脅。擴大軍備與川普「讓美國再次偉大」的競選口號相符，也會讓美國在東亞的盟國安心。

歐巴馬對台灣最不友善，川普對台灣最友善

二〇一六年十二月十六日下午，歐巴馬在白宮召開最後一場記者會。在並未經台灣人民授權的前提下，歐巴馬自作主張地「代表」台灣人民表示：「台灣同意只要能保持某種程度上的自治運作，台灣不會尋求獨立。這個現狀雖然對相關各方都不盡如人意，但是維持了和平，並使得台

灣人民得以發展經濟，保持高程度自治。」他進而替「一個中國」的概念背書：「一個中國的概念涉及了中國對一個國家完整性的核心價值。」如果我先看到這段言論，沒有看到是誰說這番話，一定會以爲是中共御用學者自欺欺人的老生常談。

歐巴馬是美國歷史上最缺乏民主自由素養和最遠離美國建國根基的總統。然而，台灣的若干主流媒體和知識界卻基於「政治正確」的考量、基於歐巴馬少數族裔的身份、基於對其若干左派政策（如支持同性婚姻）的認同，一廂情願的對其寄予厚望。歐巴馬八年任內，對中國卑躬屈膝和、對台灣冷漠無情，台灣人始終忍辱負重、唾面自乾。當川普揭穿「一中政策」這件國王的新衣之後，歐巴馬仍要維持這個千瘡百孔的謊言。歐巴馬彷彿不是美國人選出來的總統，而是習近平任命的「美洲殖民地總督」。

大部分台灣民衆不滿足於目前這種「妾身不明」的狀態，尤其是年輕一代獨立建國的願望不可遏止。如果歐巴馬的說法成立，自由人可以滿足於「保持某種程度上的自治運作」，那麼當初美洲十三個殖民地民衆爲什麼斬木爲兵、揭竿爲旗，奮起反抗英國的殖民統治呢？英國人不也跟大部分殖民地民衆一樣，「同文同種」嗎？而且，英國有君主立憲制度，不是比中共的獨裁暴政更好嗎？

歐巴馬眞該認眞閱讀一下美國獨立建國的歷史。如果華盛頓、富蘭克林、亞當斯、漢密爾頓、傑佛遜、麥迪遜等美國的開國先賢有權選擇獨立，台灣人爲什麼不能選擇獨立？當初，英國政治哲學家、國會議員埃德蒙．伯克在英國國會為美洲人民的獨立自決權大聲疾呼，第一次對「住民自決權」作出深刻論述。伯克認為，設立政府是為人民的幸福，不是為了崇飾觀聽、造成大一統的勝景，去滿足想入非非的政客的藍圖，「哪一種治理方式最適合於人民，必須由他們的共同性格和民情決定。任何其他東西，都不能、也不該決定它」。

美國的國父們不願成為英國殖民地的子民，他們要成為美國人，要擁有百分之百的自由；同樣道理，今天的台灣人不願被中國統一，不願處於「一個中國」的框架之下，又有什麼錯呢？為什麼被認為是「麻煩製造者」呢？今天的美國人如果承認自己是華盛頓的後代，有什麼理由不全力支持台灣人實現其獨立建國的願望呢？

早在半個多世紀之前，台灣年輕的國際法專家彭明敏教授，就和兩位學生一起在《台灣人民自救宣言》中清清楚楚指出：「『一個中國，一個台灣』早已是鐵一般的事實！不論歐洲、美洲、非洲、亞洲，不論承認中共與否，這個世界已經接受了『一個中國，一個台灣』的存在。」應當有更多台灣人和美國人看到這句擲地有聲的宣告，它如同給對中共奴顏媚骨的歐巴馬一記響亮的耳光。

台灣的知識界、媒體乃至整個社會長期左派思想當道，傾向美國民主黨的立場。人們似乎忘記歐巴馬執政八年如何對中國卑躬屈膝，而對台灣視若無睹，正是在歐巴馬的鼓勵下，馬英九政府才一邊倒地撲向中國的懷抱，台灣瀕臨被中國吞併的厄運。經過太陽花學運和二〇一六年的選舉，台灣才艱難地度過危機，台獨在年輕一代那裡成爲理所當然的選擇。

然而，台灣社會一直未能孕育出接近美國共和黨的古典自由主義或保守主義的政治哲學，即便是發起太陽花學運的學生，大半在骨子裡都信奉歐陸的社會民主主義。美國大選之前，台灣幾乎是一邊倒地支持民主黨候選人希拉蕊，而對川普冷嘲熱諷。川普當選後，左派人士和統派媒體合流，又煞有介事地宣揚川普持孤立主義立場，可能放棄台灣、放棄亞洲，所以台灣投靠中國是大勢所趨。

很多台灣人仍懷有一種受虐狂的心態：歐巴馬執政期間對台灣種種無端打壓和羞辱，很多台灣人出於對黑人總統和民主黨總統的「政治正確」的期許，雖不無幽怨，卻寧願忍辱負重；而川普及其執政團隊前所未有地挑戰中共的「一中原則」，將台灣作爲親密盟友，讓台灣在國際社會被看見，很多台灣人反倒憂心忡忡，正如《紐約時報》一篇報導的題目所揭示的那樣〈欣喜過後，台灣人擔心成了川普的棋子〉。

作爲左派媒體的旗艦，《紐約時報》一向親中反台，半個多世紀之前曾將共產黨割據的延安描繪成人間天堂，對毛澤東掀起的文革也一度給予正面報導。《紐約時報》的報導不可能是客觀中立的，它厭惡川普，也蔑視台灣，卻又假托台灣人的視角，極端負面地評價川普與蔡英文的通話：「自己的家園，被骨子裡是交易行家的川普擺到桌面上，作爲與中國共產黨領導人的談判籌碼」。

《紐約時報》的報導訪問了很多知名或不知名的台灣人，他們的看法驗證了相當一部分台灣人認爲川普只是將台灣當做「棋子」。太陽花學運領袖林飛帆說：「許多台灣人擔心，川普一旦上台，會來個一百八十度的大轉彎。我們懷疑他的動機。」家住台北的退休銀行經理、五十七歲的許澤美說：「他是一種無法控制的力量，我們被夾在兩個強國，中國和美國之間，我們對川普無能爲力。」家在台北，三十三歲的平面設計師李孟傑說：「我擔心中國可能會用武力制裁台灣，如果這樣就會破壞我們現在的生活方式。」民進黨立法委員羅致政表示：「我們試圖做出得體的表現，但顯然中國不高興，所以他們選擇拿台灣出氣。他們爲了轉移他們國內的不滿情緒，把台灣當成替罪羊。」在野的國民黨副主席胡志強說，通話帶來的最初興奮已經變成了遺憾：「這是一場權力大戲，台灣不應該捲入其中。」看了這些言論，讓人感到台灣獨立建國之路漫長而遙遠。

台灣：不是美國的棋子，而是印太的鑰匙

川普以大幅領先的優勢當選美國總統，被「政治正確」的觀念死死束縛的西方主流媒體和菁英階層遭受一記悶棍。稍稍清醒之後，他們又開始製造川普是唯利是圖的商人、是外交政策上的孤立主義者、將使得美國「重返亞洲」的戰略爲之終結、中共政權是川普當選「最大的受益者」

之類的謠言。華人媒體亦步亦趨，台灣島內一片鬼哭狼嚎，似乎台灣將被川普政府無情遺棄。尤其是台灣的《中時》、《聯合》等共產黨「駐台宣傳機器」，居然聲稱台灣末日將近，應當效仿菲律賓和馬來西亞，背棄美國而投向中共。然而，台灣的處境跟菲馬兩國毫無可比性：中共並無吞併菲馬兩國的企圖，菲馬兩國在美中之間左右逢源；中共卻從未放棄武力征服台灣的野心，其如意算盤是將台灣變成第二個香港。台灣只能與美日結盟對抗中國的霸權，而不能像菲馬那樣見風使舵、左右搖擺。

川普當選，並非美台關係惡化的開始，而是美台關係提升的開端。川普有意突破籠罩美國對外政策近半個世紀的「季辛吉主義」。季辛吉是中美建交的始作俑者，也是下台後仍影響國務院的「老巫師」。季辛吉未曾造訪過台灣，他曾告訴朋友：「我得先跟北京當局討論。」然而，北京並未給他應有的尊敬，季辛格是薄熙來垮台前接見的最後一個外國客人——北京並未向他透露薄熙來即將被整肅的內幕，使之與薄熙來的會面隨後變成一種深切的羞辱。而川普在當選後約見季辛吉，只是例行公事，未必聽取其「梅特涅主義」的建議。季辛吉居然拿著羽毛當令箭，立刻跑到北京，受到習近平的親自接見——可見北京方寸已亂，以爲季辛吉是川普的傳話人。二〇一八年十一月，中美貿易戰不可開交之際，習近平再次請季辛吉到中國訪問，幫助其尋找化解之法。習近平與這位「中國領導人的老朋友」會晤，呼籲中美展開談判；王岐山在五天之內與之兩次會談，可見中方對其重視。然而，在離開中國前的晚宴上，季辛吉對主人陳元（中國元老陳雲之子）、唐聞生（當年尼克森、季辛吉訪華時，毛澤東的英文翻譯及情婦）說：「中美關係再也回不到過去了，要重新定位。」

美國的亞太政策已然發生劇變，台灣朝野似乎沒有做好準備。被當著棋子的自卑心態瀰漫於台灣社會——是棋子又如何，即便是一個小卒子，只要有足夠的信心和勇氣，也有可能改變整個棋局的勝負。比台灣弱小得多的科索沃和東帝汶都能獨立，台灣為什麼不能呢？小小的芬蘭可以單獨迎戰蘇俄，而基本上贏得平局，台灣為何非得看中國的臉色？

更何況，台灣不是一枚棋子，而是一把鑰匙，是一把打開黑暗的亞洲大陸的大門、帶去光明和自由的鑰匙。蔡英文說，台灣也是棋手，這是一個精彩的回答，台灣人應當有這樣的自信和願景。

美國對中國和台灣的外交政策作出重大調整，首先是對冷戰之後二十多年來國際格局的變化有了重新評估，當然也離不開台灣在晚近二十多年間所發生巨大變化：這個美麗的島嶼，不再是國民黨一黨獨裁統治的「中華民國」，而是以民主人權價值立國、主體性愈來愈彰顯的「台灣」。

台灣的多項自由指數，近年來超過比台灣更早實現民主化的日本、韓國和印度，在亞洲名列第一，堪稱亞洲民主國家之典範。如果西方不想繼續掩耳盜鈴，台灣必須在世界上得到尊重和禮遇。為什麼連殘民以逞、殺人如麻的北韓共產黨政權都能在聯合國佔有一席之地，台灣卻被聯合國及世界各大國拒之於門外呢？聯合國的冠冕堂皇的憲章，在台灣面前豈不成了一紙空文？

川普執政之後，此前被民主黨極左派壓制的親台論述紛紛湧現出來。美國國際關係學者林蔚（Arthur Waldron）在評論文章〈川普勝出，台灣不再是孤立之地〉中指出，美國新政府上台，台灣將不再是自生自滅、被孤立之地，不再被許多自由與不自由的國家聯手遺棄，同時遭美國以或大或小的方式羞辱。美國制定亞洲政策時，將不再納入極度親中的有害派系，此派系向來的主張是：「一切全看中國。北京與華盛頓遲早會成爲知心好友。」林蔚對川普政府提出若干期待：解除諸多對於台灣不必要且帶鄙視意味的限制措施，例如不再禁止懸掛中華民國國旗、不再阻撓美國高層官員與台灣外交人員進行定期會晤或訪台。再者，台灣的國防議題將獲得美方更專業的看待，美國應當考慮將先進戰機、潛艦、嚇阻武器等關鍵軍備賣

全美貿易委員會主席：納瓦羅（左邊數來第四位）

給台灣。

川普的智囊團已意識到台灣在美國全球戰略中無可取代的重要性。被川普任命為新成立的具有重要權力的全美貿易委員會主席的納瓦羅（Peter Navarro），長期對與中國的貿易持強烈質疑立場，此前曾多次訪問台灣。納瓦羅的貿易觀點不同於經濟主流圈子，他一向直言不諱地批評中國，是有名的「屠龍派」。

納瓦羅寫過關於中國的三本專著，無一不是猛烈批判中國。二〇一五年出版的《臥虎：中國軍事化對於世界意味著什麼》一書，從意圖、能力和戰略三個角度分析中國軍事崛起的意義。他認為，中國可能成為當年偷襲珍珠港的日本帝國的翻版。為了寫作《臥虎》，納瓦羅採訪三十多位頂級的中美問題專家。他不僅在書中採納這些專家的大量觀點，而且還把這些採訪素材剪輯成一部十集的同名紀錄片。《臥虎》出版後，一些美國的政治、軍事專家稱讚說，這本書是對美國最大的戰略挑戰所做的清晰、全面和冷靜的描述。「環球主義者」網站將《臥虎》評為年度第五最佳著作。

納瓦羅與川普的資深外交顧問葛雷（Alexander Gray）聯名在「外交政策」雜誌發表文章，強調美國海軍是亞洲地區穩定的最大來源，它目前保護著南海每年五萬億美元的貿易，制約著中共日益增長的野心。兩位作者強調說，台灣作為一個獨立、親美的盟友，對於在戰略上平衡對抗軍國主義的崛起中國，是至關重要的。他們抨擊歐巴馬政府對待台灣之道，台灣做為亞洲的民主燈塔，恐怕是美國在全球夥伴軍事上最脆弱的，但歐巴馬政府不斷拒絕提供台灣需要的完整武器裝備。他們呼籲，現在是美國更全面承諾將台灣防禦能力現代化的時候。他們承諾川普將大規模重建美國海軍，以便向盟友保證，美國仍然致力於「作為亞洲自由秩序保障者的傳統角色」。

無論基於利益的考量，還是基於價值的考量，美國都不會放棄亞太、也不會放棄台灣。美軍中最敢言的太平洋司令部司令哈里斯（Harry Binkley Harris, Jr.，日裔美國人，美國海軍史上第一位亞裔上將，退役後出任美國駐韓國大使）在澳大利亞表示，海牙法院的裁定之後，北京方面繼續以侵略性的方式在南海採取行動，美國已經準備好做出回應。美國估計，在過去三年裡，北京已經在南中國海的七處島礁增加了三千兩百多公頃的土地面積，用以修建機場跑道、港口、機庫和通訊設施。中國在南中國海的海洋聲索過分，美國不怕對抗中國。

作為回應，美國在南中國海採取一系列維護自由航行行動。美軍的巡航惹惱了北京，中國一名高級官員表示，這些行動可能導致災難。哈里斯上將針尖對麥芒地聲稱：「美國獨立之後打的第一仗就是為了確保航行自由。這是美國持久的原則，也是我們的部隊今夜就準備開戰的原因之一。」這種強硬的表態頗有川普的風格。二〇一八年四月，中共在南海進行其建政以來最大規模的海空演習，美方毫不示弱，美軍羅斯福號航空母艦打擊群出現在南海展示軍力，在二十分鐘的時間裡，二十架戰機在羅斯福號航母上起降，展示了美軍的精準和高效，讓中方大驚失色、相形見絀。

台灣不可自我菲薄，台灣有可能走出歷史的幽谷。台灣不能永遠揣摩北京的心意，而無視川普及美國親台勢力釋放出的善意。川普新外交戰略的出現，是台灣的重要的歷史機遇。然而，台灣島內長期存在著一種嚴重的反美思潮，甚至將美國看作是跟共產黨中國同樣的、威脅台灣的「帝國主義」。這種企圖在中美之間保持中立、玩弄平衡術的想法，無助於台灣的國家安全以及獨立建國事業。台灣必須與美日結盟對抗有著強烈的吞併台灣野心的中國。這既符合現實考量，又符合古典自由主義的價值觀。

台灣的對策應當是：抓住歷史機遇，鞏固建國信心，提升民主素質，拓展國際視野，洗滌馬英九時代文嘻武戲、人心渙散之情勢，挺身抗中，聯合美日。那麼，台灣必定能將自己鍛造成一把在亞太發揮關鍵作用的「金鑰匙」。

川蔡通話，台灣命運出現轉機

雷根總統在柏林牆前發表演講之後三十年，候任美國總統川普跟台灣總統蔡英文短短十分鐘的通話，隨後在推特上發表對「一中政策」的質疑。川普團隊在一份聲明中宣佈：「當選總統川普與台灣總統蔡英文通話，後者表達了她的道賀。在討論中，他們提到台灣與美國之間既有的密切經濟、政治及安全關係。當選總統川普也祝賀蔡總統今年早些時候當選台灣總統。」此次通話雖然比不上雷根在柏林牆前的講話那樣具有歷史震撼性，但足以讓過去四十年東亞固有之格局「地動山搖」。

川普當選之後，由中國主導美國定位台灣的狀況將發生翻轉。德國《時代週報》評論說：美國四十年的對華外交慣例，川普十分鐘內就擊沉了。「雖然他還沒有宣誓就職，但他已在推行他的政策。由他的團隊早就安排好的台灣電話對話是對北京的侮辱。這是一個全新的對華政策。他使中國陷入了防禦地位。這是很久以來沒人能做到的事了。中國的鄰國可能要驚訝地看待中美關係了。」就連原本抵制川普的《華盛頓郵報》的專欄作家也驚喜地歡呼道：「川普與台灣通電話不是失誤，而是一個傑作。」

近代以來，東亞一直是美、英、俄、日、中五大國大競技場，此五大國合縱連橫、勾心鬥角，將東亞拖入兩次世界大戰的硝煙之中。尤其是第二次世界大戰，東亞成爲全球兩大主戰場之一。二戰之後，美蘇兩大強權繼續「逐『鯨』於『海』」，所謂「東亞的柏林」，一是屍橫遍野的南北韓（韓戰），二是一度劍拔弩張的台灣海峽（金門炮戰）。

冷戰後期，在以美日聯盟爲核心的集團中，台灣退居小弟的位置。眼看蘇俄起高樓、造飛船，飛揚跋扈、咄咄逼人，美國遂兩害取其輕，尼克森與季辛吉邁出破冰之旅，與中國結盟對付蘇俄，台灣只好被犧牲。最後，雷根總統以星球大戰和經濟封鎖兩大政策拖垮蘇俄，贏得冷戰的勝利。

如今，東亞和全球局勢風雲突變。「川蔡」通話不是川普一時心血來潮，而是新政府即將調整國際政策的先聲。作爲毫無權力的候任總統，川普比此前任何一名候任總統都積極主動，顯得比懦弱僞善的歐巴馬更像是白宮的主人。川普用一個電話拯救了被歐巴馬揮霍掉的美國的尊嚴，轉守爲攻，讓中國不知所措。具有諷刺意味的是，九十五歲的季辛吉到中國白白跑一趟，未能挽救其在冷戰時代架構的「聯中抗蘇」政策，季辛吉和他的政策徹底退出歷史舞台。

對中國的攻勢軟弱無力的歐巴馬，不會有川普這種大刀闊斧的做法。《每日電訊報》稱，歐巴馬事先對此次通話毫不知情。歐巴馬政府的國家安全委員會發言人霍恩表示：「我們長期以來保持的台灣海峽政策沒有改變。」歐巴馬的前美國國家安全委員會亞洲事務高級主管麥艾文表示：「不管這是蓄意而爲還是莽撞行事，這次通話都將改變中國對川普的戰略判斷。這種負面判斷可能會爲中美兩國帶來長久的互信缺失，導致中美兩國戰略競爭。」歐巴馬及其政府的高級官員，似乎是習近平的小媳婦，時刻看習近平的臉色行事。

川普在選舉中聲稱，他當選後要「抽乾華盛頓政治泥潭中的水」，這通電話顯示他在外交上也將拋棄官僚系統的束縛，作出大膽革新。川普當選後繼續使用推特發佈一系列重要消息，直接與民衆對話，避開傳統媒體的過濾和扭曲。對於這次與蔡英文的通話，川普本人在其推特賬號上發了兩則推文，後一則不改其直言不諱的風格：「美國向台灣出售數十億美元的武器裝備，我卻不應該接受一個（來自台灣總統的）祝賀電話，這很有趣。」這則推文的言下之意是說，他一點也不把那些來自國務院親中派官員的建議放在心上，就是要跟台灣總統蔡英文通話，不必在乎中國的反應。而且，川普用「台灣總統」而不是「中華民國總統」稱呼蔡英文，顯然不是一時「口誤」。

這句話更顯示，川普將台灣當作親密盟友看待，未來美國在對台軍售上可能有所突破。台灣理應抓住這個重大機遇，向美國提出購買更多先進武器的清單。軍售當然是一門生意，但又不僅僅是生意，用「商人圖利」這個維度來分析川普的想法太過簡單——如果軍售僅僅是生意，如今腰包鼓鼓的中共樂意向美國購買若干先進武器。但是，美國對中國的政策是「有錢也不賣」，一九八九年的天安門屠殺之後，美國對中國武器禁運的法令一直持續至今。中國不是美國的盟友，而是美國的敵人，美國怎麼會將先進武器出售給中國呢？

雖然只是持續十分鐘的短短通話，沒有太多實質性內容，卻意義非凡。西方主流媒體均以顯著位置報導和評論此一事件。《華盛頓郵報》的報導稱，這是已知的美國總統或當選總統首度與台灣總統公開接觸。《美聯社》說，美國總統或當選總統直接與台灣領導人說話「極不尋常，或許前所未有」，必定會激怒中國。政治新聞網站《Politico》說，川普與台灣總統的通話與美國數十年來的傳統做法背道而馳，可能引發美國與中國之間的外交爭議。《金融時報》說，川普與蔡英文的通話，可能在他還沒有就任之前就開啓一個美中之間的主要爭議。然而，這些評論都犯了同樣一個錯誤：高估了中國方面的反彈。

川普與蔡英文通話的消息傳出之後，中國網民舉國癲狂，外長王毅欲語還休，兩者形成饒有趣味的對比。

中國的社交媒體上鬧翻了天。被中共民族主義意識形態洗腦的網民，全然不知道自己奴隸的身份和處境，卻憤怒地爲主人抱不平：習大大沒有享受到的待遇，憑什麼「台灣地區領導人」能享受到？他們也忘記了，台灣人可以投票選擇自己的領導人，而習大大根本不是他們選出來的。

因爲這通「傷害中國人自尊心」的電話，中國網民對川普和蔡英文百般辱罵，這是他們僅有的言論自由。此前，一名從美國回到中國的、具有民主自由意識的留學生，僅僅因爲穿了一件寫著批評習近平的話的衣服，就從此「被失蹤」。中國人哪敢批評「習大大」呢？

然而，與民間恨不得對美國和台灣開戰的輿論截然不同，中共官方的回應卻從所未有地克制。曾經惡言謾罵加拿大女記者的中國外交部長王毅指責說，「台灣地區領導人蔡英文」同美國當選總統川普通電話，是「台灣方面搞的一個小動作」，無法「改變一個中國格局」。他一句也不敢批評川普，只能「柿子挑軟的吃」，拿台灣的民進黨政府出氣。蔡英文上台之後，中國方面停止了與蔡英文政府的對話管道，通過減少中客到台灣旅遊等手段來逼迫其就範，卻成效不彰。這一次的恐嚇，當然不會有什麼結果。

過去八年來，歐巴馬政府對中國有求必應，甚至在加州的那場「不打領帶的會晤」中，全盤接受習近平對兩國關係提出的「戰略性伙伴」的定位，卻從未得到來自中國的任何回報。反之，習近平對歐巴馬無比輕視、刻意羞辱——比如，在杭州的二十國峰會上，故意讓歐巴馬從空軍一號的肚子下鑽出來。這是歐巴馬自取其辱。共產黨這個流氓集團奉行的原則向來是「欺軟怕硬」，他們對庸庸碌碌的歐巴馬予取予求，對氣勢洶洶的川普卻小心翼翼。

川普當選絕非中國的「福音」。中國更願意只說不做的希拉蕊成為美國總統，中國對希拉蕊的拳腳路數瞭如指掌；中國很害怕大開大合的川普上台，川普若在貿易上對中國持強硬態度，經濟已陷入困頓的中國必然雪上加霜。

儘管川普本人缺乏處理外交事務的豐富經驗，但他的直覺優於職業外交官——如同當年雷根總統靠直覺作出的很多判斷，比如用「星球大戰」計劃拖垮蘇聯，比職業外交家的精心盤算更有效果。

川蔡通話之後，美國智庫對美台關係提升持樂觀態度。我在華府參加一個關於美國對華政策的研討會，參與者中有國務院現任的負責人權事務的助理國務卿、負責東亞及太平洋事務的處長，多名前副國務卿和前大使，以及自由之家、人權觀察等國際人權組織的負責人。這是川普當選之後層級相當高的一次對華政策研討會。多名目前還在台上的政府高官直率地承認，歐巴馬時代的對華政策「毫無作為」，這種停滯狀態即將被新政府打破。我第一次聽到美國政府高官不是使用外交辭令，而是直截了當地說出心聲。

與會的一位資深防務專家為美國的對台政策高分貝地發聲：他指出，過去美國政府太對不起台灣了。美國政府的台灣政策看中國的臉色，這是有失國格。歐巴馬給中國這個獨裁國家太多的禮遇，讓習近平到白宮享受最高的國宴待遇，這些禮遇是蘇俄做夢都想得到、卻從未得到的。反之，台灣作爲民主化最成功的亞洲國家之一，在華人世界創立民主轉型的典範，美國應當給台灣更多肯定、尊重和讚美，甚至將此前給予中國的禮遇轉移到台灣身上。與會多名有影響力的智庫成員均建議，川普政府應當推動台美關係正常化，像對待日本、南韓、印尼、印度、新加坡那樣，讓台灣等成爲亞洲新安全體系之一員。川普應有勇氣蔑視中國的抗議，提升與蔡英文和民進黨政府的外交關係。若美台關係有突破，台灣就能破除長期在國際舞台上被迫「隱身」的可悲狀態。

最近被川普招攬爲中國問題顧問的美國資深外交家白邦瑞（Michael Pillsbury），此前在台灣出版了中文版的《百年馬拉松》一書，公開承認在過去四十年的職業生涯中受了中國的欺騙，「我寫這本書是爲了說服美國官員和台灣領導人，公開承認我們嚴重錯估了北京的野心。」白邦瑞七〇年代初到台灣學習中文，與台灣歷任領導人都有來往，作爲在台灣受語言訓練的歷史見證者，他痛陳自己在爲幾屆美國總統服務期間，在對華政策上作出的錯誤判斷，「美國官員坦白承認錯誤是破天荒的大事」。白邦瑞在書中提出若干對中國採取強硬政策的建議。可惜，這本如此重要的著作，在台灣卻沒有引起足夠的重視。台灣讀者喜歡讀那些吹捧習近平和中國崛起的垃圾文字，比如朱雲漢的著作。

如果白邦瑞日後在川普身邊發揮影響力，川普逐漸認清中國對美國的嚴重威脅，那麼美國的對華外交必將呈現嶄新局面。在此變局中，台灣將迎來歷史的契機。

川普的新印太戰略及對台海局勢的影響

川普執政之後，很快發佈美國國家安全報告。這份報告對中國態度十分強硬，也徹底否定過去二十年的對中政策，將中國定位爲「對外輸出威權體制以對抗民主的政權」。這個稱呼意味著，中國雖然沒有向外輸出社會主義，但透過其經濟力、政治與軍事力，對亞非拉等發展中國家輸出其「具中國特色」的威權體制。這份報告認爲，中國利用各種手段侵蝕美國的安全與繁榮。中國不僅對外擴張，還是對美國採取惡意行動，要讓美國衰弱，是一個「高敵意國家」。美中現在競爭的戰場不僅在國際場合，也在美國國內——中共對美國全方位地滲透，已嚴重危害美國的國家安全。

這份報告指出，過去二十年美國對中政策完全錯了。交往沒帶來中國體質的改變，國際經貿體系也沒對中國違反規定的行爲進行處罰，反而被中國利用民主國家遵循法律的行爲慣性獲取利益，甚至有意改變若干遊戲規則。過去二十年的美國對中政策辯論，前十年基本圍繞著圍堵（containment）vs.交往（engagement），最後往往因經濟互賴以及圍堵具強烈的軍事衝突色彩等理由，使得交往派勝出。之後的十年則是透過修改交往的內容與規範，希望以國際體系網絡把中國纏住，加上認爲中國也自此獲利不少，因此認爲這個國際體系可以透過勸誘，使中國的行爲模式會更傾向於合作而不是競爭。這個時候就出現所謂的「調適派」（美國調適自身態度以適應中國崛起），與期待中國是「負責任的利害關係者」等說法。到了歐巴馬剛上任時，爲了使中國願意留在國際體系內，美國還要給中國「戰略再保證」的承諾。

川普版的「國家安全戰略」否定「對中交往策略」，推翻「交往、利害關係者、戰略再保證」等支撐過去二十年的對中政策原則，而要另起爐灶。

就美中經貿關係而論，過去認爲美中經貿互賴互蒙其利，這份報告基本採取否定態度。川普對中經貿政策更強調公平與互利，不會像先前的總統對美中貿易戰有驚懼感。

這個報告還認爲，中國在侵蝕美國的自由與經濟發展，以及中國在輸出新的體制來對抗民主。這都不是單純的「戰略競爭者」，而是具敵意且威脅到美國生活方式的對手了。

這份報告發佈之後，川普及其執政團隊提出「印太戰略」。歐巴馬和希拉蕊此前推行「重返亞洲戰略」，然而，該強硬的地方不夠強硬，該放手時不願放手，寬嚴皆誤，致使菲律賓、馬來西亞、緬甸等國投向中國的懷抱。歐巴馬卸任之際，「重返亞洲戰略」已經破產。川普將執行新的「印太戰略」。首先，他將印度洋放在太平洋之前，將印度的戰略盟友地位大大提升，印度將是亞洲比日本更有實力和意志對抗中國的國家。印度有過被英國殖民兩百年的歷史，與英國和美國同為「英語國家」，在語言和文化上甚至比日本跟西方更為親近。印度的人口將在數年之後超過中國位居世界第一，印度是世界上人口規模最大的民主國家，與美國這個世界上最強大的民主國家結盟，足以在印太兩大地區擊退中國和俄羅斯的挑戰。

其次，川普將從經濟層面上對中共實行釜底抽薪。他在競選中宣稱，將對「中國製造」徵收高額關稅，並嚴厲懲罰中國長期以來肆無忌憚地竊取美國的智慧財產權的行為（歐巴馬政府對此一籌莫展）。川普清楚地知道，在經濟貿易上，中國對美國的需要，遠遠大於美國對中國的需要。美國可以捨棄中國市場，也可以將中國這個國際工廠換成墨西哥或越南、印尼、印度等其他亞洲國家，對美國而言只是皮肉之傷；而中國一旦失去美國市場，經濟崩盤指日可待，那就是滅頂之災。

「六四」以後，中共的統治合法性早已失去意識形態根基，只剩下經濟增長，以「先富起來」的口號籠絡作為利益共同體的中產階級——中國的中產階級不是推動民主的中堅力量，反倒是中共政權的支持者，他們與共產黨「一榮俱榮，一損俱損」。一旦中國經濟發展停滯，民眾就會放棄對中共的忍耐。川普在經濟上打擊中國，遠比苦口婆心地規勸中國改善人權狀況更有效，而此前中國從來都對人權領域的建議和批評「如風過耳」。川普的設想若成為現實，中國原本搖搖欲墜的經濟將遭受重創，中共的垮台將大大加速。

第三，若川普延續當年雷根的政策，想重現雷根的輝煌，台灣在其外交版圖上地位不僅不會降低，反倒會大幅提升。雷根因終結蘇聯政權、推倒了柏林牆而名垂青史，若川普有此野心（儘管他說不會致力於用武力推翻他國政權，但「不戰而勝」式的「和平演變」是可行的），在整理國內政治經濟難題的同時，他會在重要性已然超過歐洲的亞太地區投入美國更多的力量。

川普的印太戰略以及全球戰略的一個「新思維」是，不再讓美國充當全職的保母和保鏢，而讓盟友們、特別是亞洲先進民主國家「男兒當自強」。用川普的高級國防顧問在大選日發表的文章中的說法，就是放手讓亞洲的盟友（如日本、韓國、台灣）發展軍力，放寬對這些國家的高科技武器銷售的限制。美國不必免費給別國當保鏢——這樣做，不僅未能得到起碼的感激和尊重，還要遭受該國國內左派勢力的辱罵和仇恨。美國可以從旁提供協助，但任何一個國家都不能將美國當作無償的志工，任何一個國家都應當有意志和勇氣捍衛自身安全。

那麼，對於台灣來說，這是一次提升國防戰力，與亞洲各民主國家共同建構安全網絡的契機。台灣應當抓住這個契機，與川普政府頻繁互動，大膽地、大步地走出中國陰影，走向蔚藍色的太平洋。

第十四章

西藏與新疆：離開中國才有活路

有些石頭上寫著：「自由」。有些石頭用來架橋鋪路。有些石頭用來修築牢房，有些石頭留在原地不動，這樣的石頭引不起聯想。

——布羅茨基

西藏與新疆，是中國人對西部及西北部兩個尚未被完全漢化的廣袤地區的稱呼，其實它們的眞名是：圖博與東突厥斯坦。在此，爲了便於讀者理解，我暫時沿用中文世界習慣的稱呼。這兩個地方的分離主義運動最爲強勁，祝願它們早日獨立建國成功，自主使用其中文譯名（如韓國將首都的中文譯名由「漢城」改爲「首爾」一樣。）

我從小生長的四川，跟西藏並接壤，有若干原本屬於西藏的地區（主要是「康區」）被劃入四川的行政區域之內。我多次去隸屬四川「藏區」旅行，但只是欣賞其瑰麗風景（九寨溝、四姑娘山、康定等），並未深入瞭解當地藏人眞實的生活狀貌。大部分中國人都是如此——即便到過雪域高原，也只是爲了顯示本人見多識廣；熱衷於談論神秘的藏傳佛教，不過是將異域宗教當作無聊生活的調劑。

我去過近代以來被中國命名為「新疆」的「自治區」，也結識了不少在新疆生活的漢族文人墨客。大概因為生活在西域，他們通常比內地的文化人豪爽，但若跟他們談及民族問題，他們立即就瞠目結舌、顧左右而言他，並再三勸誡我不要觸碰此「敏感領域」。他們是漢人，對維族等當地「少數民族」不屑一顧，認為「非漢族」就是「沒文化」，不會吟詩作賦，不配做朋友。

其實，大部分漢人都有機會接觸藏人、維族等少數民族。成都市內有一小塊藏人聚居區，朋友勸誡說，千萬不要到那邊去，藏人個個凶神惡煞、粗暴無禮。中國一些城市的街頭會有賣羊肉串和切糕的新疆人（不一定都是維族），漢族市民通常說他們是騙子或凶徒。到中國其他省份「討生活」的藏人和維族，在日常生活中備受羞辱，很少能享受到「同胞」的「國民待遇」。構成中國人口多數的漢族，其強烈的種族歧視可以說無以倫比，他們不僅歧視黑人、印度人，對被納入「中華民族」的藏人、維族、蒙古人等「少數民族」也不加掩飾地歧視。

在中共長期的洗腦教育之下，更在儒家「華夷之辨」觀念的熏陶下，漢人理所當然地認為，藏人和維族等「少數民族」處於文明的「低等發展階段」，是漢人幫助他們進入現代文明。然而，藏人和維族不僅不感恩戴德，反倒恩將仇報，真是不可理喻。

我也不例外。「藏人、維族很粗野、很暴力」，這種刻板印象在我心中保持了很多年。經過「六四」的洗禮，我開始關心人權議題，走上批判中共極權統治的異議知識人之路。但在很長一段時間裡，我關心的僅僅是「中國本部」的人權狀況，並不包括各「少數民族聚居區」。

我在中國生活的三十九年裡，從未認識一位可以眞心交談的藏族和維族朋友。我認識的藏族和維族朋友，是我離開中國之後，在美國和台灣等地認識的。這本身就是一個荒謬的事實——首要原因當然是中共的種族隔離政策，而我自己對弱勢族群的忽視也應深切反省。

達賴喇嘛的「中間道路」是一條光榮荊棘路

從一九五九年逃離中國之後，達賴喇嘛、西藏流亡政府和人民遵循恢復西藏獨立的立場與政策。七〇年代末以來，達賴喇嘛經過長期穩妥的思考、並與議會、政府以及其他相關人士鄭重謹愼地進行討論後，決定將恢復西藏獨立的政策調整到中間道路的路線上。

一九八八年六月六日，達賴喇嘛在達蘭薩拉召集爲期四天的特別會議，參加會議的包括所有西藏人民議會議員、政府內閣（噶廈）成員、公務員、各流亡藏人定居點的負責人和人民代表、各非政府組織的代表、新近流亡之藏人的代表、特別邀請之有關人員等。會議在廣泛的討論後獲得一致意見。據此，達賴喇嘛於同年六月十五日在歐洲議會提出著名的「斯特拉斯堡建議」。

在此計劃中，西藏將是「一個自治、民主的政體，並跟中華人民共和國聯合」，其權力結構由「一個人民選出來的行政首長、一個兩院制的立法部門、一個獨立的司法系統」組成。達賴喇嘛為「中間道路」描述了粗線條的遠景。在藏人行政中央的官網上，對「中間道路」有更明確的定義：它指的是在解決西藏問題的過程中，西藏人既不接受西藏在目前中華人民共和國所處的地位或狀態，也不尋求西藏的主權獨立地位，而是取中間路線，即在中華人民共和國的框架範圍內尋求整個西藏三區施行名副其實的自主自治。中間道路是通過放棄極端的立場，從而保證有關各方必要的利益。對西藏而言，中間道路可以保障西藏的宗教、文化與民族特性之保護、延續與發展；對於中方，中間道路可以保證中國的國家安全與領土的完整統一；對其他鄰國或第三國而言，中間道路促使邊界的安全和寧與和平推進國際外交活動。

「中間道路」是為應對鄧小平於一九七九年向達賴喇嘛提出的「除了獨立以外，其他什麼內容都可以談」的建議。八〇年代，中國政治相對寬鬆，胡耀邦對西藏政策作出相當程度的調整，北京當局與達賴喇嘛展開幾輪談判。三十年來，「中間道路」獲得大部分海外藏人、關心圖博問題的西方人士以及一部分認同民主自由價值的中國人的肯定。然而，六四屠殺之後，中共當局在極權之路上越走越遠，其民族政策越來越強硬，西藏在他們眼中只是一處靜默無聲的殖民地，而日漸衰老的達賴喇嘛不再被看作談判對象。

習近平執政以來，達賴喇嘛及西藏行政中央多次在公共場合表達對習近平和中共當局的正面評價，試圖以此「善意」換取習近平在西藏政策上「鬆綁」。在我看來，這是與虎謀皮的無效之舉。其實，更有效的立場宣示應當是：強調在歷史上，西藏與中國曾經有過友善、平等相處的時代；同時，毫不回避此一事實——中共專制制度不僅荼毒中國人民，也造成西藏人民亙古未有之苦難。換言之，批判、反對共產黨政權，既符合西藏民衆的利益，也符合中國民衆的訴求。

近年來，達賴喇嘛和流亡印度達蘭薩拉的「行政中央」大大增強了與中國民主派知識份子和正在成長中、充滿活力、思想開明的中國民間社會的互動，讓中國普通民衆認識西藏問題的眞相，這是一個可喜的趨勢。越來越多藏人認識到，中共政權不是一個值得期待的談判對手，中共政權從來只迷信槍桿子。只有當中國民主轉型來臨之後，才有實踐「中間道路」的可能性。或者更加直白地說，沒有共產黨，才可能實現西藏的「中間道路」。

從習近平執政以來對西藏的強硬政策可以看得一清二楚，共產黨不會接受「中間道路」。再多藏人自焚的悲劇，也喚不醒中共統治者泯滅的良心。中共統治西藏的邏輯是武力鎮壓加經濟收買，根本無視藏人的信仰自由和基本人權，正如茨仁夏加在《龍在雪域：一九四七年後的西藏》一書中指出的：「中國統治西藏的模式，以及統治的每個階段該收緊或放鬆控制到什麼程度，都不眞正受到西藏內部的情勢所支配，而是由共產黨領導班子所面臨的更加複雜的意識形態與權力鬥爭的議題所支配。」所以，對中共政權的「惡」必須有充分的估量。如果低估中共的「惡」，必將付出沉痛代價——如同一九八九年天安門廣場反對腐敗的學生那樣血洒大地。

要讓「中間道路」深入人心，尤其是在中國民衆中獲得廣泛共鳴，首先要清除作爲「中間道路」阻力的制度和文化因素，即大一統的政治傳統和民族區域自治制度。以民族區域自治制度而論，它是中共從蘇聯抄襲而來的處理民族問題的方法。蘇共從沙皇手中奪取政權、建立疆域更爲廣大的蘇聯之後，強行按照民族劃分行政區域。沒有想到，這種貌似「優待少數民族」的體制，反倒惡化了不同民族之間原有的良好關係，爲蘇聯的解體埋下導火線。法國學者埃萊娜．唐科斯（Helene Carrere d'Encausse）在《分崩離析的帝國》一書中指出：「蘇聯政府面臨的所有問題中，最急需解決而又最難以解決的顯然是民族問題。像它所繼承的沙俄帝國一樣，蘇維埃國家似乎也無法走出民族問題的死胡同。」這句話也可用來描述今天中國民族問題不斷激化的現狀。如同「國王的新衣」一般的民族區域自治制度，是從他國強行移植而來的，跟中國「在地」的環境水土不服，並且在蘇聯的實踐已完全失敗，卻在中國成爲不容置疑且難以摘下的「緊箍咒」。

作爲「中間道路」阻力的民族區域自治制度，需要解構和清除；反之，作爲「中間道路」可以借用的帝制時代「宗主國」模式，則可以創造性地轉化。在清帝國時代，有一套相對柔和的、多元的統治模式。美國學者黎安友（Andrew James Nathan）在《尋求安全感的中國》一書中指出，傳統的中國並不視自身爲一個民族國家，甚至不把它當作一個有著不同臣民的帝國，而是把它視爲文明的中心。清王朝願意給周邊的「藩邦」授予特權，讓其統治階層對本族臣民進行管理、徵收貿易稅以及懲戒。當西藏逐步形成一個結構鬆散的神權國家時，滿清統治者爲了籠絡西藏，甚至放棄原來的薩滿教信仰，轉而皈依藏傳佛教，以西藏活佛爲宗教上的導師。換言之，帝制時代，中央政府對在其勢力和影響所及的範疇內的不同種族、地域和歷史文化，大致給予一定的尊重及自治權，從而形成多元化的統治模式。而中共政權建立之後，這一傳統卻被拋棄，取而代之的是一元化的極權主義統治模式。中共政權悍然撕毀與西藏政府簽署的「十七條協議」，破壞西藏固有的宗教信仰、文化傳統和生活方式，竭澤而漁地開發西藏的自然資源，使得西藏的自然和人文環境遭到毀滅性破壞。未來在處理西藏問題時，漢藏雙方都需要重新發掘「前共產主義時代」可以實現「現代轉化」的政治和文化資源，使之成為「中間道路」的支撐點之一。

藏青會的獨立之路是另外一個選項

塞翁失馬，焉知非福。一九五九年，中共武力佔領西藏，西藏淪為中國的殖民地，大片藏區被劃入四川、青海的行政區域內。中國對西藏半個多世紀的殖民統治，屠殺反殖民的藏人，滅絕西藏的宗教與文化，掠奪西藏的自然資源，西藏經歷了千年以來最可怕的命運。另一方面，達賴喇嘛率領數十萬藏人逃離家園，在印度達蘭薩拉建立流亡政府，在流亡中實現西藏歷史上第一次民主轉型。數十萬藏人像當年的猶太人一樣散佈到世界各地，特別是達賴喇嘛數十年如一日地周遊列國，弘法布道，講述西藏自己的故事，使得藏族的文化和宗教信仰得到全世界的關注和認同。

坦率地說，傳統的西藏實行政教合一的神權政治，並非一處香格里拉式的烏托邦。歷代達賴喇嘛、班禪喇嘛當中，有不少如同某些天主教教宗那樣的獨裁者和腐敗者。不可刻意神聖化達賴喇嘛制度和西藏的歷史。當第十四世達賴喇嘛流亡印度之後，有機會行走於西方列國，深刻研究西方政治、經濟和文化，對藏傳佛教開啓了一場宛如馬丁·路德和喀爾文的「宗教改革」，並引導流亡政府走上民主化的康莊大道。

一九九二年二月，達賴喇嘛在宣佈「未來西藏政治方向」和「憲法核心」時談到，未來，達賴喇嘛將不在西藏政府擔任職務，不再承擔制度所賦予的政治權利。西藏政府應由藏人選舉產生。當擺脫了中共的暴力，西藏恢復自由後，在西藏新憲法的過渡時期，西藏的政治權利，應由現任的西藏境內藏人擔任，並推選一位行政首長，接替達賴喇嘛移交的所有政治權利，同時，西藏流亡政府自動無效，未來的西藏，將成爲一個非暴力的和平環保基地，保持中立，避免戰爭。二〇一一年，達賴喇嘛在紀念西藏和平抗暴五十二周年的講話中，在三月十四日給西藏人民議會的信函中，以及在祈願法會中，多次闡明，把西藏的政治權利移交給民主選舉產生的行政首長。

如今，僅僅保留宗教和精神領袖地位的第十四世達賴喇嘛，不再如西藏歷史上的歷代達賴喇嘛那樣在政治上充當最高領袖甚至本身就是獨裁者。因此，既然認同民主自由的價值，達賴喇嘛所倡導的「中間道路」，當然不是藏人對其前途的唯一選項。西藏青年大會（Tibetan Youth Congress）就明確表示，他們堅持「西藏是一個獨立國家」的立場，不作妥協。

藏青會於一九七〇年十月七日成立於西藏流亡政府所在地達蘭薩拉，是目前最大、最活躍

二〇一二年九月，余杰在紐約拜會達賴喇嘛。

的流亡藏人政治團體，爲流亡社會中堅力量。其成員多達六萬人，大多受過高等教育，不乏畢業於歐美名校者，在全球七十多個國家建有分部，包括美國，加拿大，挪威，瑞士，法國，日本等國。各級職務都由選舉產生，完全民主與透明。藏青會在其宗旨和目標中第一項列明：在達達賴喇嘛的指導下報效國家和人民；而第四項則是：爲了徹底獨立而奮鬥，即使犧牲生命也在所不惜。

中國官方媒體把藏青會劃爲「達賴集團」的一部分，認爲達賴提倡非暴力和中間道路是唱白臉，而藏青會直接鼓吹獨立則是唱黑臉。《人民日報》一篇評論甚至指出：「藏青會與基地組織、車臣恐怖主義武裝份子並無本質上的區別，甚至是有過之而無不及。」就此藏青會出版長篇報告《拒絕沉默：針對中共不實指控的響應》進行反駁，強調他們「是一個獨立的組織，其活動和政策都不受到外界干擾」。藏青會領導人之一丹增亞東指出，人民有權捍衛自己，但利用恐怖手段是不可能解決問題的。她表示：「暴力這個名詞並沒有一個準確的定義，事實上藏青會成立以來一直都進行非暴力抗爭，至於未來則不在我們控制之內。」藏青會表示，假如他們眞的如中國政府所稱是恐怖主義組織的話，印度政府早就會取締他們了。

中國官方的白臉、黑臉之說，只是共產黨的「夫子自道」。共產黨從來都是「民主集中」，中央定於一尊，「聽黨的話，跟著黨走」。然後，「爲了鬥爭的需要」，共產黨再安排某一部分官員充當「鷹派」，另一部分官員充當「鴿派」，前者如林彪，後者如周恩來，但實際上所有的「鴿派」都是「鷹派」。共產黨無法理解，在西方的民主政治中，有不同的政黨和政策，既競爭又合作又制衡。而西藏流亡政府和流亡民衆也是如此：他們在宗教信仰上遵奉達賴喇嘛，但在具體的政治立場和訴求上並不一定唯達賴喇嘛馬首是瞻。

當西藏境內上百名藏人悲憤地自焚抗議中共暴政之際，藏青會在印度全國範圍內舉行了一場旨在「呼籲西藏獨立的長征」活動，穿越一百五十個城市，最後到達新德里。藏青會在聲明中表示：「儘管中國高調宣揚解放和發展了西藏，但是，包括自焚事件在內的群衆性抗議仍然在西藏各地發生著。中國繼續否認西藏人的基本人權和政治權利，限制他們的文化和宗教活動，限制他們的行動、獲取信息和言論的自由，限制他們學習藏語，限制他們行使司法權力等等。藏人只是爲了和平地行使基本人權和意願，就會不斷地遭到隨意逮捕，拘留期間被嚴刑拷打，被判長期徒刑甚至死刑。」聲明最後強調：「藏青會重申堅持西藏獨立的立場，並敦促印度政府與中國政府就西藏問題進行對話。」

「藏青會」主席單增晉美在接受《印度教徒報》採訪時表示：「在我們這些流亡印度超過五十年的人群當中，瀰漫著一種沮喪的情緒。鑑於中國在邊境地區的入侵，我們有必要教育印度人民，西藏獨立的必要性，以及爲什麼對印度也很重要。」三十一歲的藏青會副主席頓珠多傑坦言不同意「中間道路」，他認爲既然與北京的八輪談判都沒有

圖博雪山獅子旗。

結果，就應該嘗試其它方法。

與香港、台灣的年輕一代形成「天然獨」的趨向相似，在流亡藏人中，堅決要求西藏獨立的不只是藏青會成員，在達蘭薩拉和世界各地的年輕一代藏人，幾乎無一例外地希望西藏獨立。BBC記者在一個流亡政府開辦的寄宿學校採訪那裡的小學生，這些從小就被父母從中國藏區送過來念書的孩子在表演歌曲時，自發唱起了西藏國歌，還有孩子拿出一面雪山獅子旗自豪地揮舞。當記者問他們「希望西藏留在中國還是獨立」，他們異口同聲地喊道：「獨立！」

達賴喇嘛已經高齡，即將走完他的「光榮荊棘路」。不難設想，達賴喇嘛去世之後，因為共產黨的干擾，轉世靈童的設立將極為困難，短期之內，在海外藏人當中不太可能出現一個與之媲美的、「卡里斯瑪」式的領袖型人物，而其「中間道路」或許將完成其歷史使命。在年輕一代流亡藏人以及仍處於中共殖民統治下的藏人那裡，獨立會日漸成為多數民意。未來，獨立的西藏共和國將包括西藏傳統上區分的上（阿里）、中（衛藏）、下（多康）或衛藏、康區和安多三個區域，占目前中國領土面積的四分之一左右——這部分區域，在歷史上本來就不是中國的「固有領土」。

而對於追求民主自由的漢人而言，應當尊重藏人的獨立訴求，對藏獨群體表示充分的理解和善意。如此，未來「中國內地」（「中國本部」）所形成的「華人獨聯體」，才有可能跟未來的西藏共和國締結成友善的兄弟之邦。

是中國「新的疆土」，還是維吾爾人的集中營？

「維吾爾族」是東突厥斯坦的主體民族，世世代代居住在天山南北麓地區。他們的祖先曾經馳騁在廣袤的中亞草原與荒漠，在涵蓋了東突厥斯坦這塊土地在內的蒙古大草原和中亞地區，建立了匈奴帝國、突厥帝國、回鶻帝國、喀喇汗王國、高昌回鶻王國、察合台汗國、葉爾羌汗國等龐大帝國，也締造了輝煌的佛教與伊斯蘭文明，在天文曆算、醫學、數學、幾何學、地理學、化學等知識與科學技術的發展方面也一度領先世界，並成為東西方文明的交匯點和橋樑。

就突厥在東西方文明之間的成就而言，歷史學者劉仲敬高度評價說：「突厥不是一個種族或者民族，也不是一群部落，而是一個語言文化圈。……在中古以後，內亞黃金時期的後期，突厥語逐漸的取代了阿拉伯語和波斯語的各個語族，變成了有文化和有教養的語言，產生了很多文人學者，又變成了當時伊斯蘭世界的一個重要的語言。帖木兒帝國是突厥語系文化的最高峰。」如果還原歷史眞相，長期以來，秩序和文明不是由中原輸入突厥，而是由突厥（中亞、內亞）輸入中原。文明是有高低等級秩序的，在相當長的一段時期內，突厥文明比華夏文明更高級、更優越。在文明和地理的雙重意義上，突厥在高處，中原在低處，水從高處流向低處，文明也是如此。這是掌握中國歷史書寫權力的儒家士大夫不願承認並刻意掩蓋的歷史眞相。

在漫漫的歷史洪流中，東突厥斯坦雖曾兩度遭到漢帝國與唐帝國的短暫征服，但更多的時候是擁有獨立地位的主權國家，甚至在跟中原王朝的戰爭中佔據上風。直到十九世紀，滿清帝國派出左宗棠西征，屠殺了東突厥斯坦多達一百萬人而將其徹底征服，並以「新的疆域」將東突厥斯坦改名爲「新疆」。從此，東突厥斯坦正式被列入清帝國版圖，淪爲清帝國行政省份之一。

清帝國設立新疆行省，但對此一地區的統治，基本沿用對其他藩屬地區的「代理人」模式。清帝國瓦解之後，中華民國失去對新疆的實質性控制，新疆被多名漢族實力派軍閥掌控，最爲殘暴的是被稱爲「新疆王」的盛世才，維吾爾人及其他少數民族處境每況愈下。其間，三〇年代及四〇年代的兩次東突厥斯坦建國運動，都慘遭回族和漢族軍閥及中共（包括支持中共的蘇俄）絞殺。

中共佔領新疆之後，維族的生存情況跌至歷史最低點。中共歷年來大量向新疆遷入漢族居民，至今漢族居民人數已超過維吾爾族等各原住民族。而且，在新疆的漢族居民跟在西藏的漢族居民不同：在西藏的漢族居民，一般是作爲行政官員、技術人員、軍人或商人臨時居住，並不打算在西藏「生根發芽」、「安居樂業」，因爲西藏的自然條件太過惡劣；而在新疆的漢族居民，則大都已「落地生根」、「枝繁葉茂」，有的已經繁衍到第三代、第四代，他們佔據當地最多的資源、最好的職業，形成一個龐大的特權階層和既得利益階層。在所謂「新疆維族自治區」的架構之外，中共又設置「新疆建設兵團」之建制，與省市自治區級別的行政機構並列，建設兵團享有完全的行政、立法和司法權，宛如獨立王國，在新疆大肆實行「圈地運動」，佔有最好的地區

東突厥斯坦共和國國徽與國旗。

和最豐富的自然資源。所以，新疆民族矛盾之複雜和尖銳，遠超過西藏。

尤其是以維吾爾族原住民爲主、經濟相對落後的南疆，與歐洲的巴爾幹半島一樣，宛如一處蓄勢待發的火藥庫。自二〇一六年夏天中共強硬派官員陳全國出任新疆自治區黨委書記後，新疆地區的安保工作再度升級。美國華盛頓大學人類學學者達倫．拜勒（Darren Byler）評論說：「中國對新疆的監控措施，使南疆感覺就像是一個露天監獄一樣。」《華爾街日報》的兩名記者走訪新疆十二天，就發現高科技監控已滲透當地人日常生活各個角落。他們拍攝的影片捕捉到喀什郊外的一個「再教育營」：一棟新建、類似監獄的白色建築，設有看守塔，圍牆上也鋪滿鐵絲網。一名逃出新疆的維吾爾人說，「說白了，那裡就是一座集中營」。

熟悉中國新疆拘押系統的安全官員向西方媒體透露，新疆各地約有兩百萬維吾爾族穆斯林被當局關入類似毛澤東時代的「再教育營」。世界維吾爾代表大會（World Uyghur Congress）執行委員會主席奧馬爾．卡納特指出，維吾爾「每個家庭都有三至四人被帶走」，「在一些村落，你在街頭看不到男人，只有女人與小孩，所有男人都被送到再教育營」，「恐慌持續蔓延，不少人與摯愛失去聯絡」。一些維權人士則透露，這些「再教育營」要讚頌共產黨統治、唱革命歌曲、學講中文、研究「習思想」，並須自行招認「違法行爲」，例如前往國外旅遊朝聖。

國際人權組織「人權觀察」中國部高級研究員王松蓮（Maya Wang）認爲，「再教育營」宛如一個黑洞，人們被吞噬進去，無法逃脫。而總部位在華盛頓的《自由亞洲電台》亦指出，曾被拘押在集中營的人透露說，八人房關了十四人，人們無法平躺，只能捲著身體側臥，被拘押者在攝氏零下十度的寒冷天氣裡光著腳，他們的衣服上不得有釦子和金屬拉鍊。有些營地甚至連皮帶、鞋帶、內衣也禁止穿戴。

美國維吾爾人協會主席伊利夏提指出，中共將每一個村、每一個維吾爾社區、每個人的各種資訊收集整理彙總，將他們認爲具有分裂思想的「危險人物」，全部弄到「再教育集中營」，進行「思想改造」。集中營的警察都有審判權力，可以不經過任何法庭，就把他們認爲「無法轉化」的人，從「再教育集中營」直接送進監獄進行酷刑折磨。「再教育集中營」的關押是沒有期限的，直到管理人員認爲滿意了，這個人被改造好了，才放其回家。在很多集中營裡面，因爲人數太多，環境非常惡劣，有人患病死亡，還有人不堪折磨選擇自殺。

中共有針對性地清洗文化教育界的維吾爾人知識份子，數百名大學校長、院長、教授、作家、藝術家、工程師被捕，然後就人間蒸發，不知所終。這跟國民黨當年虐殺、打壓台灣本省人中的菁英階層如出一轍。

習近平掌權以後，對維吾爾族的統治空前嚴厲，比起文革時期來有過之而無不及。學校不准教授維吾爾語，說維吾爾語的學生受到處罰，如同兩蔣時代的台灣對台語的打壓。對維吾爾族村落實行連坐和株連制度，一人犯事，其親戚鄰里全部受到連累。在美國自由亞洲電台工作的多名維吾爾族記者，其家人均遭到非法拘押。維吾爾族學者伊力哈木·土赫提被以分裂國家罪判處無期徒刑，他的侄女因被警方查出手機存有叔叔的圖片和外媒有關報導被秘密判處十年徒刑。

長久以來，維吾爾族是伊斯蘭世界中的溫和派，大部分人不一定固定去清眞寺參加禮拜活動，婦女也極少以黑紗蒙面。但在中共如此嚴厲的打壓之下，部分絕望的維吾爾人轉向宗教，某些極端化的、原教旨主義的伊斯蘭信仰開始盛行，假以時日，必將與中共的暴政發生更劇烈的衝突。

如今，中共統治之下的新疆，對維吾爾族而言是空前龐大的集中營，也是自從納粹德國設立屠殺猶太人的集中營以及蘇聯的「古拉格群島」和毛澤東時代的勞改營之後，世界範圍之內規模最大的集中營。我在美國結識了伊利夏提等維吾爾族人權活動家，聽他們講述本民族的悲慘遭遇，深深爲之感動，當然義無反顧地認同和支持其獨立建國事業。

維吾爾人在種族、語言、宗教信仰、文化傳統等方面跟漢人是異質的民族，他們有權利從中國獨立出去。只有脫離中國「劣質殖民主義」並建立自己的國家，才有生機和出路。

東突厥斯坦如何民主建國？

東突厥斯坦被中國以「新疆」爲名吞併之後，以維吾爾人爲主的東突厥斯坦人民進行了無數次的獨立運動。儘管一九三三年及一九四四年先後兩次宣布獨立，建立東突厥斯坦共和國，但最終仍以失敗收場。一九四九年以後，東突厥斯坦人民不但慘遭中共的蹂躪與迫害，中共政府更不斷指控東突厥斯坦獨立組織與恐怖主義掛勾，使得以和平手段追求獨立的東突厥斯坦組織蒙受不白之冤，在抗爭與建國之路屢屢遭遇挫折。

從現實層面來看，東突厥斯坦的獨立和民主建國之路比西藏更為困難。

首先，東突厥斯坦獨立運動缺乏西藏的達賴喇嘛那樣在西方享有崇高威望的領袖。達賴喇嘛是諾貝爾和平獎得主，將藏傳佛教發展成一種世界性的宗教，他的討論人生智慧的著述在西方家喻戶曉。藏人的現實處境像昔日的猶太人那樣讓世人同情，更使得達賴喇嘛在西方宗教界的地位十分崇高，甚至是僅次於羅馬教宗的精神領袖。

而流亡維吾爾人的政治領袖熱比婭，在個人素質、知名度、影響力等方面都難以企及達賴喇嘛。熱比婭原是一名維族商人，一九七六年在阿克蘇開辦一所洗衣房，賺得第一桶金。此後，她在烏魯木齊承包二道橋菜市場，將其改建成「三八市場」，主營維吾爾族民族服飾。一九八五年，她將該市場改建成一座商廈，並以自己的名字命名。在蘇聯解體之際，熱比婭在邊境貿易中積累了大量財富，鼎盛時淨資產達到兩億多元人民幣，是新疆「首富」。熱比婭曾當選中國第八屆全國政協委員，後來因其夫流亡西方、參與東突厥斯坦獨立運動，而被中國以「向境外組織非法提供國家情報」罪名判處入獄，於二〇〇五年以保外就醫的名義遠赴美國。東突厥斯坦獨立運動試圖將熱比婭塑造成「維族之母」，也曾推動其提名諾貝爾和平獎。但熱比婭的教育程度有限，視野和思想都不足，我在多個場合聽到過她發表演講，她並無達賴喇嘛那樣的人格魅力。如今，熱比婭「退而不休」，試圖「垂簾聽政」，維吾爾人獨立運動社群尊其爲「最高領袖」。更年輕時代的維吾爾族流亡者中，尚未出現一位既有領袖魅力、又有組織才幹並受西方主流社會尊重的領袖。

其次，流亡藏人社群已完成民主轉型，建立民選的流亡政府，並以印度達蘭薩拉爲政治基地及精神信仰中心，吸引全球藏人及關心西藏問題的人士前去參訪和朝聖。而且，藏人以堅持非暴力抗爭而贏得世人的理解和尊重，在西方的政治人物、知識份子和影視、體育明星當中，有很多人不畏中共的威脅，積極而公開地支持達賴喇嘛和藏人。與之相比，流亡維吾爾族社群至今未能完成民主轉型。維吾爾族最重要的海外組織世界維吾爾人代表大會對自己的定位是：致力於推動維吾爾人的人權、宗教自由和民主發展，主張「以和平、非暴力和民主手段自主決定政治前途」。但該組織內部的民主化尚待完善：有維吾爾友人告知，該組織的某些選舉，居然使用跟共產黨一樣的「一致鼓掌通過」模式。有人提出不同意見時，遭到同一組織內的同仁的攻擊乃至威脅。維吾爾人要建立類似藏人「行政中央」的流亡政府，並贏得西方世界的承認，尚任重道遠。

更爲嚴重的問題是，儘管世維會等大部分維吾爾人流亡組織持非暴力抗爭立場，但也有少數流亡者選擇伊斯蘭極端主義，甚至加入全球公認的恐怖組織伊斯蘭國。熱比婭承認，在近年從中國逃亡到東南亞、土耳其以及其他國家的成千上萬的維吾爾人中，有一小部分輾轉到中東國家，並加入當地武裝組織。「一些維吾爾人死於俄羅斯飛機的轟炸，他們死在敘利亞。」熱比婭表示，來到敘利亞的維吾爾人心理脆弱、易被「洗腦」、被說服加入戰鬥，她譴責這些人說：「我們認為，他們就像是社會上的犯罪同伴。」據香港「端傳媒」報導，在土耳其首都安卡拉研究維吾爾問題的學者透露，現在進入伊斯蘭國和敘利亞的維吾爾戰士總計可能超過四千名，已戰死的超過五百名。這些人對整個維吾爾人流亡社群和東突厥斯坦獨立運動的聲譽造成巨大損害。

第三，土耳其現代化的頓挫，對東突厥斯坦獨立運動影響甚大。土耳其是泛突厥斯坦世界的龍頭老大，自土耳其國父凱末爾展開現代化和世俗化運動之後，從昔日作為「西亞病夫」的鄂圖曼帝國轉型為現代民族國家的土耳其共和國，百年來一直面向歐洲、面向西方，成為西方盟友和北約成員。凱末爾意識到，土耳其的衰敗與伊斯蘭教守舊派有著不可分割的關係，他取消了伊斯蘭教長制，經院和古蘭經學校等宗教學校亦在取締之列，一切學校都置於公共指導部領導之下。他也取消了管理宗教資金的慈善基金機構，關閉了所有宗教法庭。一九二八年，土耳其政府取消了憲法中將伊斯蘭教作為國教的條文。土耳其成為伊斯蘭世界中最西化的國家，其民主程度雖然比不上歐美，但至少算是半民主制。然而，近年來，伊斯蘭原教旨主義傾向明顯的政治強人艾爾多安背棄了凱末爾的道路，將三權分立轉變成三權合一，清洗支持世俗化憲法的軍隊，大肆迫害知識份子、大學、媒體、警察和司法系統，將本來有望加入歐盟的土耳其重新帶入亞洲的黑暗之中，未來的土耳其很可能步伊朗化之後塵。原本在物質和精神層面支持東突厥斯坦獨立運動的土耳其，經過此輪劇變，使得東突厥斯坦的未來更為曖昧不明。

一九九一年，蘇聯崩潰之後，哈薩克斯坦、吉爾吉斯斯坦、烏茲別克斯坦、土庫曼斯坦、塔吉克斯坦等以突厥民族爲主體的中亞五國，至今仍深陷獨裁專制的泥潭中。在政治和經濟上，這些「斯坦國」幾乎全是「竊盜統治」的模式，封閉的計劃經濟滋生著「竊國菁英」，使得國家經濟停滯、吏治敗壞、社會肥上瘦下、人民無力抵抗盤根錯節的利益集團。在外交上，「衛星國」的餘影揮之不去，俄羅斯通過拉攏各國獨裁者操縱各國政局。在宗教和文化上，民衆的共產主義夢碎，重新找尋其身份定位和宗教信仰，使中亞傳統的伊斯蘭教哈乃斐派（Hanafi）成爲國族身份的重要部分，中亞伊斯蘭教更加僵化封閉，更加排斥西方文化。因此，這些中亞國家無法爲未來的東突厥斯坦提供民主共和國之典範。

未來的東突厥斯坦，究竟成爲伊斯蘭化的神權國家，還是成爲世俗化的民主國家，考驗著海外流亡維族社群領袖們的智慧和勇氣。散居西方的維吾爾人社群，有沒有可能從在西方的生活經驗中汲取民主、憲政之悠長，並從伊斯蘭化之前的古代突厥文明中發掘可供「現代轉化」的資源，以此帶來一場突厥世界的啓蒙運動並建構自己的國家？

第十五章

香港：從雨傘革命到本土崛起

自由的本質一直在於根據你選擇的意願去選擇的能力，因為你願意像這樣進行選擇，不受強制，不受脅迫，沒有被一個龐大的制度所吞噬；為了你的信念而正確地抵制、不怕得罪人、挺身而出，做這一切只因為它們是你的信念。這才是真正的自由，沒有它，就沒有任何種類的自由，甚至沒有對自由的幻想。

——以賽亞・伯林

在東亞、中亞、中東、北非、南美等地波瀾壯闊的全球新一波民主化浪潮中，香港人的抗爭格外引人注目。

與包括中國在內的長期處於獨裁暴政統治之下公民素質發育不全的國家不同，香港擁有成熟的公民社會、法治基礎、資訊自由和市場經濟，回歸中國以後這一切卻成爲中共的眼中釘、肉中刺，恨不得除之而後快。

一般的港人所認識的中港矛盾，只是一些淺層的表象：北京放任中國孕婦蜂擁赴港，中國孕婦的十七萬新生兒耗費了香港本來已經相當緊張的醫療資源，使作爲納稅人的香港在地人所享受的醫療條件大幅下降；「自由行」每年湧入近兩千萬人次，香港被漠視文明規則（甚至隨地大小便）的中國遊客占據，港人的生活質量急遽下降。再加上越來越多的來自北京的對香港經濟事務的干預，威脅到香港在商業貿易上的成功。香港從「東方之珠」、「遠東第一大自由港」一步步地淪爲跟隨在北京、上海之後無足輕重的「小弟弟」。

更可怕的是，香港在政治模式上步入難以逆轉的「內地化」過程：香港民眾的自由逐漸喪失，中共剝奪香港人自由的方式，從隱秘的「溫水煮青蛙」轉換成明顯的「熱水煮青蛙」。在中共專制政權的侵蝕和干涉之下，香港的新聞自由、言論自由、學術自由與法治傳統在二十年間所剩無幾。香港的媒體大半被親北京的商人收購，香港的出版業經過銅鑼灣書店系列綁架案之後全盤崩潰，香港各大學校長聯名譴責學生的港獨言論，香港的法院不斷作出「聽將令」的判決，洗腦的「國民教育」捲土重來，《二十三條》「蓋世太保法」躍躍欲試，地下黨特首對北京亦步亦趨，香港墮落的速度超乎一般港人的想像。

「不在沉默中滅亡，就在沉默中爆發」，以雨傘革命爲標誌，香港人發出「不是天朝同路人」的怒吼。佔領中環，四處開花，公民抗命，奮不顧身。在催淚彈之下越戰越勇的香港市民，展現了捍衛香港的自由和法治價值的巨大勇氣。許多草根市民積極參與其中，甚至一家老小傾巢出動，成爲反對北京極權主義統治的主力。

置之死地而後生的「佔領中環」運動，不在乎一時的成敗，以及具體訴求能否達成，更爲重要的是，在佔中運動中孕育和發酵的本土意識，乃至香港獨立的遠景，「隨風潛入夜，潤物細無聲」，香港年輕一代完成了一場精神洗禮，香港進入「山重水複疑無路，柳暗花明又一村」的新紀元。香港獨立是香港人必須邁出的至關重要的一步：邁出這一步則海闊天空、鳥飛魚躍；不邁出這一步，香港永遠被共產黨牽著鼻子走，「雙普選」永遠是海市蜃樓。面對北京的強勢打壓，香港人的身份認同正在迅速轉變之中，其轉變速度比解嚴後的台灣還要快。

如果僅以體量而論，彈丸之地的香港難以抵禦無比龐大的中國；但若以價值觀而論，香港人擁有進步和文明的價值，北京只有落後而野蠻的價值，香港的抗爭只要持之以恆地堅持下去，還是有很大的勝算，正如一批香港年輕知識份子在《革新保港，民主自治——香港前途宣言》所說：「我們追求的民主政制，必須產生一個全面代表香港人的政治首長，最大程度地讓香港按自治原則，自行管理香港事務；而在民主政制以外，我們更需要尋求以社會爲中心的民間自治想像，建立根植於社會的自治意識。」

不再輕信「民主回歸」，與「土共」和「港奸」貼身肉搏

一百多年來，英國殖民當局井井有條、以法爲大的統治，爲香港締造出相對自由與富足的局

面，也使得香港成爲相對於中國的「異質」存在，正如英國作家珍．莫里斯（Jan Morris）所說：「維多利亞時代的人取得香港，如同在中國整體上開了個凹口，猶如樵夫在即將砍倒的大櫟樹樹身砍出個凹口一樣。」

長期以來，香港人對中國和亞洲的苦難、動盪和屠殺，多爲「事不關己，高高掛起」的旁觀者心態。不過，這也是人之常情。中國的大飢荒和文革，香港人感同身受的，至多是沿江漂流而下的傷痕累累的死屍，以及蜂擁而至的難民潮。而對香港人刺激最大的則是「六四」屠殺，這場屠殺帶給香港人的震撼性體驗，催生了延續四分之一個世紀至今的維園燭光晚會的悲情。

二〇一八年香港的六四燭光晚會，主題是「悼六四 抗威權」

香港學者葉蔭聰指出，僅有這種「借來的悲情」，尚不足以構成香港民主化的基石。相對世界不少曾經經歷過反革命—革命，或殖民—反殖民鬥爭的地方，香港缺少了一點現代革命的悲劇意識。香港在中國共和革命或所謂社會主義革命之中，往往是支援基地，或流亡之地。即便在二十世紀後半葉的新一波世界民主化潮流中，香港也沒有台灣、韓國般的威權統治、白色恐怖乃至民間反抗的歷史。香港的經濟持續繁榮了半個多世紀，香港總督府的統治遵循大而化之的原則。所以，除了上個世紀五六〇年代國共兩黨相繼在香港掀起短暫的暴動外，這裡始終如世外桃源般安寧。

但這種自得其樂的狀態也成爲香港的一大軟肋。自我身份認同的模糊，再加上對共產黨的歷史及其邪惡本質缺乏深刻的認識，九七之前，「民主回歸」成爲港人心中普遍的幻想。少部分清醒者選擇移居海外，對共產黨採取「惹不起躲得起」的態度，而眞正挺身與之抗衡者寥寥可數。在如此漫長的時間段內，香港人始終「睡獅不醒」，中共卻得以從容佈局，在香港社會的各個要津安插滿一群親共「港奸」，完成了對香港的「五花大綁」。

「民主回歸」的幻想，即便回歸之後幾度碰得頭破血流，即便經歷了雨傘革命、魚蛋革命以及本土意識的崛起，仍然如同「百足之蟲，死而不僵」。二〇一八年三月二十日，香港民主黨在九龍一間酒家設宴慶祝二十三週年黨慶，特首林鄭月娥暨近二十名特區官員出席，多名官員於酒會後離場，林鄭則在晚宴逗留一個多小時。民主黨前議員李華明上台獻唱《笑看風雲》之後，林鄭捐款三萬港幣以示支持，乃是首位於黨慶捐款給民主黨的香港特區首長。民主黨主席胡志偉致辭，稱「國家」提出「一帶一路」、「大灣區」是香港契機，香港要維繫核心價值、保留人才。胡志偉又稱，林鄭等官員出席民主黨慶是應有之義，現時是「回歸正常」。這是香港民主黨蛻變成第二個「民建聯」的標誌性事件，它象徵著傳統泛民陣營背離香港主流民意、回歸建制。

中共的步步緊逼，泛民的華麗轉身，香港人下一步要爭取自由和民主，必將付出更為艱鉅的努力和代價。但是，香港人必須認識到，一國兩制從來都是彌天大謊。共產極權制度與民主自由制度不可能並存。從當年蘇聯充當東歐各國的太上皇、對東歐各國的內政發號施令就可看得一清二楚：二戰之後，蘇聯一開始承諾說，東歐各國可保持原有的民主體制，各國的共產黨只是作為多黨之中的一黨參與競選。然而，話音剛落，這些國家的共產黨迅速在蘇聯軍隊的支持下奪取政權，修改憲法，查禁其他政黨，消滅異己力量。短短數年間，這些國家相繼轉型為史達林模式——共產黨一黨壟斷權力、控制社會生活方方面面、計劃經濟僵化低效、秘密警察無孔不入。蘇聯不容許周邊的衛星國選擇其他的發展模式，甚至直接出兵，血腥鎮壓了捷克人民追求民主自由的「布拉格之春」運動。

被直接併入蘇聯的波羅的海三國：愛沙尼亞、拉脫維亞、立陶宛，命運則更為悲慘。蘇聯用暴力鏟除了三國原有的民主機制，強力推行共產體制，大肆逮捕三國菁英階層並將他們放逐到西伯利亞，有八成的被放逐者客死異鄉。以立陶宛為例，從一九四一年至一九五三年，有四十四萬人逃亡到西方，有十三萬人被放逐到西伯利亞，有數萬人在抵抗運動中被殺害，總計流失人口七十八萬，佔一九三九年總人口的三分之一。

所以，香港不能重蹈覆轍，香港人理應展開「巷戰」。香港人稱呼中共為「土共」，我很欣賞這個「港味新詞」，一字之改，傳神繪影、境界全出。說中共是「土共」，絕非城市人對鄉下人的歧視，這裡的「土」，指的是中共罔顧民主自由的普世價值，與人類文明的大方向背道而馳，數十年來，窮兵黷武、殘民以逞，謊話說盡、壞事做絕。張曉明、陳佐洱、強世功之類自以為是香港人的「太上皇」的妄人，可以用「土」字形容之；那些到香港瘋狂搶購奶粉和日用品並自以為是香港人的衣食父母的中客，可以用「土」形容之；那些將文革舞蹈搬到香港、沒日沒夜地擾民的廣場大媽，也可以用「土」形容之；作為「今上」的習近平，從相貌到氣質都跟毛澤東一樣「土」，跟「國母」彭麗媛談戀愛時，差點因為「土」而沒有被對方看上，他正是「土共」的最佳代言人。

除了帶著特殊任務、陸續南下的各色「土共」，香港本地也出現為數不少的「港奸」群體，從董建華到梁振英，從葉劉淑儀到林鄭月娥，從成龍到王晶，乃至形形色色的「愛字頭」團體和越來越像中國公安的香港警隊高官，都是唯北京馬首是瞻、破壞香港核心價值的「港奸」。他們將靈魂出賣給魔鬼，卻不思想日後如何將靈魂贖回來。

香港人需要對抗的是「土共」及其滋養的「港奸」兩大勢力，唯有推翻這兩座大山，香港人才有出頭天。與「土共」和「港奸」的抗爭，無法單單依靠街頭運動一決勝負。以街頭運動而論，從紀念六四的維園燭光晚會到七一大遊行，從反對二十三條立法的大遊行到雨傘革命、佔領中環，就動員民眾的數字而言，乃是建制派組織的反制活動望塵莫及的。即便建制派派錢派物、請客吃飯，甚至招攬黑社會參與，仍然搗鼓不出數十萬民眾群情激奮、眾志成城地上街抗議的陣勢。這就是人心所向。然而，人心和民意並不一定能轉化成持久而恆定的、支持民主的「群眾基礎」。

以香港選舉而論，香港學者

二〇〇六年，余杰赴香港於香港參加七一大遊行，二〇一二年之後，余杰再也不能進入香港。

周日東和雷浩昌指出，奉行天朝主義的北京，利用中聯辦等機構直接操縱香港的選舉，使得立法會的席次跟民意南轅北轍。因爲沒有民主的普選，香港的選舉已經淪爲「選舉專制主義」。香港學者區諾軒則更爲細緻綿密地分析了建制派如何在從區議會到立法會的選舉中實現「有中國特色的選舉操控」，北京將其傳統的統一戰線策略用於選舉，配以中共精細的組織工作及資源優勢，相比俄羅斯、新加坡及馬來西亞等選舉專制政體的選舉操控技巧，可謂更加厲害。面對「獨裁者的進化」掀起的攻城略地狂潮，民主力量難道只能束手待斃嗎？如何落地生根，完成「社區改造」，以新思維「在地抗爭」，將是民主力量下一步的工作重點。

從基礎教育、學術界、媒體界、法律界、工商金融界，中共的魔爪已深入每一個場域，每一個場域都是民主力量與之寸土必爭的戰場。若是港人繼續「事不關己，高高掛起」，面對「長袖善舞，多錢善賈」且武裝到牙齒的北京當局，勢單力薄的民主派和本土派絕無勝算。今天港人對抗「土共」和「港奸」，必須像當年中國以全面抗戰應對日本的侵略那樣，「地無分南北，年無分老幼，無論何人，皆有守土抗戰之責任，皆應抱定犧牲一切之決心」，正如《香港前途宣言》所說：「香港人必須喚醒我城的自由靈魂，以力挽狂瀾於既倒。香港民主運動的戰場，不能再局限於爭取普選制度，而必須擴大至在社會各層面在地捍衛核心價值——不論專業界別或社區組織、大專院校或中小學、公管部門或私人企業，都是香港人捍衛核心價值的戰場。」香港評論人潘東凱也認爲：「我們不應看輕自己，七百萬人不一定輸蝕給十三億人，荷蘭足球隊世界一流，但國家人口很少，香港人本身是很優秀，但自己底氣不足，加上香港是處於風眼位之中，我只是想說，自一八四〇年開始，香港人已逐步建立一套有別於內地的心態、價值觀，頂住共產黨的一套，同時更應面向全世界。」

新加坡能獨立，香港也能獨立

對於香港的雨傘革命，新加坡官方表示了批評意見，新加坡是在討好中國嗎？

新加坡總理李顯龍在新加坡國立大學的論壇上，被問及香港問題時說，香港不是一個主權國家，必須遵守一國兩制，外人不應干涉。「在英殖民時期，香港從未舉行過選舉。」他指出，在英殖民結束後，中國做出一國兩制的安排，在香港也有一些有限的民主形式，最後擴大到直接普選。所以，治理香港的法律是基本法，香港的主權是中國的，地緣現實是，香港是中國的一部分。「中國要香港取得成功，也爲香港取得成功做好萬全的準備，但中國不希望香港成爲深圳河另一邊的痲煩。絕對不希望。」對於香港的佔中運動，李顯龍說，外人不應該摻合。「如果其他群體捲入，用來作爲對中國施壓或者改變中國的方式。我在報紙上看到，來自台北太陽花學運的學生跑來切磋，教你如何佔領什麼地方，我不認爲這需要幫助。」

新加坡外長尙穆根在受訪時指出，西方媒體對香港做了許多不實、帶有反華成見的報導，反之中國中央政府的觀點被忽視。尚穆根說：「西方媒體隱去了一個事實，就是過去一百五十年以來，香港並沒有實行民主制度。港英政府和香港媒體從來沒有討論香港實現民主的問題，一九八四年的《中英聯合聲明》也沒有提到普選。」

具有諷刺意味的是，新加坡人力部長兼人民行動黨東海岸集選區領軍部長林瑞生，在東海岸集選區競選集會上發表談話時說，慶幸其父親決定來新加坡，不然現在就是中國人，也慶幸和馬來西亞分家，不然現在可能是馬來西亞人。後來，這個說法引起爭議，他又澄清說，「幸虧論」是想要藉此提醒新加坡國民，新加坡一路走來五十年並不容易，因此慶幸自己能身為新加坡人，與國人共慶金禧五十。他也說：「我相信有很多中國人也會說自己的父母當初沒有來到新加坡，而慶幸自己是中國人。」各國的國民應該為自己國家的進展而感到慶幸，並有所歸屬。

新加坡能獨立，為什麼香港就不能獨立呢？若是新加坡因為害怕得罪中共，不敢公開支持港人的本土化和獨立訴求，倒還可以理解，但也不必為了討好中共，而猛踩香港啊？這不是一個獨立國家應當做的事情。香港未能如新加坡那樣獨立，有兩個原因：第一是中國堅持對香港擁有主權，香港始終處於中國的陰影之下，彭定康在回憶錄中早已指出這點：如果沒有中國因素，香港的獨立和民主化都不會成為問題。這是現實政治因素。第二是港人存有民主回歸的幻想以及大中華、大一統的「國族情結」，本土意識和港獨選項遲遲未能形成。這是文化傳統和價值取向的因素。

回顧新加坡的獨立進程，未必就是「天注定」。新加坡於一九五九年從英國統治下獲得獨立，一九六五年又被動地脫離馬來西亞聯邦。那時的新加坡，無論在人口基數還是經濟規模上，都無法與香港相比。這個當年人口和面積只有香港約一半（多年塡海已令其國土面積擴大至約香港面積的三份二）之地，被逐出馬來西亞聯邦之後，世界對於它能否存在大都表示疑問。除了主權糾紛，其它重要的問題包括：住宅短缺，缺乏土地與天然資源短缺，失業率當時高達百分之十二。社會主義陣線宣布進行民主抗爭，抵制議會，動亂隨時會發生。

當初，李光耀從未想過獨立，他正如今天衆多香港人所「以爲」的香港不能獨立一樣，以爲獨立的新加坡根本無法生存。李光耀認爲新加坡不能獨立之四個主要理由是：幅員太小；毫無資源，並無水源；與馬來西亞有地理、經濟和親屬關系；鄰國（包括印尼）充滿敵意。李光耀在回憶錄的《新馬分家》章節中寫道：「前途是渺茫的。新加坡和馬來西亞只隔著柔佛海峽，由新柔長堤連接起來。兩地向來是由英國當作一個地區統治的。新加坡是英帝國的行政和商業中心。現在我們分了出來，一切都得靠自己。馬來西亞政府正準備教訓我們。他們可能不再讓我們扮演傳統的角色，繼續成爲他們出入口貨物以及爲他們提供種種服務的中心。所有新興國家都在推行民族主義經濟政策，一切都要自己幹，直接同歐洲、美國和日本的主要買客和賣客打交道。在這樣的世界裡，新加坡沒有腹地，就連我們的飲用水也來自柔佛州，該怎麼生存下去？……我們從來就不相信一個商業城市國家能生存下去，搞社會主義的國家更不必說。」

面對突如其來的獨立，面對這個幅員細小、毫無天然資源、鄰國充滿敵意卻無自己軍隊、亦無龐大儲備（比今天的香港情況惡劣得多）的新國家，李光耀憂心如焚，當地人民卻大肆慶祝，對比強烈。作爲一個蕞爾小國，新加坡的「國父」李光耀如履薄冰，生怕遭到來自馬來西亞和印尼兩大強鄰的攻擊。然而，獨立帶來的「紅利」遠遠超過政治人物的想像，半個世紀之後，新加坡的經濟發展水準讓馬來西亞和印尼望塵莫及，儘管政治民主停滯不前，但新加坡已成爲「小而富」的亞洲先進國家。

香港自開埠起都是一個獨立的地區，而新加坡於殖民地時期，大部份時期都屬「海峽殖民地」之一部份，直至二次大戰之後。故此新加坡於獨立前，其「獨立生存」的歷史和經驗都比香港少。

「香港獨立生存不了」，今天乃掛在很多人口中。香港與當年新加坡面對的國際時局與凶險不盡相同，但對比之下，當年新加坡面對的困難比今天的香港更甚，至少在發展成熟度、國際資訊網路與財力方面。然而新加坡人樂觀其成，欣然面對建國困難。今天的香港人卻妄自菲薄，尤其嬰兒潮掌權一代，只有攀附鄰國之心。

與新加坡相比，香港在很多方面的條件都更加優越——香港面積比新加坡大，人口比新加坡多，經濟基礎也比新加坡好。從《亞洲兩個城邦國：香港與新加坡之比較》中就可以看得清清楚楚：

	新加坡	香港
開埠年份	一八一九年	一八四一年
陸地面積	714.3km²（填海地：約133km²）	1104km²（填海地：約69.5km²）
領海面積	約600km²（仍與鄰國劃界中）	1650km²
最高點	武吉知馬山，海拔163.63公尺	大帽山，海拔九百五十七公尺
人口	5,469,700人	7,324,300人
人口密度	7,615/km²	6,544/km²
人均GDP（購買力評價，世界銀行二〇一四）	US$82,763（1997 - US$26,387）	US$55,084（1997 - US$27,330）
主要語言	英語	粵語、英語
水塘	十七個（儲水量：二億八千六百萬立方公尺）	十七個（儲水量：五億一千萬立方公尺）
食用水自給率	約六十%	約三十%
蔬菜自給率	五%（目標五十五%）	二%（七〇年代爲四十%）
現役軍人	約72,000人（南洋戰鬥力最強軍隊）	0人（不計「解放軍駐港部隊」）
金融	世界第四大金融中心	世界第三大金融中心
外匯儲備資產	約US$2,500億	約US$3,500億
法律體系	普通法系	普通法系

獨立是香港亟待普及的觀念。獨立當然需要付出代價，但獨立並不是遙不可及的夢想。訴諸近代民族國家追求獨立的歷史，除了新加坡之外，還有諸多先例可供香港參考。

兩百多年前，美洲十三個殖民地，地廣人稀，人口不足三百萬，卻因堅持「無代表，不納稅」的原則，挺身反抗號稱「日不落帝國」的大英帝國。當時，英國擁有全世界最強大的軍隊和最富有的政府，而美洲殖民地人民既沒有統一的政府、也沒有正規的軍隊。一般的觀察家都認爲，美洲殖民地對抗英國，是以卵擊石、自取滅亡。然而，經過八年艱苦卓絕的戰爭，美洲殖民地打敗了英國，堂堂正正地贏得了獨立。

波羅的海三國的獨立，更是一場螻蟻撼大象的鬥爭。愛沙尼亞、拉脫維亞和立陶宛三國加起來總人口近四百萬，遠遠少於香港的七百萬。一九八九年八月二十三日，三國共同發起「波羅的海之路」牽手活動，有五分之一的居民參與，紀念三國同在二戰中被蘇聯非法佔領，追求恢復獨立。（後來，台灣本土力量也仿效該活動，發起數百萬人參與的「牽手護台灣」）戈巴契夫一度嘗試使用武力壓制，一九九一年一月十二日，蘇軍開進立陶宛首都維爾紐斯，克格勃特種部隊強行佔領立陶宛電視台大樓，殺害了十四名立陶宛平民。然而，由於立陶宛群衆捨生忘死的抵抗，蘇軍未能如期佔領議會大樓。緊接著，是國際社會和蘇聯其他加盟共和國對武力鎮壓的齊聲譴責，莫斯科被迫下令將軍隊撤入兵營。一九九一年年八月十九日，蘇聯發生「八一九」政變，愛沙尼亞於次日宣布獨立，其他兩國緊緊跟上。隨後，政變失敗，蘇聯這個不可一世的巨人轟然倒下，波羅的海三國以及其他更多被蘇聯吞併的國家獲得了眞正的獨立。

綜上所述，無論是美洲殖民地，還是新加坡，以及波羅的海三國，這些國家的獨立之路都是香港的前車之鑑。獨立是香港唯一的出路。共產黨萬變不離其宗，獨裁暴政是其本質，它從來不知道什麼是談判、對話和妥協，它只相信「槍桿子出政權」。而以「香港之小」和「中國之大」的不成比例的對照，香港不可能獨自承擔推動中國民主化的任務。若是當年英國割占了十個香港，如今十個香港一起點燃烽火，倒有可能讓中共顧此失彼、窮於應付。但是，在只有一個小小的香港的情勢之下，香港不妨走向獨立、獨善其身，下一步才有可能對中國的民主化提供幫助。否則，香港必將自身難保、墮入醬缸、萬劫不復。

以南方視角和海洋文明打造香港的核心價值

二〇〇三年，我第一次赴香港訪問，之後七年間，我每年都有一次或兩次機會訪問香港，最長一次停留了一個多月，加起來在香港停留了將近半年時間。第一次到香港的時候，我見到了若干泛民陣營的激進派，跟他們討論港獨的問題，他們的答案是港獨根本不可能，即便有此想法的人也屈指可數。然而，在雨傘革命之後，本土和港獨成爲越來越多年輕人的選項。

香港的民主力量必須邁出本土和獨立的關鍵步驟。此前，民主派組織去紫荊廣場抗議特區政府主辦的慶祝香港回歸的活動。在雙方的緊張對峙中，出現了一群舉起「香港獨立」標語的港獨人士。然而，有若干學生和市民前去遮擋港獨標語，聲稱不能讓佔中訴求「失焦」。這種做法宛如當年天安門學運中，學生將用油漆潑灑毛澤東像的湖南三勇士扭送公安機關一樣，讓親者痛、仇者快。如果本土意識深入人心，這種仇快親痛的事情就不會發生。

鄺建銘撰寫的《華南文化圈——重建被遺忘的區域腹地》和何偉倫撰寫的《復興我城文化軟實力》兩篇文章，不約而同地提及香港未來的方向：不是「北上」去「朝貢」或「勤王」，而是「南望」去結交更多平等友愛的「兄弟之邦」。前者指出：「南望回顧華南文化圈的歷史背景以及與香港的關係，從而思索香港前途，才可以挑戰以北方視角為基調的官方論述框架。這套官方論述，不足以瞭解過去香港的海洋性格與內涵、放眼四海的網路與活動，亦令香港背負不必要的枷鎖與包袱，猶如為香港劃地為牢。」後者則以支持佔中的藝人杜汶澤遭到中國封殺後，轉向東南亞市場，結果闖出新路為個案，進而指出：「與其抱殘守缺北望神州，倒不如南看華南粵語區，為香港電影業找到一條自立之路。香港電影業如是，香港流行文化如是，整個香港的發展定位更是如此。」

這兩篇論文啓發我繼續提出一個問題：如何以南方的視角和海洋文明的框架「講述香港自己的故事」？

在中國的政治、經濟和文化大框架下，思考這個具有顛覆性的議題，不僅對香港民主人士有益，也會讓中國民主人士在山窮水盡之際又見柳暗花明。在中國漫長的歷史中，在政治和權力層面，大多數時候都是北方壓倒南方、北方統治南方；但在文化層面，南方從來都比北方更具生機與活力。比如，春秋戰國時代，南方的楚國文化就比北方的秦國文化更具有自由主義和浪漫主義的成分。再比如，唐代海洋貿易和國際貿易最繁榮的地方，不是帝國中心的長安、洛陽，而是南方邊陲的泉州和廣州。再比如，被北方史觀視爲積弱奢靡的南宋，在歷史學家何炳松看來則是「吾國文化史上最燦爛之時期」，歷史學家陳寅恪也認爲宋代文化創造爲華夏民族文化之「造極」。而近代以來，南方更是積極汲取西方資本主義文明，幾度催生「思想北伐」，最具代表性的是，上海和香港兩個小漁村迅速崛起成爲國際級的商業文明中心，讓政治中心北京黯然失色。

習近平是北方尤其是西北最保守的「黃土文明」的代表，所以他比鄧小平、江澤民、胡錦濤都更加敵視「藍色文明」侵染的香港。在北京根深蒂固的「天朝史觀」中，香港是一個帶有殖民地原罪的「私生子」，是長期滋生西方「反動思想文化」的「反共基地」。在中共經濟困窘的年代，中共對港採取按兵不動、長期利用的政策，香港成爲即將溺斃的中共政權的一根通氣的吸管；而在中國經濟高速發展的今天，顧盼自雄的習近平認爲香港是一隻被擠乾的檸檬，可以讓上海來取而代之了。

但是，香港不能被動地接受此種被殺雞取卵的命運，香港必須通過重構自身的歷史，達成「永續自治」之願景。換言之，香港不是中國的香港，香港是亞太的香港；香港不是大陸的香港，香港是海洋的香港。我到台灣訪問時，常常鼓勵台灣的朋友說，不要以為台灣面對中國是弱不禁風的小國，我的看法恰恰相反：迄今為止，中國仍然是一個心態封閉的內陸國和制度滯後的專制國；台灣則是面向海洋、面向世界的開放國和在民主之路上大步邁進的自由國。如此一比較，在價值上，中國是小國，台灣才是大國。這樣的論述，也可以用在香港和中國的對照上。

袁彌昌在《要五十年不變，博弈政策就得變》一文中倡導說，香港其實可以「經略中國」。我欣賞這種開闊的胸襟和宏大的氣魄，香港空間狹小逼仄，但香港人的精神、心靈和理想不能狹小逼仄。當年，小小的英倫三島可以將近代文明傳播到全世界；今天，香港未嘗不可樹立這樣的雄心壯志，孕育這樣的遠大使命。不過，我不太同意作者認為香港可以「把握一帶一路機遇創造空間」，「在其中起主導作用」，並認為這是「為自己爭取談判籌碼的最好機會」。這也是民主黨主席胡志偉的想法。這個想法過於天真浪漫了。

首先，習近平提出「一帶一路」的策略，是因為中共認為自己在東太平洋方向被美國及其盟友封鎖，不得不尋求一條打通與中亞各國的「陸上絲綢之路」。在這個藍圖中，沒有香港的位置，因為這個計劃本身就是要拋棄香港。

其次，在地緣政治的現實中，「一帶一路」完全走不通。中亞各國隸屬泛伊斯蘭世界，因為中國在新疆對少數民族實行苛政，這些國家不可能成為中國的鐵桿盟友。再加上在該區域傳統的強者俄羅斯對中國充滿疑慮，這一路沒有穩定的政治格局，更談不上有商貿的突破。

第三，此前十年中國宣傳得轟轟烈烈的「西部大開發戰略」，至今仍是「雷聲大、雨點小」，西部仍然貧瘠如故；如今經濟疲軟的中國，更不可能爲「一帶一路」注入血本。「一帶一路」只是習近平的畫餅充饑，港人切莫信以爲眞。

由於習近平撕下面具、強力干預香港內政，使得香港政改停滯甚至大幅倒退。聲勢浩大的佔中運動無疾而終，讓很多港人沮喪、失望，參與佔中運動的年輕人中有不少陷入抑鬱狀態；但是，長遠來看，「塞翁失馬，焉知非福」，香港本土意識蔚爲大觀，「香港民族論」初露雛形，年輕世代的知識儲備、思想觀念和行動能力，都讓泛民前輩望塵莫及，這一切又讓人充滿希望。

在此背景下，有一些左翼論者擔憂香港形成某種排外（主要是排中）主義，與香港開放、寬容、多元的文化產生衝突。爲消除這種憂慮，我們就必須思考和回答這個問題：如何打造香港的共同價值或核心價值？

在香港，已經有過好幾輪關於共同價值或核心價值的討論，有關論述還處於「現在進行時」。在香港毫無公信力的親共媒體《大公報》認爲：一國兩制是香港最重要、最切實、最可貴的核心價值，並認爲「其他普遍的價值只有放到一定的歷史條件或特定的環境中去，才能眞正顯示出其不可取代的價值」。

然而，最能代表香港民意的「香港價值」，是二〇〇四年近三百位來自香港不同專業的人士聯署發表的《香港核心價值宣言》。這份文本列舉香港的核心價值是「自由民主、人權法治、公平公義、和平仁愛、誠信透明、多元包容、尊重個人和恪守專業」。

在這裡，我想引述美國歷史和美國價值之淵源，供香港有識之士參考。美國是多民族國家，從來沒有哪個美國政治家或思想家企圖打造所謂的「美利堅民族」（就像子虛烏有的「中華民族」一樣）的概念。美國人對美國的認同，不是對民族、種族、血緣、文化傳統、宗教、語言等的認同，而是在價值層面的認同。爲什麼平時自由散漫的美國人在面臨一戰、二戰、九一一恐怖襲擊時，卻能同仇敵愾，如混凝土般團結在一起呢？因爲他們擁有強大的共同價值，而且這種共同價值就是美國這個多種族國家的「國家鋼筋」和「社會水泥」。

網路上有一篇文章分析爲什麼視人命關天的美國能戰勝官兵個個都視死如歸的日本，文章指出，美國學校有統一的宣誓誓言：「我宣誓忠誠於美利堅合衆國國旗，忠實於她所代表的合衆國——蒼天之下，一個不可分割的國家。」接下來，誓言給出愛國的理由——「在這裡，人人享有自由和正義！」

一九四三年，美國在亞洲和歐洲兩線作戰，急需兵源，遂發行題爲「美國總是爲自由而戰」的徵兵海報。畫家將一九四三年奔赴歐亞戰場的美軍士兵與一七七八年美國獨立戰爭的士兵排放在一起，向美國民衆展示這場戰爭的實質意義與獨立戰爭並無區別：都是爲了美國所信仰的自由而戰。日本是「爲征服世界而戰」，美國是「爲自由而戰」，這是決定兩國勝負的根本原因。

一九四五年春夏之交，德國投降，美軍即將進攻日本本土，美國總統羅斯福（Franklin Delano

Roosevelt）發表演說，道出美國與日本、德國和義大利在價值層面的分歧：「這場戰爭不是說要消滅德國、義大利、日本的所有居民，而是要消滅這些國家裡的基於征服和奴役其他人民的哲學思想。」當兩種哲學互爲天敵，一場戰爭就不可避免地發生了。而「哲學戰爭」的最後勝利者，取決於「大是非」——「終極正義」。

基於同樣的道理，未來得到絕大多數香港人認同的核心價值，乃是公民主體和自由至上。香港評論人陳智傑分析了「港式國族主義」如何從種族血緣論發展到公民價值論，作者強調說，愛國並不等同於要以「大中華天朝意識」去壓迫地方的主體性，「唯有北京政府願意以『公民價值論』爲主軸，去重塑其在香港的國族論述，以核心價值和現代文明取信於香港人，『香港人身份』及『中國人身份』之間的張力才有機會得到緩解」。

對於以習近平爲代表的北京當局的「良心發現」，我從來不抱任何幻想。習近平重提以實現共產主義爲奮鬥目標，北大將投入數億人民幣擴建馬列學院，打造一個網羅全球馬列主義研究的數據庫，即比「儒藏」還要浩大的「馬藏」，這一切表明中共的意識形態何其僵化落伍。

「沉舟側畔千帆過，病樹前頭萬木春」，對於香港人和覺醒的中國人爭取民主自由的決心和勇氣，我從來不會低估，任何一種極權體制都不可能「江山永固」。只要願意爲自由而戰，自由終將屬於香港人。

香港出版人姚文田（因計劃出版余杰著作《中國教父習近平》被誘騙到深圳判刑十一年）

第十六章
中國與台灣都需要一場「脫亞入歐美」式的文藝復興

如果在文明日新月異的交鋒場上論及教育之事，就要談到儒教主義。學校的教旨號稱「仁義禮智」，只不過是徹頭徹尾的虛飾外表的東西。實際上豈止是沒有真理原則的知識和見識，宛如一個連道德都到了毫無廉恥的地步，卻還傲然不知自省的人。

——福澤諭吉

我在台灣媒體上看到一則新聞：台灣孔子協會辦「椿庭長青杏壇春」孝親、尊師活動，邀請喜憨兒等弱勢團體做表演活動，最後由表演者奉孝親、尊師茶。孔子協會理事長張禮修說，現代社會人際之間失序，需要儒家文化重新導正。

台北市長柯文哲出席活動致詞表示，台灣儒家思想在國際上是重要的主流思想，但台灣社會在儒教上如果可以做更好的話，很多「奇奇怪怪的事情應該是可以避免」。柯文哲還提到台灣社會若能增進倫常，社會會更有秩序，以此勉勵推廣儒家文化。

我不知道柯文哲所說的「奇奇怪怪的事情」是什麼，我倒是認為，當今最奇怪的現象，就是中國和台灣各類立場迥異的政治人物都在不約而同地弘揚儒家文化：中國獨裁者習近平視察孔廟和北大國學院，儼然是「以儒治國」；台灣在野的國民黨大員成群結隊去慈湖「謁陵」，一副如喪考妣的模樣；執政的民進黨的明日之星、台中市長林佳龍積極支持一貫道操縱的「讀經運動」，期望「讀經」能培養「聽話」的下一代；再加上聲稱代表「白色力量」的柯文哲也為儒家的活動站台，可見各方力量紛紛搶奪儒家文化這個「香餑餑」，好不熱鬧。

從一誕生起，儒家就是一套「君君臣臣父父子子」的綱常倫理，董仲舒建議漢武帝「罷黜百家，獨尊儒術」之後，它更成為專為皇權獨裁、家天下和大一統提供合法性闡釋的「官學」。孔子從來不是蘇格拉底、亞里斯多德那樣追求真理和正義的哲學家，而是奔走於諸侯宮廷、汲汲於權力和榮耀的「喪家犬」。與保守的農業經濟、內陸文明和中央集權模式相適應的儒家文化，無法與開放、寬容、多元的海洋文明、個人主義、地方自治觀念並存，也與民主、自由、法治、憲政等普世價值格格不入，無法實現如「新儒家」所期望的「現代轉化」。

每當我聽到去台灣自由行的「陸客」讚歎「台灣沒有像中國那樣經歷過文革，所以保存了中國優秀的傳統文化」時，不禁啞然失笑。對台灣而言，所謂「中國文化」，並非正資產，而是負資產。如柏楊《醜陋的中國人》和李喬《台灣人的醜陋面》中所揭示的「精神病灶」，大都可追根溯源到中國文化上面，正如學者黃文雄在《儒禍》中所說，儒家是「帝王統治術、封建護身符、思想的麻藥、倫理緊箍咒。儒之為禍，大矣！」

台灣初步實現了民主化，但精神提升和文化啓蒙並未完成。國民黨倉惶下台了，再上台的可能性很小，但籠罩在台灣上空的，依然是國民黨從中國帶來的儒家專制主義思想。台灣的轉型正義，不單單是要解構國民黨，更要拋棄儒家專制主義。國民黨是一個衰朽不堪的政治團體，儒家文化卻是毒性巨大的迷魂湯；國民黨已然失去大部分民心，儒家觀念卻仍在政府和民間暢行無阻。且不說遍及台灣各地的「四維八德」、「忠孝仁愛」之類的街道名稱，在從幼稚園到大學各級學校，老師向學生灌輸的仍是順從乃至迷信權威的奴隸人格。

毫無疑問，宣揚「力行主義」的蔣介石是儒家：與其說他是耶穌的門徒，不如說他是王陽明的信徒。蔣介石從王陽明那裡學到的，絕不僅僅是「吾日三省吾身」式的自我修煉功夫，更是王陽明屠戮少數民族、打壓異己的鐵腕手段。就在柯文哲大力鼓吹儒家文化這一天，五十七年前的同一天正是雷震入獄之時——只讀聖賢書、毛語錄和厚黑學的柯文哲，大概不知道雷震是何許人也，也不會紀念爲追求民主自由付出沉重代價的雷震。

研究白色恐怖歷史的學者蘇瑞鏘評論說：「五十七年前的今天，雷震等人被關進大牢，其後雷震被判刑十年，主導者即是以儒家信徒自居且大力推廣儒家教育的蔣介石。當時儒治下的台灣社會，看起來秩序井然，實際上卻是個『萬山不許一溪奔』的威權社會，雷案只是以儒道治國的蔣政權所製造的成千上萬悲劇之一。雷案五十七年後的今天，竟然又看到台灣掌握權力的政治人物高唱「增進倫常」讓「社會更有秩序」而「勉勵推廣儒家文化」，不禁令人毛骨悚然。」台灣社會的文藝復興和精神啓蒙迫在眉睫。

強制學習文言文是為了培養奴才

近年來，就「中學國文課本中文言文究竟該占多大比例」，台灣教育界和社會各界發生了一場關係激烈的爭論。這場爭論，不僅在台灣島內成爲熱門話題，中國及海外華人社群也議論紛紛。其實，這個問題，日本早在福澤諭吉時代就解決了；在廣義的華人文化圈內，至今仍進退失據，實在讓人不可思議。若干專業人士或教育界資深專家，連續發表荒腔走板的言論，與社會現實及青年學生的實際需求和自由意志格格不入。從這場爭議中看出，無論是民主化三十年的台灣，還是一黨獨裁的中國，以及生活在自由世界的數千萬華人社群，守舊力量之強大超出一般人想像。

台灣中華語文教育促進協會召開記者會，要求「堅持程序正義與教育本質」。前東吳大學校長劉源俊指出，若不學文言文，法律、數學、科學等術語都會沒辦法理解。中山女高退休教師譚家化說，大量的文言文可厚植人文底蘊，訓練邏輯思考能力，培養正確人生觀、高尚道德，有美好的生命情懷，若是揚棄「中華文化」，則社會消失仁愛、誠信、禮義等規範，趨向於現實功利。

這些自相矛盾的說法，顯示台灣教育界觀念落伍、思維僵化到非改不可的地步。劉校長強調文言文與法律、數學、科學的關係，根本就是空中樓閣。中國兩千年以來從來不是法治國家，哪有法律傳統？東吳大學最強的法學院的學術傳統來自於西方。中國古代在數學和科學方面的成就，遠不能與古希臘相比，有哪些獨步全球的數學和科學是用文言文記載的？今天的學生直接用英文就能學到最尖端的數學和科學知識。很多頂級的華裔數學家和科學家長期生活在歐美國家，用英文作爲研究和教學語言，並不熟悉文言文，絲毫沒有影響到他們專業上的成就。

譚老師的說法更讓人莫名驚詫：中國人最缺乏的就是邏輯思維。文言文是一種反邏輯的、至少邏輯薄弱的語言和表達方式，靠學習古文訓練邏輯思考能力，無異於緣木求魚。另外，難道靠死記硬背大量古文，就能樹立仁愛、誠信、禮儀等「規範」嗎？在專制皇權時代，儒家經典是每個士子「十年寒窗」的主要學習內容，是求取功名利祿的「敲門磚」。然而，飽讀四書五經的官僚，個個兩袖清風如同聖人嗎？譚老師古書讀得不夠多，我推薦她認眞讀一讀《儒林外史》、《官場現形記》等「晚清譴責小說」，就能瞭解爲什麼古書讀得越多的人，道德反倒越敗壞。

更讓人拍案驚奇的一個例子，是作家張大春發文力挺台大候任校長管中閔，只因爲管中閔是其「老朋友」，其抄襲、兼任公司董事以及違法到中國大學兼職等諸多醜聞便統統成了他人居心叵測的「抹黑」。這是典型的儒家的思維方式：只問親疏，不問是非。

張大春用毛筆寫下三百二十一字的「致中閔書」，也是「討蔡檄文」，可以跟駱賓王的《爲徐敬業討武曌檄》相媲美。武則天讀到「一抔之土未幹，六尺之孤安在」時，極為震動，責問宰相為何不早重用此人。如今，若蔡英文讀到「教育部袞袞群公，上秉執政之狡情，下迎奴民之竊喜，以君一人之出處，為彼一黨之利害」之時，會不會驚出一身冷汗，立即任命張大春為教育部長呢？

然而，文辭的華美並不能掩蓋內在精神的偏狹和扭曲。張大春用毛筆字和文言文顯示他是中原文化嫡系繼承人，比粗魯無文的台灣人更高雅、更睿智。但是，既然他如此熱愛文言文，為什麼不用文言文寫小說呢？他的代表作有哪一篇是用文言文寫成的呢？文言文是一種僵屍語言，使用文言文的人不過是思想上的木乃伊，不值得羨慕。

文白之爭在五四新文化運動時代就已見分曉了。當年，胡適在《新青年》發表《文學改良芻議》，認為「白話文學之為中國文學之正宗」，主張廢棄文言文，使用白話文，提出寫文章應通順流暢，不用典故，不用套語，不講對仗，不避俗話，講究文法，不摹仿古人，言之有物。從此，白話文取代文言文成為通用語言。

一九二七年，南京國民政府初創，胡適因學生羅家倫在政府裡當了官，便致信羅氏，希望他提出建議：「由政府規定以後一切命令、公文、法令、條約，都須用國語，並須加標點，分段。」

然而，守舊的國民黨聽不進去胡適的建議。南京政府的一切公文，各種報紙，依舊是文言、駢文滿天飛。早在一九二〇年徐世昌做總統、傅嶽棻當教育總長時，就已下令廢止小學文言課本，改用國語課本，爲什麼國民黨比北洋政府還守舊？胡適忍無可忍，在《新文化運動與國民黨》一文裡尖銳批評道：「國民黨當國已近兩年了，到了今日，我們還不得不讀駢文的函電，古文的宣言，文言的日報，文言的法令！……一個革命的政府居然維持古文駢文的壽命，豈不是連徐世昌傅嶽棻的膽氣都沒有嗎？在這一點上，我們不能不說今日國民政府所代表的國民黨是反動的。」

爲了推行白話文，不惜冒犯「黨國」，給國民黨上「反動」的諡號，可見胡適對白話的關切和熱心，到了何等程度！而國民黨害怕白話文背後的民主自由理念，死守中國儒家傳統，企圖以宋明理學對抗共產黨的馬列主義意識形態。

一九三四年，汪懋祖、許夢因等人重談「復興文言」的老調，提倡中小學生普遍學習文言，反對白話文；吹捧湖廣軍閥何鍵、陳濟棠主張尊孔讀經，「可謂豪傑之士矣」（張大春也讚美管中閔「素養豪氣」，所謂「豪氣」，就是不遵守法律、爲所欲爲）。這就是所謂「中小學文言運動」（這也是張大春一貫的主張）。

胡適不能坐視此等逆流泛濫，遂在《獨立評論》雜誌連續發表《所謂「中小學文言運動」》和《我們今日還不配讀經》等幾篇文章，捍衛白話文和新文化。對於文言文能否捲土重來，以及白話文能否蔚爲大觀，胡適指出：「我深信白話文學是必然能繼長增高的發展的，我也深信白話在社會上的地位是一天會比一天抬高的。」至於讀經，胡適同意傅斯年的觀點，認爲「六經雖在專門家手中也是半懂半不懂的東西」，拿這些來教兒童，教員不是渾沌混過，便是自欺欺人。因此，「在今日妄談讀經，或提倡中小學讀經，都是無知之談，不值得通人的一笑」。

獨裁者都喜歡文言文和舊體詩。老蔣的手諭都用文言文，老毛更是讀線裝書、寫舊體詩。國民黨抱殘守缺，最終被共產黨趕出中國。蔣介石敗退台灣之後，也曾痛定思痛，卻不敢推行民主憲政，只有老一套的招數：用「中華文化復興運動」凝聚民心，標榜自己是中國文化的正宗傳人，讓蠻荒之地的台灣人五體投地、俯首帖耳。張大春就是此種洗腦教育的產物。

胡適過世好多年了，他大概不會料到，如今的台灣居然還有人跟當年的國民黨一樣「反動」，企圖扭轉乾坤，用毛筆字、文言文、儒家經典繼續奴化學子。如今，台灣社會仍糾纏於一百年之前「五四運動」中的文白之爭，因爲台灣以及整個華人文化圈並未經歷一場歐洲的文藝復興或啓蒙運動，也沒有經歷一場日本「脫亞入歐」的明治維新。當年，還未掌權的國民黨要人如孫文、蔣介石等，全都外在於「五四運動」乃至反對「五四運動」。他們對「五四」的精神內核如民主、科學等西方現代價值非常反感。一方面，國民黨倒向蘇俄、從蘇俄引入共產主義意識形態及武器、資金，以此發起北伐、奪取天下。另一方面，國民黨又自欺欺人地利用中國傳統文化欺世盜名、麻醉人民，阻撓和破壞公民社會的形成，因爲順民最容易被統治。

國民黨和蔣介石敗退到台灣後，雖以「自由中國」爲標榜，卻不敢讓台灣民眾享有基本人權和自由，而以「中華文化復興運動」對抗無孔不入的共產主義思想。數十年來，台灣社會形成了一種牢不可破的順民人格和臣民人格。這種邪靈如宋澤萊筆下的「血色蝙蝠」，盤踞在台灣上空。

文言文不應當是中小學必修課，它可被設置爲選修課。文言文是一種與日常生活脫節的語言，除了少數有志於研究歷史和從事文學創作的學生之外，沒有必要強迫所有年輕人耗費大量時間和精力背誦文言文。

中國文化具有硫酸一樣的腐蝕力：與中國文化有相似性的佛教迅速本土化，成爲皇權附庸；即便跟中國文化存有嚴重衝突的基督教、伊斯蘭教也被儒家化、中國化——在香港，配合中共和諧社會之文宣，居然出版了名爲《和諧神學》的「傑作」，破壞羅馬帝國「和諧」的耶穌基督恐怕不能名列其中。

「去中國化」的要旨在於「去中國文化」

作家柏楊最大的貢獻是發明「醬缸文化」這個名詞。中國文化就是醬缸文化，醬缸文化釀造出中國這個「醬缸國家」。中醫、中藥、中國武術……只要被冠以「中國」，就是假大空——武俠和中醫是中國文化中兩大非理性的「巫術」。而凡是「中國製造」，就有可能是毒餃子、毒奶粉、蘇丹紅、地溝油，貪圖便宜的結果是中毒身亡。

我少年時代喜歡讀武俠小說，可我從未認爲武俠可拯救中國。習近平的「中國夢」包含了「武俠夢」，這個「武俠夢」卻被一個年輕人打破了：日前，「格鬥狂人」徐曉冬在一場比賽中痛扁「葉問傳人」詠春拳師丁浩。這場比賽只持續了一局、三分鐘，徐曉冬就將丁浩擊倒在地，爬不起來。明眼人一眼就看出輸贏，裁判卻判決爲平手。比賽後，丁浩接受媒體訪問，將自己的敗北的原因歸結於南方人吃不慣北方菜，揚言下次吃飽了一定能打贏。又有網友戲稱「其實是徐曉冬內傷了」，丁浩受其啓發，靈機一動，嗆聲說「問徐曉冬這兩天還能不能吃飯」。

中國武術淪落爲笑柄，並非始於今日。葉問神話只存在於電影中。如果葉問眞有那麼厲害，可以將幾十個日本高手打得滿地找牙，大半個中國就不會被日本輕鬆佔領了。而葉問的師兄黃飛鴻，當年曾隨同劉永福的黑旗軍到台灣，說要保家衛國，卻未曾跟登陸的日軍接仗，也未曾顯示中國武術的神威，就倉惶逃回中國了。

此前，徐曉冬擊敗多名武術界的名流，並否定中國武術的實戰能力，遭到武術界人士群起而攻之。各大門派的宗師們打不過徐曉冬，就向當局告密，利用權力圍剿之，這是中國人慣用的伎倆。果然，中宣部下令封殺徐曉冬，消防部門去其武館檢查並查封，警察也上門處罰其「非法約架」。格鬥場上雄姿英發的徐曉冬，在各方壓力之下被迫「閉門思過」半年多。

徐曉冬不單是一介武夫，更是一位有思想的拳師。對於中國武術，他揭露說：「傳統武術百分之九十九是假的，只有百分之一是眞的，現在中國武林存在假、吹、騙。」對於中醫，他更批評說：「中醫本來就是假的，沒有任何科學根據，千百年來拿活體的人做實驗，偶爾做不好完蛋了，體質不行，做好了我中醫牛逼，發揚光大了，中醫萬歲，跟狗屎一樣。」話糙理不糙。

徐曉冬自有其思想脈絡。從二〇一二年起，他開始在微博上關注任志強、李開複、薛蠻子、袁騰飛等自由派公知的言論，並熱心參與幫助徐昕、李承鵬等言辭大膽的公知解除禁言。他在社交媒體上完成了自我教育、自我啓蒙。此後，徐曉冬集中發表了一批被當局視爲「極端反華」的言論——「就是黨衛軍，狗屁人民解放軍」；「釣魚島從很早時候起就是日本的了，中國人現在光撒潑胡鬧眞沒有用」；「把釣魚島還給日本」、「襠（黨）比日本更可恨」；「我愛美國，誰幫我移民」；「人權大於主權，美帝快點來侵略吧，襠（黨）快點滾蛋吧」；「西藏應該獨立」等。

徐曉冬打破的不僅是「武術界」的重重黑幕，還有中國文化的「瞞與騙」，更挑戰黨國體制的「國王新衣」。當局批判徐曉冬批判，因而沿用批判劉曉波的方式：「賣國」永遠是一頂最容易扣上的帽子。極端民族主義網站「崑崙策」發表了一篇題爲《徐曉冬爲何長期發表極端言論？資本與媒體正在制定階層流動新規則！》的文章，收集了徐曉冬若干「反動言論」向當局告密：「我們看到了某些資本與媒體正試圖給我們的階層流動制定新的規則：極端反華人士走紅獲利，愛國人士卻橫遭抹黑與打壓。媒體瘋狂炒作徐曉冬的目的，一方面爲了捧紅一個極端反華的網紅，彰顯自己決定別人命運的力量，另一方面也在於徹底否定中國傳統文化。」文章風格如同文革時期毛澤東的「金棍子」姚文元：「如果容忍這個資本選擇機制長期運行下去，或許在將來的某天，『美國快來侵略』、『中國人是豬』就將成爲後輩的共識。在那時，不再有『俠之大者，爲國爲民』，而是『俠之大者，爲美利堅』。」徐曉冬並未移民海外，拿著外國護照及綠卡的偏偏是宣稱「最愛國」的中共高級官員的家人——中共的中央全會，被人戲稱爲「留美學生家長會」。

破除武術和中醫的謊言之後，很快就發現中國文明的「古老」特質也經不起推敲。在各大文明中，中國文明在時間上是較晚的：中國只有三千多年文明，最早的文字是三千多年前的商代甲骨文。中共投入巨資推動「夏商周斷代工程」，企圖將中國文明往前推到五千年，卻找不出文物和文字證明五千年前中國有「文明」。

當代深受左翼思潮影響到西方學界，試圖擺脫所謂的「西方中心論」或「歐洲中心論」，竭盡全力地論證中國古代文明如何優秀，甚至得出結論說，直到十七世紀，中國一直領先歐洲，中國的落伍只是晚近三百年間偶然發生的事情。最具代表性的就是英國的科技史家李約瑟所著的《中國科技史》——「四大發明」之說正是此君的首創。這種左派的虛假學問，助長了中國人的「揚眉吐氣」——我們闊了一千多年，你們才闊了三百年，而且，我們很快就會比你們更闊。

實際上，中國的科學技術在西元前就遠遠落後於西方。有網友指出，中國沒有發明很多最基本的東西：中國古代沒有椅子，椅子是漢魏時傳入的「胡床」。中國古代音律只有五音（所謂「五音不全」），七音是西方傳來的。中國古代連標點都發明不了，加減乘除等於之類的運算符號更沒有。歐洲馬車用彈簧減震已有多個世紀，清國皇帝的馬車只會用麻草或布帛減震。中國沒有發明出「硬筆」（鉛筆、鋼筆、圓珠筆）及西式墨水，中國人用毛筆、硯，墨水要現磨，沒法隨時拿筆寫字。四千三百多年前，巴比倫記載了製造肥皀的公式，兩千多年前的義大利龐貝城廢墟中挖掘出肥皀工廠，聖經中亦提及肥皀。但中國直到清末才聽說有肥皀。

到了明朝，被奉爲中醫經典的《本草綱目》中居然堂而皇之地記載說，鞋底泥、糞坑泥、爛草鞋、洗腳水、狗屎汁、豬槽垢、香爐灰、裹腳布、月經布、髒內褲、吊死人的繩子……都是藥。如果不是靠西醫，中國人只怕連靜脈、動脈都分不清楚。直到清末，中國的人均壽命只有三十多歲，占人口一半左右的女性絕大多數被強迫裹腳，人爲製造殘疾，這是何其殘暴邪惡的文化？

中國人對近代科學的貢獻遠低於世界平均值。電燈、電報、電話、收音機、電影、電視、電扇、冷氣、洗衣機、汽車、火車、飛機、輪船、衛星、太空站、太空梭、電腦、網際網路……這些偉大的發明都是西方的。中國不可能靠自己發明出電腦，中國連中文鍵盤都發明不出來。資訊時代，電子電腦、光子電腦、量子電腦、生物電腦、DNA電腦的概念和發明都統統與中國無關。

中國只會盜竊、山寨別人的技術，然後號稱是自己的成果。此種做法，古已有之，於今爲烈。西元前一百年，中國的《周髀算經》記錄了「勾三股四弦五」，即所謂的「勾股定理」。然而，早在西元前一千八百年，巴比倫就記錄了十五組勾股數；西元前六世紀，古希臘提出了畢達哥拉斯定理。中國「發明」的是一個別人早已發現的最簡單的勾股數，根本不是定理。

即便是中國稱爲「農曆」的曆法，也是德國傳教士湯若望根據古希臘曆制定的。元朝時，波斯人紮馬魯丁參照伊斯教曆制定《回回曆》和《萬年曆》，中國的《授時曆》及《大統曆》均參照伊斯教曆制定。元朝時，波斯人紮馬魯丁用阿拉伯製圖技術製作了中國歷史上第一個全國地理總圖《元大一統志》。明朝時，義大利人利瑪竇製作了中國歷史上第一個世界地圖《坤輿萬國全圖》。中國在明朝才開始系統學習平面幾何，清朝才開始學習立體幾何，課本是利瑪竇翻譯爲中文的《幾何原本》。中國人常常炫耀自己的數學很厲害，華人學生在中學和大學低年級數學成績確實很好，但到了更高階段就停滯了，因爲缺乏創造力和想像力，他們大都只能在軟體公司當程式設計師。

中國文化在制度層面從未誕生保障人權和私有財產的法律，也沒有對權力進行分割、制衡的理念。以儒家爲中心的中國文化，是專制中國和大一統中國的黏合劑，它阻止人去追求獨立、自由、民主、有尊嚴的生活。所以，要瓦解中國，要先摧毀中國文化。凡中國文化所及之地，僅僅「去中國化」是不夠的：只是脫離「看得見」的中國政權，而不剔除「看不見」的中國文化和中國思維，仍舊「換湯不換藥」，依然是「奴在心者」。

我判斷某人思想上是否徹底，有三個層面的標準：第一個層面是只反共產黨、不反中國也不反中國文化的人。他們認為共產黨是一種「外來邪教」——歐洲的馬克思主義和俄國的列寧主義、史達林主義——的產物，只要驅除外來邪教，中國就能重生得救。中國文化完美無缺，中國的大一統要維持。法輪功和「國粉」（國民黨粉絲和中華民國粉絲）一般是這種想法。第二個層面是既反對共產黨也反對中國，卻不反對中國文化的人。他們認識到共產黨的獨裁專制，也不滿中國的霸權擴張，卻對中國文化懷有一種「莫名的鄉愁」，認為中國文化至少可以讓人安身立命。海外新儒家和很多中國民運人士大致是這個立場。第三個層面是將共產黨、中國和中國文化一起反對的人。他們認為此三者是水乳交融、密不可分的：支持共產黨政權的，不正是大部分的中國人嗎？中國文化不也是共產黨文化的一部分嗎？毛澤東讀得爛熟的《水滸傳》和《資治通鑑》難道是西洋書嗎？達到此種「徹底叛逆」境界的，唯有劉曉波等屈指可數的極少數思想者。

日本「脫亞入歐」這一課，中國必須補上——明治維新時代，歐洲列強稱雄世界，美國只是「小荷才露尖尖角」，所以日本的目標是「入歐」；而在此一「美國的世紀」，連日本都已全然美國化，「諸夏」更應當毫不猶豫地「脫亞入美」。

日本為什麼不過農曆春節：日本「脫亞入歐」成功的啟示

每看中國人過春節的新聞報導，無不是雞飛狗跳、人仰馬翻。數以億計農民工的漫漫回鄉之路，宛如荷馬史詩《奧德賽》讓人「悲欣交集」。只要這個農曆節日還在並讓國人「舉國欲狂」，中國無論修建多少摩天大廈、高速公路和高鐵，仍然是一個非現代化的、未開化的國家。

旅日學者姜健強寫過一篇題爲〈廢棄春節，是日本甩開中華走向世界的重要決定〉文章，讓我心有戚戚焉。這篇文章指出，日本原本也是過農曆新年的，這是因爲日本從七世紀末開始使用中國曆法，這顯然是「中國化」的一個結果。但在明治維新後的五年，即一八七三年，明治政府採用西曆，廢除了農曆。也就是說，日本從這一年開始，一月一日就是過年了。中國《尙書》中說，正月一日爲「歲之朝，月之朝，日之朝」。而日本人的聰明做法在於，將原本西曆的一月一日，導入了新舊不同的元素：元旦／正月／元日。很快，日本相較其他漢字文化圈國家更早脫離了農業經濟社會，在實現近代化過程中，農曆的概念也幾乎消失。

姜健強認爲，從當時「文明開化」這個大背景看，日本不再過農曆年（春節），具有其「邏輯的先聲」。明治維新是日本的「新生」，其內在化的一個要求則必定是棄舊圖新。這就像海浪欲來時的漣漪，梅果熟透前的滴答落地聲一樣，屬於邏輯先聲，或春江水暖。那時日本的有識之士發現，既然古舊的東方沒有圖新的助燃劑，那只能不戀舊情地「入歐」了。於是，廢除古舊與迂腐就是走向文明。當時的日本人恐怕眞是這樣想的：穿鞋進屋是文明，吃牛肉是文明，大街上撐傘走路是文明，而主管教育的森有禮說廢除漢字也是文明。說到日本的「文明開化」，思考日本爲何能成爲以色列學者艾森斯塔特所說的「第一個完全實現現代化的非西方社會的非軸心文明」，就不得不提及一個關鍵人物——福澤諭吉。這位仍然在日本最高幣値「一萬日幣」上留有頭像的啓蒙思想家，第一個智慧地看出了新文明的誕生與邏輯先聲（春江水暖）之間的關係。這位把《左傳》通讀十一遍的漢學家，最後卻走上反叛漢學的道路。福澤諭吉青年時代三度訪問美國，撰寫了三本介紹美國文明的著作，或可稱之爲「日本的托克維爾」。此後，他完全折服於歐美文明並唾棄中國文化。他發現，如果陳腐的漢學盤踞在晚輩少年的頭腦裡，那麼西洋文明就很難進入，「我已下定決心願盡一切努力，無論如何也要把這些後生拯救出來」。

福澤諭吉終其一生都致力於在日本弘揚西方文明，介紹西方政治制度以及相應的價値觀。其《脫亞論》中寫道：「文明猶如麻疹之流行，……我輩斷乎不具（治癒）其術。有害無益之流行病尚且不可阻擋其勢，何況利害相伴且常以利爲主之文明乎！」他認爲，西洋的文明必將征服世界，東洋各國對它絕對沒有抵抗能力，就像東京人無法抵禦從長崎傳來的麻疹；既然無法避免，明智的做法應當是「助其蔓延」，使人民「早浴其風氣」。日本思想史家子安宣邦指出，福澤諭吉的「脫亞」乃是以「使之於亞細亞的東邊誕生一大新的英國」爲自己國家的志向，同時欲將在其他亞洲諸國之間確立文明國對非文明國這樣一種文明論的關係結構。東京大學教授高橋哲哉指出，日本人自明治以來，無論戰前戰後，唯一沒有變的就是「脫亞入歐」思想。

在文明國與非文明國的對立關係中，作爲自由主義者的福澤諭吉理所當然地支持甲午戰爭，他認爲東亞的清國與西亞的土耳其一樣，弊病在於其制度陳腐且一成不變，唯有通過戰爭才能讓其覺醒：「今日之支那與土耳其有何異同可言呢。土耳其人沉湎於回教殺伐唯是，支那人妄信儒教不解事物之眞理，可謂均爲文明境外無知之愚民也。」然而，清國比福澤諭吉想像的還要愚頑不化，甲午戰爭並未讓其「睡獅夢醒」，它只是甩一甩尾巴，又睡著了。

在福澤諭吉眼中，當年的老師中國不再是擁有正統文明的國度，而成了反面的教材，成了頹敗和衰落的前車之鑑。清軍和日本軍隊交戰時，清國仍有纏足陋習；酷刑在日本早已被廢除，卻在清國內盛行；鴉片大量出口到清國境內，令國人精神萎靡。清國的政治制度未能防範外國侵凌：朝廷被迫出賣鐵路、採礦等權利，以償還國債。福澤對因循守舊、不思進取的清國和韓國大加鞭撻：「依吾之見，以西方文明猛擊東方之勢，此兩國（大清帝國與朝鮮國）誠不能存活矣。」他呼籲日本政府與東亞鄰國、也就是他所說的「惡鄰」絕交，避免日本被西方視爲與這些鄰國同樣的「野蠻」和未開化之地。故而《脫亞論》又被認爲是日本思想界對亞洲的「絕交書」。

在內政上，尤其是在教育方面，福澤諭吉嚴厲批評當時日本的「國家體制教育系統」——儒教主義的弊端。他一針見血地看到中華儒家教育的本質——虛飾外表，忽視「眞理和事實」的根本缺陷。於是，他拒絕加入政府做官，而是以畢生的精力辦學，希望通過教育造就具有獨立自主精神和責任感的公民，改變日本「只有政府而沒有公民」的現狀。他的學堂名字叫「慶應義塾」，一八五八年成立後，直到一八九〇年才得到日本政府的正式承認，後來改名爲「慶應義塾大學」，是日本第一所符合現代文明要求的大學。今天，慶應大學與早稻田大學一起，並稱日本「私學雙雄」，影響力僅次於國立的東京大學，其畢業生在政界和商界擁有舉足輕重的地位。福澤諭吉開創了日本的「文明啓蒙教育」，讓日本從中華儒教教育愚昧的「文化醬缸中」爬出來，走上尊重事實，人格平等，追求眞理和智慧的現代文明之路。

如果將中國改良派人士如曾國藩、李鴻章、張之洞、康有爲、梁啓超與福澤諭吉做一番比較，就知道日本明治維新爲什麼成功，中國洋務運動和戊戌變法爲什麼失敗了。中國的改良派是要「師夷長技以制夷」：明明自己落伍了，仍然將對方視爲「夷」；明明自己全方位地落伍了，卻只承認「技不如人」。福澤諭吉老老實實地承認日本在「體」和「用」方面統統不如西方，願意從頭開始學習。日本將叩開日本國門、強迫日本簽署不平等條約的美國海軍將領佩里（Matthew Calbraith Perry）視爲救星，並爲之樹立青銅塑像，中國會這樣尊崇「侵略者」嗎？學者林思雲指出：「日本學習西方是放棄以前日本的舊文明，全面引進西方的新文明，也就是所謂的全盤西化。中國學習西方的目的，卻是爲了保存中國的中華文明，中國富國強兵的目的，是要把中國建成一個抵抗西洋文明的堡壘。中國一方面要引進和學習西洋文明，一方面又要堅持中國以前的舊的中華文明，這件事本身就是矛盾的。」就像鄭觀應在《盛世危言》所說：「西人立國，育才於學堂，論政於議院，君民一體，上下同心，務實戒虛，謀定而後動，此其體也。輪船，火炮，洋槍，水雷，鐵路，電線，此其用也。中國遺其體而求其用，無論竭蹶，常不相及；就令鐵艦成行，鐵路四達，果以足恃歟？」

林思雲讀福澤諭吉《脫亞論》感慨萬千：「福澤諭吉《脫亞論》的中心思想是讓大家接納西洋的先進文明。可是直到今天，中國對西洋文明還是抱著抵制的態度。中國今天的自強思路，也還是沒有擺脫「中體西用」的思路，堅持在中華文明的基礎上，學習西洋文明。日本學習西洋文明，這本身就是它的目的；而中國學習西洋文明，卻是一種權宜之策，或者是一個手段，其目的仍然是保持和堅持中華文明。但文化和政治制度是配套的，西洋國家的政治制度是建立在西洋文化或西洋文明的土壤中，把西洋政治制度從西洋文化中割裂開來，只學西洋的政治制度，不要西洋文明的文化土壤，即所謂「中體西用」，用中華思想來運作西洋的政治體制，必然很難搞好。」

以此而論，現代化不徹底或半吊子的現代化，比完全不現代化還要糟糕。今天的中國人自以爲富起來了、強起來了、站起來了，不僅自己要過胡吃海喝、全民狂歡的春節，而且還將春節向全球推廣，並以外國人也過春節爲自豪——若有外國元首向華人祝賀「春節快樂」，則又被視爲「中國文化走向世界」的勝利。另一方面，中國人卻又發起抵制聖誕節等「洋節」的運動。洋人可以過春節，中國人卻不過「洋節」，中國人至今沒有走出義和團的陰影。

中國不是沒有自己的福澤諭吉，劉曉波就是中國的福澤諭吉。劉曉波高呼中國唯有做三百年殖民地才能走向自由、民主、開化，跟福澤諭吉的《脫亞論》何其相似。然而，劉曉波被中共當局關進監獄、凌虐而死，一生不被他的同胞所知曉、理解、接受和尊重。中國仍是一個唯我獨尊、「擋我者死」的天朝。唯有等到劉曉波的肖像像福澤諭吉的肖像那樣被放在面值最大的紙幣上的那一天，中國才有可能轉型為日本那樣的現代文明國家。

此刻，華人社群最需要的是福澤諭吉式的決心和勇氣，不惜壯士斷腕，乃至刮骨療傷，方能讓中央集權的「中國」分化為數十個和而不同的「小共同體」，進而成為「東亞之美國」。

第十七章
釜底抽薪：對「文化中國」的三重解構

中國是一個偽裝成民族國家的文明。

——白魯恂（Lucian Pye）

古人說，「讀萬卷書，行萬里路」，就後者而言，我在離開中國之前，去過中國大部分省份，從北方的內蒙到南方的海南，從西部的新疆到東部的上海，都留下我的腳蹤。尤其是在離開中國前的最後一年，國保警察多次強制我外出旅遊（即「被旅遊」），陰差陽錯地，使我對中國的認識，不止於書本，而是「眼見為實」。

就地理和人文意義上的中國而言，我在旅行中看到不同區塊的中國之差異，絲毫不比在歐洲旅行途中感受到的各國之差異小。東北與雲南西雙版納像同一個國家嗎？東北冰天雪地，東北人喜歡「二人轉」；西雙版納四季如夏，傣族人擅長孔雀舞。西藏與江浙像同一個國家嗎？西藏人在嚴酷的高原上喝酥油茶吃氂牛肉，江浙人在富饒的平原上「食不厭精，膾不厭細」。在地理和人文上，在語言和宗教信仰上，這些地方毫無相似之處，是什麼將它們像石頭一樣砌在一起呢？

是儒家倫理道德及政治哲學，是大一統（「秦制」）的帝國模式和意識形態，是作為帝王將相「家史」的歷史敘事和歷史崇拜。此三者如同黏合劑一樣，塑造出不僅是「想像的共同體」，而且是「牢不可破的鐵屋」的「中國」。這個中國，不單單是共產黨從一九四九年建立的「中華人民共和國」，更是兩千年來基本模式始終不變的「天朝」和「天下」。解構中國，必須剝繭抽絲般地解構此三大「中國文化的深層結構」。

「拆牆者」需要先知的智慧和戰士的勇氣。黃文雄、劉曉波、柏楊便是百年一遇的「拆牆者」：以黃文雄之「儒禍」理論破除儒家倫理道德及政治哲學，以劉曉波「三百年殖民地」之說破除大一統的帝國模式和意識形態，以柏楊「醬缸文化」的概念破除作為準宗教的中國歷史神話，「中國」就會不攻自破、轟然倒塌，比蘇聯的解體更為徹底。

以黃文雄之「儒禍」理論破除儒家倫理道德及政治哲學

「中國」這個概念是梁啟超在戊戌變法失敗之後東渡日本，在日本閱讀西方近代思想學術著作，接受近代「民族國家」之概念後的發明。梁啟超意識到，古代的「天下」和「天朝」敘事，無法適應近代之「萬國」格局，遂以「中國」取代「大清」，試圖「保中國不保大清」——這也是清廷始終不諒解梁啟超的原因。

然而，「中國」這個近代單一民族國家的概念與「大清」這個中古時代多民族帝國的概念之間存在巨大的張力和裂隙，這個問題至今無解。北洋和國民黨的「兩個中華民國」和共產黨的中華人民共和國都順勢繼承了清帝國的大部分疆域，「天下」和「天朝」背後的儒家倫理和政治哲學也一併「為我所用」。蔣介石名義上是基督徒，毛澤東名義上是馬列信徒，但他們骨子裡都是王陽明和儒家的信徒，竭力打造「我的國」（卻被民眾視為「你國」和「趙家」）的習近平也是如此。

儒教既不能「內聖」（私人生活領域過高的道德要求，只能造就偽君子），也不能「外王」（公共領域，「王道」是口頭上說說而已，「霸道」才是開拓疆土及權力鬥爭之法寶）。儒教從來就是為帝國服務的觀念系統，正如以色列學者艾森斯塔德（Eisenstadt）在《帝國的政治體制》一書中所說：「儒教意識形態確立了一個統一帝國的基本理想，為維持統一提供了制度框架和文化框架。」他進而認為：「在文化領域，統治者顯然非常注重壟斷或控制文化—宗教活動以及對全體居民的『文化』和『道德』監督。同樣，統治者通過科舉考試體制，來達成對文化階層身份系統的控制。」而作為儒家思想承載者的士大夫群體，宛如嵌入帝國政體之中的馬賽克，毫無自由和獨立可言：「儘管帝國體制的儒教、法家框架允許為民俗宗教派系或私人玄思的出世取向留下餘地，但其主要的推進方向卻是將社會—政治秩序和文化秩序培育成宇宙和諧的焦點。」

儒教從來不是傾向民主、和平和個體自由的思想體系，它天然地具有獨佔性、侵略性和欺騙性。對內，「罷黜百家，獨尊儒術」；對外，「萬方來朝，四夷賓服」。例證之一是：二〇〇六年，中國中央電視台播出電視連續劇《施琅大將軍》，一改此前將幫助清朝打敗佔據台灣的鄭氏家族的施琅視爲「叛將」的立場，而將其美化爲「促進祖國統一的英雄」（此前長期遵奉的華與夷、忠臣與貳臣等對立觀念被擱置）。提倡新儒家的學者陳明說：「我策畫這個選題，主要是想喚起國人對台灣問題的關注，其次是想振作決策層對解決台灣問題的意志力和決心。」陳明大肆鼓吹要有不顧一切打台灣的氣概：「能力都不是最重要的，因爲有了意志和決心，一次打不下，可以再來第二次第三次。這就叫血戰到底。」數年前，陳明因爲批評前輩學者李澤厚，差點被對方告上法庭。此君膽小如鼠，聽說我批評過李澤厚，李澤厚不敢告我，便殷勤約我喝茶，詢問我對付李澤厚有何妙方。一名如此怯懦的書生，卻又如此迷狂地鼓吹戰爭，這就是儒生的人格分裂和奴才精神。

中國有滿坑滿谷「學而優則仕」的現代儒生不足爲怪，在民主化三十年的台灣，在努力爭取走向獨立建國之路的台灣，居然還有關於「公民儒學」的夢囈，讓我感到不可思議。中正大學中文所博士班學生陳康寧，在關鍵評論網發表《公民儒學：一種具台灣特色的民主理論》一文，介紹台灣儒家學者鄧育仁「公民儒學」的觀點：透過羅爾斯（John Rawls）的西方自由主義思想調節儒學，也藉由儒學調解羅爾斯，使其兩者相互激盪之餘又能互相結合。

這篇文章認爲，在當代，能夠直接把儒學放在立憲民主的公民論述之位置上，藉由「別傳」

的方式銜接民主的傳承，即「民主別傳」。其銜接的方式是從儒學過去「公天下」的政治理想走向立憲民主。在具體的落實上，秉持羅爾斯自由平等與機會平等原則，加上孟子「仁政」所主張的「關懷弱勢、減少苦難」的政治承諾，致力於解決台灣的貧富問題。進而使之成爲一種屬於「知識台灣」的「台灣理論」，「除了能夠彰顯台灣的民主特色之外，未必不能給予歐美國家一些啓發」。

這種思路錯得可怕。首先，作爲當代西方左派的代表，羅爾斯及其「正義論」已經對西方文明帶來莫大危害。如果說二十世紀上半葉共產主義、法西斯主義災難的始作俑者是馬克思和列寧，那麼二十世紀下半葉至今取代馬克思和列寧的左派鼻祖就是羅爾斯。羅爾斯的正義論確實能與儒家思想對接，因爲它們都主張「人之初，性本善」。經濟評論家蘇小和如此評論說：歐美社會宣揚民主平等的人們，在最近五十年之內不斷向著以平等爲核心價值的自由主義思想左轉。絕大多數學院知識人、媒體人和受過良好教育的職業政治家，幾乎都出現了一種以平等爲旗幟的烏托邦傾向，彷彿只要實現了個人權利意義上的平等秩序，人類就可以進入大同世界。然而，其祖師爺羅爾斯未能認識到，個體的人性並不會因爲公共規則、形式正義或者是法治的穩定存在而失去其複雜性和幽暗性：

羅爾斯在與聖經的觀念秩序有關的原初立場的意義上，出現了三個重大錯誤：第一，假想人的權利在最高的善之上，從而高估人性的善的能力，低估甚至忽略人性的有限性和幽暗性；第二，把正義論設計成一種現實的解決方案，從而出現了正義論致命的烏托邦陷阱；第三，把正義論理解爲一種當下的目標設計，而不是一種改進的過程，從而忽略了過程理性的意義。上述三種錯誤，正是當代左傾自由主義、民主自由主義的主要徵象，同時也是今天彌漫在歐美大學、知識階層、傳媒界和建制派政治勢力的主要觀念系統。

其次，「公民儒學」這個概念本身就自相矛盾、難以自圓其說：儒家世界只有「皇帝」與「臣民」兩種人，「君君臣臣父父子子」的等級秩序是儒學的核心，儒家世界從未有過「公民」的存身之地。若查考清朝大臣上奏皇帝的奏章便可發現，即便是封疆大吏亦自稱「奴才」，可見所有人在皇帝面前都是奴才，誰敢說自己是不經法院批准不得被剝奪人身自由的「公民」？誰敢說自己的茅草房「風能進，雨能進，國王不能進」？這樣的國家、這樣的文化，無法衍生出人權和法治觀念。在古代中國，唯有在野的老子的思想中存在著「小國寡民」的想像，以及少數儒家「異端」人物如陶淵明、李贄、黃宗羲等人有過脫離皇權秩序的「桃花源」夢想。而希臘—羅馬及希伯來文明中很早就產生了保障人權、保護私有財產和代議制等觀念。這就是中國—東方文明與希臘—羅馬及希伯來文明之間最大的差異。

對台灣而言，儒學並非台灣本土生成的思想。清治時代，儒學在台灣有過一段興盛期。此後，在日治的半個世紀裡，台灣接受日本帶來的現代文明，認可日本近代化的核心觀念「脫亞入歐」，儒學已被雨打風吹去。二戰之後，國民黨遷台的同時，又將儒學移植到台灣來，以之爲「官學」，利用儒學訓導出利於統治的臣民和順民群體。三民主義空洞無物，唯有儒學才是國民黨的靈魂。換言之，國民黨與儒學一榮俱榮、一損俱損。民主化之後的台灣，不可能單單拋棄國民黨，同時又保留、改造乃至復興儒學。

出生於台灣、成名於日本的思想家黃文雄對儒學有著最爲深刻和全面的批判。他指出：「儒教思想是中國思想與思考變態、僵化的元凶，稱之爲『儒禍』，一點也不爲過。」

儒家思想中最邪惡的部分就是「華夷之辨」，這是一種比納粹更源遠流長的、「前現代」的種族主義。孔子提倡「尊王攘夷」，就是說中原之外的地方都是蠻夷。黃文雄指出，明代大儒王陽明是一個激烈的大中華主義者，認爲非漢族都是「禽獸」。王陽明在福建任職期間，撲殺當地少數民族，他既是思想家，也是屠殺夷狄、擁「四大軍功」的殺人魔。王陽明認爲，湖南、廣西、廣東、福建、江西等非漢族，如侗族、瑤族等原住民都是「禽獸」，因此理直氣壯地對他們進行大屠殺。王的說詞是「蠻夷之性有如禽獸，禽獸野鹿拒絕教化，喜叛亂」，所以，「殺蠻夷非我好殘殺，而是天要殺彼等，此乃『天殺』」。一五一七年，王陽明率軍圍攻大帽山，屠殺一萬多名侗族。王陽明標榜說，此爲「知行合一」的「實踐哲學」，即「力行哲學」——蔣介石和毛澤東對此佩服得五體投地、有樣學樣。明末清初大儒王夫之等人也認爲「夷狄乃禽獸，殺之非不仁，騙之非不信不義」。黃文雄指出，「思想家殺人」是中國和儒家文化中特有的現象。這種思想的當代版本，就是中共鷹派的軍人和文人發出的「將台灣打成無人島亦在所不惜」之叫囂。

儒學不包含支持建構現代公民社會的因素。沒有一個現代民主國家以儒家爲主流價值。上個世紀七〇年代，當亞洲「四小龍」崛起之際，有人聲稱這是儒家文化的勝利，儒家中也存在跟韋伯所說的「新教倫理」相媲美的現代因素。然而，即便是長期號稱儒家治國的新加坡「國父」李光耀，在晚年也公開放棄「亞洲價值觀」。諾貝爾經濟學獎得主阿馬蒂亞．森堅持「以自由看待發展的發展觀」，對「亞洲價值觀」進行了系統的學術清理，也作出了較爲徹底的自由主義解構。是儒家的威權主義帶來經濟騰飛嗎？在世界上不同國家，有許多人被系統地剝奪政治自由和基本的公民權利，卻不時可以聽到有人斷言：剝奪這些權利有助於經濟增長，而且對於快速經濟增長是「好」的，有些人甚至進而提倡那種更嚴厲的政治體制——否定基本的公民權利和政治權利——因爲據說那樣能夠促進經濟發展。阿馬蒂亞．森認爲，所謂「李光耀命題」，「有時由某些非常粗糙的實證證據加以支持。事實上更全面的國際比較從來沒有證明這一命題，也幾乎找不到證據表明權威主義政治確實有利於經濟增長。實際上，大量的實證證據表明，經濟增長更多地與友善的經濟環境而不是嚴厲的政治體制相容。」更何況，新加坡經濟的成功與政治的專制已形成日漸尖銳的矛盾。對李光耀提出異見的少年人被送進精神病院最後逃亡美國尋求政治庇護。習慣了自由批評總統的台灣人，願意成爲新加坡這個「幼稚園國家」中的子民嗎？

以劉曉波「三百年殖民地」之說破除大一統的帝國模式和意識形態

用譚嗣同的話來說，中國兩千年一以貫之的都是「秦制」。在權力的橫向分配上，皇帝以天子自居，神權與政權合一，行政、立法和司法三權合一；在權力的縱向分配上，對皇權所及的大部分區域採取秦朝的郡縣制，中央壟斷大部分權力，地方不享有自治權。此種統治方式，用美國學者李侃如（Kenneth Lieberthal）在《治理中國》一書中的話來說就是：「中國傳統的制度將崇高的儒家理念與嚴酷的法家手法合二爲一。中華帝國採用了同樣以高尚辭藻和高壓爲特點的兩面手法來對付外部威脅。這種意識形態界定的道德主義與冷酷的高壓手段的融合，在孵育它的中華帝制滅亡之後還長久地留存下來。」

共產黨在奪取權力之前，一度支持民族自決以及某些區域的獨立。早年，毛澤東曾經與一批人發起「湖南獨立運動」，反對「大中華民國」，主張「湖南共和國」，得到國內外不少進步人士支持，包括胡適和杜威。毛澤東在《大公報》發表〈湖南建設的根本問題：湖南共和國〉一文，獨立主張之明確、大膽，不僅令港大《學苑》雜誌提出的『香港民族論』相形見絀，還把台灣李登輝說過的最激進的台獨話語也比下去了。毛澤東認爲，大國模式必然壓抑自國的小弱民族，全國的總建設在一個期內完全無望，索性不謀總建設、索性分裂，實行「各省人民自決主義」，二十二行省三特區兩藩地，合共二十七個地方，最好分爲二十七國。

支持民族自決，不單單是毛澤東的個人意見，也是中共早期的政治路線，並在「中華蘇維埃共和國」憲法的第十四條中有詳細規定：

中國蘇維埃政權承認中國境內少數民族的民族自決權，一直承認到各弱小民族有同中國脫離，自己成立獨立的國家的權利。蒙古、回、藏、苗、黎、高麗人等，凡是居住在中國地域內，他們有完全自決權：加入或脫離中國蘇維埃聯邦，或建立自己的自治區域。中國蘇維埃政權在現在要努力幫助這些弱小民族脫離帝國主義國民黨、軍閥、王公、喇嘛、土司等的壓迫統治而得到完全自主，蘇維埃政權更要在這些民族中發展他們自己的民族文化和民族語言。

然而，中共一旦羽翼豐滿，乃至一統天下，立即放棄當初的承諾，走向比帝制時代更嚴密的中央集權模式。所謂「國家統一」和「領土完整」，成爲共產黨政權的核心利益。如今，要破除被共產黨「爲我所用」的大一統意識形態和國家想像，需要有庖丁解牛式的技術和快刀。

一九八〇年代末，劉曉波發表了振聾發聵的「三百年殖民地」之說，像一道閃電照亮年僅十六歲的我的前路。從一九九九年到二〇〇八年，在我與劉曉波朝夕相處、併肩作戰的十年間，我們對每個重大議題的立場都驚人地一致：我們一樣親美（親自由），我們一樣反對老左派和新左派，我們一樣批判儒家文化及形形色色的「東方主義」。我也有幸與劉曉波並列出現在毛左們製作的要處死的「漢奸榜」上。但我們堅信：我們首先是人，是自由人，然後才是中國人；如果中國剝奪我們的自由，我們有權選擇「此生不做中國人」。

從鴉片戰爭到中共建政的百年間，中國並不是馬列主義定義的「半封建半殖民」社會，秦以後中國就沒有「封建制度」了，而且「封建」與「殖民」並非同一時空中的概念，將兩者並列不倫不類。那一百年間，中國存在著實質性的「一國兩制」：皇朝或共和國統治的廣大區域，以及西方列強控制的租界及租借地——後者如同「國中之國」，成爲中國現代文明的肇始之地。中國的租界制度以最早建立的上海租界爲藍本，並影響到其他租界。租界最主要的特點是內部自治管理，並不由租借國派遣總督，而是成立市政管理機構——工部局，擔任市政、稅務、警務、工務、交通、衛生、公用事業、教育、宣傳等職能，兼有西方城市議會和市政廳的雙重職能。儘管利用民族主義來反對殖民主義的國民黨和共產黨都痛恨租界，反覆渲染西方人在租界公園門口懸掛「華人與狗不得入內」的招牌如何「辱華」，但國共兩黨早期活動家都依托租界存身，如果沒有租界，他們早就死無葬身之地。租界提供了一套優越的政治經濟制度，使得中國人當中的菁英都到租界中發展，從政治家到文化人再到商人以及杜月笙這樣的黑幫頭子，無不在租界中如魚得水。

近代中國的悲劇，不是被列強欺淩和瓜分，乃是被殖民不足。中國沒有日本那樣的勇氣和決心，拋棄儒家傳統，邁入現代世界。而儒家文化又不足以自我更新，賦予帝國體制以活力。正如黃文雄所說：「當初日本能夠迅速完成現代化，也是因爲領導階層毫不眷戀地拋棄一度被江戶幕府當作『國教』的儒教朱子學，抱持『脫亞入歐』的信念，成爲社會共識。」

自一八四五年英國從《上海租界章程規定》中取得第一塊租界，至一九〇二年奧匈帝國設立天津租界，清帝國境內曾出現過二十五個專管租界和兩個公共租界。後經合併，至清末，中國共有二十二個專管租界和兩個公共租界。租界面積不到中國總面積的萬分之一，對中國現代化的影響基本局限在沿海及長江沿岸少數地帶，卻在一定程度上打破了中國兩千年來大一統的局面。中國所有值得稱道的現代文明，都率先出現在租界之中。可以假設，如果中國像印度那樣整體性地經過英國百年以上的殖民統治，就能繼承和延續英國的政治、經濟和法治制度，不會被共產極權制度荼毒至今。也可以假設，如果英國割讓五、六個香港那樣的地方，經營百年之後，今天即使被迫「回歸」中國，中共對多個「孽子」必定感到會手忙腳亂、難以控制。

當年清帝國的被殖民之地，僅限於小小的租界之內，但租界的法治清明直接促進了清帝國施行司法改革。西人向清政府明著說：「只要大清國改善司法公正問題，我們可以歸還租界。」這件事直接刺激滿清政府啓動司法改革，廢除了凌遲、梟首等一系列野蠻酷刑，並初步建立大清國律師制度和人權保護的框架。

記得有一次，一位西方外交官請我跟劉曉波、馬立誠（著名政治評論員，倡導西化和開放、反對民族主義，因發表《對日關係新思維》而受到民族主義者之「圍剿」）在一家餐廳吃飯。三個「漢奸」遇在一起，當然異口同聲地讚揚西方的民主憲政，批判中國的獨裁專制，特別是譴責共產黨的六四屠殺。旁邊一張飯桌上的一名年輕氣盛的「愛國賊」大概聽不下去，站起來痛罵我們說：「你們說這些賣國言論，還是中國人嗎？」不等我們回話，那位金髮碧眼的外交官站起來溫文爾雅地說：「你如果覺得他們說的不是眞話，請你告訴我們眞相好嗎？」那個色厲內荏的「愛國賊」是腹中空空如也的不學無術之徒，猶豫半天也說不出一句話來，只好悻悻然地埋單走

劉曉波、余杰、蔣培坤與另一位天安門難屬在北京郊區。

人。這個小故事形象地揭示出獨立思考的知識人在「動物農莊」的生存環境何等惡劣，正如前輩學者資中筠所說，「一百年多了，上面還是慈禧太后，下面還是義和團，中間還是貪官汙吏」。

劉曉波是一位徹底的個人主義者，對大一統、中央集權、集體主義的批判從未停息，這一點與美國保守派思想家艾茵·蘭德非常相似。劉曉波尖銳地批判作爲一個整體而存在的中國知識份子群體：「他們不能創造性地寫作『他們沒有這能力』因爲他們的生命不屬於他們自己。」中國的士大夫不是具有獨立人格和思想能力的「知識人」，他們是皇權制度的附庸，正如艾森斯塔德所說：「作爲一種文化菁英，文士雖然在原則上是自治的，但卻不曾具有強固的自治資源基礎。與此同時，文士對於進入中心又施以實施上的壟斷：這種控制不獨基於高壓統治，而且也立足於由文士所調適的團結紐帶之上。」

劉曉波在一九八九年春天完成了《中國政治和現代中國知識份子》一書，在書中試圖借助西方文化對於中國文化進行批判性自省。然而，當他到西方的中心「美國紐約」做訪問學者之後，他發現西方亦有其問題：沒有人能夠解決「個體不完整」的精神問題。他因此對現代西方也有尖銳的批評。不過，劉曉波的思路與一九八四年前流亡美國的俄國異議作家索忍尼辛截然不同：索忍尼辛嚴厲批判美國的資本主義、消費主義和個人主義，轉回頭去緬懷「古老的俄羅斯生活方式」，主張「以農業和手工業爲基礎」，並以東正教中的分離主義支派爲精神支柱；劉曉波則大步邁向右翼（自由市場經濟）的美國，嚴厲批評左派（福利國家）的美國，因爲個人主義始終是

二〇一七年，劉曉波去世之後，余杰聯絡台灣基督長老教會濟南教會為之舉行追思紀念會（黃謙賢攝影）。

他精神世界中的磐石——他欣賞美式的愛國主義，每個人都可以選擇自己的方式愛國，美國人愛美國，是因爲愛自由。

一九八九年春，《中國政治和現代中國知識份子》一書已交付出版社，但劉曉波決定加個「後記」。劉曉波的老朋友、中國問題專家林培瑞（Eugene Perry Link）敏銳地注意到劉曉波的這一調整：「以他特有的誠實，劉曉波用這一『後記』來削弱此書的主題。」劉曉波寫道，「作爲一個眞誠的人」，他必須得「同時進行兩方面的評價」：首先是「以西方文化爲參照來批判中國的文化和現實」；其次「以自我的、個體的創造性來批判西方文化」，爲此他必須從頭開始重估一切——他看到了西方文化的危機，那就是集體主義、國家主義、民族主義的捲土重來。這一思想轉向的重要性，被緊接著他飛蛾撲火般地回國以及六四屠殺、下獄秦城所掩蓋了。然而，從一九八九年到二〇一七年，劉曉波所有的思想、言論、行動乃至以身殉道，都可以從此處找到線索。

以柏楊「醬缸文化」的概念破除作為準宗教的中國歷史神話

「醜陋的中國人」不是柏楊的突發奇想，而是他翻譯完成《資治通鑑》之後的心得體會——《資治通鑑》就是一部「醬缸形成史」。在中國，由於缺乏恆定而虔誠的宗教信仰傳統，歷史就成了一種「準宗教」。這種歷史的最終目的是塑造子虛烏有的「漢族」或更加子虛烏有的「中華民族」的認同感。然而，中國的歷史書寫者極少能「秉筆直書」，歷史也從來不是由「人民」書寫的，二十六史不過是統治者的遮羞布和帝王將相的「家史」而已。

在台灣解嚴之前，從獄中歸來的柏楊處在警總嚴密監控之下，不能以雜文「我口說我心」，便以白話文翻譯《資治通鑑》「以古喻今」，這項浩大工程，前後歷時十年方大功告成。柏楊翻譯《資治通鑑》和寫作《中國人史綱》有明確的目的：讓歷史「返璞歸眞」，讓讀者從夢中醒來，讓華人不再如蛆蟲般在醬缸中苟活。柏楊版的《資治通鑑》，讓今天的讀者不受古文的阻攔而洞悉中國歷史的眞相：中國歷史不是光輝燦爛，而是充滿無邊的黑暗和腥臭。我在大學時代讀柏楊版的《白話資治通鑑》，拍案叫絕之處，往往是柏楊本人跳出來評論歷史事件和人物的「柏楊曰」。

有了翻譯《資治通鑑》的經歷、有了對中國歷史的通盤考察，柏楊對中國文化作出透徹的反思。一九八四年九月二十四日，柏楊受邀訪問美國，在愛荷華大學演講《醜陋的中國人》，強烈批判中國人的「髒、亂、吵」、「起內鬨」以及「不能團結」等，歸結到「中國傳統文化中有一種濾過性病毒，使我們子子孫孫受了感染，到今天都不能痊癒」。

柏楊訪美最後一站是紐約，他被安排在孔子大會堂演講——這個地點對柏楊而言頗具諷刺意味。當他再一次把中國傳統文化形容爲「醬缸」時，聽衆中一位先生提出：「世界各國到處都有唐人街，中國人應該感到驕傲！」柏楊針鋒相對地說：「唐人街不但不是中國人的驕傲，而是中國人的羞恥，看它的髒、亂、吵，和中國人對自己中國人的迫害與壓榨，實在是應該自顧形慚。」

柏楊的「醬缸說」在留學生和海外華人社群中引發激烈討論。柏楊說：「我不是文化官員，我也不是文化打手，所以不能撒謊。」他勇敢地指出中國文化的醜陋面，呼籲廣大同胞：「自救的第一件事就是要知道自己的缺點，假如不知道自己的缺點，整天去想得意的事，恐怕有點像賈寶玉意淫。」三十多年之後，這句話尤其適用於那些以「強國富民」自居、遊走世界各國揮金如土且隨地大小便的中國遊客。

一九八五年八月，《醜陋的中國人》在台灣出版；緊接著，中國簡體版、韓文版、日文版、英文版紛紛問世。柏楊的好友、物理學家孫觀漢說：「每個人差不多都知道自己可自豪的一面，但是柏楊使我瞭解我醜陋的一面，而最使我驚奇而傷心的是這種可怕的醜陋，竟不是我一人所獨佔，而是十億同胞所共有的。」柏楊行文江河萬里、逸興遄飛，他本人並未對「醜陋」這個定義作出具體的闡發。學者姚立民通過細讀柏楊的文字作出了梳理：所謂「醬缸文化」包括對權勢的崇拜狂；自私與不合作；淡漠、冷酷、猜忌、殘忍；文字欺詐；對僵屍的迷戀和膚淺虛驕等方面。一言以蔽之，就是奴性人格。奴性人格構成專制肆虐的土壤，不破除奴性人格，自由不會從天而降。

「醜陋的中國人」這一富於刺激性的說法，在海峽兩岸和海外華人社會迅速引發了自魯迅「國民性批判」之後又一輪民族性反省的高潮。八〇年代後期，這本書在中國引起的轟動比在台灣還大，那時正是中國思想解放的黃金時代，柏楊這位外來者不經意間成了點火者，成為中國讀書人心目中的「文化英雄」，也成為華人世界第一代「公共知識份子」。柏楊晚年迎來台灣走向民主化的光輝歲月，致力於台灣的人權保障和轉型正義，也在一定程度上與台灣的本土化潮流融合。他親自幫助學生輩的本土派領袖康寧祥助選，足以表明他對大中華、大一統理念的唾棄和反叛。就這一點而言，李敖與龍應台不可望其項背。

解構中國，打破醬缸，非一日之功。在共產黨獨裁統治的中國，歷史是一塊「不能動的奶略」。倘若對狼牙山五壯士、邱少雲、雷鋒等「革命英雄」有所「妄議」，立即就會被治罪。中國最高法民一庭庭長程新文接受媒體訪問聲稱，將嚴懲侮辱、醜化英雄人物的言行。「一段時期以來，人民法院受理了一批涉及侵害英雄人物、歷史人物名譽、榮譽等人格權益的民事案件。這些案件的特徵是，侵權人往往以學術研究、商業行銷活動等手段，以網際網路媒體爲主要工具，詆毀、侮辱、誹謗英雄人物，醜化英雄人物的形象，貶損英雄人物的名譽，削弱他們的精神價值，進而解構當代中國社會主義核心價值觀。……依法審理好這些案件，涉及到英雄人物個人名譽、榮譽等民事權益的保護問題，更涉及到以法治手段、法治思維弘揚社會主義核心價值觀，維護社會公共利益的重大問題。」共產黨將歷史書寫和灌輸作爲愚民教育的一部分，大一統和大中華的民族主義乃至種族主義，通過從小學到大學層層疊疊、反反復復的洗腦教育建構而成。中共在各級歷史教科書中塑造了近代中國被西方殖民的悲情，而共產黨是領導人民「站起來」的「先鋒隊」，故而共產黨權力合法性在於「解放人民」這一「事實」。中國之外的左派如台灣的陳映眞、香港的司徒華等，也是此種「中華民族偉大復興」歷史敘事的擁護者。於是，「民族意識」超越了「階級意識」——幾億如同奴隸勞工般的農民工，不再被那些號稱關懷弱勢群體的左派看見。

在台灣，年輕一代強烈要求削減中學課本中文言文的數量、將中國史納入東亞史。雖然國民黨在選舉中失去政權，但作爲國民黨「隨附人等」的「高等外省人」，仍然佔據著學校的講台和媒體的麥克風，他們聲音的分貝最爲高亢。對他們而言，如果縮減中國史教育，失去的不僅是一言堂和鐵飯碗，更是尊嚴、面子和存在的價值。在他們心目中，文言文不單單是文言文，中國史不單單是中國史，在語言和歷史背後是價值觀和精神取向，是籠罩一切的天朝儒學，是「君君臣臣父父子子」的等級秩序，是順民的培養術，是奴隸的守則。

近日，上海復旦大學教授唐世平在短文《少沉迷中國歷史，多瞭解世界文明》中指出：「中國歷史，特別是西元一八四〇年前的歷史，其實是非常乏味的：它只是一部改朝換代的歷史，除了董仲舒和王安石的變法之外，基本沒有根本性的變革。至少，遠不如西元一五〇〇年後的世界歷史對我們更爲重要。」他認爲，太沉迷於中國歷史，還會讓中國人從上到下都潛移默化地陶醉於中國歷史中最爲核心的東西「權謀術」：

> 某種程度上，權謀術是貫穿整個中國歷史的核心主線。對一個人的自我境界來說，最大的滿足可能確實是贏得生殺予奪的權力——這種權力太有快感了。但是，這種對個人的自我實現，恰恰是對社會和國家的最大傷害。權謀術是人治的核心邏輯，但不是法治的核心邏輯，甚至是法治的阻礙，因爲法治的核心要義就是將權謀術的適用範圍縮小到最小。而一個沒有法治的國家是不可能眞正實現現代化的。

唐世平更建議，在研究和教學上，應當削減中國歷史，尤其是對中國古代史，以及古代思想史的資助（考古史例外）。「許多關於中國古代史的研究幾乎毫無現實意義，只是在浪費納稅人的錢。與此同時，大大加強對中國近現代史和世界近現代史的研究，特別是有比較的社會科學研究。只有比較才能讓我們更好地吸取別人的經驗和教訓，少走些彎路和歧路。」與其頭懸樑、錐刺股般地將中國史背得滾瓜爛熟，不如謙卑且快樂地學習英文等西方語言以及西方文明史，同時也學習「在地」的歷史與地理——以我個人的經驗而論，我在課本中學到的關於家鄉四川、成都的知識，並不比其他省份的知識更多。死記硬背那麼多「知識」有什麼用呢？就如同台灣學生將中國地圖爛熟於心，卻不知道台灣在地的山川概況。這就是統治者的洗腦術：將一種虛假的、宏大的國家認同潛移默化在年輕學生心中。

如果不自我去毒，幽暗血腥的中國文化往往伴隨華人一生，即便那些多年生活在西方自由世界的華人，亦沉浸其中不自知。很多海外華人以觀看中國的垃圾電視劇（大部分是古裝戲）為不可或缺的娛樂，其精神生活之貧乏、單調與腐朽，比起「牆內」的人們來並無二致。如果說「牆內」的人們是被動遭受共產黨的洗腦教育和宣傳，那麼「牆外」的人們則是主動地接受共產黨的洗腦教育和宣傳，而且洗得「不亦說乎」。唐世平的感嘆，海外華人大都無動於衷：「說句大俗話，中國不能還是品著《甄嬛傳》和《武媚娘》來和現代世界相處。」不看《甄嬛傳》和《武媚娘》，他們在異國他鄉的日子如何過下去？

中國歷史是一部「吃人史」，將每個皇帝的名字和年號倒背如流，將每一種職官的來龍去脈瞭如指掌，並無助於年輕一代培養良好的公民素質，更無助於年輕一代實現自由美好生活的願景。

第十八章

愚公移山：對「政治中國」的三重解構

從秦始皇開始的統一，都是統一於一人，統一於一家一姓，至多統一於一個由少數人組成的統治集團，卻從來沒有統一於人民。……這樣的統一難道不需要「分裂」？難道還能容許它長期延續嗎？中國要是一直保持這樣的統一，哪裡還會有民主和自由？

——葛劍雄

中共建政初期，一切唯蘇聯「老大哥」馬首是瞻。毛澤東爲中國人民描述的美好願景就是「土豆加牛肉、樓上樓下、電燈電話」的現代生活方式，「蘇聯的今天，就是中國的明天」。在蘇聯解體之後，這句話仍然適用於中國：中國和蘇聯一樣都是傳統帝國加共產極權主義雜交而成的怪胎，既然蘇聯已經解體，中國又怎麼可能永存？

蘇聯曾是現代世界疆域最大的帝國（排名其後的加拿大、中國、美國不及其面積一半），但大未必好、大未必強。從一五四七年莫斯科大公伊凡四世稱沙皇建立俄羅斯沙皇國，到一九一七年俄羅斯帝國被布爾什維克革命推翻，在長達三百七十多年中，沙俄不斷向四周蠶食鯨吞，先後占領外高加索、中亞、西伯利亞和遠東（包含取得清帝國的一百七十萬平方公里土地），使其版圖擴張八倍，征服的民族達一百二十多個。蘇聯是在俄羅斯帝國的廢墟上建立起來的、以民族爲特徵的聯邦制國家。史達林時期又強行吞併波羅的海沿海三國、芬蘭的卡累利阿及波蘭的大片領土。

蘇聯對少數民族嚴加控制，甚至強行遷徙、送入古拉格，以爲各民族服服貼貼，帝國維繫千秋萬代。卻未想到，民族問題反倒成爲導致蘇聯解體的首要原因。在蘇聯的全面危機爆發之前，立陶宛即率先宣布獨立，愛沙尼亞、拉脫維亞隨即跟上，波羅的海沿岸三國相繼獨立。此後，三國迅速融入歐洲，成爲歐盟典範成員國。一九九一年，守舊派的八月政變失敗之後，除俄羅斯外的各加盟共和國全部宣布獨立，在俄羅斯境內的韃靼斯坦、車臣、西伯利亞等地也出現獨立主張。一九九一年年底，俄羅斯、白俄羅斯及烏克蘭三國拋開蘇聯，成立「獨立國家聯合體」。十二月二十五日，蘇聯總統戈巴契夫發表電視談話，宣佈辭職，將國家權力移交給俄羅斯總統葉爾欽。當日十九時三十八分，鐮刀斧頭的蘇聯國旗在克里姆林宮上空緩緩降下，取而代之的是俄羅斯的三色國旗。第二天，蘇聯最高蘇維埃（國會）通過最後一項決議，宣佈蘇聯停止存在。

繼承蘇聯主體部分的俄羅斯，表面上實行聯邦制度，但威權主義強人普丁強化中央集權體制，對地方人事和事務垂直控制，使得聯邦制變得有名無實。而俄羅斯以及若干從蘇聯獨立的國家（尤其是亞洲部分），仍未消除民族對立及分離主義之困擾：或是俄羅斯與原蘇聯其他加盟共和國發生衝突乃至戰爭（俄羅斯先後對喬治亞、烏克蘭發動局部戰爭），或是俄羅斯策畫其他國家內部的俄羅斯族和親俄力量掀起獨立運動（比如，二〇一四年四月七日，烏克蘭頓涅茨克州的親俄武裝人員，攻占當地行政大樓，宣布成立頓涅茨克人民共和國；二〇一四年四月二十七日，烏克蘭盧甘斯克州的親俄羅斯武裝人員占領的州安全部門大樓，宣布成立盧干斯克人民共和國），或是俄羅斯本土面臨分離主義的挑戰（兩次極為血腥的車臣戰爭，以及此起彼伏的車臣恐怖份子對俄羅斯發動的襲擊）。十多年後，「獨聯體」名存實亡，而俄羅斯自身正面臨新一輪的「內部瓦解」。

中國作為「天下國家」的歷史比俄羅斯長得多，中國內部的民族問題和區域結構也比俄羅斯更複雜。中國就好像一個「俄羅斯套娃」，取下一層，裡面還有一層，一層一層像剝洋蔥一樣剝開，似乎沒有盡頭。大而言之，解構大而無當的「政治中國」，需要三個步驟：首先，讓「中國的歸中國，『非中國』的歸『非中國』」，將「邊疆的中國」與「本部的中國」分離開來，也就是台灣、香港、西藏、新疆、南蒙古等五個地方獨立建國；其次，讓「內地的中國」（即「中國本部」）轉型為「諸亞獨聯體」，包括蜀國、湖南國、粵國、大理國、吳越國、滿洲國、回族國、上海自由市等各自獨立，然後結成兄弟之邦；第三個層面，讓「北方及中原的中國」（姑且稱之為「中國文化核心區」）轉型為「諸夏聯邦」或「諸夏邦聯」，包括北京特區、山東自治

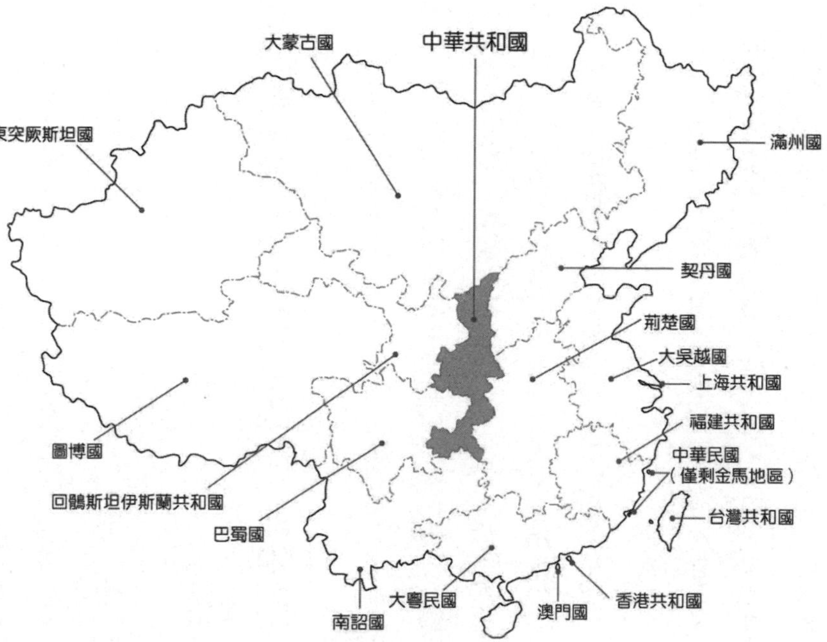

中國若解體為多國，是東亞及世界和平的福音。

領、山西自治領、陝西自治領、河北自治領、河南自治領等，這些區域還需要清除積澱更深的中國專制主義文化。如此，即可完成「中國套娃」的拆卸工作。這一過程將相當漫長且艱鉅，比蘇聯的解體更紛繁複雜、驚心動魄，操作者需要超乎尋常的智慧、耐心和勇氣。這一過程一旦完成，對中國及全世界來說都是莫大的祝福。

第一重解構：中國的歸中國，「非中國」的歸「非中國」

二〇一八年三月，台灣青年反共救國團（並非國民黨的「中國青年救國團」，後者早已刪除「反共」二字）在台灣二二八國家紀念館舉辦「港澳中、各民族及台灣自由人權論壇」，參與者包括台灣本地、香港、西藏、新疆、南蒙古的活動人士。香港佔中運動發起者之一、香港大學法律系副教授戴耀廷是講者之一。參與此會議的香港評論人桑普指出：「這次會議的重要性是，把被中國共產黨打壓的各大族群，聚集起來，聯繫溝通，增進相互了解，傾聽對方論述，無需籌辦組織，適時合力聲援。」

戴耀廷在「公民人權外交活動」上發言說，未來反專制成功之後，就要建立民主國家和民主社會，中國終必成爲一個民主國家。「那時候香港人可以實現民主普選與人民自決；那時候港人可以決定是否成立獨立國家，抑或與中國其他地區族群組成聯邦或邦聯，民主自決香港前途，亦即通過不同族群、每人的平等權利，去決定他們的前途，至於在中國大陸現在不同的族群，可能包括上海的族群，也可以決定是否應該成立一種關係，讓大家聯結起來。」戴本人並不支持港獨，他認爲現時港獨並無實現的可能性。他討論的是中國未來的情形。

戴耀廷話音剛落，共產黨控制的僞香港媒體《文匯報》以整個頭版，批鬥這場論壇是「五獨」論壇，聲稱戴耀廷號召加強「反專制」政治聯繫與發展「公民外交」的言論就是「播獨」，呼籲特區政府盡快開展二十三條國家安全立法，要求政府當局「高度留意，不可任由他們到處播獨」。緊接著，四十一名親共派立法會議員聯署譴責戴耀廷，要求戴耀廷向公衆低頭認錯。香港特區政府和特首林鄭月娥發表措辭嚴厲的聲明，殺氣騰騰、圖窮匕現。李國章、湯家驊、唐英年等各色人等紛紛登場，一邊罵戴耀廷，一邊偷偷看北京的臉色——如此配合北京演出劇本，一定能獲得豐厚的犒賞。共產黨還組織一群大叔大媽，打著橫幅到戴耀廷任教的香港大學「反對港獨言論」，此種「愛國賊」的舉動，近年來已溢出中國，遍及世界各地。

蘇格蘭人可以討論未來他們與英國的關係，加泰隆尼亞人可以討論未來他們與西班牙的關係，魁北克人可以討論未來他們與加拿大的關係，香港人爲什麼連想像未來和言說未來的權利都沒有呢？北京所要求香港的，不單單是制度上的回歸，而且是人心的回歸，但人心的回歸豈是用恐嚇和暴力所能達成的？

中共害怕的並不是戴耀廷溫和的言論，他們害怕的是「五獨聚首」。雖然參與此次會議的來賓不都是支持獨立的人士，但他們分別來自獨立趨向最顯著、獨立訴求最強烈的五個地方，當然讓北京心驚膽戰。於是，北京選擇早在佔中運動期間即已恨之入骨的戴耀廷作爲箭靶，開動宣傳機器，企圖給予毀滅性打擊。

所謂「五獨」，確實是中共以及持大一統觀念的中國人之心腹大患，甚至將之妖魔化爲「五毒」。此五處地方，都可歸納爲「非中國」之地，若以清末革命派的主流論述及近代以來形成的作爲普世價値的民族自決原則來看，它們當然有追求獨立的合理性與合法性。

清朝末年，如果說立憲派最厲害的言論旗手是梁啓超，那麼革命派最得力的辯論高手就是章太炎。梁啓超發明了「中華民族」和「中國」的概念，章太炎則發明了「漢族」、「華族」和「中華民國」等概念——與其說孫文是中華民國之國父，不如說章太炎才是中華民國的助產士。章太炎發掘《春秋》中「夷夏之辨」的思想，「以子之矛，攻子之盾」，論證推翻清朝政府的必要性及正義性，是其革命宣傳最得力，影響最大的部分。章太炎參與制定了指導全國革命起義的綱領《中國同盟會革命方略》，爲未來中國提出願景。一九〇七年，章太炎主編《民報》社的臨時增刊《天討》，其中《討滿洲檄》控訴滿清的罪行，鼓動激進的漢族族裔民族主義，論說排滿革命，並「律令布告天下，訖於蒙古、回部、青海、西藏之域」——他明確將非漢族群聚居的邊疆排除在中華民國的疆域之外。章太炎在《中華民國解》一文中指出，依據漢族族裔民族主義界定中國和中華，「西藏、回部、蒙古三荒服則任其去來」，置非漢族群聚居的邊疆爲可有可無之境地。

清帝國收納的西藏、蒙古、新疆，包括滿族統治者「龍興之地」的滿洲，並不在孫文、章太炎、汪精衛、陳天華等革命派領袖早期論述的「中國」的疆域之內（孫文為換取日本對其革命的支持，主動提出將滿洲作爲報酬割讓給日本）。清帝國用一個特殊的機構「理藩院」管理漢地之外的事務，「理藩院」獨立於六部之外，其文書亦用滿文，不容漢族大臣插手。換言之，清朝的統治者，對漢地而言是漢化的皇帝，對內亞而言是天可汗。以西藏而論，清帝國以西藏爲藩屬國，付出的代價爲皇帝接受藏傳佛教，藏傳佛教幾乎是國教，西藏的達賴喇嘛和班禪喇嘛在宗教上的地位甚至高於皇帝，革命者想像中的中華民國不可能以藏傳佛教爲國教，也無意以此種方式拉攏西藏。以蒙古而論，清帝國以「滿蒙一家親」的方式讓兩族貴族聯姻，蒙古人在帝國內部的地位高於漢人，未來的中華民國不可能繼承漢族遭到歧視性的民族政策——漢族中心主義的新史觀，對元帝國持負面評價，也不願以蒙古人爲同胞。以新疆而論，清帝國以在廣袤的西域設置行省並命名爲「新疆」，但維族的宗教信仰和文化傳統與滿蒙、漢族均格格不入：滿蒙願意在某種程度上漢化——特別是接受儒家文化，但伊斯蘭化上千年的突厥民族對儒家文化毫無興趣，未來的中華民國亦無意耗費心血經營「新疆」。另外，當時香港是英國殖民地，台灣是日本殖民地，革命派無意強行收回這兩處殖民地。

再看民族自決的普世價值。近代意義上的民族自決的原則，最早出現在一戰結束之後。

一九一八年一月，美國總統威爾遜（Thomas Woodrow Wilson）在巴黎和會上提出「十四點和平原則」，其中包括了民族自決的原則。奧匈帝國和土耳其帝國在戰敗後崩解，在此原則的保障下，兩大帝國內部的若干民族獲得了獨立建國。一九四一年，美國總統羅斯福和英國首相邱吉爾簽署《大西洋憲章》，提出民族自決原則。一九四五年，第二次世界大戰結束後，聯合國成立。六月二十六日，中、蘇、美、英、法等五十多個國家在舊金山簽署《聯合國憲章》。由聯合國發布的關於自決的主要國際框架或公約有三份：首先，《聯合國憲章》第一章第一條第二款規定，聯合國的三個宗旨中的第二宗旨爲「發展國際間以尊重人民平等權利及自決原則爲根據之友好關係，並採取其他適當辦法，以增強普遍和平」。其次，《公民及政治權利國際公約》和《經濟、社會、文化權利國際公約》的第一部分第一條第一款中規定，「所有人民都有自決權。他們憑這種權利自由決定他們的政治地位，並自由謀求他們的經濟、社會和文化的發展」。第三，《世界人權宣言》第十五條規定，「人人有權享有國籍。任何人的國籍不得任意剝奪，亦不得否認其改變國籍的權利」。這三份文件鼓勵了亞非拉各地若干民族和區域成功地獨立建國。

在民族自決的普世價值之下，西藏（圖博）、新疆（東突厥斯坦）、內蒙古（南蒙古）三個地方的獨立運動，背後的推動力是民族獨立——藏人、維吾爾人和蒙古人，本來就不是漢人，也不隸屬於自欺欺人的「中華民族」（我在本書其他章節中對三地獨立之正當性已有過充分論述）。而台灣與香港的獨立運動，背後未必是民族的差異（儘管台灣學者林媽利認爲，台灣的主體人群來自於南洋族群，並未得到學界普遍認同），但台灣經過日治半個世紀以及兩岸分治半個多世紀，香港經過英國統治一百多年，已然在文化和價值上形成新的共同體，具備了通過住民自決取得完全的獨立的條件。總體而言，以上五個地方是名副其實的「非中國」區域，若它們不願留在中國之內，中國靠武力威脅只能羈絆一時，而不能達成永遠統治。所謂「強扭的瓜不甜」，當「人心思獨」成爲主流，與其高壓統治導致彼此爲仇，不如承認對方的選擇權和脫離權，至少以後中國與「非中國」還能成爲好鄰居及友邦。

第二重解構：「中國本部」轉型為「諸亞獨聯體」

對政治中國的第一重解構完成之後，緊接著是第二重解構。

清帝國晚期，以漢族爲主體的革命派，對未來中國的想像只包括清帝國的「內地十八個行省」。或者大致是明朝的版圖，明朝在全國設置十五個省級單位，包括：北直隸、南直隸、陝西、山西、山東、河南、浙江、江西、湖廣、四川、廣東、福建、廣西、貴州、雲南，以上共十五個省級單位，爲明朝穩定的統治區域，稱爲「兩京十三布政司」。或大致是北宋的版圖，史學家張廣達指出：「宋朝從此主動放棄了大渡河外的雲南，也告別了西域，西部邊界退到秦州，西域開始穆斯林化，由此可見……趙匡胤追求的是鞏固自我劃定界限的王朝。」

自明治維新以來，日本學界接受西方近代民族國家之觀念，放棄用「天下」、「天朝」之固有觀念仰望中國。歐洲文獻中最早出現的關於中國的「族性地理概念」爲China proper（中國本部）。一五八五年，門多薩在西班牙文著作《大中華王國最著禮俗風物史記》中提出「本部中國」（la propia China）之概念。日本將這一概念翻譯爲「支那本部」，如一八七四年翻譯出版之《萬國地志略》記載：「支那領支那本部、西藏、支那韃靼、天山北路、滿洲、蒙古等。」這成爲後世日本學界採用最多的譯法。一八八〇年，山縣有朋在序陸軍文庫編《鄰邦兵備略》時說：「如支那十八省，幅員人口皆十倍於我。」此處，內地十八行省即「中國本部」。二十世紀上半葉，日本學界多從此角度來看待中國，最具代表性的是矢野仁一在《近代支那論》中提出「支那無國境」和「支那無國」的觀點，認爲「中國不只是沒有國境，沒有國境的結果，恐怕連國家也不是」。而支那這一稱呼，本身並無貶義，清末留日的知識份子及革命先驅，如秋瑾、章太炎、孫文等，都習慣使用此一國名。

如果勉強以清帝國「內地十八行省」爲「中國本部」或「本部之中國」，那麼在這一地理區域之內，仍存在諸多不同的族群或文化單元。用黃文雄的說法就是：「黃河流域的『諸夏』與『華夏』文化集團，和長江流域下游的吳越，以及中游的楚，乃至於上游的巴人與蜀人所建立的國家，所使用的文字不同，認爲對方是不同系統的文化文明集團。」用劉仲敬的說法就是：「閩越民族屬於馬來玻里尼西亞，大不列顛民族和夜郎民族屬於阿爾泰—緬泰，滿洲利亞民族、晉民族和中山民族屬於內亞，諸夏文化的因素微不足道。吳越尼亞民族、巴蜀利亞民族、湖湘利亞民族、江淮利亞民族、贛越民族、荊楚民族是接受諸夏文化影響的不同蠻族後裔。前者屬於諸亞，後者屬於諸夏。」除了滿洲國之外，蜀國、湖南國、大理國、粵國、吳越國、上海自由市等非「華夏」、非「炎黃」的族群、地域，大都集中在南方，以長江流域和珠江流域為主。當然，每一個具體的族群或國家的名稱及疆域可進一步討論，但「諸亞」與「諸夏」兩者必須作出明確之區分。

若以「諸亞」各國而論，我是四川人，理所當然希望蜀國獨立，再與其他兄弟之邦成為歐盟式的鬆散組合，可稱之為「東亞獨聯體」。此處挑選上海自由市、粵國、湖南國稍作論說。

作為中國最大、最富庶城市的上海，未來可成為但澤（Danzig）那樣的自由市。但澤自由市存在於一九二〇年至一九三九年，是一個半自主的城邦，包括波羅的海德意志港口但澤（今波蘭格但斯克）及鄰近地區的近兩百個城鎮。第一次世界大戰結束之後，根據《凡爾賽條約》，該政權於一九二〇年十一月十五日建立。此地歷史上屬於德國，德國戰敗後，它同威瑪共和國及波蘭第二共和國保持分立狀態，處於國際聯盟的保護之下，與波蘭為關稅同盟關係。但澤自由市存在期間，政治及經濟自由均取得長足發展，是其歷史上的黃金時代。一九三九年，納粹德國佔領但澤，廢除了自由市並將其併入新建的但澤—西普魯士區。一九四五年，蘇聯紅軍攻占但澤，德意志居民被殺或被驅逐，波蘭人大量遷入，根據《波茨坦協定》（Potsdam Agreement），但澤併入為波蘭的一部分。但澤自由市存在時間雖不長，其經驗卻可被上海所效仿。況且，上海自身具有半獨立地位的時間比但澤更長。上海開埠之後，長期由「工部局」（歐洲式的市議會）管理，經濟自由、政治寬鬆、法治嚴明，是中國最現代化的城市。一九二七年，國民黨南京政府成立，以上海及江浙財閥為「提款機」，對上海的發展帶來較為負面之影響，儘管如此，上海在戰前仍然穩居遠東第一大城市之寶座。一九四九年，共產黨佔領上海，隨即掀起「三反五反」等政治經濟運動，摧毀了上海的資本主義經濟和資本家階層。雖然上海多年來仍是中國最富有的城市，但它在意識形態上最左——它是極左派「四人幫」的搖籃，也是文革造反派的大本營。鄧小平時代後期，江澤民等「上海幫」崛起，浦東開發，使上海重新爭奪亞洲及世界重要金融中心的地位。但其意識形態控制仍密不透風，具有反抗精神的知識份子寥寥無幾，就連獨立書店季風書店都不能容下。若未來上海成為自由市，或許能恢復其在二十世紀上半葉亞洲文化中心的地位。

粵國，即現今之廣東省，廣東自古為百越之地，故稱為粵。亦可考慮聯合廣西為「粵桂國」，甚至與香港建立邦聯關係。廣東人說粵語，飲食及生活習慣迥異於北方，與長江流域亦大不同。廣東與南洋最近，受北方和中原的儒家文化影響較小，崇尚開放、重商、冒險的海洋文明。廣東最早開始對外貿易，以貿易致富，至道光十九年，廣東人口達兩千多萬，成為當時人口最多的省份。廣東人敢為天下先，中國第一位飛機設計師、飛行家馮如是廣東人，中國第一個留美學生容閎是廣東人，中國第一個電影導演鄭正秋是廣東人。廣東人富於反叛精神，清末無論是維新派（康有爲、梁啓超）還是革命派（孫文、胡漢民、汪精衛），其主力都是廣東人。民國時代，陳炯明經營廣東成爲「模範省」，通過廣東省憲法，縣長及省議員均由選舉產生，成爲聯省自治時代之典範。相比之下，百年之後，中國連鄉村選舉都望穿秋水而不得，廣東太石村村民爭取選舉權遭致武力鎮壓。可惜，陳炯明的廣東自治半途而廢——孫文鳩佔鵲巢，非要利用廣東的資源實現武力統一之迷夢，將陳炯明趕走，讓廣東陷入戰亂。中共建政之後，廣東之貧苦與香港之富庶形成天淵之別，許多廣東人冒死逃往香港。文革結束後，廣東作爲沿海地區，深圳、珠海、汕頭三地優先改革開放，而其他珠三角城市在帶動下也相繼崛起。廣東的經濟發展程度在中國省級行政區高居首位，人均國民生產總値爲全國平均水平的兩倍，占據全國九分之一的經濟總量、七分之一財稅收入和三分之一外貿總額。二〇〇八年，渣打銀行將廣東省作爲獨立經濟體進行考量，其ＧＤＰ總量相當於挪威，接近於沙烏地阿拉伯，排名世界第二十三位。廣東之於中國，猶如加州之於美國。若廣東獨立爲粵國，其自由市場經濟的傳統再有政治自由之保障，必定能成爲亞洲之荷蘭。

湖南國，位於「中國本部」之心臟地帶，也是近代以來獨立訴求最強烈的漢族聚居地之一。這是一個充滿矛盾的地方，它誕生過反對滿清的啓蒙思想家王夫之，其思想潛流影響到清末的反滿革命；它也誕生過幫助清帝國鎮壓太平天國的曾國藩、左宗棠，如果沒有能征善戰的湘軍，清帝國或許眞就傾覆了。它有頑固守舊的一面，主張學習西方的外交家郭嵩燾歸鄉後遭到千夫所指、鬱鬱而終；它也有激進奮決的一面，全盤反傳統的譚嗣同成爲維新變法的殉道者。它帶給中國最恐怖的災星毛澤東，也貢獻了二十世紀最優秀的文學家沈從文。反清的革命領袖中，湖南籍成員最多；共產黨第一屆政治局則有四分之一是湖南人（包括毛澤東）。而青年毛澤東是解體中國、湖南獨立的積極倡導者：「吾人主張，『湘人自決主義』，其意義並非部落主義，又非割據主義，乃以在湖南一塊地域之文明，湖南人應自負其創造之責任。……湘人自決主者，門羅主義也。湖南者湖南人之湖南，湖南人不幹涉外省事，外省人亦切不可干涉湖南事。」毛澤東又說：「我是反對『大中華民國』的，我是主張『湖南共和國』的。……二十二行省三特區兩藩地，合共二十七個地方，最好分爲二十七國。」一九二〇年代，湖南在聯省自治運動中的成就僅次於廣東，梁啓超寫了《湖南省自治大綱》和《湖南自治根本法》，湖南召開制憲會議並宣佈《湖南省自治憲法》：「湖南爲中華民國之自治省，以現有土地爲區域，省自治權屬於省民全體。」美國學者史蒂夫·普拉特（Stephen R. Platt）在《湖南人與現代中國》一書中，通過對湖南的個案研究，挑戰了大一統民族主義的論述，爲中國構想了另一種未來。他發掘出被中國官方歷史敘述遮蔽的「湖南民族主義」，將本省擺在第一位，帝國擺在第二位，並相信「湖南可以輕易地成爲現代民族國家，把舊帝國棄在最後」。他也發現，湖南不是中國的縮影，就像中國不是亞洲的縮影，「欲創造偉大湖南的意志，乃是主導中國近代史進程的主要力量之一」。

其他「諸亞」國家亦可如此發掘自身的獨特傳統，從而發明和創造出不是「想像的烏托邦」

而是「大理石殿堂」的現代民族國家。

第三重解構：「北方及中原的中國」轉型為「諸夏聯邦」或「諸夏邦聯」

對中國的第三重解構，是讓「北方及中原的中國」，也就是「中國文化核心區」，或者說「儒家文化重災區」，或用《河殤》的說法，「黃色文明」和「黃河文明」地區，轉型爲「諸夏聯邦」或「諸夏邦聯」。

即便是這個「中國」，也無需維持中央集權模式。德裔美國歷史學家魏特夫（Karl August Wittfogel）在《東方專制主義：對於集權力量的比較研究》一書中認爲，東西方社會是兩個完全不同的社會形態，東方社會的形成和發展與治水密不可分，大規模水利工程的建設和管理必須建立遍及全國的組織。「因此，控制這一組織的人總是巧妙的準備行使最高統治權力」，君主專制由此形成。中國是這一特徵的集中反映。但在現代世界，科技日新月異，「治水」不再是技術難題，不需要中央集權來支撑。

黃文雄在《儒禍》一書中認爲：「諸夏從來不是相同種族或語族，而是後來使用漢字作爲溝通工具，才形成複合性文化集團。」而經過漫長的「民族融合」，即便在北方和中原這一區域內，也不存在純粹的「諸夏」人種。

民主化實現之後，在「諸夏聯邦」或「諸夏邦聯」中，北京特區、山東自治領、山西自治領、陝西自治領、河北自治領、河南自治領等都可各領風騷。此類自治領，比起在第一重解構和第二重解構中脫離中國的區域而言，需要更努力地去除以儒家爲主流的惡質的中國文化。否則，若仍籠罩在中國文化之陰影下，表面上的獨立或自治是毫無意義的：區域的獨立和自治是象徵性的，必須以公民社會爲根基。

一批中國的年輕人在社交媒體上成立了「諸夏文化協會」，熱火朝天地討論如何解構中國的議題。其中，一位名叫晉葉的青年，寫了一篇〈怎樣才能讓你的家鄉繁榮富強：山西篇〉。文章指出：「山西怎麼才能繁榮富強呢？其實很簡單，一言以蔽之，就是獨立。山西人自己的事情山西人自己做，至少也像閻錫山那樣搞個地方自治，不要讓北京或者別的什麼京插手，很快就可以繁榮富強了。」閻錫山治理山西，優於國民黨及共產黨，不是閻錫山比國民黨和共產黨更有能力，而是閻錫山貫徹「晉人治晉」的方針。獨立爲什麼能帶來富強呢？這位年輕作者的論點之一是：

> 山西獨立以後最大的好處是可以獲得獨立的財權，並逐漸成爲今天中國大地上最繁榮最富裕的國家，山西地下有極爲豐富的礦產資源，煤炭儲量占全國的三分之一。……而且山西的煤質量最好，品種齊全，開採成本很低。最關鍵的是這些煤可以自己說了算，想挖多少就

挖多少，想賣給誰就賣給誰，還可以有討價還價的餘地，而不是像過去的幾十年一樣，讓你挖多少就必須挖多少，讓你運給誰你就得運給誰。

年輕一代的思想觀念，早已超越老一輩民運人士和公共知識份子。中國民主運動和異議運動日漸沒落的根本原因在於，一方面聲稱追求民主自由，一方面又要維持大一統、大中華、大帝國，而且將這一自相矛盾的立場拔高爲「政治智慧」或「政治現實主義」。殊不知，專制跟統一是一枚銀幣的兩面，不可能去掉一面，而保留另一面。於是，這些人一邊奮力往前跑，一邊又掙扎著往後退，所做的就只能是「無用功」。

這種「只反專制不反統一」觀念的代表人物是政治學者張博樹。張博樹是中國轉型研究的佼佼者，卻在一篇論文中明確指出：「獨立不可取。雖然少數民族公民的民族自決權應該得到充分尊重，但政治是一件非常複雜又非常現實的事情。民族自決權的實施有兩個基本前提，一個是自決必須出自公民意願的眞實表達，另一個是公衆的判斷力和理性化水準要成熟到足夠支撐這樣的自決，使它在整體上是一個理性的、而非情緒化的過程。無論在西藏還是新疆，目前乃至以後一個相當長的時間內，都不具備實施這樣的民族自決的條件。」

張博樹又認爲：「更重要的是，經過六十年的演變，邊疆少數民族地區和中原、沿海漢人聚居區在經濟上已經成爲一個緊密聯繫的整體。獨立既違背絕大多數漢族民衆的意願，也不符合藏、疆等少數民族的根本利益。」

張的結論是：「我們現在能做的，就是盡可能創造條件，促進中國和平轉型，避免天下大亂的局面發生。所以，獨立不可取，因爲它的前提不存在，我們也不希望它眞的存在或成爲現實。」

在這幾段論述中，我看到價値與策略的脫節乃至衝突，我看到中國知識菁英的自戀自負和自我封閉，我看到的是聲稱反對共產黨的人最後卻與共產黨「精神同構」，這是何等巨大的悲劇。

其一，張博樹聲稱「充分尊重」少數民族公民的「民族自決權」，卻又爲之附加種種條件，讓其屈從於「複雜而現實的政治」之下。這跟共產黨所說的「人權的階段性實現」有什麼差別呢？

其二，張博樹並未拿出具體的論述和數字，就自作主張地判斷目前西藏和新疆的民衆「不具備成熟的理性」，因而無法實行民族自決。這跟共產黨所宣稱的「民主固然是好東西，但目前中國人素質不夠、教育程度不足，所以民主應當緩行」有什麼差別呢？

其三，張博樹又認爲，中國已形成「一個緊密聯繫的經濟體」，從經濟利益出發，任何地方都不能獨立，獨立會損害各地的經濟利益。這又跟共產黨的理論不謀而合：比如，共產黨說，中央給西藏的錢，比西藏繳納中央的稅收多，西藏是獲利者，就應當乖乖順服。然而，人活著不單單靠食物，經濟不是萬能的。

其四，張博樹用《人民日報》社論的口吻宣佈，「獨立既違背絕大多數漢族民衆的意願，也不符合藏、疆等少數民族的根本利益」。這不應該是一名自由主義知識份子使用的、被共產黨毒化的語言。誰賦予你足夠的權力，代表「絕大多數漢族民衆的意願」和「不符合藏、疆等少數民族的根本利益」？只有共產黨才毫不臉紅地「三個代表」，每一個知識份子都只能「代表」他自己。

其五，張博樹認爲，維持大一統、反對獨立的轉型，才能「避免天下大亂的局面發生」。他的邏輯完全顚倒了：「天下大亂」不是因爲人們要求獨立，而是中央集權的獨裁者壓制、鎭壓人們的獨立訴求。中國歷史上大部分的戰爭都緣於帝王主動開拓疆土的野心，而不是分離主義人士的「搗亂」。而且，並不是所有的獨立運動都會導致戰爭、都會血流成河，捷克與斯洛伐克分家就是和和氣氣的，沒有死一個人。

其六，張博樹最後說出了心裡話，他不希望獨立「眞的存在或成爲現實」。一個學者的基本素養是必須正視事實，他卻不惜用「希望」來取代事實。然而，現實生活中，並不因爲你「掩耳盜鈴」就安全了，也並不因爲你「刻舟求劍」就成功了。獨立的趨勢不以某些個人的意志和希望而發生逆轉。

台灣民間有一句生動的網路用語，「人一藍，腦就殘」。在中國，這句話可以稍稍改動爲「人一統，腦就殘」。這句話或許有些不敬，但說的是事實：像張博樹這樣一位優秀的學者，曾因批判共產黨一黨獨裁受到迫害，被迫流亡美國。他此前關於中國社會轉型和憲政建設的著作，在中國知識界引發反響和好評，也是我案頭常備的參考書，帶給我若干思想激盪。但是，在面對獨立議題時，他立即喪失了價值堅持、理性判斷和道德勇氣，被帝王師式的中國儒家士大夫傳統所征服，不假思索地成爲大一統觀念的俘虜。

這不是一個個案，而是一種普遍現象。流亡海外的異議人士創辦的網絡媒體，一般都拒絕發表我寫的倡導解體中國以及支持台灣、香港、西藏等地獨立的文章，此類議題完全被禁止討論，追求言論自由的民主人士，卻又自以爲是地打壓他人的言論自由。

如果邁不出放棄統一、支持獨立這一大步，中國知識人永遠得不到眞自由。或許，這就是中國知識人與法國作家卡繆（Albert Camus）之間的差別。卡繆是一個置身於喧囂時代的「局外人」，一個祖國的「異鄉人」，一個至死都在追尋「沉默的正義或愛」的人道主義者。一九五七年，卡繆獲得諾貝爾文學獎。在斯德哥爾摩，當有人問及他對阿爾及利亞問題的態度時，他的回答是：「我相信正義，不過，在正義與母親之間，我首先要保護我的母親。」換言之，卡繆在抽象的原則和人類之愛之間，毅然選擇後者。這也是我願意與藏人、維族以及每一個活生生的受壓的生命、要求獨立和自由的生命站在一起的根本原因。

附錄一

回憶是美好的，又是痛楚的——我們與余杰的十年交往

丁子霖、蔣培坤（天安門母親運動發起人）

（一）

回想起來，我們與余杰的交往，至今恰好十年。十年不算長，也不算短了。回憶是美好的，但又是痛楚的。以往所經歷的點點滴滴，不時在我們腦際浮現。

余杰「去國」也已經一個月了。一直想寫幾個字祝福他，但我們從一張照片上看到他們夫妻倆抵達美國時身後跟隨著他們幼小的愛子，眼眶裡就止不住流出了淚水，幾次拿起來的筆又擱下了。

余杰「去國」前在郵件裡曾向我們多次談起他們的孩子：「這一年多，我們不能跟孩子一起生活，非常痛苦，我們有差不多一半的時間在外地旅行，不能在北京，不能正常生活。如果能順利赴美，我們希望多陪陪孩子，讓孩子受到好的教育。」

「此後能否回來，不得而知。祈禱中國的情況變好，這樣我們就能早日見面了。您們一定多保重！有一天我們一定帶孩子來看望丁奶奶和蔣爺爺！」

「今天跟他們的官員談完，終於正式答應放行了。漫長的過程，痛苦而屈辱。爲了孩子和自由。」

當我們讀到「此後能否回來，不得而知。」心裡一陣心酸。是啊！「爲了孩子，爲了自由！」哪怕是痛徹心扉，哪怕是忍辱含垢，都在所不惜，因爲自由和孩子這兩者在他們的心裡一般重。

我們對他們說：「凡是該記住的一定記住，凡是不該記住的一定丟開去！」但願他們到了外面平平安安過日子。（以上文字均來自「去國」前的Email）

中國的秘密員警終於答應他們第二天放行：由員警送他們到登機口，不允許任何朋友去送行。

* * *

幾天後，我們從網上讀到余杰的《去國聲明》，這才知道他二〇一〇年十二月九日被中共北京國保秘密員警綁架以及被野蠻毆打險些致死的詳情。

余杰夫婦離開中國前夕，與友人劉燕子一起拜訪丁子霖夫婦。

去年八月五日，余杰夫婦曾與北京警方多次交涉，獲准允許與我們匆匆見了一面。可能那天因有一對日本夫婦在旁，有關那段可憎可怖的經歷，只是簡單提到幾句。他說到二〇一〇年十二月九日在劉曉波的諾貝爾和平獎頒獎典禮的前一天，秘密員警把他叫下樓套上黑頭套，拉到昌平附近打了好幾個小時，昏死過去了。昌平醫院說沒法救了，就又送到北京醫院去搶救。還威脅他不准對外說，說了就把輸精管拔掉……。至於詳情，我們依然不知。

自劉曉波獲得諾貝爾和平獎這一天至頒獎儀式結束後的二〇一〇年十二月二十日，我們在無錫被當地國安部門軟禁七十四天。此間，我們對北京乃至全國的相關情況一無所知。等到當局解除了對我們的軟禁之後，我們才給余杰發出了一封郵件，詢問他這兩個月來的情況。

二〇一一年一月二日，余杰回電說：「我剛回到四川老家，劉敏還在北京。我們一起被軟禁在家五十六天，後三十三天被切斷一切聯繫。最後三天我被綁架到郊外，遭受非人折磨，差點就不能與你們再見面了。我要春節後再回來。」

我們心裡一沉，感到十分驚詫，爲什麼說：「差點就不能與你們見面了」呢？

後來幾次通信，他不再提起這件事。我們一直爲他的處境憂心忡忡。

四月份又接到他一個郵件，他在郵件中說：「五月中旬以後他們又不准我在北京，我將去南方。我們只能六四後見面了。在一個國家內，見面居然如此之難。這是二十年來從來沒有過的。」

我們一直惴惴不安地等待著，一直等到八月份，才好不容易見了一面。

那次見面後，我們又是惴惴不安地等待著，一直到他這次「去國」。

（二）

此次讀罷發表在「中國人權」上的《去國聲明》，我們沉默良久，悲憤莫名，只覺得心在陣陣抽緊，頭腦裡反復出現一句話：「怎麼竟會是這樣！」

以前我們聽說過高智晟曾被戴上黑頭套，遭到暴打、酷刑，現在落到了余杰頭上。這哪裡還有一點「以人爲本」、「依法治國」呢？中共已經淪落到了不擇一切手段，乃至用黑社會手段來對付國內異議人士。這與我們在銀幕上看到的蓋世太保、侵華日軍憲兵部、過去國民黨特務機關的種種暴行有何不同？在中國六、七〇年代的「文革」時期，毛澤東要致人於死地，在全國範圍內發動親戚、朋友、夫妻間互相揭發、互相檢舉，乃至自我交代、自我批判等觸及靈魂的手段來迫使人自證其罪、自取其辱。現在，這一切手段都失去了效用，於是乾脆用卑鄙、齷齪的流氓暴行來對付持異議的「自由思想」者。

余杰，一介書生，身無長物，他同劉曉波一樣，不過是用筆來寫出他們所見到的社會的種種畸形和不公，來表達他們對自由、民主、人權、法制這類人類普世價值的嚮往和追求。即使據稱獲致大罪的《中國影帝溫家寶》，也正如該書序言作者鮑彤先生所說：他寫作和出版此書，「無非是批評領導，無非是對領導抱有希望，無非是想知道領導人到底有沒有正視而不違背擺在他們面前的、非解決不可的重大社會問題，有沒有決心從善如流，實施憲法，使中國在建設名副其實的共和國方面獲得實質性、制度性的進步？如果對領導絕望，還會浪費筆黑嗎？」然而，這在北京的秘密員警看來，余杰出版這本書，是不折不扣的「惡毒攻擊黨和國家領導人」，說什麼「用好言勸告不聽，就只能用暴力來對付你。」這猶如把人一下子推進了深不見底的黑洞！

（二）

余杰與劉曉波，都是我們這二十年來在中國的忘年之交。

在劉曉波一九九六年至一九九九坐牢出獄之後不久，他就把剛剛結識的余杰帶到了我們家裡。我們也就與余杰有了一些接觸。那時，我們每年春秋兩季都要回無錫老家居住，而余杰每年除了出國訪問便在家埋頭寫作。他家離我家遠，來往不便；更何況，他不是一個善於交際的人，所以平素有事才見上一面。

我們對余杰的進一步瞭解是二〇〇三年美國萬人傑新聞文化獎頒獎典禮之後，余杰是這個獎項的獲獎者之一。

這一年十月三日的下午，他同曉波一起來我家裡，給我帶來了一片萬人傑新聞文化獎頒獎儀式的實況影像光碟。我、我先生以及余杰和曉波四人，懷著極其沉重的心情看完了影片。當我聽到余杰自述他從一九八九年「六四」大屠殺時一個外地的十六歲少年，在一夜之間結束了他的少年時代，完成了自己的成年禮。他說他是「六四」的兒子，在他與「六四」之間聯結著一條滲透了鮮血的紐帶。……我被他這些莊嚴的敘述深深地打動了。我已經很久不願在人們面前落淚了，但我此時淚流滿面，泣不成聲；蔣在一旁悲傷無語。曉波和余杰這兩個男子漢坐在電視機前的地板上相擁而泣……。第二天，我在給美國楊逢時女士的信中說：「想想今天每日每時發生在我們周圍的一切，我們似乎生活在另一個世界，這個世界如今已被厚厚一層塵土覆蓋得難以辨認也難以尋覓了。但我依然相信，這才是一個眞實的世界！一個保留著人性光輝的世界！」。我還順便告訴她：「我想把您和余杰的兩份答辭印發給在北京的一些難友，讓她（他）們與我一起分享這份感動。在我不得不面對的這片喧囂得令人齒寒的國土上，你們的詞語給了我難以奢求的溫暖和慰藉。」

那天整個客廳裡的空氣似乎被悲壯的氣氛凝固住了，定格在一九八九年的「六四」上。此情此景，我們怎能忘懷！

自此以後，余杰默默地、悄悄地爲天安門母親做了許多不爲外界知曉的事情。他去過世界很多地方作學術訪問，參加獨立中文筆會和教會的活動。據我們所知，他不放過一切機會，向人們介紹天安門母親及其訴求。但這一切他本人卻很少向我們提及，外人或許更不知道。他還無數次安全地給天安門母親帶來各方捐款，令官方頭痛的書刊、光碟，以及海外朋友給我們的贈書。每次他從海外歸來與我們見面時，總是帶著裝得厚厚的幾大袋。我曾打趣他：「你是屬牛的，夠你背的！」有時，一些不能靠他自己帶的，他就機敏地借力於他人，迂回曲折地給我們帶來。對於他的這份危險、辛勞，我們一直默默地記著，至今才敢於說。

余杰辦起事來那股一絲不苟的認眞勁兒，給人印象深刻。每次給我們帶來的捐款，都用信封包紮得嚴嚴實實、整整齊齊，外幣、匯率、手續費、人民幣的數目，元、角、分，都在信封上寫得清清楚楚。

此時的余杰，與其說是一個文人、作家，倒更像是個專業會計師。今天想來，這些事也許還得力於他的妻子劉敏的襄助吧。

相處久了，余杰對我們也有了深一步的瞭解。他善解人意，知道我們倆最需要的是什麼。最令我們心動的是，一次他從歐洲回來，從懷裡掏出兩件小禮品，還特別說明這是專門送給我們的：一件是一塊裝在玻璃盒內的柏林圍牆的牆磚；另一件是一張印著奧斯維辛集中營大屠殺紀念館景象的光碟片。這兩件紀念品凝結著歐洲人民在納粹時代和前蘇聯共產極權時代的血淚控訴。我接過這兩件珍貴的紀念品，捧在手裡，仔細端詳著，反復撫摸著，不忍釋去。它們一直放置在連兒的靈前，日日夜夜陪伴著未得安息的亡靈。這一放就是好幾年，至今仍安放在原處。

（四）

二〇〇四年十月，「六四」慘案十五周年才過後不久，我們在無錫農村從外電報導中，獲悉法國總統希拉克關於取消歐洲對華武器禁運的言論。這是繼一九九六年中國國防部長遲浩田在美國發表的關於「六四」沒有死人的言論之後，天安門母親群體面臨的又一次挑戰。眾所周知，歐洲關於武器禁運的決定是在「六四」大屠殺發生後不久作出的，到二〇〇四年雖然已經過去了十五年，但中國政府對「六四」的態度依然如故。今天法國的希拉克竟說什麼「六四」已經過去那麼多年了，對今天的中國已經毫無意義；如果仍然堅持禁運，那就毫無必要。我們聽到他的這種說法非常氣憤，決定回應希拉克發出的挑戰——不管付出何種代價。

但此時我們身處農村，當地農村尚無網路，不能上網；家中電話也沒有國際通話的設施。這時恰巧劉曉波又不在北京，聯繫不上他，在著急與無奈之下，我們就想到了余杰。但以前我們沒有留下他的電話號碼。經幾番周折在北京友人的相助下，終於接通了余杰的電話。寥寥數語，他便聽懂了我們的意思，很快代我們寫出並公開發表了一篇題爲〈丁子霖女士致法國總統希拉克的公開信〉的文章，完成了我們的囑託。在此之後，他又起草了有丁子霖、劉曉波、余杰三人連署的《法國人民，請睜開你們的眼睛》——就法國政府致力於歐盟解除對華武器禁運致法國人民的公開信。說明歐盟解除對華武器禁運，並不是對中國這個崛起的大國表示「信任」，並不是對中國人民表示「友好」，而是恰恰相反，解除禁運不僅得不到中國人民的「感激」。中國人民需要的是民主和自由，是享有基本的公民權利。

直到今天，有關歐盟解除對華武器禁運的決定仍未作出，而法國前總統希拉克卻遭到了兩年刑期的懲處。

余杰筆鋒銳利，文詞直白，不避禁忌，自然被政府當局視爲眼中釘。二〇〇四年十二月十三日，他和劉曉波突然被員警帶走。我們萬萬沒有想到公安當局會對這樣兩位手無縛雞之力的一介書生下手。在帶走的前一天，我們還接到余杰的電話，他說他要來看望我們。可一轉眼他就在我們跟前消失了。他和劉曉波在那幾年裡都是國內活躍的網路人士。他們以良知發言，以道義擔當，堪稱國內公共知識份子的代表。我和我先生對他們兩人被抓深感震驚，隨即給國家主席胡錦濤、國務院總理發出了一封公開信，籲請他們立即釋放劉、余兩位，還他們以寫作、發言的自由；希望他們在處理這類事情上能表現出應有的明智和大度。

余杰沒有因爲那次被拘押而有所退縮，依然筆耕不止。第二年，即「六四」十五周年後，香港就出版了他的《天安門之子》一書。已故自由知識份子包遵信先生爲此書所寫的序言中說：「自從一九八九年『六四』以後，『天安門』就成了極度敏感極度忌諱的詞兒，一般人避之唯恐不及。余杰卻在這個時候站了出來，向世人大聲宣佈：我就是天安門的兒子！這是何等的氣魄！何等的令人氣旺！……當余杰說自己是『天安門之子』，也就等於給自己選擇了荊棘叢生的路。」現在，包遵信先生已逝世數年，在彼岸世界的他也定會注視這位甘願奔向荊棘之路的『天安門之子』是如何艱難跋涉、飽經折磨的。他生前對余杰愛護有加。記得在二〇〇六年美國總統布希接見余杰、王怡等三人之後，引起了海內外很大反響。一天一些朋友來我們家裡，在劉曉波等人批評余杰的失誤時，包先生還專爲他向大家說了一句公道話：「少不更事嘛！到此爲止，不要責備他了！」如今，我們深信包先生的在天之靈定會與我們一樣爲余杰的被毆打、被酷刑、被逐出國門而抽搐、淌血。

從那個時候起，我們與余杰之間的距離又拉近了。余杰比我死去的兒子還小一歲。我們每次見到他，總會不由自主地思念起自己的兒子。兩人都是很聰明的孩子。蔣捷連生前最後一次期中考試在全年級三百六十位學生考了第三名。他在這年五月十七日參加由他們班發起的聲援絕食大學生的天安門遊行，那時也僅十六歲。

二〇〇五年，蔣彥永醫生因公開發表爲「六四」正名的公開信，遭到了當局的打壓，引起了社會各屆人士的同情和支援。二〇〇六年一月三十日，我們與曉波夫婦、余杰夫婦一起去看望他，整個下午和晚上都和他以及他的兒子、兒媳一起度過，並在他家附近的一個餐館吃了晚飯。就像一家人過年那樣，大家都很高興。因爲我們自蔣醫生被軟禁及解禁後沒有見過面，非常想念他。可惜那晚蔣夫人不在。現在，六年又過去了，一人被重判入獄，一人遠走異國他鄉。我們把這張珍貴的七人合影掛在客廳裡，每每思念他們就看上一眼。人生苦短。劉、余他們兩夫婦尚年輕，而蔣醫生和我們皆爲同齡人，未知此生這七人還能再聚首否。

（五）

二〇〇六年對我來說是多事的一年。這一年十二月二十六日，正好是我農曆七十周歲生日。那天，在劉曉波、余杰等人的張羅下，在附近餐館爲我舉行了一個生日餐會。

那次的聚首是歷史性的，實際上是一次在京部分天安門母親與自由知識份子的聚會。那天有的人是便衣員警用警車「護送」來的，有的則是被貼身跟蹤來的。包廂外的廳堂裡坐著好幾個男女便衣人員，包廂內兩大桌滿滿坐了二十四位友人。大家在一起暢敘，有的坐著，有的站著，有的來會走動，毫無顧忌，氣氛濃烈。在這次生日餐會上，劉曉波代表獨立中文筆會爲丁子霖作了長篇致辭。他說：這些年來，丁子霖以愛心融化恩怨，以理性約束憤怒，以善意化解惡意，以和解縮小鴻溝，……在專制鐵鉗下，以遇難者家屬的身份說出了眞相，發出了抗議的吶喊。期間，余杰夫婦抬出一幀他們專門請一位書法家教友撰寫的「愛是永不止息」的橫匾送給丁子霖。這幅題詞丁很喜愛，她深有感觸地說：沒有愛，我哪能堅持到今天啊！早在二〇〇一年，她在《天安門母親的話》中就說過：「也許我們一無所有，也許我們做不了什麼，但我們擁有一個母親的愛。正是這種愛，使我們這些孤立的個體凝聚在一起並激勵我們走上尋求正義之路；也正是這種愛，使我們獲得了作爲一個人的尊嚴與自信，並促使我們加入到世界上爲爭取自由、民主、人權而鬥爭的行列。」我們覺得，在那次生日餐會上，劉曉波、余杰，還有很多友人，都是把這次聚會視爲對「愛」的一種宣示。

余杰是個心細如髮的人，他爲天安門母親群體操心、著想，甚至會作一些連我們自己都不曾想到的超前考慮。據我們所知，前些年余杰還協助劉曉波爲推動天安門母親獲諾貝爾和平獎提名做了不少事情。在海外，他所到之處與友人接觸時，總不放過向他們介紹天安門母親群體的訴求、理念、遭遇的機會；就是在國內，他也常常把天安門母親群體介紹給一些使館和來華訪問的歐美學者。二〇一〇年以後，劉曉波已經判刑、入獄，不再有人幫我們做一些事情。余杰是一個有心人，他知道我們想做什麼、想相見什麼人。八月的一天，他把一位台灣學者帶到了我們家裡，見了面才得知這位學者正是上個世紀九十年代初國民黨解決「二．二八慘案」的主要成員之一，一位重要的捉筆者。那天，我們從下午一直暢談到夜晚，對方向我們詳細介紹了當年台灣政府與民間受害者談判的經過及其中的甘苦。他給予我們天安門母親群體極大的啓發，眞是受益匪淺。余杰坐在我們旁邊，靜靜聆聽著我們雙方的敘述，未曾插話。我觀察他在輕鬆自如的神情下，還帶有一絲難以掩飾的得意之色。能夠促成這樣的對話交流，余杰作出了一份努力，我們要感謝他。

（六）

二〇〇八年十二月十日發佈《零八憲章》。在這前後，國內局勢急轉直下。劉曉波於二〇〇八年十二月八日被以「涉嫌煽動顚覆國家政權罪」刑事拘留，二〇〇九年六月二十三日經中國檢察機關批准逮捕。二〇〇九年十二月二十五日，北京市第一中級人民法院以「煽動顚覆國家政權罪」判處有期徒刑十一年，剝奪政治權利兩年。他於二〇一〇年五月二十六日開始在遼寧省錦州監獄服刑，同年十月八日，在服刑期間獲得二〇一〇年諾貝爾和平獎。

劉曉波的厄運，給所有《零八憲章》的簽名者帶來極大的風險。我們曾多次提醒余杰，要他小心。我們對他說，說不定下一個遭毒手的就是他，但他似乎並不在乎。此時他正在加緊撰寫《中國影帝溫家寶》。我們實在忍不住，拖了他一次後腿——就像一九八九年六月三日那個可怕的晚上，我拖住自己的兒子，不讓他出門那樣。後來，我們又給他發了一個郵件，對他說：「今天網路上見到關於你的幾條消息，很爲你擔心。你還記得，曉波出事後，我們曾對你說過的那番話嗎？我們原不知你決定出版那本書（指《影帝》一書），如果只是爲了這件事，我們覺得不值。該放棄就得放棄。我們不能失去一個又一個。望三思。」但他似乎仍不在乎。不久，這本書還是出版了。

之後他又開始撰寫《劉曉波傳》。二〇一一年秋，他來郵件說，該書於當年三月就已經完成了初稿，現在他要請蔣老師用文字回憶當年劉曉波撰寫博士論文及完成答辯的過程等。我們理解他寫書心切，所以蔣很快就應其要求，給他發去了資料。說實在的，當時我們又爲他捏了一把冷汗。他剛被秘密警察綁架過，竟然還是不顧一切、義無反顧地走下去。

在我們眼中，余杰正是這樣一位富有正義感、同情心、有愛心、有勇氣，敢於擔當的書生。但是，一介書生而已，一個政治上尚不成熟的書生。他還不到不惑之年，面前路還很長，但願他會珍惜那未來的歲月……。

現在一切都過去了，他已走出國門。當他剛在美國落腳，爲了讓我們放心，又給我們來了郵件：「我們已經順利抵達美國，我們全家一切都好，孩子很喜歡美國的事物，迅速就適應了新環境。我對故土情懷早有超越，最牽掛的還是您們幾位尊敬的師長。走前不能與您們見面，是我們最大的遺憾。」

我們也給他回電：「你走後，我們有一種孤獨感，想想曉波和劉霞，他們與朋友隔絕，不能通信。想起以往，心裡有一種說不出的痛楚。現在與曉波交往很多的人，你與老廖都走了。與《零八憲章》直接有關的人也都被迫不得不沉默……物換星移，時局的變化讓人吃驚啊！」

我們在遙遠的家國爲他們倆及他們的愛子祝福！

二〇一二年二月八日

附錄二

流亡者的平靜與不安

冼麗婷（香港蘋果日報特約記者）

已故中國異議人士劉曉波二〇一〇年獲諾貝爾和平獎，一直支持他的作家好友余杰，於二〇一二年初寫下去國聲明，公開指控中國當局綁架毒打及監視他，爲了安全，舉家移居美國生活，至今六年。

余杰與妻子及兒子現居於維吉尼亞州，從華盛頓開車約一小時多。記者一月二十四日及二十五日兩次到他家訪問，了解他的生活及想法。

余杰住在一個中產小區，那裡除了有杉木大樹，也種常青小竹林。他屋外有一棵寬大、差不多有屋子般高的大松樹，特別吸引以筆耕寫作維生的男人，那一片一千多呎的草地，也只有草及樹，他說在這裡幹活做園藝的時間，比前此那輩子做過的還多。

「風能進，雨能進，國王不能進。」余杰在電子郵件跟記者說，美國的房子產權屬於自己，中國的房子只有使用權，沒有產權。居住在美國房子，最大的感受是有免於恐懼的自由。「在北京，便衣隨時可以闖進你家，不出示任何手續（文件），抄家，抓人，而在美國，我可以開槍擊夔這樣的闖入者。所以，我到美國之後，趕緊去買槍，支持持槍權。」但他並不反對恰當的槍械管制。

他的去國聲明，陳述了被國保警察（國家安全保衛警察）虐打的過程。他說，國保警察把他按住跪在地上，連續摑他一百次耳光，再強迫他自摑，要摑至他們能聽到聲響，然後，對方發狂似的大笑。最後，他被毒打得昏迷過去，送到醫院急救，醫生搶救了一個通宵才活過來，醫生告訴他，如果遲來一個小時，就沒得救了。之後一年，他經常在重要日子，被旅遊去了，包括那時候《非誠勿擾》取景的海南島。

遠離傷痕文學的年代，要明白余杰這個流亡作家，或許可從一九九八年他寫《火與冰》開始。回望世紀末，他這一代，不要只留餘恨，而是著力更深的鞭韃。有這麼一段，令香港人一看，就明白他的心思，比傷痕要深。他說，有心的讀者，一看就會看出是跟六四有關。

「你到死都不會明白，怎麼會這樣呢？在帝國時代，就連專制的皇帝也沒有這樣赤裸裸地殺害一群大學生啊！何況是在『中華民國』！憲法白紙黑字神聖地寫著，這是『共和國』。領袖們揮舞戴著白手套的手時，和藹得像家庭裡的父親。屍體眞的那麼沉重嗎？你們錯了。他們照樣唱他們的戲，城市一點也沒有改變。『民國』並不因你們的死亡而成爲眞正的『民國』，他們有的是子彈，他們的字典裡沒有『懺悔』這個詞。他們還會屠殺，這不是第一次，也不是最後一次。在這片古老的土地上，還會有更殘暴的屠殺降臨。他們教唆那些病痛者：來，快來，快來蘸人血饅頭吃！」有趣的是，中國某地的高中語文閱讀考試題，有語文老師選入這段文字，隱去作者的名字，要求學生思考：作者爲什麼說還會有更殘酷的屠殺降臨？

不敢去香港、東南亞地區

作家在書寫世界裡，萬馬奔騰，眞實生活，歇息於平靜。記者第一天下午四時許到達余杰家門外，夫婦剛散步回來，他十歲的兒子余光益，也放學回家了。看余杰一個流亡者，是有點距離，但聽到他不能入境香港，那種感覺，又不同了。他說自己因爲推動宗教信仰自由，也是家庭教會活躍人士，讓共產黨感到他是個很大的威脅。前幾年，他獲得香港湯清基督教文藝獎，最終獎項及獎盃郵寄給他的，整項頒獎禮也取消了。

提起此事，他說港府雖然沒有明確不准他來港，但他也是不願意嘗試去買一張機票，然後最終不能入境而折返美國。還有更重要的原因：「而且我也不敢去（香港），像銅鑼灣書店的那些人一樣被綁架，所以，現在亞洲地區，我只去日本和台灣，別的國家，像緬甸、越南、泰國，都有很多人被中國綁架嘛，都在中國的陰影下，所以這些東南亞地區我都不會去。」

寫作人的恐懼，似遠還近。當年，他是因爲自己及家人安全受威脅而選擇離開中國，所謂安靜於美國寫作生涯，去國六年，劉曉波、劉霞、以至他自己的經歷，令這個不敢去東南亞的世界人，心裡留下創傷。從中國流亡到美國的無國籍者，在身份問題上，他眞能沒有感覺矛盾？

不要兒子學習讀寫中文

「叔叔，再見，再見。」六年前離境當日，兒子在北京機場跟監視他們的國保警察道別，對這荒謬一幕，余杰當時沒有立即告訴兒子那些「叔叔」是什麼人，但心裡發誓，到了美國，會把全部眞相告訴兒子。當飛機騰空一刻，他眼淚掉下來。從窗口往下張望的北京城，仿如科幻電影，不再眞實，那不是一座他曾經生活了十九年的城市。

當天賣掉北京遠郊五環外萬科青青家園的一千呎單位，足夠在美國小區買一幢三層的房子。現在每週用一百五十美元以內到超市買好一星期所需食品，孩子上公立學校不用錢，妻子在教會當傳道人，他每天清晨寫作到中午一時，下午看書，然後接孩子放學、打球、做飯，晚上一家三口共享天倫。

余杰希望兒子成爲單純快樂的美國孩子，絕不想上一代的重負延續到下一代。他甚至不要兒子學習讀寫中文，在家中只要能聽講就好。妻子劉敏，現在是教會傳道人，講道的口才，遺傳給兒子，每天面對兩個辯論高手，余杰爸爸連口吃都幾乎治療好了。六年時間，異議份子的兒子跟其他華裔同伴最大不同是，他放假會在美國境內旅遊，例如加州，去年聖誕假期就到了一個室內溫泉公園度假。光益不會像同伴一樣回中國探親，而且，還會跟他們說：「不要去中國啊，中國有很多壞警察，差點把我爸爸打死。」

孩子對父親的狀況似懂非懂，光益因為在班上數學第一名，印裔女生第二名，她要跟中國男生比高低，自豪地向光益說自己的父親是第一位印度裔的將軍，曾接受《紐約時報》訪問，光益不甘示弱，回敬說，二〇一二年他們初來美國時，早就全家接受《紐約時報》訪問了。其實，那就是關於他們一家流亡來美國的故事。

至於留在內地的父母，曾來美國探望余杰幾個月。他們偶然會被當局旁敲側擊及傳達訊息，包括警告要余杰不能批評習近平。但他爸爸跟對方說，余杰進大學後思想已經完全獨立了，到現在，他就更管不了。

不說假話在這個社會沒法生存下來

四川山重水複，桃紅李白，長江水委蜿溫柔，余杰就是在成都蒲江長大的。爸爸在重慶大學畢業，主修建築，曾在政府當總工程師，一直以平等思想觀念教導子女及討論事情。父親、弟弟與大伯家裡的三個小孩，全都是理工科，只有余杰矢志讀文學，雖然余父心裡未必願意，但也不會強迫兒子選擇別科，還省吃儉用給他訂報紙雜誌，買一整套四十多本的世界文學名著翻譯版。

雨果的《悲慘世界》，余杰十三歲就讀完，而且印象深刻，那一年，他還第一次公開發表詩歌創作。六四時候，他跟著爸爸一起聽美國之音及ＢＢＣ，在廣州一間航空公司工作的堂哥，經常影印香港報紙帶回來，成爲爸爸抽屜裡的秘密，也是余杰走向眞相的通道。

最強的身教是爸爸正直的性格。他是專業建築師，在縣城政府裡負責建築方面的總工程師，包括房子蓋好以後，負責檢查、驗收、簽字。後來，縣裡最大房地產商，恃著跟縣委書記是姻親，房子偷工減料，余父爲此不肯簽字，結果，六十歲不到便被強迫提早退休。

堅持公正，沒有人能改變的爸爸，出了沒有人能改變的兒子。如果正直是今天中國的罕有財富，當這一種「富二代」，就是罕有的思想貴族。中國人的品格有問題嗎？按余杰的分析，他認爲共產黨半世紀統治，把中國傳統文化從最黑暗的部份，跟外來的馬列共產主義最殘暴的部份結合起來，成了一個怪胎，是一個最壞的跟最壞的結合。

「那你不是在這個教育裡面長大嗎？」記者問。

「所以我也是受害者，而且這些壞東西現在還留在我身上，我不是說完全絕緣、是一個崇高的人，我也是從那個環境中出來。」余杰算是誠實了。

「有什麼壞的教育在裡面？」記者問。

「我曾經用一個比喻，就是我像《三國演義》裡面，關羽中了毒箭以後，刮骨療傷。這個毒已經在我的骨頭裡面，我每一天都要去刮骨，當然不是要眞正刮骨，那是思想和精神裡不好的東西，可能到我死的時候，一輩子都要做這樣的工作。」

「你說的毒，能說一下是什麼？」

「比如說儒家裡面，愛面子，像柏楊《醜陋的中國人》，還有魯迅批判裡面的，很多很多。」

「除了那些儒家不好的地方，這六十多年，共產黨統治之下，有什麼不好的東西存在你們的裡頭呢？」

「共產黨，我覺得最大一個特徵就是謊言，說謊，所有人都說謊，所有人都說假話，你不說假話在這個社會沒法生存下來。」

「你曾經也會這樣嗎？」

「那當然啦。」

「就是小的時候？」

「不僅是小的時候。」一九九八年他出第一本書《火與冰》的時候，就找了好朋友、現在著名中國作家許知遠假扮自己，致電女編輯，聲淚俱下，成功感動對方出版他的書。現在看，是趣事，也是青春的荒唐。今天，余杰說自己不僅反對共產黨，也反對整個中國。他看中國的危機不僅是共產黨的問題，肯說眞話的人，已沒有幾個。「我（希望）有生之年能看到共產黨崩潰，但是崩潰以後怎麼樣我不知道，有可能會更糟糕，因爲現在我覺得中國民衆跟共產黨一樣壞。」

香港言論自由在限縮

余杰跟上一代流亡知識份子相比，是樂觀而進取的。他說，以往流亡到美國的知識份子，特別是在一九八〇年代，在中國社會上的地位，猶如今天的明星或體育明星，來到美國卻只有很狹窄的中文圈子，一下子無法習慣。六四後逃亡美國的蘇曉康，後來遇上車禍，妻子癱瘓了，最初一年，他哭都哭不出來。在電子郵件裡，蘇曉康對記者寫，美國讓他「賠了夫人又折兵」，所以，他對新進來美國而又盲目樂觀的年輕一輩，冷眼旁觀，感覺苦澀又辛酸。

上一代種種經歷，都沒有讓余杰失望、害怕。「我和劉曉波在國內就已經被封殺，所以我們對那種安靜、寂寞和孤獨已經習慣了，沒有這種很大的心理落差。」余杰一直習慣努力寫作，在美國依然努力向香港及台灣投稿，無論報章政論或是書稿，他都以一個平常投稿者身份去讓對方選擇，包括開拓台灣讀者群。作為一個出版了約五十部書的知名作家，他向台灣報紙及網站，一篇一篇投稿，「你作品達到了相當的水準，人家自然會用，慢慢的就會建立起信用，別人就會請你寫專欄。」

從二〇〇四年跟劉曉波做中國人權狀況報告後被抓，余杰就不能在中國發表任何文章。他認為近幾年香港言論自由在限縮，剛到美國，差不多一半作品在香港出版或發表，百分之二十五在台灣，百分之二十五在美國的華人中文媒體，近兩年，香港幾乎全都沒有了，現在他的文章，一大半在台灣，一小半在美國中文媒體。

「爲什麼你可以這麼冷靜走到一個陌生的地方去繼續生活呢？你覺得跟宗教，或者跟你自己特有的性格有關嗎？」

「對，這些都有關。比如說一九八九年逃亡到美國的人，很多是第一次到美國。我眞正從二〇一二年一月十一日到美國定居，在此之前，我從二〇〇三年到二〇一二年到美國訪問，差不多九年的時間，到過美國十五次左右。差不多大部分美國的州都去過，這不一定是很熟悉的地方，但也不會突然到了一個不知道的地方，可能這是我比他們那一代人幸運的原因。」

「會不會你是比較適應力強的人？或者你對世界很好奇，所以在新的地方你感覺沒問題？」

「對。我沒有那麼強烈的鄉愁，十八歲考上北京大學，離開成都，此後在北京生活十九年，北京距離成都一千多公里，跟我在美國，本質上沒有非常根本的差別。北京也不是我的家鄉，我在北京是個外來者，雖然有北京的戶籍，但從來沒有覺得我算是個北京人。美國具體的生活上會有一些所謂的不便利，我們在附近很難找到一家很好吃的中餐館，但是我覺得沒有餐館，我可以自己去做。」

他很喜歡做飯，又說美國這批知識份子裡，沒有幾個人有很好的廚藝，他算是個好廚師。普林斯頓的何清漣也做得很好，所以兩人會交流心得。余杰以往會爲劉曉波做回鍋肉，現在，他在異邦成了家庭主廚，做中式滷水豬蹄、紅燒排骨、四川風味的豆瓣魚都很好，都是複雜菜式。兒子倒是喜歡簡單的美國口味，愛吃他做的義大利麵、雞湯麵或是土豆絲。「等到妻子回來了，小孩回來了，我會做一頓比較豐盛的晚餐。」

第一天的訪問開首，見到他太太劉敏，客人請她恕過打擾，她微笑回應「不會」，轉身便走開了。一不留神，談到傍晚時分，意識余杰心焦要處理晚餐了，記者趕快告辭。

第二天清早，再次拜訪余杰。寧靜的早上，只見一位青年爸爸帶孩子過來，當天剛好是學校假期，小朋友在余家小聚。三個鄰家小孩，假日分享簡單甜品，自然而愜意。余杰獨子余光益，名字是著名歷史學者余英時教授改的，他在媽媽肚裡之時，劉霞轉告劉曉波，就讓他很高興。若不是上一代的原因，余光益不會一口美國英語在這裡生活；若不是因爲這小孩，余杰與劉敏的三層房子，也不會有這樣的生氣。

余杰起初說孩子開始在反叛年齡，不會願意受擺佈拍照。後來，他還是很禮貌地請兒子跟他合照，光益則煞有介事說只能給大家一會兒時間，因爲，小朋友有大件事等著處理。生命沒有大小之分，生命只講跟生命的關係。可以跟一個政權對抗，堅持公義人權價值不改的作家，對著兒子，也只能不卑不亢。余光益令余杰安身立命，也可能是余杰跟其他異見者生活不同的原因。

訪問日子，正是一月下旬，維吉尼亞州寒冷中陽光燦爛。余杰外表溫文，筆鋒卻幾乎天天跟一個政權對抗。他的房子裡面，光線充足，大廳至一樓樓梯旁，全掛了台灣牧師、攝影家馮君藍爲劉敏拍攝的照片，女主人的柔和冷靜與安寧，用了六至七個畫面表達。余杰說妻子原本學習金融管理，到北京後於國貿附近的商業公司工作。結婚之初，兩人租住國貿附近的單位，後來才買東五環遠郊的公寓。兩人是虔誠基督徒，余杰所寫的《香草山》，就是關於兩人愛情的非虛構小說，以情書體寫出。書名取自《聖經》的〈雅歌〉：「良人哪，求你快來，如羚羊或小鹿在香草山上。」

劉敏當年看了《火與冰》之後，像萬千讀者一樣，寫信給余杰，最終結爲心靈伴侶。《香草山》述說男女主角渴望愛、尋找知音、捍衛自由靈魂。其中女角獨白：「在這片已經不再蔚藍、不再純潔的天空下，如果還有一雙眼睛與我一同哭泣，那麼生活就値得我爲之受苦。」現實裡，見過劉曉波負了陶力而不敢再讓劉霞失望，余杰一直懂得珍視劉敏。劉敏爲余杰正直的決定，受過軟禁、驚恐、流產的痛苦。如今在美國這所房子，記者像看到小說一樣的美好結局。二〇一〇年劉曉波獲諾貝爾和平獎後，余杰被毒打被監視，六年前，劉敏在機場跟在丈夫後面，確保他能離境，才跟著踏出去國之路。兩人生活在一起，每一步，都訴說著小說一樣的對白。

不會介入任何民運活動

余杰在寫《中國影帝溫家寶》或是《中國教父習近平》等書以前，寫過不少令讀者喜愛的雜文。《愛與痛的邊緣》和《老鼠愛大米》等等，都是社會文化論述，以及生活抒情。至今約五十部著作鋪墊出來的，不僅僅是一個作家的成長，而且是一種說明，追求靈魂的正直與眞誠，不能設有限制。自由裡要有尊重，但被劃上框架的也不叫自由。

余杰有自己獨立的思想，他對記者說，來美以後，他很清晰不會介入任何民運活動，因爲，他失望過。「我曾經有一個概念，很多反對共產黨的人，他們因爲長期反對共產黨，最後他們變得跟共產黨很相像。我用一個概念叫精神同構，他們的語言，他們的思維方式。」

過往有人評余杰以批評余秋雨成名，近年也有說他投台灣民進黨所好而生存。但想一下，從中國而來的作家，首先需要選擇而且要敢於選擇。余杰當年一起與孔慶東成長於北大，今天有今天的余杰，也有今天的孔慶東，這也是一種說明。余杰說，他是獨派，有很多台獨的朋友，但跟某些刻意投合台獨作爲謀生手段的中國異議人士不同，他跟民進黨和其他綠營政黨、政治勢力並無利益關係，他照樣批評蔡英文等政治人物，保持獨立地位是其堅持的原則。

夢裡與劉曉波重遇

對這樣一個多產作家來說，一本書，一句說話，沒可能說明全部，更不可能否定他的全部。親身見面、說話、電子郵件，余杰是乾淨、不含糊的人。表面的行爲與寫作，當然衆議不同，唯有藏他夢裡的，跟藏在地下室的，都是無需跟人解釋的生命重心及看法。劉曉波，依然是他發表在夢裡的思想，一闕地下室裡的宣言，最少，他心裡筆裡至今沒有放下戰友，不管生的、死的，劉霞或是劉曉波，甚至在南京去世不久的維權律師李柏光。

「當然，我現在還經常做夢能夠夢見他（劉曉波）。因為我想他的生命跟我的生命，差不多已經融合在一起了，我認識他到現在十九年，我的人生軌跡都因為他而改變，包括我現在在這裡，如果不是跟他的關係，我也不會在這裡。當然，他已經過去了，這個事實沒有辦法改變，但是我想我能做的，除了我寫完他的傳記，我現在也編輯他的文集。」

在《劉曉波傳》裡，余杰提到二〇〇三年他與女音樂家楊逢時獲頒「萬人傑文化新聞獎」，從紐約回北京後，他約劉曉波一起觀看頒獎禮錄影片段，其中余杰在獲獎感言中公開說：「天安門的坦克和鮮血是最為直接的啓蒙。我發誓要說眞話，要拒絕謊言、要擺脫奴役、要捍衛自由、要過一種有尊嚴的生活。」看到這裡，劉曉波感動得走去緊緊抱著余杰，兩個男人，哀傷慟哭起來，旁邊的丁子霖、蔣培坤、劉霞及妻子劉敏，都在旁邊抹眼淚。余杰寫：「此刻，我們都是迷路的孩子，被欺騙的孩子，失魂落魄的孩子。」

向死而生

昨天相聚，守護眞理的人物已成永恆傷感畫面。余杰現在編寫關於劉曉波按主題的文集，在台灣出版了四卷，他說這工作會長期持續做下去，包括他評論及研究劉曉波生平思想觀念的文集，希望劉曉波在「眾聲喧嘩」的回憶和闡釋中，「向死而生」。他也相信，劉曉波曾經以為自己能像翁山蘇姬或是曼德拉，哪管是二十七年關押，最終能被釋放，重獲自由，改變國家，甚至成為總統。這種想法，是浪漫是天真，都無改他跟劉曉波的情誼，而他心裡耿耿於懷的一個疑問，無人能知。

「雖然我們沒有證據，我們不能夠排除中共用某種方式對他進行下毒，或者查出早期病症以後，拖延不治，最後讓他死去。因為我跟曉波相處十年，他的身體非常好，我記得大概二〇〇六年，那時候他說好幾年不去體檢，我們勸他去做了體檢，回來的報告很多指數比我都要好，比如說我的血脂都有點高，他很好，身體非常健康，體育鍛鍊也比我多，去打網球，打籃球，身體很好，沒想到幾年以後就這樣。」

劉敏在美國曾對蘇曉康說，余杰一直沒有在社會待過，還像個孩子。小孩子心願最難熄滅，余杰大學時代偷看紀錄片《天安門》那天，就起誓永遠跟六四連結一起。他渴望劉曉波能出國自由，即使他死了，今天還夢見他來到美國，跟他們一起在附近餐廳吃飯。只是，好夢易醒，不好的夢，卻糾結心裡，難以擺脫，「我夢見他被幾條蛇纏著。」

「他對於你來說，是不是一個trauma，一個創傷？」

「當然當然。我現在做夢都還常常夢到，比我奶奶去世對我的衝擊還要大。因為我奶奶是老人，她九十歲了，去世是正常的，但劉曉波只有這麼年輕。」劉曉波去年離世時六十一歲。

劉曉波死了，余杰認爲共產黨是消滅掉了自己的談判對手，和平與希望都沒有了。當年捷克的共產黨沒把哈維爾殺掉，變局到來，哈維爾成爲民間領袖，跟當局和平談判，完成天鵝絨革命，沒有流血。但羅馬尼亞的西奧塞古把所有反對派都殺掉，變化來臨之時，民間一個談判領袖都沒有，直接軍事暴動，法庭馬上把他槍斃。

最後，余杰帶記者走一條樓梯到地下室，那裡除了是兒子的康樂室、教會會友聚會地方，也存放了他的書和重要記念品。劉霞劃給他太太的一幅畫，是他感覺最重要的。

「這是劉霞送給我們的，劉霞畫的，是我妻子過生日的時候，她拿來送給我妻子的。她說畫一朵花，花的性情、特徵，跟我妻子一樣。」

「是怎麼樣？」

「她說是比較純潔和高貴的這種，她畫黑色的花，不會用很多色彩。」

「我覺得很powerful，很有力量。」

「她有很多很多的畫。」

年年歲歲，能讓余杰願意留著的東西，應該是寶貴的。從他書房裡蔣培坤的木雕「寧鳴而死，不默而生」，到地下室劉霞的「黑色花朵」，遙遠世界的人，他在思念。

「這是我們剛到美國時候，紀念曉波，呼籲釋放他的活動，有這些人的簽名。這是丁子霖，蔣培坤，他做的，這是蔣彥永，這是我，這是劉曉波，我妻子，劉霞，二〇〇五年春節，在蔣彥永家裡。所以我想這張照片再也不會有了。這些人再也不會在一起了，他已經過世了，他已經過世了，我們也不能回去。」一一指認著相片裡在生的、與去世的北京摯友，最後一句，是記者見過余杰最不能自控的一刻，但不過兩秒。如果他要哀慟，絕對是比眾聲喧嘩裡的人有更多的理由，但他選擇繼續爲劉曉波編輯文集。

劉曉波起草《零八憲章》之後被捕，二〇〇九年十二月被判處十一年重刑，二〇一〇年十月獲諾貝爾和平獎。他在〈我沒有敵人〉結尾部份寫：「我期待我的國家是一片可以自由表達的土地，在這裡，

二〇一八年八月，余杰一家三口在夏威夷休假。

每一位國民的發言都會得到同等的善待。」

今天余杰在「群櫻堂」書房裡每天勤懇寫作，感覺自己得到的安寧，是香港及台灣也不會有的。而流亡者能帶走的，是生死不渝的朋友的靈魂、思想、說話，一塊曾被棄掉的木，一幅油畫上的強烈主張。他編寫劉曉波書曾引陶淵明詩，看淡生死：「親戚或餘悲，他人亦已歌，死去何所以，托體同山阿。」哀傷與安慰，他都一直寫下去，因爲，他明白人性，「人的冷漠、隔絕和遺忘，是人不可克服的罪性的一部分。」

故人不在風雨，昔日如花。余杰屋外幾棵櫻花樹，與華府那一大片的，當開在人間四月。去國者心裡有沉重有豐裕，即使四野無人，還可能會小心翼翼地活著。他的安寧，願種在美國花樹裡。

（文章原於二〇一八年四月九日刊載於香港壹傳媒屬下網上平台Wonder Media，撰文：冼麗婷、攝影：曾漢棟）

余杰台灣出版著述目錄

二零零八年
《彷徨英雄路：轉型時代知識份子的心靈史》，聯經

二零零九年
《從柏林圍牆到天安門：從德國看中國的現代化之路》，允晨文化

二零一零年
《一生一世的仰望》，基文社
《我有翅膀如鴿子》，基文社
《誰爲神州理舊疆：中國的信仰重建與社會轉型》，基文社
《泥足巨人：從蘇聯解體看中國的未來》，允晨文化

二零一一年

《香草山》，遠流

《生命書》，橄欖

《萬縷神恩眷此生》，基文社

二零一二年

《我無罪：劉曉波傳》，時報文化

二零一三年

《大地上的麥子》，基文社

《流亡者的書架》，水牛文化

《我聽見斧頭開花：信仰、藝文與生活》，橄欖

二零一四年

《螢火蟲的反抗：這個世紀的知識分子》，主流

《火與冰》，水牛文化

《中國教父習近平》，前衛
《中國影帝溫家寶》，亞太政治哲學文化
《河蟹大帝胡錦濤》，亞太政治哲學文化
《在那明亮的地方：台灣民主地圖（第一卷）》，時報文化
《從順民到公民：與民主台灣同行》，前衛

二零一五年

《我也走你的路：台灣民主地圖（第二卷）》，主流
《刀尖上的中國》，主流

二零一六年

《人是被光照的微塵》，主流
《走向帝制：習近平和他的中國夢》，前衛

二零一七年

《一九二七：民國之死》，八旗

《不自由國度的自由人：劉曉波和他的時代》，八旗
《我也走你的路：台灣民主地圖（第三卷）》，主流
《卑賤的中國人》，主流
《從今時直到永遠》，主流

二零一八年
《納粹中國》，主流
《我是右派，我是獨派》，前衛

照片圖說	頁碼	來源
英國作家奈波爾	118	取用來源： https://upload.wikimedia.org/wikipedia/commons/a/ae/VS_Naipaul_2016_Dhaka.jpg?uselang=zh 作者授權：2016(CC) Faizul Latif Chowdhury (V. S. Naipaul im November 2016 in Dhaka, Bangladesh.)@wikipedia/ CC BY-SA 4.0（2016.11.18攝影）
雨傘革命	218	取用來源：https://upload.wikimedia.org/wikipedia/commons/0/00/Cellphones_in_Hong_Kong_during_2014_Hong_Kong_protests.jpg 原始來源：https://www.flickr.com/photos/maxlmn/15544162585/ 作者授權：2014(CC) Maxlmn (Cellphones in Hong Kong during 2014 Hong Kong protests)@flickr / CC BY-SA 2.0（2014.9.29攝影、2014.12.3上傳）
麥克阿瑟與日本天皇合影	238	取用來源： https://upload.wikimedia.org/wikipedia/commons/d/d4/Macarthur_hirohito.jpg，公衆領域
三峽大壩水域變化圖	260	取用來源： https://upload.wikimedia.org/wikipedia/commons/a/a0/3GorgesComposite.1688.jpg，公衆領域
成吉思汗畫像	278	取用來源： https://upload.wikimedia.org/wikipedia/commons/1/1b/YuanEmperorAlbumKhubilaiPortrait.jpg?uselang=zh，公衆領域
太陽花學運	305	取用來源：https://upload.wikimedia.org/wikipedia/commons/1/17/Sunflower_Movement_collage.jpg 原始來源：2014-03-21立法院周邊隨拍by FreeLeaf.jpg、反黑箱服貿-台中市民廣場 by 普魯普魯 (1).jpg、萬人反服貿 by tenz1225 (2).jpg、Students sit down at the front door of the ROC Executive Yuan (行政院) across from guarding police.jpg、Congress Occupied by Yuren Ju (4).jpg 作者授權：2014(CC) 由KOKUYO合併(太陽花學運合圖)@wikipedia / CC BY-SA 3.0（2014.3.26合成上傳）
全美貿易委員會主席：納瓦羅	330	取用來源： https://upload.wikimedia.org/wikipedia/commons/5/5c/U.S._President_Donald_Trump_signed_executive_orders_in_White_House_Oval_Office_on_January_23%2C_2017.jpg，公衆領域

圖博雪山獅子旗	354	取用來源：https://upload.wikimedia.org/wikipedia/commons/thumb/3/3c/Flag_of_Tibet.svg/1152px-Flag_of_Tibet.svg.png，公眾領域
香港六四燭光晚會	369	取用來源：https://upload.wikimedia.org/wikipedia/commons/3/36/Victoria_Park_June_4th_Vigil_in_2018.jpg 作者授權：2018(CC) Prosperity Horizons (June 4th Vigil in Victoria Park, Hong Kong.)@wikipedia/ CC BY-SA 4.0（2018.6.4攝影、2018.6.25上傳）

國家圖書館出版品預行編目（CIP）資料

我是右派,我是獨派 / 余杰著. -- 初版. –
台北市 : 前衛, 2019.1　面；　15x21公分.

ISBN 978-957-801-856-3(平裝)

1. 余杰　2. 自傳

782.887　　107014329

我是右派，我是獨派

作　　者　余杰
責任編輯　張笠
美術編輯　宸遠彩藝

出 版 者　前衛出版社
10468 台北市中山區農安街153號4樓之3
電話：02-25865708｜傳真：02-25863758
郵撥帳號：05625551
購書・業務信箱：a4791@ms15.hinet.net
投稿・代理信箱：avanguardbook@gmail.com
出版總監　林文欽
法律顧問　南國春秋法律事務所
總 經 銷　紅螞蟻圖書有限公司
11494 台北市內湖區舊宗路二段121巷19號
電話：02-27953656｜傳真：02-27954100
出版日期　2019年1月初版一刷

定　　價　新台幣500元

ISBN 978-957-801-856-3